本書獲國家古籍整理出版專項經費資助

敦煌蒙書校釋與研究

主編　金瀅坤

副主編　盛會蓮

習字卷

任占鵬　著

文物出版社

圖書在版編目（CIP）數據

敦煌蒙書校釋與研究. 習字卷 / 任占鵬著. —— 北京：
文物出版社, 2023.3
　ISBN 978-7-5010-7757-1

　Ⅰ. ①敦⋯　Ⅱ. ①任⋯　Ⅲ. ①蒙學—教材—研究—中
國—古代　Ⅳ. ① G629.299

中國版本圖書館 CIP 數據核字（2022）第 137055 號

敦煌蒙書校釋與研究·習字卷

主　　編：金瀅坤
副主編：盛會蓮
著　者：任占鵬

責任編輯：李子裔
策劃編輯：劉永海
封面設計：李曉蘭
責任印製：張道奇

出版發行：文物出版社
社　　址：北京市東城區東直門內北小街 2 號樓
郵　　編：100007
網　　址：http://www.wenwu.com
經　　銷：新華書店
印　　刷：寶蕾元任浩（天津）印刷有限公司
開　　本：710mm × 1000mm　1/16
印　　張：28
版　　次：2023 年 3 月第 1 版
印　　次：2023 年 3 月第 1 次印刷
書　　號：ISBN 978-7-5010-7757-1
定　　價：128.00 圓

目　録

總　論 ⋯⋯⋯⋯⋯⋯⋯⋯⋯⋯⋯⋯⋯⋯⋯⋯⋯⋯⋯⋯⋯⋯⋯⋯金瀅坤　1

緒　論 ⋯⋯⋯⋯⋯⋯⋯⋯⋯⋯⋯⋯⋯⋯⋯⋯⋯⋯⋯⋯⋯⋯⋯⋯⋯⋯⋯⋯ 1

上編　校釋篇

　　凡　例 ⋯⋯⋯⋯⋯⋯⋯⋯⋯⋯⋯⋯⋯⋯⋯⋯⋯⋯⋯⋯⋯⋯⋯⋯⋯ 3

一　《上大夫》校釋 ⋯⋯⋯⋯⋯⋯⋯⋯⋯⋯⋯⋯⋯⋯⋯⋯⋯⋯ 11

　　叙　録 ⋯⋯⋯⋯⋯⋯⋯⋯⋯⋯⋯⋯⋯⋯⋯⋯⋯⋯⋯⋯⋯⋯⋯⋯ 13

　　題　解 ⋯⋯⋯⋯⋯⋯⋯⋯⋯⋯⋯⋯⋯⋯⋯⋯⋯⋯⋯⋯⋯⋯⋯⋯ 33

　　校　釋 ⋯⋯⋯⋯⋯⋯⋯⋯⋯⋯⋯⋯⋯⋯⋯⋯⋯⋯⋯⋯⋯⋯⋯⋯ 35

　　圖　録 ⋯⋯⋯⋯⋯⋯⋯⋯⋯⋯⋯⋯⋯⋯⋯⋯⋯⋯⋯⋯⋯⋯⋯⋯ 37

二　《牛羊千口》校釋 ⋯⋯⋯⋯⋯⋯⋯⋯⋯⋯⋯⋯⋯⋯⋯⋯ 41

　　叙　録 ⋯⋯⋯⋯⋯⋯⋯⋯⋯⋯⋯⋯⋯⋯⋯⋯⋯⋯⋯⋯⋯⋯⋯⋯ 43

　　題　解 ⋯⋯⋯⋯⋯⋯⋯⋯⋯⋯⋯⋯⋯⋯⋯⋯⋯⋯⋯⋯⋯⋯⋯⋯ 49

　　校　釋 ⋯⋯⋯⋯⋯⋯⋯⋯⋯⋯⋯⋯⋯⋯⋯⋯⋯⋯⋯⋯⋯⋯⋯⋯ 51

　　圖　録 ⋯⋯⋯⋯⋯⋯⋯⋯⋯⋯⋯⋯⋯⋯⋯⋯⋯⋯⋯⋯⋯⋯⋯⋯ 53

三　《上士由山水》校釋 ⋯⋯⋯⋯⋯⋯⋯⋯⋯⋯⋯⋯⋯⋯⋯ 57

　　叙　録 ⋯⋯⋯⋯⋯⋯⋯⋯⋯⋯⋯⋯⋯⋯⋯⋯⋯⋯⋯⋯⋯⋯⋯⋯ 59

　　題　解 ⋯⋯⋯⋯⋯⋯⋯⋯⋯⋯⋯⋯⋯⋯⋯⋯⋯⋯⋯⋯⋯⋯⋯⋯ 65

　　校　釋 ⋯⋯⋯⋯⋯⋯⋯⋯⋯⋯⋯⋯⋯⋯⋯⋯⋯⋯⋯⋯⋯⋯⋯⋯ 67

　　圖　録 ⋯⋯⋯⋯⋯⋯⋯⋯⋯⋯⋯⋯⋯⋯⋯⋯⋯⋯⋯⋯⋯⋯⋯⋯ 71

四 《尚想黄綺帖》校釋 …………………………………………… 75

　　叙　録 ……………………………………………………… 77

　　題　解 ……………………………………………………… 93

　　校　釋 ……………………………………………………… 95

　　圖　録 ……………………………………………………… 99

五 《蘭亭序》校釋 ………………………………………………… 105

　　叙　録 ……………………………………………………… 107

　　題　解 ……………………………………………………… 115

　　校　釋 ……………………………………………………… 117

　　圖　録 ……………………………………………………… 123

下編　研究篇

第一章　敦煌習字蒙書《上大夫》研究 …………………………… 129

　第一節 《上大夫》的内容與性質 ……………………………… 130

　　一 《上大夫》的内容 ………………………………………… 131

　　二 《上大夫》的性質 ………………………………………… 136

　第二節 《上大夫》的編撰與演變 ……………………………… 142

　　一 《上大夫》編撰年代與文化背景 ………………………… 142

　　二 敦煌《上大夫》諸本的内容差异 ………………………… 148

　　三 從《上大夫》到《上大人》的變化原因 ………………… 151

　　四 明清時期"孔乙己"的出現 ……………………………… 161

　第三節 《上大夫》對後世的影響 ……………………………… 162

　　一 《上大夫》對習字教育的影響 …………………………… 163

　　二 《上大夫》對禪師語録的影響 …………………………… 172

　　三 《上大夫》對詩詞、小説、戲曲等的影響 ……………… 182

　結　論 ………………………………………………………… 187

第二章　敦煌習字蒙書《牛羊千口》研究……………………………… 190

　　第一節　《牛羊千口》的内容 ……………………………………… 191

　　第二節　《牛羊千口》的性質 ……………………………………… 200

　　結　論 ……………………………………………………………… 201

第三章　敦煌習字蒙書《上士由山水》研究…………………………… 203

　　第一節　《上士由山水》的内容與性質 …………………………… 204

　　　一　《上士由山水》的内容 …………………………………… 204

　　　二　《上士由山水》的性質 …………………………………… 221

　　第二節　《上士由山水》對後世的影響 …………………………… 224

　　　一　《上士由山水》對習字教育的影響 ……………………… 224

　　　二　《上士由山水》對禪師語録的影響 ……………………… 226

　　結　論 ……………………………………………………………… 229

第四章　敦煌習字書帖《千字文》研究………………………………… 231

　　第一節　《千字文》在唐代的傳播與影響 ………………………… 232

　　第二節　《千字文》在習字教育中的作用 ………………………… 235

　　結　論 ……………………………………………………………… 244

第五章　敦煌習字書帖《尚想黄綺帖》研究…………………………… 245

　　第一節　《尚想黄綺帖》在唐代的傳播與影響 …………………… 246

　　第二節　《尚想黄綺帖》在習字教育中的作用 …………………… 251

　　結　論 ……………………………………………………………… 257

第六章　敦煌習字書帖《蘭亭序》研究………………………………… 258

　　第一節　《蘭亭序》在唐代的傳播與影響 ………………………… 259

　　第二節　《蘭亭序》在習字教育中的作用 ………………………… 261

　　結　論 ……………………………………………………………… 265

第七章 唐五代宋初習字法"順朱"研究 ················ 267

第一節 順朱的特徵與傳播 ···················· 268

一 順朱的特徵 ························· 268

二 順朱的傳播 ························· 274

第二節 順朱的形式與過程 ···················· 277

一 順朱寫本的差別 ····················· 278

二 順朱的具體過程 ····················· 285

結 論 ······························· 291

結 語 ································· 293

一 習字教材對後世影響廣泛 ················· 293

二 習字教材的順序和功能有別 ················ 296

三 以王羲之書帖爲重要教材 ················· 299

四 以順朱爲重要習字方法 ·················· 302

五 習字與其他知識學習相結合 ················ 305

參考文獻 ······························ 309

後 記 ································ 343

總　論

金瀅坤

　　隋唐大一統國家建立後，爲了維護中央集權，限制地方士族的權利，廢除了九品中正制，用科舉制取代了察舉制，以改變貴族官僚政治。“以文取士”的科舉取士制度極大促進了學校教育的普及和童蒙教育的發展。然而，長期以來學界對隋唐童蒙教育的大發展没有給予足够重視。直到二十世紀敦煌文書的發現，大量蒙書和學郎題記面世，隨着相關研究逐漸深入，隋唐教育史研究才被重新重視，同時也促進了對童蒙文化、社會大衆文化以及敦煌學、中古史的深入研究。因此，我們有必要對這批敦煌蒙書進行校釋與研究，從中汲取中國優秀傳統文化并加以借鑒，改善當前適合少年兒童閲讀的優秀傳統蒙書不足的局面。

　　自二十世紀初以來，王國維、周一良、王重民、向達、潘重規、陳祚龍和入矢義高、小川貫弌、福井康順、那波利貞等國內外學者對敦煌蒙書的早期研究做出了重要貢獻。近年來，王三慶、鄭阿財、朱鳳玉、張涌泉、李正宇、姜伯勤、金瀅坤、周鳳五、伊藤美重子、張麗娜等學者在敦煌蒙書整理和研究方面取得很大成就[一]，推動了敦煌蒙書的研究；特別是鄭阿財、朱鳳玉《敦煌蒙書研究》一書，搭建了敦煌蒙書研究的理論框架與方法，爲進一步的

　　〔一〕　關於敦煌蒙書及童蒙文化的研究，鄭阿財、王金娥、林華秋等已經做了詳細概述，此處不再討論。詳見鄭阿財：《敦煌蒙書研究的回顧與前瞻》，《敦煌吐魯番研究》第七卷，中華書局，二〇〇四年，第二五四～二七五頁；王金娥：《敦煌訓蒙文獻研究述論》，《敦煌學輯刊》二〇一二年第二期，第一五三～一六四頁；林華秋：《敦煌吐魯番童蒙研究目録》，金瀅坤主編：《童蒙文化研究》第一卷，人民出版社，二〇一六年，第三三三～三五九頁。

研究工作打下了很好的基礎[一]；張涌泉主編《敦煌經部文獻合集·小學類字書之屬》一書已基本上對識字類、知識類蒙書完成了校釋[二]，爲敦煌蒙書校釋提供了很好的範例。兹就敦煌蒙書進行整理、校釋和研究所涉及的“蒙書”概念、學術和現實價值，以及研究的内容、方法等諸多相關問題進行全面的闡述和説明。

一　敦煌蒙書概念及其與家訓、類書的關係

關於敦煌蒙書的概念問題，學界争論較大，或稱“蒙書”，或“訓蒙書”，或童蒙讀物，或教材，或課本，主要原因是學者的學科視角、判定標準的不同。以下就敦煌“蒙書”的概念，以及“蒙書”的時代特點與演變展開討論。

（一）敦煌蒙書概念

以下將就學界對敦煌蒙書概念的認識和發展演變進行梳理，結合相關史實對“蒙書”概念的形成與演變進行探討，進而歸納“蒙書”的概念和歷史特點，并提出敦煌蒙書的評判標準，對敦煌文獻中的蒙書進行認定。

1.“蒙書”概念争論

有關中國古代兒童啓蒙教育階段所使用的課本、讀物，無論在歷史上，還是當下學界研究，始終没有形成一個固定名詞，不同時代有不同稱法。民國學者喜用“兒童讀物”稱之。如一九三六年，翁衍楨發表的《古代兒童讀物概觀》一文，專門探討了“訓蒙課本”，認爲“漢代課蒙，除讀經書外，以識字爲重要之課程，漢代小學昌明，著作亦最多，以理測之，如《三蒼》《凡將》《訓纂》《元尚》等篇，皆爲當時之兒童讀物，傳至今者……其中，《千字文》《三字經》《百家姓》三書，雖至今日，僻處窮鄉之村塾中，猶用爲啓蒙之書者，亦可見其採用之廣，而傳習之久矣。經書本爲歷代學者，萃力肄習之書，不詳具論，今但就各種家訓、學規中有關討論兒童讀物之文字者引録

〔一〕　鄭阿財、朱鳳玉：《敦煌蒙書研究》，甘肅教育出版社，二〇〇二年。

〔二〕　張涌泉主編：《敦煌經部文獻合集》第八册《小學類字書之屬》，中華書局，二〇〇八年。

如次”〔一〕。從其羅列的“兒童讀物”來看，包括“十年誦讀書目”，大致分爲諸如《千字文》《三字經》等字書類，《顏氏家訓》《學範》等家訓、學規類，《童蒙訓》《論小學》等學習方法類，《小學》《四書》等經學類，《古文》《古詩》等範文類，《各家歌訣》類，雖然枚舉書目不多，但分類很廣，涵蓋了兒童誦讀的各類書目。是年，鄭振鐸《中國兒童讀物的分析》一文也使用了“兒童讀物”的概念〔二〕，大概分爲：《千字文》《三字經》等識字類，《小學》等學則、家訓類，《蒙求》《名物蒙求》《歷代蒙求》等蒙求類，《神童詩》《千家詩》等詩文類，《日記故事》等故事類，均爲歷代專門爲兒童所作之書籍，并未包含《孝經》《四書》等經學類。後來，瞿菊農亦沿用了“兒童讀物”的概念，他在《中國古代蒙學教材》一文中講到：“所謂的蒙養教材，主要是在這類‘蒙學’裏進行教學時使用的。私人設學和私家延師教學童蒙的，多採用這部分教材。亦有採用‘經書’，如《孝經》和《論語》。”〔三〕

一九四〇年，常鏡海發表《中國私塾蒙童所用課本之研究（上、下篇）》，將古代私塾中教授兒童的書目分爲“通用之蒙童課本”和“選用之蒙童課本”兩類。“通用之蒙童課本”列舉了十六種書目，可分爲：其一《千字文》《百家姓》《三字經》《雜字》《字課圖說》《萬事不求人》等識字字書；其二《名賢集》《朱子治家格言》等德行類；其三《神童詩》《千家詩》《龍文鞭影》等詩文類；其四《孝經》、朱子《小學》等經書〔四〕。除《孝經》外，此類均是專爲兒童而作的所謂“課本”。“選用之蒙童課本”列舉了《教兒經》《女兒經》《小學韻語》《蒙求》等三十種古代兒童常用的所謂“課本”書目，其書目較“通用之蒙童課本”更爲少見，範圍更廣，但無本質差別，可以理解

〔一〕　翁衍楨：《古代兒童讀物概觀》，《圖書館學季刊》第十卷第一期，一九三六年，第九一頁。

〔二〕　鄭振鐸：《中國兒童讀物的分析》，《文學》第七卷第一號，一九三六年，第四八～六〇頁。

〔三〕　瞿菊農：《中國古代蒙學教材》，《北京師範大學學報（社會科學版）》一九六一年第四期，第四五～五六頁。

〔四〕　常鏡海：《中國私塾童蒙所用課本之研究（上、下篇）》，《新東方》一九四〇年第一卷第八、九期，第七四～八九、一〇三～一一四頁。

爲現代小學生的教輔資料，即擴展讀物。

民國時期，唯有胡懷琛在《蒙書考》一文中使用了"蒙書"概念〔一〕，將中國古代兒童所讀書籍分四卷進行叙録、考證，總共涉及蒙書達一百七十八種，作者分别對其收藏、著録和内容進行了叙録和考訂。可以看得出，胡懷琛對"蒙書"的收録甚爲廣泛，主要是對"三百千"及《急就篇》《蒙求》等古代流行甚廣蒙書的歷代注疏、改寫、改編、别體本進行重點叙録和介紹，同時也收録《干禄字書》《字學舉隅》《點勘記》等童蒙教育比較少用的書籍，還收録了《釋氏蒙求》《梵語千字文序》《鍐梵語千字文序》等佛家蒙書，并收録《植物學歌略》《動物學歌略》《中法三字經》《華英合編三字經》等新編新學及跨文化的蒙書。可見胡懷琛的"蒙書"概念十分廣泛，既包含了傳統意義的"三百千"類等專門爲兒童編撰的書籍，也包括《干禄字書》等非專門爲兒童編撰，但可以用於兒童教育的書籍，説明"蒙書"概念具有時代性、社會性，依據時代和文化的不同，在不斷變化中。新學中的"歌略體"，就是對古代蒙書改造和創新的一個體現。祇可惜由於時代動蕩，學者顧及"蒙書"研究者甚少。一九六二年，張志公出版了《傳統語文教育初探：附蒙學書目稿》一書，雖然没有明確討論"蒙書"的概念〔二〕，但該書後附録《蒙學書目稿》，就使用了"蒙書"概念，所收録的書，則被視爲"蒙書"。一九九二年修訂的《傳統語文教育教材論：暨蒙學書目和書影》〔三〕，將附録改爲《蒙學書目和書影》，二〇一三年又在中華書局修訂重印〔四〕。新近徐梓《傳統蒙學與傳統文化》中使用了"蒙學教材"的概念，認爲"蒙學以及作爲核心内容的蒙學教材，是傳統文化的重要組成部分"〔五〕。徐梓《傳統蒙學研究的歷史和現狀》

〔一〕 胡寄塵：《蒙書考》，《震旦雜志》一九四一年第一期，第三二～五八頁。

〔二〕 張志公：《傳統語文教育初探：附蒙學書目稿》，上海教育出版社，一九六二年。

〔三〕 張志公：《傳統語文教育教材論：暨蒙學書目和書影》，上海教育出版社，一九九二年。

〔四〕 張志公：《傳統語文教育教材論：暨蒙學書目和書影》，中華書局，二〇一三年，第九頁。

〔五〕 徐梓：《傳統蒙學與蒙書研究》，中國社會科學出版社，二〇一七年，第一頁。

又使用了"蒙學讀物"的概念〔一〕，"又稱爲蒙書、蒙養書、古代兒童讀物、蒙學教材、啓蒙教材、童蒙課本、語文教育教材等"〔二〕。不過，這兩篇文章後來都收入其《傳統蒙學與蒙書研究》，該書名使用了"蒙書"概念，反映了學界對"蒙書"概念不斷認知的過程。

　　探討"蒙書"之概念，須弄清"童蒙"的含義。《周易·蒙卦》云："《蒙》：亨。匪我求童蒙，童蒙求我。初筮告，再三瀆，瀆則不告。利貞。"〔三〕《春秋左氏傳》卷一二"孔穎達正義"："蒙謂闇昧也，幼童於事多闇昧，是以謂之童蒙焉。"〔四〕可見所謂"童蒙"，指對兒童啓蒙、發蒙、開蒙之義。"蒙書"取義"童蒙"之書，即兒童啓蒙教育所使用之書。周丕顯《敦煌"童蒙""家訓"寫本之考察》云："'蒙書'，爲蒙學之書，爲我國古代識字啓蒙讀物。"〔五〕鄭阿財在《敦煌蒙書析論》一文中明確提出了"蒙書"的概念：

　　　　古人因取其意而稱小學教育階段爲蒙養階段，稱此階段所用之教材爲"蒙養書"，或"小兒書"。漢代啓蒙教育以識字爲主，其主要教材爲"字書"，因此有稱蒙書爲"字書"者。唐·李翰《蒙求》盛行，影響深遠，致有統稱童蒙用書爲"蒙求"者。唯以此類蒙養教材，主要爲蒙學教學所用之書，亦即爲啓蒙而輔之書，故一般多省稱作"蒙書"。〔六〕

　　此後，敦煌文獻中有關兒童讀物、教材等多被學者稱爲"蒙書"，可以説

〔一〕　徐梓：《傳統蒙學與蒙書研究》，第六頁。

〔二〕　徐梓：《中華蒙學讀物通論》，中華書局，二〇一四年，第二頁。

〔三〕　（三國·魏）王弼注，（唐）孔穎達疏：《周易正義》，李學勤主編：《十三經注疏》，北京大學出版社，二〇〇〇年，第四〇八頁。

〔四〕　（晋）杜預注，（唐）孔穎達等正義：《春秋左傳正義》，李學勤主編：《十三經注疏》，第四〇八頁。

〔五〕　周丕顯：《敦煌"童蒙""家訓"寫本之考察》，《敦煌學輯刊》一九九三年第一期，第一六頁。

〔六〕　鄭阿財：《敦煌蒙書析論》，漢學研究中心編：《第二屆敦煌學國際研討會論文集》，漢學研究中心，一九九一年，第二一二頁。

鄭氏著開啓了"敦煌蒙書"專題性研究的先例。其後，鄭阿財與朱鳳玉合著《敦煌蒙書研究》[一]，及朱鳳玉《蒙書的界定與〈三字經〉作者問題——兼論〈三字經〉在日本的發展》一文，基本上堅持了這一觀點[二]。

至於學者將李翰《蒙求》作爲"蒙書"起源的重要依據，蓋因童蒙教育重在啓蒙，有知識教育需求的緣故。李翰《蒙求》直接影響了"蒙求體"衆多蒙書的産生，諸如《十七史蒙求》《左氏蒙求》《本朝蒙求》《純正蒙求》等，但不足以涵蓋"蒙書"的概念。唐代馮伉《諭蒙書》中最早將"蒙書"二字連用。《新唐書・馮伉傳》載：貞元中馮伉爲醴泉令，"縣多豪猾，數犯法，伉爲著《諭蒙書》十四篇，大抵勸之務農、進學而教以忠孝。鄉鄉授之，使轉相教督"[三]。按："諭"在此作教導、教誨之義。《淮南子・修務訓》云："此教訓之所諭也。"高誘注："諭，導也。"[四]"諭蒙書"蓋爲"教誨啓蒙""教誨發蒙"之書，這與兒童的"蒙書"之含義并無太大區別。馮伉《諭蒙書》的主要内容爲勸農、進學，"教以忠孝"，屬於針對社會大衆的教育，其中進學、忠孝與童蒙教育的内容一致，相對於傳統"蒙書"而言，其受衆面更大。考慮到該書祇有十四篇，篇幅短小也符合蒙書的特點，故曰"諭蒙書"。"諭蒙書"與"童蒙書"即"蒙書"含義已經很接近了。據此雖不好明確判定《諭蒙書》就是最早的"蒙書"概念的來源，但已包含"蒙書"之義。與此相類似的還有晋代束皙《發蒙記》，《隋書・經籍志二》將其歸入小學類字書，"載物産之异"，主要記載名物、奇异物産[五]。此"發蒙"，爲童蒙之義，"記"，爲叙事文體，顯然，《發蒙記》也是明言爲兒童啓蒙之書，與"蒙書"的概念已經很接近了。

直接將"蒙書"明確作爲書名者，是在宋代。宋太宗時，种（chóng姓）

[一] 鄭阿財、朱鳳玉：《敦煌蒙書研究》，第一頁。

[二] 朱鳳玉：《蒙書的界定與〈三字經〉作者問題——兼論〈三字經〉在日本的發展》，金瀅坤主編：《童蒙文化研究》第五卷，人民出版社，二〇二〇年，第七五～九八頁。

[三] （宋）歐陽修等撰：《新唐書》卷一六一《馮伉傳》，中華書局，一九七五年，第四九八三頁。

[四] 何寧撰：《淮南子集釋》卷一九《修務訓》，中華書局，一九九八年，第一三三一頁。

[五] （唐）魏徵等撰：《隋書》卷三三《經籍志二》，中華書局，一九七三年，第九八三頁。

放與母隱於終南山豹林谷，"結茅爲廬，博通經史，士大夫多從之學，得束脩以養，著《蒙書》十卷，人多傳之"〔一〕。可見种放著《蒙書》十卷，是傳授門人的講稿，從其卷數來看，可能不是專爲童蒙而作，但將其視爲教育兒童的教材與讀物可能性很大。宋代"蒙書"指代"童蒙之書"的概念大概早已成爲時人的共識。《玉海·紹興御書孝經》中稱高宗《御書真草孝經》爲"童蒙書""童蒙之書"〔二〕。此事，清代錢唐倪濤《六藝之一録》載：宋高宗以《御書真草孝經》賜秦檜，紹興九年（一一三九），秦檜請刻之金石。高宗曰："世人以十八章'童蒙書'，不知聖人精微之學，皆出乎此。"〔三〕顯然，宋人經常將《孝經》當作童蒙教材，故有"童蒙之書"之稱，以致忘記了《孝經》是儒家"精微之學"。顯然，"蒙書""童蒙之書"不僅僅專指《孝經》，而是"童蒙"所讀、所學之書的統稱。唐代童蒙學習經學，就"先念《孝經》《論語》"〔四〕。又元代陸文圭《古今文孝經集注序》載："君曰世以《孝經》爲'童蒙小學之書'，不知其兼大人之學……余曰：《孝經》爲'童蒙之書'未害也，張禹傳《論語》，杜欽明《五經》，童蒙之弗如。"〔五〕元人也是把《孝經》作爲"童蒙之書"，以此類推，宋元童蒙所讀之書，即可稱爲蒙書。

　　不過，很多時候冠以"童蒙"之名的書，未必是蒙書。如權德輿十五歲"爲文數百篇"，編爲《童蒙集》十卷，爲權德輿在童蒙時期所作之書，故名〔六〕，并非其所使用的蒙書。又宋代張載有《正蒙書》，宋代晁公武《郡齋讀

　　〔一〕（宋）曾鞏撰，王瑞來校證：《隆平集校證》卷一三《侍從·种放》，中華書局，二〇一二年，第三八四頁。

　　〔二〕（宋）王應麟輯：《玉海》卷四一《藝文》，江蘇古籍出版社、上海書店，一九八七年，第七八〇頁。

　　〔三〕（清）倪濤撰：《六藝之一録》卷三一三上《歷朝書譜三上·帝王后妃三·宋》，（清）紀昀等編纂：《景印文淵閣四庫全書》第八三六册，（台灣）商務印書館，一九八六年影印本，第六〇三頁。

　　〔四〕項楚：《敦煌變文選注·舜子變》，中華書局，二〇〇六年，第三三五頁。

　　〔五〕（元）陸文圭撰：《墻東類稿》卷五《序·古今文孝經集注序》，《景印文淵閣四庫全書》第一一九四册，第五七四頁。

　　〔六〕（後晉）劉昫等撰：《舊唐書》卷一四八《權德輿傳》，中華書局，一九七五年，第四〇〇二頁。

書志》卷十將其歸入"儒家類"，認爲是其弟子蘇昞整理先生張載解説有關"陰陽變化之端，仁義道德之理，死生性命之分，治亂國家之經"的十七篇文章而成[一]，奠定了氣一元論哲學，頗爲深奧，故不能作爲兒童的啓蒙讀物。《宋史·藝文志六》載："鄒順《廣蒙書》十卷、劉漸《群書系蒙》三卷。"[二]歸入"事類"部，雖不能判定其爲蒙書，但有明顯開蒙、啓蒙之義，也説明"蒙書"之詞在宋代已經很常見。

宋代"童蒙之書"也可稱爲"小兒書"或"教子書"。宋代王暐《道山清話》云："予頃時於陝府道間舍，於逆旅因步行田間，有村學究教授二三小兒，聞與之語言，皆無倫次。忽見案間，有小兒書卷，其背乃蔡襄寫《洛神賦》，已截爲兩段。"[三]顯然，這是以"小兒書卷"指代童蒙所讀之書。如宋韓駒《次韻蘇文饒待舟書事》云："會有綾衾趨漢署，不須錦纜繫吳檣；青箱教子書千卷，白髮思親天一方。"[四]元代以後"小兒書""教子書"更爲常見，元宰相耶律楚材《思親二首》云："鬢邊尚結辟兵髮，篋内猶存教子書；幼稚已能學土梗，老兄猶未憶鱸魚。"[五]又明代夏原吉《題樂善堂二首》云："甕裏況存招客酒，床頭仍貯教兒書；閒來持此消長日，何用區區較毀譽。"[六]可見宋元以後"小兒書""教兒書"，均指代"童蒙之書"，即教兒童所讀之書，"教子書"中的主體亦爲小兒書，讀者以"小兒""童蒙"爲主體，以其所讀之書爲"小兒書""蒙書"，呈現類化概念，後來逐漸被學者所採納。

[一]（宋）晁公武撰，孫猛校證：《郡齋讀書志》卷十《儒家類》，上海古籍出版社，一九九〇年，第四五一頁。

[二]（元）脱脱等撰：《宋史》卷二〇七《藝文志六》，中華書局，一九七七年，第五二九四頁。

[三]（宋）王暐撰：《道山清話》，《景印文淵閣四庫全書》第一〇三七册，第六六〇頁。

[四]（宋）韓駒撰：《陵陽集》卷三《近體詩·次韻蘇文饒待舟書事》，《景印文淵閣四庫全書》第一一三三册，第七九一頁。

[五]（元）耶律楚材撰，謝方點校：《湛然居士集》卷六《思親二首》，中華書局，一九八六年，第一三二頁。

[六]（明）夏原吉撰：《忠靖集》卷五《七言律詩》，《景印文淵閣四庫全書》第一二四〇册，第五二五頁。

　　明確"蒙書"概念起源之後，必須對"蒙書"包含的内容，及其動態的歷史變化有所認識。中國古代"蒙書"的概念與童蒙教育發展演變有很大關係。民國時期余嘉錫在《内閣大庫本碎金跋》中認爲，魏晋南北朝以前學校教育不興，唐代從"小學"分化出了字書、蒙求、格言三類：字書類，以《千字文》爲代表；"蒙求"類，以《蒙求》爲代表，屬對類事爲特點；"格言"以《太公家教》爲源頭，包括《神童詩》《增廣賢文》等發展最爲廣泛；三者各有發展，分出旁支〔一〕。此説看似很有道理，但并不符合中國古代童蒙教育發展的實際情况，結論太過簡單，在一定程度上可以解釋黄正建提出的"蒙書"在正史和書目分類時，被歸入不同門類的問題〔二〕。

　　與余嘉錫看法相似的爲瞿菊農，其《中國古代蒙學教材》云："就現有歷史資料和現存的蒙養教材看，傳統的蒙養教材的發展，可以分爲三個階段。從周秦到唐末是一個階段，從北宋到清中葉是第二個階段，從清中期以後到新學校和新教科書的出現是第三個階段。"〔三〕他認爲古代的蒙養教材"首先是宣揚灌輸封建的倫常道德，培養封建倫常的思想意識"。此外，還要求："一是要能掌握一定的文字工具，這就是識字；其次是掌握一定的自然知識、生活知識和歷史知識；再次是作深造進修的準備或準備應考。這幾項要求在各種蒙養教材中都分別得到反映。實際上識字是學習基礎，一些教材主要是識字課本或字書。識字當然有内容，其内容仍是封建倫理道德和一般基礎知識。"〔四〕瞿菊農主張識字課本、知識字書與余氏所説的"字書"類、"蒙求"類，大致相同；認爲封建蒙養教材的第三個要求是"作深造進修的準備或準備應考"，已經注意到科舉考試對"蒙書"的影響。

　　〔一〕　余嘉錫：《余嘉錫論學雜著》，中華書局，一九六三年，第六〇〇～六〇六頁。

　　〔二〕　黄正建：《蒙書與童蒙書——敦煌寫本蒙書研究芻議》，《敦煌研究》二〇二〇年第一期，第九三～九四頁。

　　〔三〕　瞿菊農：《中國古代蒙學教材》，《北京師範大學學報（社會科學版）》一九六一年第四期，第四五頁。

　　〔四〕　瞿菊農：《中國古代蒙學教材》，《北京師範大學學報（社會科學版）》一九六一年第四期，第四五～四六頁。

　　隨後，張志公從教材角度審視了古代兒童教育所使用的教材。其新版《傳統語文教育教材論》認爲：先秦兩漢重視兒童識字教育、句讀訓練，主要有《弟子職》和《急就篇》。魏晉隋唐時期，主要集中在識字教育（《千字文》）、封建思想教育的蒙書（《太公家教》）、掌故故事蒙書（《兔園策》《蒙求》）。宋元蒙學體系，又促生了新的蒙書，衹是發展和補充較小，沒有很大變化，并將其分爲：其一，識字教育方面，在《千字文》基礎上，形成了以“三百千”爲主的識字教材，與“雜字”教育并行。其二，封建思想教育方面，用《三字經》深入識字教育中，用理學思想編撰了《小學》等新的教材，用《弟子職》等作爲訓誡讀物。其三，在《蒙求》的基礎上擴展了一批歷史知識和各學科知識教育的教材。其四，重視初步閱讀教材——出現了《千家詩》《書言故事》等詩歌與散文讀本，已涉及情感之養成及美學之陶冶範疇。其五，在初步識字和初步閱讀教育之上，產生了一套讀寫訓練的方法和教材——屬對，程式化的作文訓練，專業初學教材用的文章選注和評點本〔一〕。雖然，張志公沒有對“蒙書”概念進行闡釋，但從其對中國古代蒙書類型畫分及説明，表明他對蒙書已經有比較清晰的認識，爲我們探討“敦煌蒙書”的概念和分類提供了基本認識和啓發。由於張先生主要從事中小學教材編撰研究，對中國古代蒙書發展變化過程這一核心問題概括得十分到位，對我們進一步概括“蒙書”的概念很有幫助。以下就張志公的觀點，結合余嘉錫、瞿菊農、鄭阿財和朱鳳玉諸位先生的主張，擬對“蒙書”的概念再做定義。

　　關於敦煌的“蒙書”概念，學界一直不是很明確。早在一九一三年，王國維在《唐寫本〈太公家教〉跋》《唐寫本〈兔園策府〉殘卷跋》中〔二〕，雖然沒有提及“蒙書”的概念，但開啓了敦煌蒙書研究之先河。一九四二年日本學者那波利貞《唐鈔本雜抄考—唐代庶民教育史研究の一資料—》則爲對敦

　　〔一〕　張志公：《傳統語文教育教材論：暨蒙學書目和書影》，第九頁。
　　〔二〕　王國維：《唐寫本〈太公家教〉跋》《唐寫本〈兔園策府〉殘卷跋》，王國維：《觀堂集林》，中華書局，一九五九年，第一〇一二～一〇一五頁。

煌蒙書進行深入研究之始[一]。

　　隨着學界對敦煌蒙書整理、研究的不斷深入，需要進一步對敦煌蒙書加以鑒別、歸類，故對"蒙書"概念的探討就提上日程[二]。汪泛舟在一九八八年發表《敦煌的童蒙讀物》一文，使用了"童蒙讀物"的概念，依據敦煌文書的兩百多件"兒童讀物"的内容和性質、重點，將其分爲：一識字類：《字書》《新集時用要字壹千三百言》等；二教育類：《太公家教》《百行章》等；三應用類：《吉凶書儀》等，共計三十六種。顯然，汪泛舟從"童蒙讀物"角度來分類有點寬泛，故將《姓望書》《郡望姓氏書》《吉凶書儀》《書儀鏡》《新定書儀鏡》《大唐新定吉凶書儀》《新集諸家九族尊卑書儀》《新集吉凶書儀二卷》《漢藏對譯〈佛學字書〉》《大寶積經難字》《大般若經難字》《涅槃經難字》《字寶》等不太適合兒童誦讀的書目也納入了"童蒙讀物"範圍之内[三]。

　　鄭阿財教授是最早對敦煌蒙書進行專題性、整體性研究的學者，在一九九一年發表的《敦煌蒙書析論》中，明確提出了"蒙書"的概念，分爲

　　〔一〕［日］那波利貞：《唐鈔本雜抄考—唐代庶民教育史研究の一資料—》，一九四二年；［日］那波利貞：《唐代社會文化史研究》第二編，創文社，一九七四年，第一九七～二六八頁。

　　〔二〕"總論"中所涉及敦煌蒙書的編號及其内容衆多，主要見於近年來上海古籍出版社等出版社整理的各類大型敦煌文獻，若非特殊情況，爲節省篇幅，不再一一注明卷號。相關參引文獻均出自如下敦煌文獻：中國社會科學院歷史研究所、中國敦煌吐魯番學會敦煌古文獻編輯委員會、英國國家圖書館、倫敦大學亞非學院編：《英藏敦煌文獻》第一～一四卷，四川人民出版社，一九九〇～一九九五年；上海古籍出版社、法國國家圖書館編：《法藏敦煌西域文獻》第一～三四册，上海古籍出版社，一九九四～二〇〇五年；俄羅斯科學院東方研究所聖彼得堡分所、俄羅斯科學出版社東方文學部、上海古籍出版社編：《俄藏敦煌文獻》第一～一七册，上海古籍出版社、俄羅斯科學出版社東方文學部，一九九二～二〇〇一年；中國國家圖書館編：《國家圖書館藏敦煌遺書》第一～一四六册，北京圖書館出版社，二〇〇五～二〇一二年；武田科學振興財團杏雨書屋、［日］吉川忠夫編：《敦煌秘笈》第一～九册，はまや印刷株式會社，二〇〇九～二〇一三年，等等。

　　〔三〕汪泛舟：《敦煌的童蒙讀物》，《文史知識》一九八八年第八期，第一〇四～一〇七頁。

識字類、思想類與知識類三大類，其下又分若干小類，收錄了二十六種敦煌蒙書，凡二百二十九件抄本〔一〕。次年，日本學者東野治之在《訓蒙書》中，以學仕郎、學生抄寫使用的讀物作爲認定"訓蒙書"的標準，認定《古文尚書》《毛詩》《孝經》《論語》《論語集解》《殘卜筮書》《秦婦吟》《詠孝經》《孔子項託》《鷰子賦》《子虚賦・滄浪賦》《貳師泉賦・漁父歌》《李陵與蘇武書》《王梵志詩集》《敦煌廿詠》《金剛般若波羅蜜經》等二十六種，共四十七件抄本。顯然，東野治之以學士郎即兒童身份作爲判定"訓蒙書"的標準，似乎很難準確定義"訓蒙書"的範圍和概念，將《鷰子賦》《子虚賦・滄浪賦》《貳師泉賦・漁父歌》《李陵與蘇武書》《敦煌廿詠》《金剛般若波羅蜜經》等都認定爲"訓蒙書"，似乎太過寬泛〔二〕。因此，鄭阿財教授認爲："對蒙書的判定，似宜先採廣泛收錄，再細定標準加以擇別區分。其主要依據應就寫本内容、性質與功能分析；再據寫卷原有序文，以窺知其編撰目標與動機；從寫本實際流傳與抄寫情況、抄者身份等，綜合推論較爲穩當。"〔三〕

　　基於上述原則，鄭阿財、朱鳳玉在《敦煌蒙書研究》一書中，分三大類叙錄了敦煌蒙書二十五種，凡二百五十件抄本。其一識字類：《千字文》《新合六字千文》《開蒙要訓》《百家姓》《俗務要名林》《雜集時用要字》《碎金》《白家碎金》《上大夫》，凡九種；其二知識類：《雜抄》《孔子備問書》《古賢集》《蒙求》《兔園策府》《九九乘法歌》，凡六種；其三德行類：《新集文詞九經抄》《文詞教林》《百行章》《太公家教》《武王家教》《辯才家教》《崔氏夫人訓女文》《新集嚴父教》《王梵志詩》一卷本，凡十種。自該書問世以來，備受學界關注，目前是學界公認的"敦煌蒙書"收錄最全，認可度最高的觀點〔四〕。

　　"蒙書"是個動態和歷史性的概念，因時代的不同，研究者的視角和立場

　　〔一〕　鄭阿財：《敦煌蒙書析論》，《第二屆敦煌學國際研討會論文集》，第二一二頁。

　　〔二〕　〔日〕池田溫編：《講座敦煌5・敦煌漢文文獻》，大東出版社，一九九二年，第四〇三～四〇七頁。

　　〔三〕　鄭阿財：《敦煌蒙書研究的回顧與前瞻》，《敦煌吐魯番研究》第七卷，中華書局，二〇〇四年，第二五四～二七五頁。

　　〔四〕　鄭阿財、朱鳳玉：《敦煌蒙書研究》，第二～八頁。

不同，容易出現盲人摸象的問題。因此，黄正建《蒙書與童蒙書——敦煌寫本蒙書研究芻議》一文，通過對東野治之《訓蒙書》、鄭阿財《敦煌蒙書研究》、張新朋《敦煌寫本〈開蒙要訓〉研究》、金瀅坤《唐代敦煌寺學與童蒙教育》等有關"蒙書""童蒙的讀物""童蒙的課本"的看法進行檢討，提出了一些質疑性看法[一]。這在很大程度上反映了學界和社會大衆對"蒙書""兒童讀物"和"兒童課本"的困惑，有必要對此進行探討，以明確本套叢書選定敦煌"蒙書"的標準和依據，使得學界對"蒙書"概念更加明晰。

2.蒙書的定義

"蒙書"界定應該有狹義和廣義之分。狹義蒙書，主要指中國古代專門爲兒童啓蒙教育而編撰的教材和讀物。廣義蒙書，指古代公私之學用於啓蒙或開蒙教育的書，以"童蒙教育"爲中心，也包含對青少年、少數成人的開蒙教育所使用的教材和讀物。廣義的蒙書不僅包括狹義的蒙書，而且包括諸如《俗務要名林》《碎金》等字書、《武王家教》《辯才家教》等"家教"讀物。從作者編撰意圖來看，這些書并非專門爲童蒙教育而作，但因其內容適當、篇幅短小，比較適合童蒙教育，而常被世人作爲童蒙教育的教材使用，故將其視爲廣義蒙書。需要説明的是，字書、家教等之所以被稱爲"蒙書"，是因其常被作爲教育童蒙的教材，而《孝經》《論語》雖可作爲童蒙教材，但并非蒙書。即便是《孝經》有"童蒙小學之書""童蒙之書"之名，也不是廣義"蒙書"。因爲《孝經》《論語》自成書以來就作爲儒家最核心的經典，也是隋唐以來科舉考試最基礎的內容，雖作爲童蒙教材使用，但并非專爲兒童而做，雖主要供少年、成人學習之用，也未改變其爲儒家經典的性質。

蒙書與童蒙教材、童蒙讀物的關係既有交互之處，又有差別。所謂童蒙教材，指兒童啓蒙教育中的教學用書，也稱課本，即指用作兒童啓蒙教育課本的字書、蒙書、家訓及儒家經典、史書、文集、類書等。所謂童蒙讀物，指童蒙教材之外，爲擴大知識量、提高寫作能力而供兒童閱讀的各種書

〔一〕　黄正建：《蒙書與童蒙書——敦煌寫本蒙書研究芻議》，《敦煌研究》二〇二〇年第一期，第九四頁。

籍，文體不限，原則上講童蒙教材是最基礎的學習和閱讀的内容，童蒙讀物是擴展内容。其實，《語對》《籑金》《兔園策府》和一卷本《王梵志詩》等蒙書，編撰的目的并非專門爲童蒙教育而做，但因其内容比較適合兒童閱讀，符合童蒙教育的需求，而被世人逐漸作爲常用童蒙讀物，或改編成適合兒童閱讀、學習、寫作詩文的讀物，也就變成了蒙書。最爲典型的《略出籑金》，就是在《籑金》基礎上删減而來，作爲兒童啓蒙教育讀物，也可視爲蒙書。

3.蒙書的特點

僅憑"蒙書"的概念從七萬餘件敦煌文獻中辨別"蒙書"是十分困難的事，我們必須充分考慮"蒙書"的特點，可以從其基礎性、啓蒙性、學科性、階段性、階層性和時代性入手。

其一，基礎性與學科性。蒙書的基礎性或稱開蒙性，主要是指教育的入門、啓蒙之特性，爲兒童的啓蒙、發蒙、開蒙、諭蒙服務。蒙書的基礎性因專業、學科内容不同而有很大差異，不同學科的蒙書存在着明顯的學科差異。隨着時代發展，不同歷史階段學科發展有很大差異，蒙書就出現了學科性。蒙書的基礎性是由其學科内容決定的，是指某個學科領域最爲基礎的知識、理論和學習方法等。比如字書類蒙書，史游《急就篇》最能體現基礎性特點，其内容一爲"人名"，介紹姓氏文化；二爲"名物"，枚舉衣食、器物、鳥獸、音樂、宮室、疾病等；三爲典章制度，介紹禮法、典故、職官等。雖然其内容涉及了不同學科，但對於兒童識字和增長知識來講，均爲最基礎的知識。《千字文》在《急就篇》基礎上有所發展，内容更爲豐富，增加了天文、人物、典章、制度、勸學、處世、道德方面的内容，對偶押韻，邏輯嚴密，説教明顯，但均爲相關學科的基礎性内容。在兒童接受識字教育的同時，會對其進行習字教育，敦煌文獻中發現的《上大夫》，僅有"上大夫，丘乙己，化三千，七十士，尔小生，八九子"等十八個字，筆畫簡單，比較適合初學者練習漢字的筆畫，掌握書法的基本技巧。隨着唐代科舉重詩賦的影響，童蒙教育對屬對、屬文教育加强，於是出現了《文場秀句》按事類對麗詞進行分類注解的蒙書，爲兒童學習屬對提供最基礎、最簡單詞彙，以及相關典故，用於訓練兒童屬對的基本知識和技巧、方法等。大概在十歲以後，童蒙屬對訓練之後〔一〕，就需要屬文訓練。於是就出現了敦煌本失名《策府》之類的屬文類蒙書，多在三百字左右，基本採用四六句駢文，前後對偶、押韻，并具備對策的基本結構，爲童蒙學習對策的範文。與《策府》相似的是杜嗣先《兔園策府》，爲其受蔣王惲之命，模仿科舉對策而編撰的範文，既然是範文，自然是爲子弟準備學習對策參考使用，在中晚唐五代被鄉校俚儒作爲教兒童的蒙書，廣泛使用。《兔園策府》相對《千字文》而言，其内容雖然更爲廣泛，難度更大，用詞、用典更爲講究，且有明確的作文結構和技巧，針對的主要對象是十歲至十五歲的大齡兒童，且有一定的識字、屬對基礎。但就屬文即作文而言，仍爲初級階段，爲最基礎、基本的入門性質的，"鄉校俚儒教田夫牧子之所誦"的蒙書，而被世人嘲笑淺薄〔二〕。此外，敦煌文獻中發現的《九九乘法歌》《立成算經》均爲中國古代算術學科領域的最基礎、入門階段蒙書。明清以後，更是向專科類發展，出現了《天文歌略》《地理歌略》《植物學歌略》以及《農用雜字》《士農工商買賣雜字》等專業性非常强的入門、開蒙類書籍，本質都可以視作蒙書。

　　其二，階段性。狹義的"蒙書"主要編撰對象爲兒童，在兒童不同年齡段的教育，所用的蒙書也有很大不同。若按照《禮記》的規定，兒童六歲始"教之數與方名"，十五歲成童〔三〕，此後歷代王朝太學、國子監、州縣學、府學等中央和地方官學的入學年齡基本上限定在十四歲以上，即以成童爲界限，所以筆者大致以此作爲兒童的畫分標準。六至十五歲，按照現在中國的學制，主要爲小學、初中階段，也包含了幼兒園大班，相當於今天的兒童和年齡較

　　〔一〕　宋仁宗至和元年（一〇五四）製定《京兆府小學規》云："第二等，每日念書約一百字，學書十行，吟詩一絶，對屬一聯，念賦二韻，記故事二件。"（見私人拓片）唐代雖然没有記載私學中進行對屬訓練的記載，但《文場秀句》《語對》等"屬對"類蒙書發現足以説明唐代童蒙屬對教育的問題。

　　〔二〕　（宋）歐陽修撰：《新五代史》卷五五《劉岳傳》，中華書局，一九七四年，第六三二頁；又見（五代）孫光憲撰：《北夢瑣言》卷一九《詼諧所累》，中華書局，二〇〇二年，第三四九~三五〇頁。

　　〔三〕　（唐）杜佑撰，王文錦等點校：《通典》卷五六《禮典十六·沿革十六》，中華書局，一九八八年，第一五七一頁。

小的少年，是一個人接受教育的最重要的時期。結合現代幼兒園、小學和初中教育的内容，這個時段的教材、讀物難易程度相差非常大，在中國古代也是一樣。考慮到隋唐以前的童蒙教育主要以識字教育和經學教育爲主，蒙書主要是字書，兒童教育層級性不是很明顯，本書不予討論。以唐代童蒙教育爲例，存在階段性，李恕《戒子拾遺》中製定了對子弟的培養方案，"男子六歲教之方名，七歲讀《論語》《孝經》，八歲誦《爾雅》《離騷》，十歲出就師傅，居宿於外，十一專習兩經"〔一〕。具體來講，幼兒在六歲便接受算數、時令、方位（空間）和名物等最基本的日常生活、生產知識的教育，主要學習《千字文》《開蒙要訓》《雜抄》《孔子備問書》等識字類和知識類蒙書，七歲讀《論語》《孝經》，八至九歲誦"兼通學藝"的《爾雅》《離騷》〔二〕，就開始經學啓蒙教育。同時，應該學習《太公家教》《武王家教》等家教和《百行章》等道德類蒙書，進行道德行爲規範教育，爲外出拜師求學打基礎、學規矩。十歲外出拜師學習《蒙求》等知識類蒙書，《語對》《文場秀句》等屬對類蒙書，《事林》等故事類蒙書，爲將來從事專經（明經），抑或屬文（進士）等舉業打基礎。至十一歲"專習兩經"，其實就是指爲參加明經科考試做準備。考慮到李恕撰寫此書在開元以前，進士科尚不興盛，故用"專習兩經"指代舉業。隨着開元以後，進士科與明經科代表的文學與經學逐漸分野，童蒙教育大概在十一二歲的時候也相應出現了專經和屬文的分化。於是在十一至十五歲階段的兒童主要閲讀《新集文詞九經抄》《文詞教林》《楊滿山詠孝經壹拾捌章》等經典摘編和歌詠類蒙書，既可以幫助專經者分類記憶、理解經書精粹，同時可以爲屬文者提供典故和寫作語料支持。而《事林》《事森》等故事類蒙書，可以豐富兒童的歷史知識，對明經科、進士科對策和屬文都有幫助。至於《策府》《兔園策府》和李嶠《雜詠》等均爲屬文類蒙書，應該爲意欲從事舉業的快要成童者提供屬文的範文。

〔一〕（宋）劉清之撰，吳敏霞等注譯：《戒子通録》卷三，三秦出版社，二〇〇六年，第五八六頁。

〔二〕參見高明士：《隋唐貢舉制度》表四《唐代貢舉科目兼習學藝表》，文津出版社，一九九九年，第二八三頁。

其三，階層性。中國古代社會結構發生了很大變化，不同的社會階層對子弟教育所需蒙書有很大差別。以《千字文》爲例，由於南朝是士族社會，此書乃周興嗣受梁武帝之命編撰，周興嗣出身并不顯貴，善屬文，"其文甚美"。《千字文》格局高昂，雖然也涉及到天地、節令、農業生產、名物、典故、制度等字書常見内容，但其文詞典雅、引經據典、次韻嚴格，多涉禮法、人倫、道德、勸學、勵志、孝悌、睦鄰、修身、言行、舉止、處世、應對、選舉，以及賢良將相、豐功偉績等内容，旨在讓子弟在學習的過程中，不僅要識字、掌握各種知識，而且要立鴻鵠之志，見賢思齊，勵志報國，光大門庭。相對《千字文》是一部文辭華美、非常經典的字書而言，《俗務要名林》主要是爲庶民階層編撰的蒙書，其内容主要是有關生產生活中常用的名物以及倫理關係等，以備日常生產、生活中的實際之需，相對實用，但仍不失基礎、開蒙之性質。又《百行章》作者爲唐初宰相杜正倫，屬於高門士族，兄弟三人在隋朝秀才及第，衣冠天下。其兄正藏著《文章體式》，時人號爲"文軌"〔一〕。杜正倫"善屬文，深明釋典"，以"舉行能之人"見用〔二〕，曾以中書侍郎兼太子左庶子，以侍從贊相太子，蓋在此期間，有感而發做此書。從其《百行章·序》所言，杜正倫主要依據《論語》《孝經》的"忠孝"思想、倫理道德，及修身、齊家、治國的學術觀點，"録要真之言，合爲《百行章》一卷"，分八十六章對子弟的所謂"百行"進行分章規範、約束，不求高位虛名，旨在盡節立孝、廣學仕君、踐行經典，格局甚高，積極向上，頗有世家大族對社會、君王和家庭的擔當精神與責任。與《武王家教》《辯才家教》偏向庶族百姓，内容較爲現實、關注治家，且勸誡的多爲諸種不當、不雅行爲舉止，形成了鮮明差別。但《武王家教》《辯才家教》的出現比較符合中晚唐士族走向衰落，没落士族和庶族階層面對現實，積極編撰新時代的符合社會中下層民衆需要的家教類德行蒙書這一情況。此類情況不再枚舉。

其四，時代性。中國古代童蒙教育受國家、政體、家庭、地域、文化、

〔一〕《隋書》卷七六《杜正玄傳附正藏傳》，第一七四八頁。

〔二〕《舊唐書》卷七〇《杜正倫傳》，第二五四一頁。

政治、民族等諸多因素的影響，體現的是國家意志、統治階層的觀念，與學校教育制度、選舉制度、文化思想等變遷緊密相連，導致所謂的"小兒書""蒙書"的内容、主旨和名目等都在不斷變化，具有明顯的時代性特點。因此，"蒙書"的概念，必須將中國童蒙教育與中國古代歷史發展變化相結合，分不同歷史時期具體概括其主要特徵，而不是以僵化的標準籠統套用。一九三七年，李廉方《中國古代的小學教育》一文高度概括了中國古代的小學教育史，將中國古代小學教育分爲三代以前、選舉時代、科舉時代三個階段，按時代特點對小學教育的教材種類進行過概括[一]。兹分先秦、秦漢南北朝、隋唐五代、宋元以後四個時段，進行概述。

一是，先秦時期，識字、書計之學。先秦時期是"分封建制"的時代，夏商周中央王朝和諸侯國建立了庠序等學校教育機構，諸王和公卿子弟可以接受官學教育，其中也包括了童蒙教育。春秋以來，"學在官府"的格局被打破，私人講學興起，但童蒙教育以識字、書計之學爲主，故保留下來的童蒙讀物《史籀》等也大體屬於識字類字書。由於先秦時期没有統一的文字、文化、制度，故很難出現流行的、統一的"蒙書"。

二是，秦漢南北朝時期，識字教育大發展。秦漢時期，中國建立大一統的中央王朝，秦實行統一文字、文化的政策，頒行《倉頡》《爰歷》《博學》三部字書，可以説極大促進了童蒙識字教育的發展。該時期《急就篇》《千字文》代表了中國古代識字蒙書的最高水平，涌現了諸如《開蒙要訓》《小學篇》《始學》《啓蒙記》《篆書千字文》《演千字文》《要字苑》《正名》等衆多字書，出現了《女史篇》《勸學》《真言鑒誡》等勸誡類蒙書[二]。其原因是察舉制度的實行，選官主要憑藉的是門第，而不是才學，雖然當時官學和家學、個人講學等私學教育也較前朝有很大發展，但童蒙教育總體局限於士家大族子弟，在識字教育之外，童蒙教育的内容主要是《孝經》《論語》以及"五經"相關的經學教育，也是受察舉制度選舉重"明經""德行"標準的影響。

〔一〕 收入郭戈編：《李廉方教育文存》，人民教育出版社，二〇〇六年，第四三二～四四九頁。

〔二〕 參見《隋書》卷三二《經籍志一》，第九四二～九四三頁。

　　三是，隋唐五代時期“蒙書”的多樣化發展。張志公將魏晋隋唐放在一起，認爲唐代蒙書的貢獻主要集中在封建思想教育的蒙書（《太公家教》）、掌故故事蒙書（《兔園策》《蒙求》）兩個方面〔一〕。顯然，魏晋與隋唐是常見的歷史分期法，但就童蒙教育而言，兩個時期存在很大差异。其主要因素，是隋唐帝國終結了魏晋南北朝時期的士族政治，兩個時代有質的差別，唐代科舉考試制度的盛行直接導致教育的下移，極大促進了唐代童蒙教育的發展，蒙書編撰得到了前所未有的發展。科舉制度改變了察舉時代以識字爲主的“字書”蒙書的編撰局面，增加了知識、道德、文學類蒙書。（一）拓展識字類蒙書，趨向專業化、多樣化。將《千字文》進行改編、注釋和翻譯，出現了《六字千字文》《千字文注》和翻譯類蒙書《蕃漢千字文》等。又發展出了《俗務要名林》《雜集時用要字》等雜字類字書，以及《碎金》《白家碎金》等俗字類字書。（二）開創知識類蒙書。雖然此前《開蒙要訓》等字書，也包含了豐富知識，但不是以普及知識爲主。唐代李翰《蒙求》開創了以典故、人物故事屬對類事，將勵志與歷史教育相結合的一種專門的綜合知識教育的“蒙書”，被後世不斷發揚，成爲“蒙求體”，在古代中國和東亞影響極大。余嘉錫、張志公和鄭阿財等先生均將其視作“知識”類蒙書之始〔二〕，此類蒙書在敦煌文獻中還有《古賢集》《雜抄》《孔子備問書》等等。知識類蒙書的産生與科舉考試詩賦、對策考試注重用典，以及大量設置歷史、博學等制舉和常舉科目有很大關係〔三〕。（三）開創了德行類蒙書。唐代受魏晋以來《顔氏家訓》等家訓、家教興盛的影響〔四〕，出現了針對兒童的《太公家教》《武王家教》《辯

　　〔一〕　參閲張志公：《傳統語文教育初探：附蒙學書目稿》，上海教育出版社，一九六二年，第五頁。

　　〔二〕　參閲余嘉錫：《余嘉錫論學雜著》，第六〇五～六〇六頁；張志公：《傳統語文教育初探：附蒙學書目稿》，第五二～五九頁；鄭阿財、朱鳳玉：《敦煌蒙書研究》，第二二七頁。

　　〔三〕　金瀅坤：《中國科舉制度通史·隋唐五代卷》，上海人民出版社，二〇一五年，第四六九～四七五頁。

　　〔四〕　金瀅坤：《唐代家訓、家法、家風與童蒙教育考察》，《浙江師範大學學報（社會科學版）》二〇二〇年第一期，第一四頁。

才家教》《新集嚴父教》和《崔氏訓女文》等家教類蒙書，同時出現了《百行章》《文詞教林》《新集文詞九經抄》等訓誡、格言類蒙書，以及《王梵志詩》等勸世詩類，也就是瞿菊農所説的“封建倫理道德”和張志公所言“封建思想教育”〔一〕。（四）開創文學類蒙書。瞿菊農〔二〕、張志公認爲的童蒙屬文教育是在宋代〔三〕，顯然不妥。文學是唐代選官、品評人物的重要標準，也是唐代“以文取士”的具體體現，本書借用“屬文”之詞，指代童蒙的“屬文”“屬對”等進行作文訓練，稱之爲“文學”類蒙書。屬文類，主要指爲滿足童蒙學習屬文需求而編纂的供童蒙閲讀、習作的範文。詩賦讀本有《李嶠雜詠注》及《燕子賦》《楊滿山詠孝經壹拾捌章》，策文有《兔園策府》等，爲瞿菊農所説的“作深造進修的準備或準備應考”。還有《事森》《事林》等故事類蒙書，宋代發展爲散文體的故事書《書言故事》。唐代開創了童蒙“屬對”類蒙書的先例，敦煌文獻中發現的《文場秀句》《語對》《略出籝金》等屬對類蒙書，爲學界了解唐代訓練兒童學習詩賦之前的“屬對”情況提供了有力證據。（五）豐富了書算類蒙書。如唐代出現《上大夫》《牛羊千口》《上士由山水》等習字類蒙書，多内容簡短，筆畫簡單，方便幼童使用，極大豐富了兒童書法教育。

四是，宋元以後，隨着官學中小學、社學教育的普及以及家塾等日漸興盛，童蒙教育深入到了社會底層。蒙書較唐代有了更大發展，并日漸分化出新的門類。（一）識字字書類蒙書，逐漸形成了以“三、百、千”爲主的識字教材，出現了《三字經》《千字文》《百家姓》的各種注本和改寫本、別本，數量達數百種，并分化出了衆多農工商各類之“雜字”，社會化掃盲功能突出。（二）知識類蒙書更加細化，隨學科發展而不斷增加。在新增《十七史蒙求》《左氏蒙求》《本朝蒙求》等諸種“蒙求體”蒙書的基礎上，出現了《史學提要》《小四書》《史韻》《簡略四子書》等歷史知識和《名物蒙求》《植物

〔一〕 參閱張志公：《傳統語文教育初探：附蒙學書目稿》，第五頁。

〔二〕 瞿菊農：《中國古代蒙學教材》，《北京師範大學學報（社會科學版）》一九六一年第四期，第四五～四六頁。

〔三〕 參閱張志公：《傳統語文教育初探：附蒙學書目稿》，第一〇〇～一〇一頁。

學歌略》《動物學歌略》等各學科知識類蒙書。（三）德行類蒙書教育理學傾向明顯。隨着宋元理學、王陽明心學先後崛起，道德行爲教育也相應發生了變化。宋代以後新編的《三字經》《小學》《童蒙須知》等蒙書把理學思想灌輸到童蒙教材中，出現了《弟子職》等大量具有理學、心學内容的訓誡讀物。（四）文學類蒙書更爲豐富。出現了《千家詩》《神童詩》《唐詩三百首》《書言故事》等大量與詩歌、散文有關的屬文類蒙書。《對類》《聲律啓蒙》《笠翁對韻》等屬對類蒙書得到快速發展，供童蒙程式化作文訓練，或簡單習文之用，以備畢業。（五）書算類蒙書向專業、專科蒙書發展。如《釋氏蒙求》《梵語千字文序》《録梵語千字文序》《五杉練若新學備用》等佛教蒙書，《新學三字經》《植物學歌略》《動物學歌略》《文字蒙求》《歷代名醫蒙求》《藥性蒙求》《風雅蒙求》等專科、專學蒙書。

4.敦煌蒙書的認定

敦煌蒙書的認定是個非常複雜的過程，需要考慮多種因素。本叢書對於敦煌蒙書的認定主要依據前文主張的廣義“蒙書”概念，充分考慮唐五代蒙書的基礎性、學科性、階段性、階級性和時代性等特點，并結合敦煌文獻的特殊性，對相關文書進行認定。針對敦煌文獻中的對象文書（相關文書），將從以下九點標準進行認定。

其一，對已有明確記載爲蒙書者，直接收入叢書名目。如《千字文》《開蒙要訓》《蒙求》《兔園策府》《李嶠雜詠注》《上大夫》等。相關敦煌文書的書名、序、跋和正文中，已經明確交待其爲教示童蒙而編撰，作爲課本、讀物使用的具有開蒙性質的基礎性書目，或可以推斷出爲蒙書者，即可視爲蒙書，如《太公家教》《新集嚴父教》《新集文詞九經抄》《文詞教林》等。對象文書雖無學郎題記，但唐宋以來世人明確將其作爲蒙書，或書志目録、志書、史籍記載其爲蒙書，并具備蒙書的基礎性和開蒙性質者，可認定爲蒙書，如《文場秀句》等。

其二，相關文書明確有學生、學郎抄寫題記，可證明其爲學郎書寫的作業、課本，且比較多見，即在敦煌文獻中保存，由不同學郎抄寫三件以上者，且具備蒙書基礎性的特點者，可視作蒙書，如《百行章》等。

其三，相關文書與若干文書同抄在一起，判定對象僅爲其中的一篇文書，而其他同抄文書中有明確爲蒙書，或有學郎題記者，且具備蒙書的基礎性等特點者，又時代大體相當者，可作爲認定標準之一。

其四，考察相關文書是否具備蒙書基礎性特點，即內容具備篇幅短小、淺顯易懂等基礎性、啓蒙性的特點，且字數在三千左右者，考慮到蒙書的階段性，接近成童的大齡童子學習能力較强，諸如《事林》《事森》等故事類、《語對》《略出纂金》等屬對類、《李嶠雜詠注》等屬文類蒙書，其字數可以放寬到五千字左右，可作爲參照條件之一。

其五，考察相關文書內容，是否有與已經明確的同類蒙書內容相近、編撰體例相似者，且具備基礎性等蒙書特點，可作爲參考條件之一。

其六，比照中古蒙書的編撰特點，以四言短句居多，具有押韻對偶、事類簡單等特點者，且具備相關不同學科性質蒙書特點，可以作爲參考條件之一。

其七，比照中古蒙書的編撰特點，多摘編經典、名言警句、俗語諺語等，具有事類編撰特點者，且具備相關不同學科性質蒙書特點，可以作爲參考條件之一。

其八，比照中古蒙書的編撰特點，以事類編排，以麗詞對偶，并摘編經典語句、名言對其解釋，明顯作爲兒童"屬辭比事"之用，進行詞語、典故屬對訓練，熟練掌握音韻押韻，爲作詩習文訓練做準備者，可以作爲參考條件之一。

其九，比照蒙書多具訓誡、説教、勸學的特點，即啓蒙教育特點明顯者，可以作爲參考條件之一。

基於敦煌蒙書的特殊性，很多蒙書沒有明確記載其性質，且後世典籍中沒有收錄，故需要在廣義"蒙書"概念基礎上，充分考慮蒙書基礎性的特點，集合蒙書學科性、階段性、階層性和時代性等特點，依據上述第三至九條認定標準，逐一比對核實。若敦煌文書的判定對象符合其中三項者，即可認定爲蒙書。每部蒙書詳細認定情況請參見具體分卷蒙書的相關研究。當然，需要指出的是，敦煌蒙書并非特指敦煌地區的文人所做，而是指敦煌文獻中發現的蒙書。

（二）敦煌“家教”類蒙書與家訓、類書的關係

在界定敦煌“蒙書”之後，我們有必要討論一下敦煌文獻中的“家訓”“類書”與敦煌“蒙書”的關係，以便決定《敦煌蒙書校釋與研究》對“類書”“家訓”中的“蒙書”進行篩選。

1.敦煌“家教”類蒙書與家訓的關係

敦煌文獻中的《太公家教》《武王家教》《新集嚴父教》《辯才家教》，爲大家所公認的四部“家教”類蒙書〔一〕，兹就“家教”與“家訓”兩者之間的關係展開討論。余嘉錫在《内閣大庫本碎金跋》中將《太公家教》歸入“格言類”〔二〕，張志公《傳統語文教育教材論》受其影響，亦將《太公家教》歸入其“封建思想教育的蒙書”之“格言諺語”類〔三〕。改革開放以後，周丕顯《敦煌“童蒙”“家訓”寫本之考察》把《太公家教》歸入“家訓”，認爲是“‘家訓’‘家教’‘家箴’之類著作，是我國歷史上家長用於訓誡、教育子弟及後代的倫理、規勸文字”〔四〕。汪泛舟《敦煌的童蒙讀物》將敦煌“家教”歸入“童蒙讀物”之“教育類”〔五〕，鄭阿財《敦煌蒙書析論》將其歸入“思想類”之“家訓類”〔六〕。後來，鄭阿財、朱鳳玉合著的《敦煌蒙書研究》將其并入“德行類蒙書”之“家訓類蒙書”〔七〕。從學界對《太公家教》等“家教”的認識來看，

〔一〕　鄭志明：《敦煌寫本家教類的庶民教育》，《第二屆敦煌學國際研討會論文集》，第一二五～一四四頁。

〔二〕　余嘉錫：《内閣大庫本碎金跋》，余嘉錫：《余嘉錫論學雜著》，中華書局，一九六三年，第六〇〇～六〇六頁。

〔三〕　張志公：《傳統語文教育教材論：暨蒙學書目和書影》，中華書局，二〇一三年，第四八～五一頁。

〔四〕　周丕顯：《敦煌“童蒙”“家訓”寫本之考察》，《敦煌學輯刊》一九九三年第一期，第二一～二三頁。

〔五〕　汪泛舟：《敦煌的童蒙讀物》，《文史知識》一九八八年第八期，第一〇四～一〇七頁。

〔六〕　鄭阿財：《敦煌蒙書析論》，《第二屆敦煌學國際研討會論文集》，第二二六～二二七頁。

〔七〕　鄭阿財、朱鳳玉：《敦煌蒙書研究》，第二八七～四四五頁。

一種將其看作"家訓類"蒙書，一種是看作"格言類""小學"類蒙書。雖然各自理由看似都很充足，但仍值得進一步探討。

有關家訓的研究，學界已有不少研究成果[一]，關於家訓和現代家庭教育、童蒙教育，以及傳統文化關係等方面的研究也很多[二]。筆者認為"家訓是中國傳統文化的精髓和特質，通常由家族中學養和威信較高者，總結祖上成功經驗和教訓，汲取主流價值觀念，為子弟製定的生活起居、為人處事、入仕為官等行為準則、經驗教訓，以訓誡子弟"[三]。因此，家訓主要針對家庭、家族内部，具有一定的封閉性，與"家教"有所不同。徐少錦、陳延斌《中國家訓史》對兩者有個簡單區別："家訓與在家教導門生與子弟的家教這兩個範疇之間既有聯繫又有區別，主要是指父祖對子孫、家長對家人、族長對族人的直接訓示、親自教誨，也包括兄長對弟妹的勸勉，夫妻之間的囑託。"[四]似乎對家訓和家教兩者之間的區別説得還不是很清晰。

"家教"一詞與現代教育學相對應的名詞應該就是"家庭教育"。根據王鴻俊《家庭教育》指出："家庭教育，本有廣狹二意；狹義之家庭教育，係指子女入學以前之教育，又名之曰'學前教育'，其意即謂子女入學以前時期之

〔一〕 如汪維玲、王定祥：《中國家訓智慧》，漢欣文化，一九九二年；徐梓：《中國文化通志・家範志》，上海人民出版社，一九九八年；王長金：《傳統家訓思想通論》，吉林人民出版社，二〇〇六年；朱明勳：《中國家訓史論稿》，巴蜀書社，二〇〇八年；林春梅：《宋代家禮家訓的研究》，花木蘭文化出版社，二〇一〇年；徐少錦、陳延斌：《中國家訓史》，人民出版社，二〇一一年；劉欣：《宋代家訓與社會整合研究》，雲南大學出版社，二〇一五年；等等。

〔二〕 如牛志平：《"家訓"與中國傳統家庭教育》，《海南師範大學學報（社會科學版）》二〇一二年第五期，第七九～八六頁；趙小華：《論唐代家訓文化及其文學意義——以初盛唐士大夫為中心的考察》，《貴州社會科學》二〇一〇年第七期，第一〇七～一一三頁；劉劍康：《論中國家訓的起源——兼論儒學與傳統家訓的關係》，《求索》二〇〇〇年第二期，第一〇七～一一二頁；陳志勇：《唐宋家訓發展演變模式探析》，《福建師範大學學報（哲學社會科學版）》二〇〇七年第三期，第一五九～一六三頁；等等。

〔三〕 金瀅坤：《論古代家訓與中國人品格的養成》，《廈門大學學報（哲學社會科學版）》二〇一八年第二期，第二五～三三頁。

〔四〕 徐少錦、陳延斌：《中國家訓史》，人民出版社，二〇一一年，第一頁。

教育，應由家庭負責，子女既入學之後，似可將教育責任，完全委之於學校矣。廣義之家庭教育，係指家庭對於子女，一切直接或間接有意或無意之種種精神上身體上之教育也。"〔一〕"家庭教育"主要針對的是家庭中父母對子女的教育，以及言行和精神的影響。

　　結合古代"家訓"概念和現代"家庭教育"概念來看，"家訓"和"家教"主要有以下幾點區別：

　　第一，內涵不同。家訓，可以包括家範、家法、家訓、家教、家規、家書、家誡、箴言、族規、莊規、宗約、祠約等等，名目衆多，概念更爲廣泛。家教，嚴格地講，是家訓的一種，更注重家庭，弱化家族，屬於被包含的關係。

　　第二，內容不同。家訓往往着眼於宗族內部，偏重於處理宗族內部關係和自治，以及社會處世之道、禮儀應對。家教更偏重於子弟文化知識、德行和禮儀的教育，以及教育子弟的方法等等。

　　第三，範圍不同。家訓往往涉及整個家族上下幾代人，是適用於中國古代宗族社會的需求。家教相對而言，偏重於單個家庭內部對子弟的具體教育行爲。

　　第四，性質不同。家教更傾向於童蒙教育，重在關注子弟幼小時期的教育，而家訓傾向全時段的訓誡，是終生的，故以社會化教育爲主。家教往往可以作爲蒙書使用，家訓祇有少數篇幅短小且適合童蒙教育者，才可以作爲蒙書使用。

　　因此，敦煌文獻中《太公家教》等四部"家教"的發現，作爲現存中國歷史上最早的一批"家教"，對研究"家教"與"家訓"的關係非常有學術價值，特別是對區別"家訓"與"蒙書"的關係有着特殊意義。依據徐少錦、陳延斌的看法："家訓屬於家庭或家族內部的教育，與社會教育、學校教育相比，雖然有許多共同性，但在教育的主體與客體、教育的內容與方法方面，

────────────

　　〔一〕　參閱王鴻俊：《家庭教育》，教育部社會教育司，一九四〇年，第一～二頁；趙忠心：《家庭教育學──教育子女的科學與藝術》，人民教育出版社，二〇〇〇年，第五頁。

則有不少特殊性。比如，家書、家規、遺訓等祇指向家庭或家族的成員，不同於一般的童蒙讀物之適用全社會兒童。"〔一〕依據"家訓"與"童蒙讀物"的重要區別，就是"適用全社會兒童"，那麼"家訓"重視家族、家庭内部，"蒙書"就是社會性更强，不局限於家庭、家族内部。其實，敦煌文獻中的四部家教就集中反映了這一特點。

唐代士族的形成与維繫，不僅僅是世代保持高官厚禄，"而實以家學及禮法等標异於其他諸姓"〔二〕，士家大族"既在其門風之優美，不同於凡庶，而優美之門風實基與學業之因襲"〔三〕。因此，唐代大士族之家普遍重視學業、品德、家學、家風〔四〕，用以教育子弟，確保門第不衰，重視家訓、家法和家風建設。

家訓的興盛是在隋唐之際，以隋開皇中顔之推所作《顔氏家訓》最具代表性。進入唐代之後，士家大族編撰家訓的風氣很盛，唐初王方慶爲書聖王羲之之後，曾爲武周宰相，作《王氏訓誡》《友悌録》，以訓誡子弟。中唐皇甫七纂作《家範》數千言，被梁肅稱讚爲"名者公器"〔五〕。以家法嚴明著稱者，爲河東柳氏柳子温家族，其曾孫玭作《戒子孫》《家訓》最爲知名。還有針對女性的宋若莘等作《女論語》、敦煌文獻中的《崔氏夫人訓女文》等女訓。

隨着中晚唐士族的衰落，家訓的形式又有所轉變，出現了《太公家教》《武王家教》《辯才家教》《新集嚴父教》四部"家教"，借助古代先賢之名編撰家教，模糊姓氏，并不限於一家一姓，而是面向天下百姓。敦煌文書中發現的《辯才家教》《新集嚴父教》都屬於此類。這些家教的產生伴隨着唐五代士族的衰落、文化教育的下移，家訓也成爲尋常百姓家庭的需要，從而使《顔氏家訓》等某一姓氏的"家訓"，轉向《新集嚴父教》等迎合大衆百姓的

〔一〕 徐少錦、陳延斌：《中國家訓史》，第一頁。

〔二〕 陳寅恪：《唐代政治史述論稿》中篇《政治革命及黨派分野》，上海古籍出版社，一九九七年，第六九頁。

〔三〕 陳寅恪：《唐代政治史述論稿》中篇《政治革命及黨派分野》，第七一頁。

〔四〕 錢穆：《略論魏晋南北朝學術文化與當時門第之關係》，《新亞學報》第五卷第二期，一九六三年，第二三～七八頁。

〔五〕 （唐）梁肅撰，胡大浚、張春雯校點整理：《梁肅文集》卷二《送皇甫七赴廣州序》，甘肅人民出版社，二〇〇〇年，第六四頁。

"家訓"〔一〕。

　　"家教"不冠姓氏，更突出童蒙教育的特點，最終走向社會；"家訓"多冠名姓氏，强調重家族内部的意義。因此，家訓重在家族内部關係的治理。如《顔氏家訓》中設立《教子》《兄弟》《後娶》三篇，對應父子、兄弟、夫婦三種關係。司馬光的《家範》詳細地討論了祖、父、母、子、女、孫、伯叔父、侄、兄、弟、姑姊妹、夫、妻、舅甥、舅姑、婦、妾、乳母等十八種家族成員的行爲規範〔二〕。"家教"趨向社會，故發展爲"格言類"蒙書，余嘉錫認爲"格言"類蒙書以《太公家教》爲源頭，後世有《童蒙須知》《格言聯璧》等蒙書。從這種意義講，家教與家訓存在一定的差别，兩者代表不同的發展方向。

　　唐代四部"家教"又有各自差异，可以反映唐代"家教"的多樣性。兹分别加以説明：

　　其一，《太公家教》。《太公家教》的編撰目的，在其序和跋中有所交待。《太公家教·序》明確講編書的目的是"助誘童兒，流傳萬代"，面向社會大衆，與"家訓"訓誡功能主要面向家族并冠以姓氏有很大差别，正好説明其"蒙書"的特徵。其跋云："唯貪此書一卷，不用黄金千車，集之數韻，未辨疵瑕，本不呈於君子，意欲教於童兒。"明確交代編書的目的，并没有强調教示自家子弟。結合《太公家教》編撰體例，將前人格言警句、諺語俗語，改寫爲四言爲主，兼及五言、六言的句式，前後對偶、押韻，從孝悌、應對、師友、言行、勸學、處世等諸多層面進行勸教，主要是德行和勸學内容，開創了德行類，即格言類蒙書的先例。不過，該書多次提到"教子之法""養子之法""育女之法"等語，説明作者的着眼點是家長教育兒女，與現代家庭教育比較相近，此蓋題名"家教"的原因所在。該書在唐代流傳甚廣，宋元時期仍在作爲蒙書使用，并遠播日本。

　　〔一〕　詳見金瀅坤：《唐代家訓、家法、家風與童蒙教育考察》，《浙江師範大學學報（社會科學版）》二〇二〇年第一期，第一三～二一頁。
　　〔二〕　王美華：《中古家訓的社會價值分析》，《古籍整理研究學刊》二〇〇六年第一期，第六一頁。

其二，《武王家教》。《武王家教》常常抄寫在《太公家教》之後，甚至不署其名，以致被後人當作《太公家教》的一部分。但該書編撰體例和内容與《太公家教》差距甚大，爲後人仿效《太公家教》之作，係借名周武王，題爲《武王家教》的一部"家教"。《武王家教》以"武王問太公"的問答體體例，回答了十惡至十狂等十三類問題，主要用四言俗語，對答應該去除的七十一種不良、不雅行爲舉止，使用了"數字冠名事類"的分類編撰方式，這是唐代問答體兼"數字冠名"的典範[一]。考慮到《武王家教》最後兩問爲"欲成益己如之何""欲教子孫如之何"，即如何教示子孫，且是"益己"之教，對答内容多與《太公家教》有關，説明兩者性質很近。其最後一段有"男教學問，擬待明君；女教針縫，不犯七出"；"憐子始知父慈，身勞方知人苦"；末尾一句爲"此情可藏於金櫃也"，意爲可作爲教示子弟的典範。該書基本上以父教爲主，教示子弟莫爲諸種不當行爲舉止，多與對外應對、處世有關，雖冠名"家教"，但着眼於天下少年兒童。《武王家教》以"治家"爲主，大體講子弟應該杜絶的不當、不良行爲及家長應該注意的事項，雖"家訓"特點較强，但學郎仍多有抄寫、誦讀，説明其作爲蒙書使用較爲普遍。

其三，《辯才家教》。《辯才家教》是唐大曆間能覺大師辯才所作的問答體"家教"。《辯才家教》問答相對簡單，由學士問辯才＋辯才答曰構成，祇有一級問對。對答部分有三種情況：一是辯才答曰；二是辯才答曰＋《孝經》＋偈頌；三是辯才答曰＋偈頌。《辯才家教》有明確章目：貞清門、省事門、善惡章等共十二章，前有序，後有跋。《辯才家教》的作者在序和跋的部分，就已經交代了編撰此書的目的是"教愚迷末，審事賢英；常用智慧，如燭照明"。其主旨是教化、勸導愚昧、迷惑、末流之輩審時度勢，處理家事和社會事務的"常用智慧"，最終達到"悉以廣法，普濟群生"，有弘法渡人的目的。《辯才家教》的家訓特點更爲明顯，勸教對象爲家族成員，包含了少年兒童、婦女老者，偏重佛理，内容多涉及家族内部翁婆、兄弟、妯娌等關

〔一〕 金瀅坤：《唐代問答體蒙書編撰考察——以〈武王家教〉爲中心》，《廈門大學學報（哲學社會科學版）》二〇二〇年第四期，第一四一～一五二頁。

係，“家訓”特徵明顯，流傳不廣，但敦煌仍有少量學郎抄本，説明有一定的兒童讀者。《辯才家教》偈文稱頌“家教看時真似淺”，内容較疏，其實“款曲尋思始知深”，“天生道理密”，説理性很強，有着深奥的文化内涵和歷史傳統。

　　其四，《新集嚴父教》。《新集嚴父教》是十世紀後期敦煌地區一部十分通俗的大衆讀物，篇幅簡短，每章五言六句，是韻語式的“家教”，針對男、女童分别訓示。該書共九章，每章首句先列舉日常生活的事目，然後告知“但依嚴父教”；第三四句爲針對首句的教示語（如“養子切須教，逢人先作笑”），第五句爲教示結果（如“禮則大須學”），最後以“尋思也大好”盛贊，作爲每章結束語。《新集嚴父教》爲教誡子弟日常生活行爲而編，偏重男兒，而《崔氏夫人訓女文》是針對臨嫁的女兒而撰的。《新集嚴父教》雖然冠名“父教”，但與前三部“家教”的最大不同是，啓蒙教育内容不足，而且是以“嚴父”口吻嚴令禁止諸種不良、不當的應對和處世行爲，與《辯才家教》的説理特點形成了鮮明對比。不過，仍有學郎抄寫，作爲蒙書使用。

　　此外，敦煌寫卷《崔氏夫人訓女文》爲現存最早訓示臨嫁女兒而撰作的篇卷[一]，通俗淺近，對後世女教影響深遠。與敦煌本以“父教”爲主導的四部“家教”最大不同是“母教”，勸誡對象也是將要出嫁的女兒。此篇與“家教”的另一個區别是日常生活的啓蒙教育内容較少，而是以出嫁前的女童爲訓誡對象，主要爲處理公婆、夫妻、妯娌等家庭内部關係，以及應對等處世原則的内容，集中在女德方面，故也常用作女德教育方面的蒙書使用。

　　綜上所論，依據對《太公家教》《武王家教》《辯才家教》和《新集嚴父教》的分析，結合古代“家訓”和現代“家庭教育”概念來看，“家訓”和“家教”的主要區别在於：家訓的概念更爲廣泛，家教包含在家訓之内；家訓偏重於宗族内部關係處理和自治，家教更偏重於天下子弟文化知識、德行和禮儀的教育；家訓往往涉及整個家族上下幾代人，家教偏重於單個家庭内部

〔一〕　參閱鄭阿財、朱鳳玉：《敦煌蒙書研究》，第四一六頁。

的子弟。

　　具體來講,《太公家教》主要是用四言韻文改寫古人格言諺語,對子弟進行德行和勸學教育;《武王家教》用問對體結合數字冠名事類,主要用四字俗語,以"治家"爲主,講子弟應該杜絕的行爲及家長應該注意的事項,雖具"家訓"特點,但仍不失蒙書性質;《辯才家教》的家訓特點更爲明顯,偏重佛理,重視家庭整體,内容多涉及家族内部翁婆、兄弟、姒娌等關係,"家訓"特徵明顯,流傳不廣;《新集嚴父教》雖然冠名"父教",實爲"家教",與前三部"家教"的最大不同是缺乏啓蒙教育内容。

　　2.蒙書與類書的關係

　　敦煌蒙書中《語對》《文場秀句》《略出籯金》《兔園策府》《事林》《事森》《古賢集》《雜抄》等,從編撰體例來講又屬於小類書,以致有學者和讀者對類書與蒙書的關係產生了困惑。因此,有必要對敦煌"蒙書"與"類書"的異同進行説明。

　　所謂類書,"是採輯或雜抄各種古籍中有關的資料,把它分門別類加以整理,編次排比於從屬類目之下,以供人們檢閱的工具書……類書并非任何個人專著,而是各種資料的彙編或雜抄"[一]。以"事類"作爲類書的基本特徵。《隋書·經籍志》將《皇覽》《雜書鈔》等"類書"歸入子部雜家。《舊唐書·經籍志》將"類書"從子部雜家中單獨分出"類事"類[二]。《四庫全書總目·子部》類書類小序載:"類事之書,兼收四部,而非經非史,非子非集。四部之内,乃無類可歸。"[三]可以大致反映出類書的基本特點是"類事",但其内容比較混雜,多爲非經非史非子非集,四部分類往往不足以將其準確歸類,以致出現同一部類書,不同學者常將其歸入不同門類的情況。十九世紀三十年代,鄧嗣禹《燕京大學圖書館目錄初稿》將類書部分爲:類事門、典故門、博物門、典制門、姓名門、稗編門、同异門、鑒戒門、蒙求門、常識門等十

────────────

　　〔一〕　吳楓:《中國古典文獻學》,齊魯書社,二〇〇五年,第一一七～一一八頁。

　　〔二〕《舊唐書》卷四七《經籍志下》,第二〇四五～二〇四六頁。

　　〔三〕（清）永瑢等撰:《四庫全書總目》卷一三五《子部·類書類一》,中華書局,一九六五年,第一一四一頁。

門，他認爲類書"分類過多，即難於周密；取材太泛，則義界不明"，常有互牴之情況，很難分類，故主張分爲綜合性類書、專門性類書兩類〔一〕。鄧嗣禹還單獨設"蒙求門"，以收錄蒙書，說明類書與蒙書存在很大交互性。周揚波在對宋代蒙書分類時，專列"第四類是類書類蒙書"〔二〕。

　　關於"蒙書"和"類書"的差異，王三慶指出："類書的編纂，原供皇帝乙夜之覽，以利尋檢；其後，人臣對策、文士撰述，亦得參考方便。等到類書蔚爲大觀，得到大家充分的認識和廣泛的利用後，又成爲童蒙初學時，依類誦讀，助益記憶的教科書。"〔三〕說明類書既可以作爲士大夫的檢索工具書，也可以作爲童蒙誦讀內容。劉全波《論唐代類書與蒙書的交叉融合》一文認爲："類書强調的是體例，是以類相從的方式、方法，是類事類書、類文類書、類句類書、類語類書、賦體類書、組合體類書之區別。蒙書强調的是功能，是蒙以養正，雖然有識字類，有品德類，蒙書體例靈活多樣，不拘一格，注重的是功能性。"〔四〕認爲敦煌類書和蒙書的區別是强調體例和功能不同。筆者認爲兩者主要是編撰方法和用途的不同，敦煌類書分類在於按類事、類文、類句、類語、賦體、綜合等體例編排，不辨讀者對象，講求"述而不作"；而敦煌蒙書按內容、性質和用途分爲識字、知識、德行、文學、書算等類，强調其爲童蒙教育服務的特點，且多爲基礎性知識、常識性內容。一般來講，"類書"的判定偏重編撰方式和內容，"蒙書"的判定重在童蒙的"用途"和相對淺顯的內容，兩者并不是相互矛盾的，會存在相互交融的情況。

　　至於敦煌"類書"能不能作爲"蒙書"，是由其內容、長短、難易、用途等因素決定的，"蒙書"是不是"類書"還由其編撰體例決定。

　　〔一〕　鄧嗣禹編：《燕京大學圖書館目錄初稿·類書之部》，燕京大學圖書館，一九三五年，第一～二八頁。

　　〔二〕　周揚波：《知識社會史視野下的宋代蒙書》，《廈門大學學報（哲學社會科學版）》二〇一八年第二期，第三四～四五頁。

　　〔三〕　王三慶：《敦煌類書》，麗文文化事業股份有限公司，一九九三年，第一三二頁。

　　〔四〕　劉全波：《論唐代類書與蒙書的交叉融合》，《浙江師範大學學報（社會科學版）》二〇二〇年第四期，第一一二頁。

同一本書兼具類書與蒙書性質分類與用途總表

書目	類書[一]	蒙書	題記[二]	用途
語對	語詞類[三]	屬對類		屬對訓練、掌握典故
文場秀句	語詞類	屬對類		屬對訓練、掌握典故
略出籯金	語詞類	屬對類	尾題："宗人張球寫，時年七十有五。"	屬對訓練、掌握典故
兔園策府	語詞類	屬對類	尾題："巳年四月六日學生索廣翼寫了。""高門出貴子，好木不良才，男兒不學問。"	習文訓練、掌握典故
事林	故事類	故事類	尾題："君須早立身，莫共酒家親。"	掌握典故、知識，以備習文
事森	故事類	故事類	題記："戊子年四月十日學郎員義寫書故記。""長興伍年歲次癸巳八月五日敦煌郡净土寺學仕郎員義。"	掌握典故、知識，以備習文
新集文詞九經抄	類事類	格言類	尾題："十五年間共學書。"背題："中和參年四月十七日未時書了，陰賢君書。"	掌握典故、習文訓練
文詞教林	類事類	格言類		掌握典故、習文訓練
雜抄	問答體類	綜合知識類	首題："辛巳年十一月十一日三界寺學士郎梁流慶書記之也。"題記："丁巳年正月十八日净土寺學仕郎賀安住自手書寫讀誦過記耳。"	擴展知識

　　其一，語詞類類書兼具屬對蒙書情況。敦煌文獻中發現的《語對》《文場秀句》和《略出贏金》等書抄，從編撰體例來看屬於語詞類類書，但按其使用性質來分則是蒙書。如《語對》僅存諸王、公主、醜男、醜女、閨情等四十個事類，其下又分維城、磐石、瑶枝、瓊萼等六百三十六條對語。顯然，《語對》是一部語詞類類書無疑，"而其功能旨在用於兒童學習造語作文

　　〔一〕　參考王三慶：《敦煌類書》，第一五～一二六頁；王三慶撰，〔日〕池田温譯：《類書·類語體·語對甲》，收入〔日〕池田温編：《講座敦煌5·敦煌漢文文獻》，第三七二、三七九頁；劉全波：《類書研究通論》，甘肅文化出版社，二〇一八年，第九三～一〇八頁。

　　〔二〕　同一蒙書題記，此表僅限收兩條。

　　〔三〕　語詞類，王三慶《敦煌辭典類書研究：從〈語對〉到〈文場秀句〉》作"辭典類"（《廈門大學學報（哲學社會科學版）》二〇二〇年第四期，第一六四～一七二頁）。

的初階啓蒙"〔一〕，其編纂目標"偏重教育學童在語詞上的初階學習和道德知識上的傳承，猶未進入利用事文詞彙正式聯屬作文的階段……編織成一篇錦繡文章"〔二〕。與其相近的敦煌本《文場秀句》僅存天地、日月、瑞、王等十二個"部類"，每個部類之下設數條小的條目，其下爲注解，共計一百九十三條。據日本《倭名類聚抄》《性靈集注》《言泉集》等文獻，在敦煌本《文場秀句》十二類外，又可增補兄弟、朋友、攻書等部類目，下設約十九條目（含儷語一條）〔三〕。從其分類和條目設置來看，《文場秀句》爲語詞類專門類類書，王三慶認爲其爲"類語體類書"〔四〕，李銘敬也認爲其兼具類書和啓蒙讀物的性質〔五〕。《日本國見在書目録》將《文場秀句》與《倉頡篇》《急就篇》《千字文》等蒙書一同歸入"小學家"〔六〕，可見其具有蒙書之性質。現存敦煌本《籯金》爲武周時期李若立所作類書。九世紀末張球爲教授生徒的需要，改編《籯金》而成《略出籯金》（伯二五三七號），不僅僅是簡單的删節改編和壓縮篇目，而且是從格式到内容做了全面的修訂和改編，對有些部分進行了重新撰寫，將其改寫爲《略出籯金》，僅存帝德篇至父母篇，共三十篇〔七〕。顯然，《籯金》

〔一〕　見王三慶《敦煌蒙書校釋與研究·語對卷》，文物出版社，二○二二年，第三一九頁。

〔二〕　王三慶：《敦煌蒙書校釋與研究·語對卷》，第三一三頁。

〔三〕　［日］狩谷棭齋：《箋注倭名類聚抄》，日本明治十六年（一八八三）印刷局活版本（藏日本内閣文庫）；［日］阿部泰郎、［日］山崎誠編集：《性靈集注》，見國文學研究資料館編：《真福寺善本叢刊》第二期第十二卷（文筆部三），臨川書店，二○○七年；澄憲著，［日］畑中榮編：《言泉集：東大寺北林院本》，古典文庫，二○○○年，第三二三～三二六頁。

〔四〕　王三慶：《〈文場秀句〉之發現、整理與研究》，王三慶、鄭阿財合編：《二○一三年敦煌、吐魯番國際學術研討會論文集》，成功大學中國文學系，二○一四年，第三頁。

〔五〕　李銘敬：《日本及敦煌文獻中所見〈文場秀句〉一書的考察》，《文學遺産》二○○三年第二期，第六七～六八頁。

〔六〕　［日］藤原佐世奉敕撰：《日本國見在書目録》，（日本）天保六年（一八三五）寫本（藏日本國立國會圖書館），寫本不注頁碼。

〔七〕　鄭炳林、李强：《陰庭誠改編〈籯金〉及有關問題》，《敦煌學輯刊》二○○八年第四期，第一～二六頁；楊寶玉：《晚唐文士張球及其興學課徒活動》，金瀅坤主編：《童蒙文化研究》第二卷，人民出版社，二○一七年，第三八～五四頁。

不僅是類語類類書，而且具有鮮明的蒙書特點。

其二，語詞類類書兼具屬文類蒙書情況。敦煌本《兔園策府》僅存第一卷，爲《辨天地》《正曆數》《議封禪》《征東夷》《均州壤》等五篇，爲鄉村學校教授兒童的蒙書。但《郡齋讀書志》將其列入"類書類"〔一〕，《遂初堂書目》也收在"類書類"下〔二〕，《秘書省續編到四庫闕書目》卷一別集類、卷二類書類均著録《兔園策府》十卷，強調《兔園策府》從"對策"文體角度則屬於別集，從編撰體例來看屬於類書，實際使用情況來看爲蒙書〔三〕。考慮到《兔園策府》是蔣王傅杜嗣先奉教參照科舉試策編撰的範文，以備習作和備考之用。又斯六一四號《兔園策府》末尾題記："巳年四月六日學生索廣翼寫了。"其蒙書的性質應該很明確了。項楚先生認爲此條題記後所附"高門出貴子"一詩，乃西陲流行學郎詩，這也印證了《兔園策府》的蒙書性質〔四〕。由於唐初科舉試策，對策文體多爲"賦"，若結合《兔園策府》對策文體爲賦，以事類編目，將其歸爲"類事賦"〔五〕，應該問題不大。總之，隨着時代的變遷，《兔園策府》變成了《兔園册》，成爲教人屬文、典故和知識等方面的蒙書〔六〕。

其三，故事類類書與故事類蒙書情況。《事林》《事森》，白化文〔七〕、王三慶均將其歸爲類書〔八〕。僅存的伯四〇五二號《事林》篇首有學郎題記："君須早

〔一〕（宋）晁公武撰，孫猛校證：《郡齋讀書志校證》，上海古籍出版社，一九九〇年，第六五〇頁。

〔二〕（宋）尤袤撰：《遂初堂書目·類書類》，王雲五主編：《叢書集成初編》第三二册，中華書局，一九八五年，第二四頁。

〔三〕（清）葉德輝考證：《秘書省續編到四庫闕書目》卷一《集類·別集》，新文豐出版公司編輯部編：《叢書集成續編》第三册，新文豐出版公司，一九九一年，第二五九頁；（清）葉德輝考證：《秘書省續編到四庫闕書目》卷二《子類·類書》，《叢書集成續編》第三册，第二九六頁。

〔四〕項楚：《敦煌詩歌導論》，巴蜀書社，二〇〇一年，第二〇四頁。

〔五〕王三慶：《敦煌類書》，第一一八頁。

〔六〕參閱鄭阿財、朱鳳玉：《敦煌蒙書研究》，第二七八頁。

〔七〕白化文：《敦煌遺書中的類書簡述》，《中國典籍與文化》一九九九年第四期，第五三頁。

〔八〕王三慶：《敦煌類書》，第七〇頁。

立身，莫共酒家親。”爲學郎讀後感，説明其爲蒙書無疑。王三慶認爲《事林》是學郎之習書，“始戲題爲《事林》一卷，謂事類如林也”〔一〕，很可能就是供童蒙學習用的改編本類書〔二〕。敦煌本《事森》有尾題：“戊子年四月十日學郎員義寫書故記。”背題：“長興伍年歲次癸巳八月五日敦煌郡净土寺學仕郎員義。”《事森》與《事林》均爲類書，説明兩者同時也是學郎喜愛的故事類蒙書。

其四，類事類類書兼具格言類蒙書情況。《新集文詞九經抄》《文詞教林》等類書，白化文〔三〕、王三慶均認定爲類書〔四〕，鄭阿財却將其歸爲蒙書類。其實，《新集文詞九經抄》從編撰角度爲一部類事類類書，以裒輯九經諸子之粹語與史書典籍之文詞嘉言成編，凡所援引的聖賢要言，均一一標舉書名或人名。審其内容與體制，是在唐代科舉制度的發展與私學教育促進下，所産生的具有家訓蒙書功用及書抄類書性質的特殊教材〔五〕。《文詞教林》也大致如此，不再贅述。

其五，問答體類書兼具綜合知識類蒙書情況。《雜抄》内容大體可歸納爲“論”“辨”以及類似家教性質的“勸世雜言”等三大類。除“訓誡類”外，涉及二十七個條目一百六十七個問答，條陳設問，逐一解答或釋義，内容龐雜。顯然，其編撰體例爲問答體類書，但從内容和學郎題記來看，無疑又是一部蒙書，在敦煌文獻中多達十一個寫卷，説明很受學郎歡迎。

分析上述敦煌類書可以作爲“蒙書”使用的情況，爲我們進一步討論“類書”與“蒙書”關係提供了範例。類書從編撰體來講應該具備以下三個特點：其一，類書之材料來自於“捃採群書”；其二，類書之編排一般是“以類相

〔一〕　王三慶撰，林艷枝助理：《敦煌古類書研究之一：〈事林一卷〉（伯四〇五二號）研究》，《敦煌學》第一二輯，一九八七年，第九九～一〇八頁。

〔二〕　王三慶：《〈敦煌變文集〉中的〈孝子傳〉新探》，《敦煌學》第一四輯，一九八九年，第一八九～二二〇頁。

〔三〕　白化文：《敦煌遺書中的類書簡述》，《中國典籍與文化》一九九九年第四期，第五〇～五九頁。

〔四〕　王三慶：《敦煌類書》，第八六、八九、一二一、一二三頁。

〔五〕　鄭阿財、朱鳳玉：《敦煌蒙書研究》，第二八七頁。

從"〔一〕；其三，類書的編撰者對待材料的態度是"摘編改寫"。其編撰體例導致了類書内容多爲彙編的資料性質，屬於知識性、常識性的内容，方便世人檢索和快速掌握同類資料和知識，好比"知識寶典"，這一點與"蒙書"通俗性、知識性的特點十分相似。如果"類書"部頭較小，在三千字左右，就非常適合學習能力較弱、閱讀量較小的兒童使用。而"類書"包羅萬象的特點，門類繁多，編撰方式多樣，若是"類書"編撰内容較爲淺顯，體量較小，適合説教，就被世人作爲"蒙書"來使用的可能性比較大。當然，蒙書多在編撰之初，就以童蒙教育爲目的，以事類爲目，用類書編撰的方式，自然就兩者合體。其中，大家公認的唐代敦煌蒙書杜嗣先《兔園策府》、孟獻忠《文場秀句》及明代程登吉《幼學瓊林》等，都是按類書體例編撰，供蒙童使用之書。

二 敦煌蒙書編撰的繼承與創新

敦煌蒙書在我國蒙書編撰史上具有承上啓下的特殊意義。唐以前蒙書教材編撰已經取得了很大成就，其中的經典有司馬相如《凡將篇》、史游《急就篇》、周興嗣《千字文》等，基本上都是一些識字、名物介紹和典章概述等性質的蒙書，以《千字文》影響最大，但總體數量有限。隋唐科舉制度的創建與快速發展，直接推動了文化教育的發展和整體下移，極大刺激了童蒙教育的發展，蒙書的編撰也出現了前所未有的增長態勢。唐前期在官學教育與科舉考試標準相一致的情況下，直接影響了童蒙教學總體爲科舉服務的特點。唐代蒙書一個重要特點，就是打破《急就篇》《千字文》等綜合性識字蒙書獨大局面，出現了識字、德行、文學、書算等不同種類的蒙書。關於識字蒙書大家都很熟悉，不再多説。德行、文學是唐代科舉考試、吏部銓選和品評人物常用的、評價人才的大門類，唐人多以德行、文學和政事選拔人才〔二〕，故人才培養大體不出其右，蒙書編撰也受此影響；書算指有關習字與算術教育。唐五代蒙書編撰由綜合性，轉向分類專精發展，蒙書的内容和性質呈多樣性、

〔一〕 參閱高天霞：《敦煌寫本〈俗務要名林〉語言文字研究》，中西書局，二〇一八年，第三〇~三三頁。

〔二〕 參閱金瀅坤：《中國科舉制度通史·隋唐五代卷》，第四七〇頁。

多元化發展，在諸多方面都具有開創性，對後世影響深遠。兹據敦煌蒙書對唐五代蒙書編撰貢獻做分類説明。

（一）識字類蒙書向知識類蒙書的轉變與創新

一是，對前代識字蒙書的創新。唐代在《千字文》基礎上，將其改編爲《新合六字千文》，僅僅是在《千字文》"四字句"基礎上新增二字，在形式上由四字變成了六字而已，在内容上兩者變化不大，本質上講仍是《千字文》新版而已〔一〕。敦煌文獻中發現的唐代《千字文注》，是在上野本《千字文注》基礎上，注文進一步增補文獻、增加人物典故，叙事更爲詳細〔二〕，并使用了唐代俗語及敦煌當地流行變文《韓朋賦》中的内容，對兒童理解《千字文》十分有幫助。值得一提的是，吐蕃占領敦煌時期出現了多個版本的《漢藏千字文》，開創了《千字文》翻譯成少數民族童蒙讀物的先例，也是現存最早的雙語童蒙教育的教材。

二是，識字類蒙書趨於多樣性、專業性發展。唐代識字蒙書在專精方面得到了快速發展，在《急就篇》《千字文》《開蒙要訓》等綜合性識字類蒙書基礎上，出現了《碎金》《白家碎金》等俗字類蒙書，還出現了《俗務要名林》《雜集時用要字》等實用性便民雜字類蒙書，多以識字爲主，兼及相關名物、典章、歷史故事、天象、時令等常識性知識。

三是，識字類蒙書向知識類蒙書的轉化。唐代開元中李翰編撰的《蒙求》，以韻文形式，通過講述人物事蹟、歷史典故、格言要訓，教授兒童歷史知識以及忠孝仁愛、勤學廉潔等觀念，進行德行、勵志和勸學教育。余嘉錫在《内閣大庫本碎金跋》中解釋古代的"小學"編撰分"字書""蒙求""格言"三個門類的原因，認爲"蒙求"類，以《蒙求》爲代表屬對類事爲特點，其後有《三字經》及《幼學瓊林》《龍文鞭影》之類。瞿菊農也將蒙養教材分爲"字書"類與"蒙求"類相對。張志公也把《蒙求》作爲一個蒙書類別，認爲宋元以後，在《蒙求》的基礎上擴展了一批歷史知識和各學科知識教育的教材。顯然，《蒙

〔一〕　參考鄭阿財、朱鳳玉：《敦煌蒙書研究》，第四〇～五一頁。

〔二〕　鄭阿財、朱鳳玉：《敦煌蒙書研究》，第三〇頁。

求》開創了以典故、人物故事爲題材的，將勵志與歷史教育相結合的一種蒙書題材，被後世不斷發揚，成爲“蒙求體”，遠播海外，在日本影響極大。唐代與《蒙求》相似的蒙書還有《古賢集》。其他綜合知識類蒙書還有《雜抄》《孔子備問書》。《雜抄》分爲“論”“辨”及“勸世雜言”三類，以問答體形式，介紹天文、地理、時令、人物、名物、典章、典故、經史、職官、道德及勸世雜言等，內容包攬萬象，十分廣博。值得一提的是，《孔子項託相問書》前半部分爲問答，內容包括孔子過城、兩小兒辯日，以及有關牲畜、花鳥、樹木、孝道、倫理、天文等各種問題，屬於綜合類知識，與《孔子備問書》《雜抄》相似；後半部分爲七言古詩，也有學者稱爲故事賦[一]，用韻文賦敍事，與《古賢集》《蒙求》的韻文、對仗詩歌體特點基本一致。顯然，《孔子項託相問書》是參酌兩種蒙書體例而編撰的，充分體現了唐代蒙書編撰的多樣性和創新意識。

四是，故事類。唐代童蒙教育出現《事林》《事森》等故事類蒙書，宋代故事書《書言故事》就源於此，敦煌文獻中還有《類林》《珠玉集》等故事類典籍，但篇幅較大，適合作爲兒童拓展讀物，故未收入蒙書類。《事林》《事森》內容多源自歷代史傳，以勤學、勸學、志節等分篇目，以人物故事爲中心展開，強調的是人物故事的新奇，對兒童進行知識、道德教育，進而儲備屬文知識。

（二）德行類蒙書的開創與豐富

德行類蒙書的出現是唐代蒙書編撰的一個重要特點，通過彙集格言警句、人物故事和歷史典故，向兒童灌輸儒家修身、養性、齊家、治國、平天下的思想，從而達到規範兒童言行、志趣，達到使其學會爲人處事、侍奉尊長等效果。

一是，開創了“家教”類蒙書。魏晋以來士族政治得到了充分發展，士家大族重門風、家法、家學，在製定“家教”“家規”“家訓”方面取得了前所未有的成就，其內容無非多爲勸學、勸孝、戒鬥、戒淫等處世準則和規範。南北朝時期以顏之推《顏氏家訓》堪稱最佳代表，唐代此類蒙書得到了較大發

〔一〕　蹤凡:《兩漢故事賦探論:以〈神鳥賦〉爲中心》，項楚主編:《中國俗文化研究》第二輯，巴蜀書社，二〇〇四，第三一頁。

展。其後顏真卿曾作《家教》三卷，可惜已經失傳。慶幸的是敦煌文書中發現的《太公家教》《武王家教》《辯才家教》《新集嚴父教》《崔氏夫人訓女文》，爲學界了解唐代道德倫理類蒙書的發展提供了新資料，改變了學界對唐代此類蒙書的認識。《太公家教》爲現存最早"家教"類蒙書，從古代經史、詩文等典籍中擇取先賢名言、警句，并吸收民間諺語、俗語，多用四、六言韻語編輯成册，對蒙童進行忠孝、修身、禮節、勸學、處世等方面的勸教。與《太公家教》最爲密切的是《武王家教》，常抄寫在一起，採用周武王問太公的問答體，以數字事類冠名的形式，回答"十惡"至"十狂"等七十一種招人生厭的不良、不當行爲舉止，勸誡子弟必須戒之，其編撰方式非常獨特。此外，還有《辯才家教》《新集嚴父教》等，其編撰方式各有特色，充分體現了唐代蒙書編撰的多樣性。唐代"家教"類蒙書，打破了魏晋時代"家訓"以某姓某宗爲勸誡對象的局限，重在標榜自家門風，培養和規範本宗子弟的爲人處事、入仕爲宦的道德倫理觀念，已經突破姓氏界限，而是面向天下、四海、百姓之兒童。這反映了唐代士族衰落，小姓和寒素興起，天下百姓均有童蒙教育的需求[一]，一姓一宗的"家訓"已滿足不了時代的需求，因此，出現了《太公家教》《武王家教》《辯才家教》《新集嚴父教》等"家教"的作者不再冠以某姓某宗"家教"，而是藉名聖賢，放眼天下，教示百姓童蒙，以適應唐代的開放性和時代的步伐，唐代"家教"逐漸發展爲"家訓"類蒙書。此外，《崔氏夫人訓女文》屬於唐代對女童的"家教"，針對女子提出的倫理思想的通俗化闡釋，篇幅簡短，粗淺説明，大衆教化特點明顯。

　　二是，訓誡類蒙書。唐初宰相杜正倫編撰的《百行章》，爲唐代官方頒布的童蒙教材，是童蒙道德倫理教育方面的集大成者[二]，也是現存德行類蒙書的開創者，全書以孝行章開始，訖自勸行章，共存八十四章，以忠孝節義統

〔一〕　參閱金瀅坤：《唐五代科舉的世界》，復旦大學出版社，二〇一四年，第一二一～一三一頁；毛漢光：《中國中古社會史論》，上海書店出版社，二〇〇二年，第三三四頁。

〔二〕［日］福井康順：《百行章につつての諸問題》，《東方宗教》第一三、一四號，一九五八年，第一～二三頁；鄧文寬：《敦煌寫本〈百行章〉述略》，《文物》一九八四年第九期，第六五～六六、一〇三頁。

攝全書，摘録儒家經典中的警句、典故，開篇有"至如世之所重，唯學爲先，立身之道，莫過忠孝"，明確了作者編撰意圖。

三是，格言類蒙書。余嘉錫將"格言"類作爲中國古代小學的一個單獨門類，其實，"格言"多爲勸勉、訓誡内容，故歸在"德行"類蒙書之下。唐代科舉考試常科設秀才、進士、明經、道舉、三禮、三傳、三史、五經、九經、童子等科目，按照科目的不同，選取"九經"中不同的經書作爲選考内容，因此，"九經"便成了舉子學習必備教材。對童蒙來講，"九經"不僅艱澀難懂，而且浩如煙海，很難掌握其要領，不知如何入門，隨着科舉對士庶影響不斷加深，世人便從"九經"中選取精粹言論、典故和名篇，用通俗易懂的文字進行删繁節要，分門別類編撰，彙集成册，作爲蒙書使用。於是，出現了《新集文詞九經抄》《文詞教林》《勤讀書抄》《勵忠節抄》《應機抄》等摘要、略抄、摘抄"九經"等蒙書與通俗讀物。以《新集文詞九經抄》爲例，該書爲"訓俗安邦，號名家教"的一部通俗蒙書，内容具有"羅含内外""通闡三史"的三教融合特點。該書"援今引古"，援引典籍非常豐富，共計八十九種之多[一]，主要以儒家《易》《詩》《書》等"九經"及《論語》《孝經》爲主，兼及道家《老子》《莊子》《列子》《文子》"四子"[二]，充分顯示了此類唐代蒙書編撰是爲科舉服務的特點。

四是，勸世詩蒙書。一卷本《王梵志詩》是敦煌地區頗爲流行的一部充滿了訓教、説理、勸學、揚善、處世格言等内容的詩篇集，文辭淺近，琅琅上口，通俗易懂，常被作爲蒙書使用[三]。一卷本《王梵志詩》是詩詞形式的童蒙讀物，充分反映了晚唐五代進士科考試重詩賦與蒙書編撰的密切聯繫，也代表了晚唐五代童蒙讀物發展的一個新趨勢。

如上所述，唐代在識字蒙書基礎上，開創了德行類蒙書新類別，可大致

〔一〕 參考鄭阿財、朱鳳玉：《敦煌蒙書研究》，第三〇三頁。

〔二〕 參考魏明孔：《唐代道舉初探》，《甘肅社會科學》一九九三年第六期，第一四二~一四三、一三二頁；林西朗：《唐代道舉制度述略》，《宗教學研究》二〇〇四年第三期，第一三四~一三八頁。

〔三〕 參考鄭阿財、朱鳳玉：《敦煌蒙書研究》，第四二四頁。

分爲家教類、訓誡類、格言類、勸世詩等四類，其中《太公家教》《百行章》《新集文詞九經抄》《文詞教林》和一卷本《王梵志詩》爲其中的典型代表，開創了德育、勵志教育類蒙書的先河。當然，德行是文章的靈魂，格言警句、諺語俗語是文章的思想源泉，此類蒙書對童蒙屬文即作文亦有很大幫助。

（三）文學類蒙書的開創

以往學界不言唐代有"文學類"蒙書，學者認爲童蒙詩歌是宋以後童蒙讀物的特色，尤以《神童詩》《千家詩》《唐詩三百首》最爲著名〔一〕。實際上，受唐代科舉考試"以文取士"、崇文的影響，中晚唐以詩歌形式編寫的童蒙讀物已經有了很大發展，其内容往往將格言融入詩歌，訓誡兒童立身處世。童蒙教材不僅出現了屬文類蒙書，而且出現了專門訓練押韻、對偶的屬對類蒙書。瞿菊農則將宋代以後此類蒙書，視作屬文、閱讀教育的先河，"作深造進修的準備或準備應考"的讀物；張志公也認爲屬文教育是在宋代〔二〕。從兒童學習寫作來講，不僅要學習屬對類、屬文類蒙書掌握作詩賦等文章的技巧，而且要大量閱讀各體文章、範文等，大體屬於"文學"範疇，故用"文學"類蒙書概括。

一是，屬對類。敦煌文獻中發現的《詩格》一部，僅存四行，爲學郎抄寫、或默寫該書的寫本。其内容僅存的名對、隔句對、雙擬對、聯綿對、互成對、異類對、賦體對等"七對"，與《文鏡秘府論》中前七對完全一致，這無疑是目前發現最早的、教授童蒙屬對的《詩格》實物。敦煌文獻中發現的《文場秀句》《語對》《篇金》等蒙書，爲學界了解唐代訓練兒童學習詩賦之前的"屬對"情況提供了有力證據。《文場秀句》爲高宗朝孟獻忠所作，現存天地等十二部類、一百九十三條事對，參照《編珠》體例，"事文兼採"，多採典故，相與對偶，以爲儷辭。如其《天地第一》云："乾象：天文。坤元：地理。圓清：天形圓，氣之清者上爲天也。方濁：地形方，氣之濁者下爲地也。"唐人

〔一〕　參閱張志公：《傳統語文教育教材論：暨蒙學書目和書影》，第八一～八三頁；王炳照先生爲夏初、惠玲校釋《配圖蒙學十篇》所作"序"（北京師範大學出版社，一九九三年，第四頁）。

〔二〕　張志公：《傳統語文教育教材論：暨蒙學書目和書影》，第九頁。

常用《文場秀句》對兒童進行"屬對"訓練，幫助其熟練掌握語音、詞彙和語法，同時培養修辭和邏輯等方面的能力并靈活運用其中的典故等，爲作詩賦進行基礎性、針對性訓練。以致《文場秀句》在中晚唐常被作爲參加科舉考試的初級讀物，備受士人喜愛。《語對》《略出籑金》與《文場秀句》編撰方式較爲類似，部類有所不同，内容更爲豐富，但都以事對爲目，多採麗詞、典故，相與對偶，來訓練兒童屬對、押韻，爲學習韻文寫作打好基礎。

二是，屬文類。國圖藏《策府》出現在貞觀末[一]，就是因爲唐初諸科考試均試策，故首先出現了策文類"屬文類"蒙書。國圖藏《策府》僅存三十篇策，每篇分策題、策問、對策三部分，存斷貪濁、請雨等簡明策題二十六題，缺四個策題，對答多爲兩百餘字[二]。比照杜嗣先《兔園策府》多爲五百至七百字左右，國圖藏《策府》也應該是童蒙讀物。而《兔園策府》是唐太宗子蔣王李惲令僚佐杜嗣先"仿科目策"，以四六駢文，纂古今事，設問對策，分四十八門，共十卷，後來逐漸被鄉村教師作爲童蒙習文的範文，訓練學習對策之精要，成爲備科考的基本教材。現存敦煌文書中僅保存了《兔園策府》序和卷一，内容爲"辨天地""正曆數""議封禪""征東夷""均州壤"五個門類。考慮到《兔園策府》相對有一定難度，應該作爲年齡稍大的兒童閱讀本和模擬之範文使用，爲將來從事舉業打基礎。隨着永隆二年（六八一），進士科考試加試雜文兩篇，社會重文風氣日重。李嶠作《雜詠》一百二十題，又稱《百詠》，今作《李嶠雜詠注》，是五律詠物組詩，以事類爲詩題，分別從日、月至金、銀，共一百二十首，分屬乾象、坤儀、音樂、玉帛等十二類，每類十首。李嶠《雜詠》是唐初以來探究對偶、聲律之風的產物，後作爲唐人詩歌學習寫作的童蒙讀物。敦煌本李嶠《雜詠》之張庭芳注本殘卷的發現，反映了唐代西北邊陲兒童詩歌學習情況。《雜詠》在日本尤受歡迎，與白居易

〔一〕　北敦一一四四九號+北敦一四六五〇號。

〔二〕　參閱金瀅坤：《敦煌本"策府"與唐初社會——國圖藏敦煌本"策府"研究》，《文獻》二〇一三年第一期，第八五、九〇頁。

詩、李翰《蒙求》，被日本平安時代知識階層稱爲三大幼學蒙書[一]。

　　開元天寶以後進士科考試"每以詩賦爲先"的風氣形成[二]，進一步影響了童蒙教育重文風氣。大中年間的《楊滿山詠孝經壹拾捌章》借鑒了古代詠《孝經》先例，分章對其進行改編，以五言詩對《孝經》進行歌詠，言語樸實，可讀性强，易於接受，便於識記，將深奥經義與唐代流行的詩歌結合起來，將學習經義與習文結合起來，開創了詠經體蒙書的先例，也是唐代科舉試策、試詩賦常以《孝經》《論語》和"五經"爲内容在童蒙教育中的反映。

（四）書算類蒙書的拓展

　　"書算"又稱"書計"之學，自古以來就有之，主要爲書學和算學，包括習字和算術之類的基礎啓蒙之學。唐代國子監下設有書學、算學兩門專學，并在科舉常科考試中設立了明書、明算兩個科目，無形中也影響到了童蒙書算教育。唐代書算教育中使用的蒙書大致有以下幾種情況。

　　一是，習字類。從現有資料來看，唐以前主要用《倉頡篇》《急就篇》《千字文》等識字字書的名人字帖進行習字教育，尚無發現專門的習字類蒙書。隨着唐代重視書法，及書學、明書科的設置[三]，推動了書法教育的進步，於是誕生了幾種專門爲初學者編撰的《上大夫》《牛羊千口》《上士由山水》等習字類蒙書，多内容簡短，筆畫簡單，方便幼童使用。《上大夫》是現今可知最早的習字類蒙書，三言六句，共十八字，筆畫十分簡單。

　　二是，名人書帖類。王羲之書法頗受唐代世俗推崇，其書帖在唐代童蒙習字教育中使用很廣泛。其《尚想黄綺帖》在武周以後成爲諸州學生的習字書帖[四]，和《蘭亭序》一起遠播于闐地區，并在九、十世紀的敦煌非常流行。敦煌文獻中

　　[一][日]川口久雄：《平安朝日本漢文學史》第二十四章第六節"源光行の蒙求・百詠・樂府和歌"，明治書院，一九五九年，第九八五～九九四頁。

　　[二]　參閲金瀅坤：《中國科舉制度通史・隋唐五代卷》，第九八頁。

　　[三]　參閲金瀅坤：《中國科舉制度通史・隋唐五代卷》，第一七〇～一九三頁。

　　[四]　榮新江：《〈蘭亭序〉與〈尚想黄綺帖〉在西域的流傳》，載故宫博物院編：《2011年蘭亭國際學術研討會論文集》，故宫出版社，二〇一四年，第三一頁。

二者計有四十一件，大部分爲學郎習字，可見被作爲習字的重要教材。

三是，習字書帖。中國古代優秀識字蒙書，常被善書者書寫，作爲兒童習字的字帖，就兼具習字功能。如周興嗣《千字文》編撰之初，就採用王羲之一千個字次韻而成，兼具識字與習字功能。王羲之七世孫智永禪師臨得《真草千字文》"八百本，散與人間，江南諸寺各留一本"〔一〕。敦煌文獻便保存了貞觀十五年（六四一）蔣善進臨智永《真草千字文》，敦煌《千字文》中反復習字寫卷約有三十六件。《千字文》寫卷的總數和習字寫卷的數量在各類習字寫卷中數量最多。此外，《開蒙要訓》也有被作爲識字與習字兼備情況。

四是，數術類。《九九乘法歌》在秦漢時期就已流行，各地出土的秦漢簡牘中有不少記載。敦煌文獻中《九九乘法歌》寫卷共計十二件，其中三件爲藏文寫卷，見證了漢藏算術交流。另外《立成算經》中也包含一篇《九九乘法歌》、兩件《算經》寫卷中亦共記載有歌訣三篇。《立成算經》是《孫子算經》的簡化本蒙書，內容簡單，故爲"立成"之義。《算經》的內容多見於《孫子算經》，包括度量衡、《九九乘法歌》和"均田制第一"等。它們應該是鄉村俚儒所編的庶民教育所用算術書〔二〕。北朝時期的《算書》還在敦煌使用，內容僅存軍需民食計算、"營造部第七"等，形式與《算經》類似，是敦煌《算經》編撰體例的來源。

總之，唐代書算蒙書出現了專門習字的《上大夫》《牛羊千口》等習字蒙書，推崇王羲之《尚想黃綺帖》《蘭亭序》等名人字帖，并將《千字文》等識字蒙書與習字教育相結合，作爲習字書帖；算術方面在《孫子算經》等基礎上，又編撰了《立成算經》《算經》等新的算術蒙書，更重視社會大衆的實用性。

三　敦煌蒙書的學術價值

唐代蒙書編撰拓展了知識類蒙書，拓展了德行類、文學類蒙書新領域，豐富

〔一〕（唐）李綽撰：《尚書故實》，《叢書集成初編》第二七三九冊，中華書局，一九八五年，第一三頁。

〔二〕［日］那波利貞：《唐代の庶民教育に於ける算術科の内容とその布算の方法とに就きて》，《甲南大學文學會論集》（通號一），一九五四年，第一五頁。

了書算類蒙書，可以説在中國古代蒙書編撰方面發生了巨變。敦煌蒙書的發現，其巨大的體量及其保留的教育史料，無疑對研究唐五代童蒙教育、教育史彌足珍貴，足以改變學界對唐代童蒙教育歷史地位的認識，并對了解中古時期的社會大衆教育具有重要意義，對文獻學、歷史學等相關學科研究也有很大史料價值〔一〕。

（一）敦煌蒙書改寫唐代童蒙教育的歷史地位

敦煌蒙書是中國古代出土文獻中發現的最大一批“蒙書”，其數量和種類都十分可觀，具有無可替代的價值。本叢書基於鄭阿財、朱鳳玉先生《敦煌蒙書研究》所收敦煌蒙書二十五種，凡二百五十四件寫卷的基礎上〔二〕，增加十九種、四百四十九件，共得四十四種蒙書，七百零三件寫卷，綴合後爲五百四十七件寫卷，其中包括内容完整者六十九件，殘缺者二百二十一件，綴合六十六件，雜寫一百三十件，碎片六十一件。這也是目前發現的數量最多的一批中國古代蒙書，其中有八十一條題記〔三〕，極大豐富了唐代教育史料，在某種程度上不僅改寫了唐五代童蒙教育的歷史，也改寫了唐五代教育史在中國教育史中的地位。

1.敦煌蒙書的種類與數量考察

如此大量的敦煌蒙書爲我們研究唐五代童蒙教育所使用蒙書類型，以及不同類型蒙書使用情況展開整體分析和具體考察提供了豐富的史料。有基於此，依據前文我們對敦煌蒙書的分類和認定，對如下蒙書進行分類統計，主要按蒙書的完整、殘缺、綴合、雜寫、碎片等情況分爲五種情況表述寫卷狀況，分識字、知識、德行、文學、書算五類蒙書，五類之下再分爲十八門類，對四十四種蒙書進行分類、分門，對寫卷狀況、數量進行整體、綜合分析。兹按照上述分類做“敦煌蒙書分類與保存狀況統計表”如下。

───────────────

〔一〕　有關敦煌蒙書的學術價值，筆者已發表《論敦煌蒙書的教育與學術價值》一文（《浙江師範大學學報（社會科學版）》二〇二一年第三期，第一九～三一頁），相關統計數據因畫分標準有所變化，略有出入，以下不再詳細説明。

〔二〕　鄭阿財、朱鳳玉：《敦煌蒙書研究》，第四四五～四四六頁。

〔三〕　李正宇《敦煌學郎題記輯注》注計一四四則學郎題記（《敦煌學輯刊》一九八七年第一期，第二六～四〇頁）；日本伊藤美重子《敦煌文書にみる學校教育》注記學郎題記計有一百八十四條，其中，蒙書的學郎題記共計三十七條（第四一～六八頁）。

表一：敦煌蒙書分類與保存狀況統計表〔一〕

類型	門類	蒙書名	完整	殘缺	綴合	雜寫	碎片	蒙書小計	門類總計	類型總計
識字類	綜合類	千字文	五	四八	一七/六七[二]	三四	二二	一二六/一七六	二〇四/二八八	二一六/三〇〇
		六合千字文		二	一/二			三/四		
		千字文注		二		一		三/三		
		開蒙要訓	四	二五	一一/四四	一一	六	五七/九〇		
		敦煌百家姓	二			一三		一五/一五		
	俗字類	碎金	二	四		一	二	九/九	一〇/一〇	
		白家碎金		一				一/一		
	雙語類	漢藏對音千字文		二				二/二	二/二	
	小計		一三	八四	二九/一一三	六〇	三〇	二一六/三〇〇	二一六/三〇〇	二一六/三〇〇
知識類	蒙求類	蒙求		三				三/三	一二/一二	五八/六九
		古賢集	五	四				九/九		
	綜合類	雜抄	一	九	二/四			一二/一四	一五/一八	
		孔子備問書		一	一/二	一		三/四		
	雜字類	俗務要名林		一	一/三			二/四	一〇/一五	
		雜集時用要字	一	五	二/五			八/一一		
	故事類	事林		一				一/一	二/三	
		事森			一/二			一/二		
	復合類	孔子項託相問書	三	一二	一/三	二	一	一九/二一	一九/二一	
	小計		一〇	三六	八/一九	三	一	五八/六九	五八/六九	五八/六九

〔一〕 此表所依據每部蒙書的卷號，詳見本叢書鄭阿財《導論卷》附錄："敦煌蒙書分類與保存狀态表"，爲了節省筆墨，每件敦煌蒙書的卷號，亦在總論中省去，祇保留統計數字。

〔二〕 此表"/"上爲綴合後的寫卷數目，其下爲綴合前的寫卷數目。

續表

類型	門類	蒙書名	完整	殘缺	綴合	雜寫	碎片	蒙書小計	門類總計	類型總計
德行類	家教類	太公家教	二	三四	六/一八	四	一二	五八/七〇	八〇/九五	一三四/一五八
		武王家教	三	四	三/六	二		一二/一五		
		辯才家教	一	一				二/二		
		新集嚴父教	三		一			五/五		
		崔氏夫人訓女文	一	二				三/三		
	訓誡類	百行章	一	一二	一/三	三	二	一九/二一	三五/四二	
	格言類	新集文詞九經抄	一	一一	二/七	一		一五/二〇		
		文詞教林	一					一/一		
	勸世詩類	一卷本《王梵志詩》	六	八	一/三		三	一九/二一	一九/二一	
	小計		一九	七三	一四/三八	一一	一七	一三四/一五八	一三四/一五八	
文學類	屬對類	文場秀句		一	一/二			二/三	六/一〇	一八/二九
		語對	一	一	一/四			三/六		
		略出籝金	一					一/一		
	屬文類	失名策府			一/二			一/二	一二/一九	
		兔園策府		二	一/二		一	四/五		
		李嶠雜詠		二	一/五		一	四/八		
		楊滿山詠孝經壹拾捌章		一	一/二	一		三/四		
	小計		二	七	六/一七	一	二	一八/二九	一八/二九	
書算類	習字類	上大夫	一二	六		一八		三六/三六	五八	一二一/一四七
		牛羊千口	四	二		九		一五/一五		
		上士由山水	一	一		五		七/七		
	名人字帖類	尚想黃綺帖	三	二	二/一四	一四	五	二六/三八	四三/六〇	
		蘭亭序	一	五	二/七	三	六	一七/二二		

續表

類型	門類	蒙書名	完整	殘缺	綴合	雜寫	碎片	蒙書小計	門類總計	類型總計
書算類	習字書帖類	真草千字文			一/四			一/四	二/六	一二一/一四七
		篆楷千字文			一/二			一/二		
	算術類	九九乘法歌	三	四		五		一二/一二	一八/二三	
		立成算經	一		一/二	一		三/四		
		算經			二/六			二/六		
		算書		一				一/一		
小計			二五	二一	九/三五	五五	一	一二一/一四七	一二一/一四七	
總計			六九	二二一	六六/二二二	一三○	六一	五四七/七○三	五四七/七○三	五四七/七○三
蒙書種類			四四							

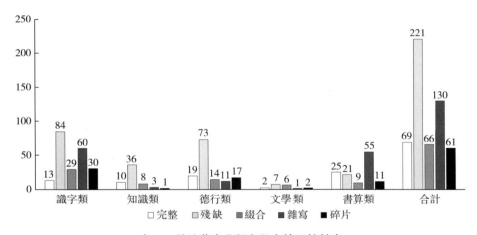

表二　敦煌蒙書分類與保存情況統計表

　　依據表一、表二，我們可以分析出敦煌蒙書在抄寫、使用中各類蒙書以及不同蒙書使用的大致比率和重視程度，以及唐五代敦煌地區童蒙教育的學科特點，大致可歸納爲以下幾點：

　　其一，蒙書類別差异與發展趨勢。從表一、表二來看，敦煌蒙書中識字蒙書類最多，有二百一十六件〔一〕；其次爲德行類，有一百三十四件；其三爲書算類，有一百二十一件；其四爲知識類，有五十八件；最少者爲文學類，僅有十八件。五類蒙書之下，還可分爲十八個小目，若按照保存蒙書的統計數量來看：綜合類（識字）二百零四件、家教類八十件、習字類五十八件、名人字帖類四十三件、訓誡類十九件、勸世詩類十九件、復合類十九件、算術類十八件、格言類十五件、綜合類（知識）十五件、蒙求類和屬文類各十二件、雜字類和俗字類各十件、屬對類六件、故事類兩件、雙語類和習字書帖類各兩件，這在某種程度上體現了唐代童蒙教育的發展變化與蒙書編撰的新趨勢。

　　其二，敦煌蒙書的狀態分析。從表一來看，敦煌蒙書保存完整的祇有六十九件、殘缺二百二十一件、綴合六十六件、雜寫一百三十件、碎片六十一件，共有七百零三件，綴合後爲五百四十七件，其比例依次爲百分之十三、四十、十二、二十四、十一。敦煌蒙書完整本很少，僅佔總數的百分之十三，殘缺本高達百分之四十，若加上綴合本（綴合後，均殘缺不全），完整和殘缺者爲百分之六十五，其餘爲雜寫、碎片，佔百分之三十五。説明敦煌蒙書數量和質量都十分可觀。造成這一狀況的主要原因是這批蒙書是唐五代學郎在學習過程中自己抄寫、聽寫、默寫的，原本就不完整的抄本，是學郎多利用公私文書、經文的廢紙進行習字、塗鴉，初學者寫字本身多爲隻言片語、無章法可言，書寫訛誤、很少大段書寫文字；再加上很多蒙書抄寫的目的是反復使用的課本或讀物，也難免兒童故意損壞，以及流傳、保存過程中的自然損壞更是無法避免，故完整的保存少，殘缺多，正好反映了敦煌蒙書就是唐五代敦煌各類私學的學郎課本、讀物及作業本、練習本等，所幸被保留了下來，就是我們今天看見的樣子。

　　其三，蒙書數量與童蒙教育的關係。識字類蒙書數量最多，其中書寫較好的完整本、殘缺本和綴合本共有一百二十六件，書寫較差的雜寫和碎片有

_____

〔一〕　以下數字爲綴合的數字。

九十件，佔比最高，比較真實地反映了童蒙教育以識字爲主的特點，學郎在這個階段以識字教育爲主。識字類蒙書中以綜合類知識字書佔比最多，達二百零四件，俗字類字書、雙語類字書僅見十二件，微不足道，也就是說童蒙以識字教育爲基礎，"學六甲五方書計之事"〔一〕，故以最爲基礎性的綜合類識字字書爲主，其中以《千字文》爲絕對優勢。僅次於綜合類蒙書的是德行類蒙書，達一百三十四件，且以家教類蒙書爲主，有八十件，佔比德行類蒙書的百分之六十，說明唐五代童蒙教育在識字教育之外，以德行教育爲首要任務，充分體現了童蒙教育"蒙以養正"的特點，對兒童的德行培養十分重視。德行類蒙書之外，爲書算類蒙書，達一百二十一件，其中以習字、名人字帖、習字書帖類最多，共計一百零三件，這也是由童蒙教育主要以識字、習字教育爲主的特點決定的，很多時候識字與習字教育相結合，故很難分辨其具體功用，也是造成敦煌蒙書有好多《千字文》習字寫卷的原因。算術類蒙書有十八件，大體可以反映童蒙教育包含"書計之事"的特點。知識類蒙書在敦煌蒙書中保存了五十八件，僅佔了總數的一成多，唐代李翰《蒙求》僅三件，"蒙求"類蒙書才十二件，說明在唐代敦煌地區并不是很流行，反而是《雜抄》較爲流行，有十二件，說明唐代知識類蒙書尚處在拓展階段，還很有限。最少的就是文學類蒙書，祇有十八件，僅佔敦煌蒙書的百分之三，可以說微不足道。這與唐代科舉盛行，整個社會崇文的社會風氣不太相符，考慮到現存敦煌蒙書主要集中在張議潮收復河西隴右之後，敦煌與京畿地區的交流有限，與唐代其他地區存在一定差距，加之屬對、屬文教育相對而言層次比較高，主要針對年齡稍大的兒童，故現實需求相對較少，敦煌蒙書保存文學類蒙書較少也在情理之中。

其四，經典蒙書的使用情況。從敦煌文獻保存的蒙書來看，共有四十四種，但學仕郎使用不同蒙書的程度和頻率相差巨大，最多者《千字文》多達一百二十六件，而《白家碎金》《文詞教林》等各僅存一件。茲將五類蒙書中

〔一〕（漢）班固撰，（唐）顏師古注：《漢書》卷二四上《食貨志》，中華書局，一九六二年，第一一二二頁。

最具代表性的蒙書進行簡單説明。識字類蒙書，以《千字文》最多，除去碎片二十二件、雜寫三十四件，尚有七十件，佔敦煌蒙書總數的百分之十三。若加上《千字文注》《六合千字文》《真草千字文》《篆楷千字文》等，則比例更高。可以説《千字文》系字書，是唐五代童蒙教育影響最大，最爲普及的蒙書。其次，是家教類蒙書的《太公家教》，多達五十八件，其中有十二件碎片和四件雜寫，共佔德行類蒙書的百分之四十三，承擔了唐代德行教育的主要任務，也反映了唐代德行教育以家教、家訓爲主的特點。佔據第三位的《開蒙要訓》也多達五十七件，與《千字文》均爲前代綜合類識字蒙書，兩者合計一百八十三件，構成了敦煌蒙書的主體，二者可以視作唐五代敦煌童蒙教育最基礎的識字課本。排名第四者爲《上大夫》，有三十六件，説明在敦煌地區兒童習字教育普遍使用《上大夫》。排名第五者爲《尚想黃綺帖》，有二十六件，反映了兒童習字教育對名人字帖的重視。值得思考的是文學類蒙書數量都在四件以下，多爲兩三件，説明童蒙教育屬對、屬文教育在鄉村和邊遠地區社會底層的開展尚不足，與士家大族和京畿地區尚有一定差距。

　　雖然敦煌蒙書數量很大，還有不少碎片、雜寫没在討論之内，但足以説明問題。總體而言，識字類蒙書以前朝《千字文》《開蒙要訓》主導識字教育的局面并未改變；唐代德行類蒙書，主要受家訓影響，如《太公家教》等家教類蒙書承擔了德行教育的主要任務，但訓誡類、格言類、勸世詩類蒙書比重比較平衡，體現了唐代德行類蒙書的多樣性。此前學界關注較少的書算類蒙書，在敦煌蒙書中佔較大比例，充分體現了啓蒙教育主要包括識字、辨名物、知書計之事的特點，書算蒙書就是所謂“知書計之事”。屬文類蒙書雖然數量較少，僅有十八件，但却有七種之多，足以説明在唐代整個社會崇文、“以文取士”的環境下，已在屬對、屬文類蒙書編撰方面取得了很大成就。

　　2.彌補敦煌學校教育機構認知的不足

　　在敦煌蒙書發現之前，研究唐五代童蒙教育受到極大限制，所據僅限於新舊《唐書》《全唐文》，以及筆記小説和墓志資料，内容十分有限，學界對唐五代的童蒙教育機構認識很有限。敦煌蒙書的發現極大改變了這一現狀，依據敦煌文獻中大量的學郎題記，證明唐代已經出現了寺學、義學、坊學、社學等新的童蒙教育機構，以及伎術學等專業學校[一]，從而可改變學界對唐代學校機構以及教育史的認知，同時也豐富了唐五代私塾的多樣性和具體形式。

首先，明確了唐代寺學的性質。敦煌蒙書保存了大量學郎題記，爲研究敦煌寺學教育提供了豐富的史料。那波利貞、小川貫弍、嚴耕望、李正宇、姜伯勤、伊藤美重子等中外知名學者[二]，對唐五代寺學進行了深入研究。通過敦煌蒙書學郎題記明確記載，最早的敦煌寺學學仕郎是景福二年（八九三）的蓮臺寺學士索威建。寺學是寺院專門面向兒童的世俗教育，教書先生理論上主要由寺院的僧人擔任，也有地方士人充任，主要教授識字、知識、德行、文學類蒙書及《孝經》《論語》等儒家經典，兼及佛教齋儀讀物。寺學教育主要集中在童蒙教育階段，屬於州縣學的學前教育，其品質低於州縣學，是唐後期五代敦煌地區童蒙教育的主要承擔者，而非所謂的士人“讀書山林”[三]。

其次，唐代義學性質的確定。如伯二六四三號《古文尚書》尾題：“乾元二年（七五九）正月廿六日義學生王老子寫了，故記之。”從其抄寫《古文尚書》來看，此義學應該也是私塾。唐代義學的最早記載是在吐魯番文書中發

[一] 參閲［日］伊藤美重子：《唐宋時期敦煌地區的學校和學生——以學郎題記爲中心》，金瀅坤主編：《童蒙文化研究》第三卷，人民出版社，二〇一八年，第二四~五〇頁。

[二] ［日］那波利貞：《唐鈔本雜抄考—唐代庶民教育史研究の一資料—》，一九四二年，第一~九一頁；［日］小川貫弍：《敦煌佛寺の學士郎》，《龍谷大學論集》第四〇〇-四〇一合并號，一九七三年，第四八八~五〇六頁；嚴耕望：《唐人習業山林寺院之風尚》，嚴耕望：《嚴耕望史學論文集》，上海古籍出版社，二〇〇九年，第八八六~九三一頁；李正宇：《唐宋時代的敦煌學校》，《敦煌研究》一九八六年第一期，第三九~四七頁；李正宇：《敦煌學郎題記輯注》，《敦煌學輯刊》一九八七年第一期，第二六~四〇頁；姜伯勤：《敦煌社會文書導論》，新文豐出版公司，一九九二年，第八七~九四頁；［日］伊藤美重子：《敦煌文書にみる學校教育》，汲古書院，二〇〇八年，第八三~九九頁；［日］伊藤美重子：《唐宋時期敦煌地區的學校和學生——以學郎題記爲中心》，金瀅坤主編：《童蒙文化研究》第三卷，第二四~五〇頁。

[三] 金瀅坤：《唐五代敦煌寺學與童蒙教育》，金瀅坤主編：《童蒙文化研究》第一卷，第一〇四~一二八頁。

現的卜天壽抄《論語鄭氏注》殘卷，卷末題記：“義學生卜天壽，年十二，狀
▢▢”“景龍四年（七一〇）三月一日私學生卜天壽。”〔一〕這兩件文書證實義學
與寺院義學不同，教授對象爲兒童，教授的内容是《論語》，屬於童蒙教育内
容。有關唐代義學的記載，僅見此兩例，彌足珍貴。

其三，證明唐代坊學和社學的存在。坊學史料罕見，僅見於斯四三〇七
號《新集嚴父教》末題：“丁亥年（九八七）三月九日定難坊學郎［崔定興］、
李神奴自書手記。”定難坊學蓋爲定難坊的私塾，屬於私學。坊學與村學、里
學對應，是城市最基層的私學。唐代社學僅有一例，彌足珍貴。伯二九〇四
號《論語集解卷第二》末題：“未年正月十九日社學寫記了。”結社辦學者，
似以鄰里社、親情社的可能性較大〔二〕。

最後，豐富了私塾具體形式的認識。敦煌蒙書及相關敦煌文獻中記載的
敦煌地區各種形式的私塾即個人講學，最常見的就是以私塾先生的姓氏、官
名命名的私塾。如張球學、白侍郎學、安參謀學、郎義君學、氾孔目學等。
還有以姓氏命名的家學，就家學、李家學〔三〕。如伯二八二五號背《太公家教》
題記：“大順元年（八九〇）十二月，李家學郎是大哥。”此類學郎題記，極
大豐富了學界對唐五代私塾的認知。

3.彌補教師學生身份史料的不足

關於唐五代童蒙教育的教師、學生身份問題，傳統典籍中鮮見，敦煌蒙
書及相關文書極大彌補了這一不足，可爲研究唐五代教師、學生問題提供難
得史料。其中有關沙州州縣學博士的記載有：伯二九三七號《太公家教》末
題：“維大唐中和肆年（八八四）二月廿五日沙州燉煌郡學士郎兼充行軍除解
▨（延）太學博士宋英達。”説明唐代沙州太學博士可由郡學優秀學士郎中選
任。又散一七〇〇號《壽昌縣地境》末題：“晋天福十年（九四五）乙巳歳六

〔一〕　國家文物局古文獻研究室等編：《吐魯番出土文書》第七册，文物出版社，
一九八六年，第五四八頁。

〔二〕　李正宇：《唐宋時代的敦煌學校》，《敦煌研究》一九八六年第一期，第四四頁。

〔三〕　參閲李正宇：《敦煌史地新論》，新文豐出版公司，一九九六年，第一八七～
一八八頁。

月九日州學博士翟寫，上壽昌縣令《地境》一本。"翟爲翟奉達，曾是沙州伎術院禮生，先後選任沙州經學博士[一]。

目前，可以考定的敦煌寺學的教書先生理論上多由寺院的僧人擔任。如伯三三八六號《楊滿山詠孝經壹拾捌章》尾題"戊辰年（九六八）十月卅日三界寺學士"等，及學郎詩一首："計寫兩卷文書，心里些些不疑。自要心身懇切，更要師父闍黎。"又沙州歸義軍節度使掌書記張球晚年辭官，寓居沙州某寺學，教授生徒。那些"學郎題記"中所記載的氾孔目學、安參謀學、白侍郎學等私塾中個人講學的先生，應該就是沙州歸義軍政權退休或在職官員在閑暇之餘充任。

敦煌蒙書的學郎題記及相關史料，爲學界梳理唐五代州縣學、伎術院，以及私學有關學生稱號和人名、社會階層提供了第一手資料。目前，已經梳理出的唐代州縣學有經學、道學、醫學，其學生可稱爲學生、經學生、學士郎，極少情況稱爲學生童子（伯三七八〇號《秦婦吟》題記）；歸義軍時期出現了陰陽學，有陰陽生；伎術院有禮生、伎術生、上足弟子。寺學、家學、坊學、個人講學等私學的學生稱呼比較雜亂，一般都可以稱爲學士郎，或寫作學仕郎、學使郎、學事郎，皆爲同音借字，或簡稱學士、學郎，少數情況作學生，有一例稱"童子"者（伯二七一六號《論語》題記）、一例"學生判官"者（伯三四四一號《論語》題記），但義學的學生稱義學生[二]。從可以考定的敦煌學士郎身份來看，敦煌諸寺學祇有鑒惠、僧醜延、沙彌德榮、僧馬永隆、顯須、僧曹願長等六名學士郎爲僧人，僅佔可以確定的七十九名寺學學士郎姓名的百分之六，沙州歸義軍高官多將年幼的子弟先送到寺學進行童蒙教育[三]。

4.極大豐富了童蒙教育活動的史料

敦煌蒙書是唐五代敦煌地區童蒙教育中所使用的教材和讀物，很多蒙書

[一] 參考姜伯勤：《敦煌社會文書導論》，第一〇三頁。

[二] 參閱［日］伊藤美重子：《唐宋時期敦煌地區的學校和學生——以學郎題記爲中心》，金瀅坤主編：《童蒙文化研究》第三卷，第二四～五〇頁。

[三] 參閱金瀅坤：《唐五代敦煌寺學與童蒙教育》，《童蒙文化研究》第一卷，第一〇四～一二八頁。

上的兒童題記和雜寫，爲我們提供了彌足珍貴的、最原始的教育史料，記錄課堂內外教師的授課和學生的學習活動。特別是敦煌蒙書中兒童聽寫、背誦和考試的真實記錄，以及兒童的學郎詩，真實記錄了兒童的學習場景、心情和感受等等，是正史、類書，以及其他資料無法代替的。

敦煌蒙書及其他敦煌兒童讀物保留了唐五代、宋初童蒙教育的史料和背後的歷史，真實記錄了學郎學習進展和成長的心路。如北敦一四六三六號背《逆刺占》卷末題有天復二年（九〇二）敦煌州學上足子弟翟奉達述志詩三首，其前兩首爲：

> 三端俱全大丈夫，六藝堂堂世上無。男兒不學讀詩賦，恰似肥菜根盡枯。
>
> 軀體堂堂六尺餘，走筆橫波紙上飛。執筆題篇須意用，後任將身選文知。

第一首言生爲大丈夫，如不讀書，實在是前途無望，以示自勵。第二首詩，言學業精進，志在以文參選。最後一首，蓋爲學業將成，對未來充滿惆悵。其詩云：“哽噎卑末手，抑塞多不謬。嵯峨難遥望，恐怕年終朽。”最難得可貴的是，作者晚年，看到兒少之作，又作詩曰：“今年邁見此詩，羞煞人，羞煞人。”可以說這件文書非常珍貴，充滿童趣，非常真實地記載了翟奉達少兒之時的志向、讀書態度和不同時期的心理成長情況。又伯三三〇五號《論語集解》學郎詩云：“男兒屈滯不須論，今歲蹉跎虛度春。■身強健不學問，滿行逐色陷没身。■■■■自身苦教懃，一朝得勝留後人。”言學郎自勵，感慨切勿蹉跎青春，要倍加努力，一朝得意，名留青史。

記錄了學生之間你追我趕、相互攀比的學習場面和心理。斯七二八號《孝經》背有靈圖寺學士郎李再昌詩云：“學郎大歌（哥）張富千，一下趁到孝經邊；太公家教多不殘，獲玀〔□〕兒實鄉偏（相騙）。”生動描述了學士郎李再昌被學郎大哥張富千戲弄，没有好好學習，反而怪罪對方没有共進取，欺騙他。

記錄了學生努力學習，畏懼老師處罰的心理。如伯二七四六號《孝經》卷末有學郎“翟颯颯詩”云：“讀誦須勤苦，成就如似虎。不詞（辭）杖捶體，願賜榮軀路。”詩中學郎自詡勤苦讀書，成就卓著，免受體罰，前途無量，也反映了古代懲戒教育的普遍。

記録了教學方式。伯二八二五號《太公家教》尾題："大中四年（八五〇）庚午正月十五日學生宋文顯讀，安文德寫。"記録了兩個學生之間，聽寫《太公家教》的過程。又伯三七八〇號《秦婦吟》卷尾題："顯德四年（九五七）……就家學士郎馬富德書記。手若（弱）筆惡，若有決錯，名書（師）見者，決丈五索。"反映了唐代懲戒式教學方法。

現存敦煌蒙書多爲學郎抄寫而成，以便自用，或他用。如伯二六二一號《事森》末題戊子年（九二八）學郎員義寫書之後，記云："寫書不飲酒，恒日筆頭乾；且作隨疑（宜）過，即與後人看。"表示自己認真抄寫，仔細核對，若是有錯，就會没人看，反映了蒙書的來源。

記録了教授學生屬文的情況。今人大都知道唐代詩歌興盛，但關於童蒙如何學詩知之甚少。有關唐代學郎誦詩、抄詩的記載，在傳統典籍中記載很少，敦煌蒙書中的題記彌補了這一不足。特别是有關教授童蒙學詩的《詩格》的發現，對研究唐代童蒙的詩賦教育具有重要意義。如斯三〇一一號正面爲《論語集解》卷六，背面有《詩格》一部殘片，僅存四行。其録文爲："《詩格》一部。第一的名對，第二隔句對，第三雙擬對，第四聯綿對，第五互成對，第六異類對，第七賦體。第一的名對。上句。（寫卷書寫止此）"又《詩格》下有一句詩："天青白雲外，山俊（峻）紫微中。鳥飛誰（隨）影去，花洛（落）逐遥□（摇紅）。"亦見《文鏡秘府論》異類對下[一]，説明此詩爲《詩格》"七對"之"異類對"範文。此卷《詩格》之下還有《千字文》《太公家教》等蒙書的相關學郎雜寫，真實記録學郎學習抄寫、默寫《詩格》的情況，此條史料彌足珍貴，足以證明《詩格》一部作爲蒙書使用，及唐代教授童蒙學習屬對、屬文的真實情況。

〔一〕〔日〕遍照金剛著，周維德校點：《文鏡秘府論》東卷《二十九種對》，人民文學出版社，一九八〇年，第一〇七頁。

（二）敦煌蒙書對大衆教育的價值

隨着唐代科舉考試深入人心，"朝爲田舍郎，暮登天子堂"成爲現實，學習不論出身貴賤意識的增强，促使整個社會教育的下移。敦煌蒙書集中反映了敦煌地區社會大衆教育觀念的轉變，爲相關問題的深入研究，提供了豐富的史料，兹從以下幾點進行説明。

1.蒙書編撰與大衆文化啓蒙教育相結合

伴隨着隋唐士家大族的衰落，庶族寒素階層地位有所上陞，對文化的需求大增，世人不再滿足於從事舉業的識字、文學和德行類蒙書，而是對社會大衆的識字、綜合知識、世俗倫理道德等類蒙書需求大爲增加。於是，出現了《俗務要名林》《雜集時用要字》《碎金》《武王家教》等識字、綜合知識和家教類蒙書。其中最爲典型的就是識字蒙書《俗務要名林》，共存親族、宅舍、男服、火、水、疾、手等三十八部，可補身體、國號、藥三部，共得四十一部〔一〕，汇集了民間日常生産生活所必須的最爲切要名物、詞語，分類編排，以便學習和查閲。所謂"俗務"，就是指各種世俗雜務；"要名"，則指重要常用的雜務名稱、名物〔二〕。因此，唐代《俗務要名林》編撰的目的主要是庶民階層教育子弟識字，掌握、熟悉生産生活中常用的名物以及倫理關係等，以備日常生産生活中的買賣、記賬、寫信等實際需求，故在敦煌等偏遠地區的鄉村童蒙教育中比較流行。

敦煌文獻中的《太公家教》《武王家教》《辯才家教》《新集嚴父教》四部"家教"，是在魏晉以來士家大族走向衰敗的過程中，伴隨着士族的"中央化"〔三〕，留居鄉里者在地方的影響力與魏晉不可同日而語。特別是經歷安史之

〔一〕　高天霞：《敦煌寫本〈俗務要名林〉語言文字研究》，中西書局，二〇一八年，第三頁。

〔二〕　鄭阿財、朱鳳玉：《敦煌蒙書研究》，第七九頁。

〔三〕　毛漢光：《從士族籍貫遷移看唐代士族之中央化》，毛漢光：《中國中古社會史論》，聯經出版事業公司，一九八八年，第二三五～三三八頁；韓昇：《科舉制與唐代社會階層的變遷》，《廈門大學學報（哲學社會科學版）》一九九九年第四期，第二四～二九頁。

亂的掃蕩之後，士族在鄉村的勢力大爲減弱，因此，代表士家大族的"家訓"編撰，不再像先前，主要強調孝道、應對、勸學和處世之道，而是增加了社會關懷成分，庶民色彩更濃。所以，不再用"姓氏題名"，而是藉助太公、周武王、嚴父、辯才等帶有兼濟天下含義的題名。

　　這四部"家訓"中《太公家教》主要是爲兒童編撰蒙書，雖然也涉及應對、處世等社會世俗内容，但其志向還算高遠，勸學向賢，大衆文化不是很濃厚。其他三部編撰目的明顯是爲社會大衆子弟啓蒙，兼濟普通士人的教示。特別是《武王家教》武王問太公問答語氣，分十惡至十狂等十三類問題，主要是針對百姓在生產生活中有關勞作、借貸、求財、掃灑、勤儉、師友、孝道、處世等諸多層面，容易犯不當、不雅，招人厭的行爲，多引用當時流行的俗語、諺語，反映了社會大衆治家、置業、處世的價值觀念。《辯才家教》則是利用淺近通俗的佛學常識與世俗倫理道德相結合，分章對貞節、經業和治家等内容進行説教和贊美，其中也包含了社會大衆教育的内容。《新集嚴父教》是針對若干種世人在生活中的應對、處世原則進行説教，屬於庶民階層的"家教"，對子弟要求很實際，但求平安，不求功業。

　　一卷本《王梵志詩》是一部五言四句的勸世詩歌集，其格調不高，言語淺近，多爲鄙俚之言，格言與俗語相間，通俗易讀，以教訓、説理見長。其内容涉及生產、生活、理財、治家、孝道、貧富、應對、處世等，也充滿了鄉村色彩，超凡脱俗，輕視錢財，揚善抑惡，充滿佛教色彩，老莊思想濃厚，富於人生哲理，對敦樸民心十分有益，對大衆教化更爲實用，故常作爲鄉村兒童的童蒙教材。一卷本《王梵志詩》佛家勸世色彩更濃厚，爲研究社會的大衆教育提供了寶貴史料。

　　2.新編蒙書中的社會大衆教育内容增多

　　首先，生產知識增多。這是我國古代識字類蒙書的傳統，漢代《急就篇》就包括很多有關生產和生活的名物，《千字文》在一定程度上也保留了此傳統，但開啓了從天地、日月、四季到農業生產、人事等大致順序。此後，《開蒙要訓》《雜抄》《孔子備問書》等，都大致效仿其編撰順序、内容，以不同編撰方式增加大量有關生產、生活和應對的俗物知識。前文列舉《俗務要名林》

《雜集時用要字》中就分門別類地例舉了有關生產工具、技術、時令的名物知識，此處不再贅述。以《雜抄》爲例，共涉及二十七個條目，一百六十七個問答項，根據其内容性質大體將其歸納爲"論""辨"以及類似家教性質的"訓誡"等三大類，其中的"論五穀、五果、五射、五德"；辨年節日、辨四時八節等條目，都是有關農業生產生活的知識。就連《武王家教》之"十惡""三耗""三衰"都是講農業生產生活知識。此外，《辯才家教·四字教章》也主要是用四言韻語講生產的民間智慧。

其次，居家生活知識增多。大致可分名物知識、掃灑、應對、處世、消費等諸多層面。如《開蒙要訓》《俗務要名林》《雜集時用要字》《雜抄》《孔子備問書》等識字、知識類蒙書都記載了很多居家生活名物知識。《雜抄》末尾部分還有摘引當時俗語，以數字冠名歸納爲：世上略有十種劄室之事、十無去就者、五不自思度者、言六癡者、言有八頑者，爲與人相處、應對、處世時容易犯的自以爲是、擅自做主、招人厭惡的諸種不當行爲，應當堅決去除，反映了庶民階層的價值觀念和民間處世哲學。《武王家教》"一錯"至"十狂"中很多内容都是有關居家掃灑、應對、處世、消費等方面應該注意的事項和生活常識。此外《百行章》、一卷本《王梵志詩》雖然編撰文體不同，但相關内容十分豐富。

其三，勸學内容增多。唐代崇重科舉制度，直接推動了社會勸學風氣，"五尺童子恥不言文墨"觀念盛行[一]，"官職比來從此出"的觀念已經根植於世人心目中，讀書不問貧富，在敦煌童蒙教育下移中得到很好的體現。特別值得關注的是，這些童蒙讀物還激勵家道貧寒者，莫辭家貧而不學詩書，比如"男兒不學讀詩書，恰似園中肥地草"，打破了當時的士庶觀念，無疑增強了家道貧寒者勤奮讀書，通過科舉考試獲取功名、官位的信心，亦見科舉制度對當時社會大衆的影響之廣泛、深遠[二]。如《太公家教》云："明珠不瑩，焉

〔一〕《通典》卷一五《選舉典三》，第三五八頁；金瀅坤：《中國科舉制度通史·隋唐五代卷》，第一三九～一四二頁。

〔二〕　參閱韓昇：《南北朝隋唐士族向城市的遷徙與社會變遷》，《歷史研究》二〇〇三年第四期，第四九～六七頁。

發其光；人生不學，言不成章。”又《王梵志詩》云：“黄金未是寶，學問勝珠珍。丈夫無伎藝，虚霑一世人。”〔一〕這些童蒙讀物中明確將讀書與登科、仕宦聯繫在一起，敦勸兒童樹立“學問”“讀書”而登科、入仕清流的觀念，明確了讀書人的目的，突出反映了科舉對童蒙價值觀念的影響。《太公家教》《新集文詞九經抄》《文詞教林》《語對》《蒙求》中保留了豐富的各式“勸學”以及師友觀念，可以全面勾勒唐五代社會大衆對“勸學”的認知，及其背後科舉制度與銓選制度以及社會變遷對童蒙教育的影響。

其四，世俗道德教育。敦煌蒙書中有關世俗道德教育是德行類蒙書的主要内容，且不同蒙書的特點各異。《太公家教》明確爲教示兒童，對古代儒家經典中的名言警句、格言，改編爲韻文短句，兼採諺語、俗語，通俗易讀，内容多比較正面，以孝道、師友、勸學、應對、掃灑、謹言、慎行爲主。《武王家教》更注重“家教”特點，教育對象不局限於適齡兒童，更似子弟，故多用俚俗諺語、俗語，强調謹言、慎行、切莫多事、慎擇師友、擇鄰居等，多爲世俗人生哲理和生活智慧的内容。《辯才家教》的治家特點更爲明顯，勸教對象爲家族全體，辯才和尚藉助佛理知識，重在强調居家行孝、掃灑、應對、行善，如何處理家族内部翁婆、兄弟、妯娌等關係，將佛教經義與世俗智慧相結合，説理與贊頌相結合。又《新集文詞九經抄》《文詞教林》《孔子備問書》《雜抄》等蒙書中也摘引古代儒家、道家甚至是佛教中有關大衆教育的經典語句、格言和大量的諺語，都有明顯的世俗特點。

其五，佛道觀念增强。敦煌蒙書相當數量都是出自敦煌寺學學士郎之手，因此，敦煌蒙書中佛教色彩在所難免。其中，《辯才家教》爲唐代大曆間大和尚辯才所作，所以這部蒙書具有濃厚的佛教思想，體現了唐代僧人講經的特點，用大量淺顯易懂，内涵豐富的佛教思想宣傳勸善積德，對社會大衆教化有很大影響。此外，《武王家教》《孔子備問書》等蒙書中也吸收了不少佛教

〔一〕（唐）王梵志著，項楚校注：《王梵志詩校注》，上海古籍出版社，一九九一年，第四八三頁。

戒律、道教戒律的勸世內容，反映了唐代蒙書中的勸誡內容兼採了佛、道戒律及相關內容，最終上昇成一種社會大眾文化，進行社會教化，不局限於童蒙教育。

（三）敦煌蒙書的史料、文獻價值

敦煌蒙書主要從古代儒家經典、史籍、文集和佛道典籍以及名言警句、諺語和俗語中擇取各類相關內容，多用四、六言短句和韻文重新編撰成各種蒙書，其中很多典籍和諺語、俗語都已散逸，因此，有很高的史料和文獻學、音韻學、語言文學、社會學等領域的學術價值，茲擇取其中一二，簡單概述。

1.史料價值

敦煌蒙書對中古史研究具有很高史料價值。字書、知識類蒙書中記載很多名物、事類和典故，其中很多內容今天已經遺失、散逸。《俗務要名林》《雜集時用要字》《白家碎金》《碎金》等字書中很多名物記載，爲我們研究中古器物、名物提供了寶貴資料。如《俗務要名林·器物部》云："㮕，㮕（舉）飲食者。餘慮反。"《廣韻·御韻》："㮕，舁食者。或作櫸。羊洳切。"〔一〕顯然，"㮕"指舉送飲食之器具，又稱"食㮕"，又寫作"食櫸"。《現代漢語大詞典》收有"食㮕"一詞，曰："食㮕：竹㮕床，竹轎。"〔二〕顯然，該解釋不得要領，《俗務要名林》解釋得更爲準確。又《器物部》云："弗，策之別名。初産反。"唐代韓愈《贈張籍》詩："試將詩義授，如以肉貫弗。"《器物部》又云："界，鋸木。音介。""界"作爲名物工具"鋸木"，今人已經不知。又《俗務要名林》中的像器物、田農、養蠶及機杼等部中，記載了唐代農業、手工業生產中所使用的各種工具和名物，可以豐富唐五代手工業生產工具等研究。因此，《俗務要名林》"不僅對研究漢語詞彙發展的歷史有用，而且對於了解唐代社會的經濟、生活、風習等也大有幫助，這是一份很重要的

〔一〕（宋）陳彭年等編：《宋本廣韻》，江蘇教育出版社，二〇〇五年，第一〇四頁。

〔二〕　漢語大詞典編輯委員會編：《漢語大詞典》第一二冊，上海辭書出版社，二〇二〇年，第四九〇頁。

資料"〔一〕。

敦煌蒙書及學郎題記可以補足史書記載的不足。如《隋書·百官志》記載"三川"爲何，不見相關史籍記載，史家認識差異很大。《雜抄》就有"三川"的記載："秦川、洛川、蜀川"，非常明確。又中國古代有"在三之義"觀念，後來又發展爲君親師的"三備"觀念，其他史書不載。唯有《雜抄》云："何名三備？君、父、師。"其"辯金藏論法"條云："夫人有百行，唯孝爲本……人有三事：一事父，二事君，三事師；非父不生，非君不事，非師不教。"又伯二九三七號背《太公家教》尾題："維大唐中和肆年（八八四）二月廿五日沙州燉煌郡學士郎兼充行軍除解█（延）太學博士宋英達。"彌補了晚唐地方割據節度使轄區内州學學仕郎學成之後，在地方節度使衙任職的實例，這條史料很有代表性。另外，如前文所論，唐代寺學、社學、坊學、寺學的發現，都得益於對敦煌蒙書和題記的深入研究。

2. 文獻價值

敦煌蒙書的文獻輯佚價值。由於敦煌蒙書編撰過程中摘録、抄録了很多古代經典和書籍的名言警句，其中的不少書已經失傳，故其對輯佚失傳書籍有一定的學術價值。如《新集文詞九經抄》援引典籍至爲豐富，其中頗有後世亡佚之作與散佚之文，如《真言要决》《賢士傳》《孝子傳》《列仙傳》《神仙傳》《潘安仁笙歌賦》《九諫書》等〔二〕。其中《新集文詞九經抄》摘引《真言要决》云："事君事父者，唯以忠孝爲主，爲君爲父者，須以慈愛爲宗。"由於此書早已散佚，故這條記載就可補《真言要决》佚文。又《兔園策府》也摘引了《孝經三五圖》、《帝王世紀》、《尚書中侯》、《符瑞圖》、王嬰《古今通論》等很多古籍，多已佚，此類相關内容具有輯佚價值。如《兔園策府》注文摘引范曄《後漢書》曰："光武初出（生）於濟陽，有鳳凰集。"原文已佚，故此條可補佚。以上枚舉敦煌蒙書與徵引的内容，相關傳世史籍今

〔一〕　周祖謨：《敦煌唐本字書叙録》，見中國敦煌吐魯番學會語言文學分會編纂：《敦煌語言文學研究》，一九八八年，第五〇頁。

〔二〕　鄭阿財：《敦煌寫卷新集文詞九經抄研究》，文史哲出版社，一九八九年，第一一三～一二四頁。

已散佚，實可資輯佚與考史，有一定的拾遺補缺價值。此類情況不再一一贅述。

　　敦煌蒙書的校勘價值。可依據敦煌蒙書考訂歷史之疑、版本之失。如《語對·送別》記載"胡越"條："《古詩》曰：'行行重行行，與君生別離。相去萬餘里，各在天一崖。'"其"崖"字，今諸本《文選》卷二九《詩己·古詩十九首》作"涯"，"崖"爲古正字，蓋不誤。可勘正史實。伯二五三七號《略出籝金·朋友篇》"雙鴻"條引《七賢傳》云："阮藉（籍）以（與）嵇康爲交，時人號爲'雙鴻'。"今傳世文獻屢見阮籍與嵇康爲友之記載，但未見有"雙鴻"之稱，可補傳世文獻之缺。又《千字文》版本衆多，但傳世典籍將"律吕調陽"，誤作"律召調陽"，幸賴敦煌本《千字文》發現[一]，糾正了這一數百年的訛誤。

（四）敦煌蒙書的語言文學價值

　　敦煌蒙書中的《俗務要名林》《雜集時用要字》《白家碎金》《碎金》等字書中的注音和異文，可爲研究當時的漢語語音，特別是西北方音的面貌提供史料。如羅常培、姜亮夫、周祖謨、潘重規等學術名師在音韻方面取得的成就，均與重視敦煌蒙書中的史料、語料有很大關係。蔡元培《敦煌掇瑣》序說："又如《刊謬補缺切韻》《字寶碎金》《俗務要名林》等，多記當時俗語、俗字，亦可供語言學、文字學的參考。"[二]《語對》《略出籝金》《文場秀句》等蒙書更是研究俗文字、俗語言、詞彙學的寶貴材料[三]，可從其中的異文詞變化研究古代詞語的古今更替演變史，利用其中事對詞語注的意義補充現有辭

　　〔一〕　張涌泉主編：《敦煌文獻合集經部·序》，第二頁。

　　〔二〕　劉復：《敦煌掇瑣》，收入黃永武編：《敦煌叢刊初集》，新文豐出版公司，一九八五年，第五頁。

　　〔三〕　參閱鄭阿財：《敦煌蒙書研究的回顧與前瞻》，《敦煌吐魯番研究》第七卷，第二五四~二七五頁。

書的收詞和釋義〔一〕。

在漢語俗字研究領域，《千字文》《俗務要名林》《雜集時用要字》《白家碎金》《碎金》《語對》等敦煌蒙書爲漢語俗字的研究提供了豐富的材料。如張涌泉的《漢語俗字研究》《敦煌俗字彙考》《漢語俗字叢考》、黃征的《敦煌俗字典》等成名著作，都利用了這些蒙書中的俗字材料。

在文詞、典故研究方面，敦煌蒙書提供了豐富語料。敦煌蒙書中的《文場秀句》《語對》《略出籯金》等文詞類蒙書，收集大量麗詞、對偶，并對其進行了解釋，以便對兒童進行詞語、典故屬對訓練，熟練掌握音韻押韻，即"屬辭比事"，爲作文訓練做準備。因此，《文場秀句》《語對》和《籯金》等文詞類蒙書中保留相當數量的事對，即麗詞、典故，爲研究中古時期的語言文字提供了豐富語料。

敦煌蒙書中還發現了蕃漢雙語《千字文》《太公家教》等蒙書，對少數民族進行雙語教育，爲了解和研究古代漢語翻譯提供彌足珍貴的史料。敦煌寫本伯三四一九號A《漢藏千字文》是漢藏對音本，該寫卷首尾俱缺，僅存五十四行漢字及對應吐蕃文對音。日本學者羽田亨《漢蕃對音千字文の斷簡》則釋讀、轉寫了漢藏對音，并確定了其與《千字文》的對音性質及與研究唐代西北方音的關係〔二〕。羅常培先生《唐五代西北方音》利用《漢藏對音千字文》研究了唐五代時期的西北方音〔三〕。高田時雄《敦煌資料による中國語史の研究——九・十世紀の河西方言》對羅氏《唐五代西北方音》中的漢藏對音材料進行補充和修訂，深入研究了其中的音韻和語法現象〔四〕。

〔一〕 參閱高天霞：《敦煌寫本〈籯金〉系類書整理與研究》，復旦大學博士後研究工作報告，二〇一七年，第四〇頁。

〔二〕 ［日］羽田亨：《漢蕃對音千字文の斷簡》，《東洋學報》第一三卷第三號，一九二三年。

〔三〕 羅常培：《唐五代西北方音》，商務印書館，二〇一二年。

〔四〕 ［日］高田時雄：《敦煌資料による中國語史の研究——九・十世紀の河西方言》，創文社，一九八八年。

（五）敦煌蒙書的書算教育價值

　　敦煌蒙書發現的唐代書算類蒙書，既有對前代的繼承和發展，也有不少新編之作，其種類、内容更爲豐富，不僅體現了唐代書算教育的快速發展，而且爲研究中國古代書算教育史留下了寶貴史料。兹從以下四個層面概述敦煌蒙書對書算教育研究的學術價值。

　　一是專門習字蒙書的出現。唐代誕生的專門習字蒙書有《上大夫》《牛羊千口》《上士由山水》，其中《上大夫》爲時代最早、影響最大的一本專門習字蒙書。敦煌本《上大夫》有三十六件，足見其被使用之普遍。其中伯四九〇〇號（二）《上大夫試文》爲習字寫卷，篇首有朱筆“試文”二字，每行行首由教書先生朱筆書寫範字，依次爲“上大夫”等，其下爲學生重復習字，每行約十三字，這種教學方式，是目前發現的《上大夫》“順朱”習字的最早寫卷[一]，可視爲後世《上大人》朱筆描紅習字本的最早原形，是研究唐代習字方法和習字教學十分珍貴的一手資料。《上大人》對後世影響很大，宋代以後將其作爲兒童習字的首選蒙書。敦煌寫本《牛羊千口》在傳世文獻中尚未發現它的蹤跡，故而可以豐富學界對研究唐五代兒童習字情況的認識。《上士由山水》以筆畫簡單，作爲目前學界可知的唐代三種兒童習字蒙書之一，唯有伯三一四五號背保存了全文，使學界得以窺其全貌，宋代以後常用於習字教育。

　　二是保存了王羲之字帖在童蒙習字中大量使用的實例。武周時期《尚想黄綺帖》就已流傳龜兹、于闐等西域之地，作爲字帖，供兒童反復習字[二]。敦煌文獻中發現的《尚想黄綺帖》《蘭亭序》寫卷，共有四十一件，其中重復習字寫卷各有十件。不少寫卷中有教書先生書寫範字的痕跡，對研究唐代習字

<hr>

〔一〕［日］海野洋平：《童蒙教材としての王羲之〈顧書論〉（〈尚想黄綺〉帖）—敦煌寫本・羽664ノ二Rに見るプレ〈千字文〉課本の順朱—》，武田科學振興財團杏雨書屋編：《杏雨》第二〇號，二〇一七年，第一三五～一三七頁。
〔二〕榮新江：《〈蘭亭序〉與〈尚想黄綺帖〉在西域的流傳》，故宮博物院編：《2011年蘭亭國際學術研討會論文集》，第三一頁。

方法有重要價值。

三是記録了流行識字蒙書用於習字的實例。《千字文》《開蒙要訓》等流行識字蒙書在識字的同時，由教書先生、家長等書寫範字，供學郎習字，反復臨摹，這種方式在敦煌蒙書中比較常見。敦煌本《千字文》中有此類學郎習字寫本約三十六件，其中斯二七〇三號中有教書先生在行首書寫範字，學郎依次反復習字，并有教書先生評語〔一〕，是真實反映童蒙習字教育的第一手資料，非常有學術價值。

四是算術蒙書的推陳出新。敦煌算術蒙書可以説是我國現存紙質寫本算書之最早者〔二〕。敦煌本《九九乘法歌》從"九九八十一"至"一一如一"，共四十五句，比秦漢時期多了"一九如九"至"一一如一"等九句，反映了魏晉隋唐以來對秦漢乘法口訣的發展，也表明唐代已經普遍採用這種四十五句的口訣。而且敦煌大寫漢字版乘法口訣的出現，也是記數方法的一大進步，史料價值彌足珍貴。《立成算經》《算經》簡明扼要，有利於初學者掌握。其中⊥、||||、丅等記數符號的出現，對研究唐代記數法很有價值〔三〕。其中度量衡方面的記載，説明了王莽量制直到唐宋時期仍在使用〔四〕。《算經》中的田畝面積計算，伯二六六七號《算書》中的軍需民食、營造等方面的計算，能解決很多實際問題，體現了我國傳統算術教育重實用的特點，對研究唐五代童蒙和普通民衆學習算數的情况很有學術價值。

敦煌書算蒙書的發現，證明唐代在邊遠地方不僅有習字和算術，而且還形成了一套成熟的、實用的教學體系和教學方法。其中的《上大夫》《上士由山水》《千字文》《蘭亭序》《九九乘法歌》更是流傳到近現代，對後世千餘年的書算教育產生了深遠影響。

〔一〕 李正宇：《一件唐代學童的習字作業》，《文物天地》一九八六年第六期，第一五頁。

〔二〕 李儼：《敦煌石室"算書"》，《中大季刊》第一卷第二期，一九二六年，第一頁。

〔三〕 季羨林主編：《敦煌學大辭典》，上海辭書出版社，一九九八年，第六〇三頁。

〔四〕 李并成：《從敦煌算經看我國唐宋時代的初級數學教育》，《數學教學研究》一九九一年第一期，第四〇頁。

結　語

以上主要對“蒙書”的概念、起源、發展和歷史特點進行了梳理，就“蒙書”與“家訓”“類書”的概念進行了梳理，并對“敦煌蒙書”進行分類和論證，爲敦煌蒙書的整理、校釋與研究做了初步準備工作。敦煌蒙書不僅對研究唐五代童蒙教育、教育史、大衆教育、書算教育以及史料學、文獻學、語言文字學等都有非常高的學術價值，也可以作爲當今少年兒童的啓蒙讀物，以便更好地學習中華優秀傳統文化。因此，本叢書在前人研究的基礎上，對唐代盛世蒙書進行全面、系統的整理、校釋和研究，不僅可以學習盛唐氣象，弘揚中華優秀傳統文化，爲當今中小學教育提供優秀的童蒙讀物，用盛唐蒙書以改善當今少年兒童教輔市場由明清蒙書佔據主導地位的局面。

本叢書重点對以往學界研究敦煌蒙書中存在的以下幾類問題進行全面解決。其一，針對敦煌蒙書研究多爲個人就某一部蒙書、具體問題的零星研究，缺乏全面、多學科的協同整體性、系統性研究的問題，本叢書爲筆者主持的國家古籍整理出版專項經費資助項目“敦煌蒙書校釋與研究”（2019–32），組織海峽兩岸長期從事敦煌蒙書研究最前沿、最高水平的學者王三慶、鄭阿財、朱鳳玉、金瀅坤、張新朋、劉全波等教授，楊寶玉、盛會蓮等研究員，趙宏勃副教授、常蓋心副研究員，任占鵬、焦天然、李殷等博士，以及高静雅、吳元元等博士研究生承擔撰寫任務，鄭亦寧、卜樂凡、王珣等碩士研究生也參與了編撰工作，形成了老中青相結合的科研團隊。本叢書邀請樓宇烈、樊錦詩先生任顧問，王子今、柴劍虹、張涌泉、李正宇、李并成、韓昇、王三慶、朱鳳玉、杜成憲、金瀅坤、張希清、李世愉、劉海峰、施克燦、孫邦華、楊秀清、楊寶玉、盛會蓮等知名教授、編審和研究員作爲本叢書編撰委員會編委，對相關論著進行審閱和指導，以保證本叢書高質量地編撰和出版。

其二，針對敦煌蒙書校對多爲單本蒙書的分別校釋，缺乏整體分類校釋，很難產生規模效益，没能引起學界和社會各界對敦煌蒙書給予足夠重視的問題，本叢書計畫設導論卷，多數蒙書將單獨成卷，書算類等少數蒙書將合并成習字卷、算術卷，每卷蒙書將邀請相關童蒙文化研究最佳人選，對相關蒙書進行單獨叙錄、題解和校釋。叙錄部分主要是對整理蒙書的校釋所使用的底本和參校寫卷的狀況以及綴合、前人整理情況等進行説明。叙録主要爲全面調查蒙書的相關寫卷、題記等情況，爲底本和參校本的選擇做好基礎性調查和考訂工作，爭取在底卷綴合和題記考釋方面有所創新，在蒙書寫卷的佔有和學術史掌握方面做到窮盡。解題部分簡明扼要地説明所整理蒙書的簡介、價值和成書年代，并交代校釋所使用的底本和參校版本的基本信息以及前人的整理、研究成果，力求反映前人的研究基礎以及本團隊對研究蒙書的認識水平。校釋部分是整理的關鍵所在，主要分釋文和校釋兩部分進行。釋文主要是對所選底本進行逐字考辨，録定正文，斷句標點，分段録出，必要時保持原有格式。本叢書設計之初就定位學術性與應用性相結合，不僅爲學界提供一個高水平的校釋本，而且要爲廣大普通讀者提供可讀性强的讀本，故録文部分要盡量出正字，充分考慮可讀性，減少閲讀障礙。注釋部分主要對底本中訛誤字、俗字、異體字、通假字進行校正，并出校説明理由；若能確定蒙書中典故、諺語等最早出處或較早轉引及相近記載者，均須注釋。這部分力求做到校釋準確，引經據典，追根溯源，釋字可靠，釋義準確，經得起考驗。

其三，針對敦煌蒙書研究存在問題相對單一、結論相似、問題意識不足的問題，本叢書將從中國傳統文化的歷史淵源入手，以蒙書爲中心，以童蒙教育爲着眼點，考察中古時期儒釋道交融的歷史大背景下，童蒙文化如何受其影響，蒙書思想觀念有何反映；再從社會變遷視角考察中古朝代更替、士族興衰、察舉制向科舉制轉變、官學與私學發展變化、經學與文學之爭、藩鎮割據、朋黨之爭等時代產物對童蒙教育的影響，具體體現在唐代蒙書編撰的哪些方面，從而深化問題的研究。本叢書還重點探討每部蒙書的編撰、文體、語言的特點，以及編撰目的和影響。每部蒙書的研究將突出童蒙教育的功能，從蒙書内容、題記、編撰體例、文化淵源及唐代科舉考試、文化、思想等多角度進行深入探討，分析其對童蒙教育的功能、意義和影響等，進而從每本蒙書特點出發，探討其對社會大衆的社會教化與影響。通過如上多層面的研究，讓讀者明白每部蒙書的獨特性和不可替代性，用事實充分説明唐代蒙書在編撰方面的開創性、多樣性特點，從而向世人推介敦煌蒙書，以便爲今天的少年兒童提供更爲豐富的啓蒙讀物。

　　本叢書從立項到成書出版，應感謝前輩學者對敦煌蒙書研究所付出的努力，感謝樓宇烈、樊錦詩先生擔任我們的顧問，感謝韓國磐師、韓昇師、張涌泉師、李正宇師、李并成師、劉進寶師以極大耐心，賜教不才，也感謝王子今、張希清、王三慶、鄭阿財、朱鳳玉、毛佩琦、李華瑞、李世愉、劉海峰等先生多年來對我的無私幫助和指導，也特別感謝在我人生最低迷的時候張雪書記對我的幫助，最後對副主編盛會蓮研究員爲本套叢書的付出表示感謝。

　　注記：筆者在寫"總論"過程中得到課題組全體成員的大力支持，就蒙書概念、蒙書畫分標準，以及蒙書與類書、家訓之間關係等問題與前輩學者王三慶、鄭阿財教授進行了反復商討，兩位先生都給予了建設性修改意見，并請柴劍虹先生審閱，提供了寶貴修改意見，在此向三位先生和所有課題組成員再次表示感謝。

緒　論

　　史書已經明確記載早在西周就出現了字書《史籀篇》，依照中國古代兒童啓蒙教育階段習字與識字往往相伴的傳統，理論上《史籀篇》也應該被用於習字。《漢書·藝文志》載：“《史籀篇》者，周時史官教學童書也。”[一]這裏“教學童書”即是教學童習字，所習字體爲大篆，《史籀篇》應該是現知最早的習字教材。秦漢時期，字書取得了大發展。秦朝爲了統一文字，丞相李斯作《倉頡》七章，車府令趙高作《爰歷》六章，太史令胡毋敬作《博學》七章，文字皆多取《史籀篇》，字體皆用小篆[二]。漢初，“閭里書師”把《倉頡》《爰歷》《博學》合并爲《倉頡篇》，以六十字爲一章，共五十五章。西漢武帝時司馬相如作《凡將篇》，元帝時黃門令史游作《急就篇》，成帝時將作大匠李長作《元尚篇》，後兩者文字取自《倉頡篇》。而後又有揚雄作《訓纂篇》，凡八十九章，是爲《倉頡篇》的續篇[三]。東漢班固續作《訓纂篇》，增加了十三章，自稱“六藝群書所載略備矣”[四]。東漢和帝時郎中賈魴作《滂

　　〔一〕（漢）班固撰，（唐）顏師古注：《漢書》卷三〇《藝文志》，中華書局，一九六二年，第一七二一頁。
　　〔二〕《漢書》卷三〇《藝文志》，第一七二一頁。
　　〔三〕《漢書》卷三〇《藝文志》，第一七二一頁。
　　〔四〕《漢書》卷三〇《藝文志》，第一七二一頁。

喜篇》，後人把《倉頡篇》《訓纂篇》《滂喜篇》合稱《三蒼》〔一〕。除此之外，根據《隋書·經籍志》的記載，漢魏以來，有班固《太甲篇》《在昔篇》，崔瑗《飛龍篇》，蔡邕《勸學》《聖皇篇》《黃初篇》《吳章篇》《女史篇》，張揖《埤倉》，樊恭《廣倉》，崔浩《急就章》，豆盧氏《急就章》，陸機《吳章》，王義《小學篇》，楊方《少學》，朱育《幼學》，項峻《始學》，束皙《發蒙記》，顧愷之《啓蒙記》《啓疑記》，周興嗣次韻《千字文》等〔二〕，種類繁多。另外敦煌文獻中還發現了魏晉六朝時期馬仁壽《開蒙要訓》〔三〕。這些蒙學字書大多亡佚，僅有《急就篇》和《千字文》傳世且影響較大。

進入唐代，統治者重視書法教育，名家書帖不斷傳播，影響到了民間習字教育。從敦煌、吐魯番、和田等地出土的書帖和習字寫本來看，當時民間流行的不僅有智永禪師臨寫的《真草千字文》，還有王羲之的《尚想黃綺帖》和《蘭亭序》，相關寫本數量衆多，可以說這三本書帖是唐五代宋初習字教育中最爲重要的書帖類教材。不僅如此，唐代還出現了專門用於初學習字的蒙書——《上大夫》《牛羊千口》《上士由山水》，它們的特點是內容短小，筆畫簡單，蓋爲初學者掌握漢字的基本筆畫、初入書法門徑而編撰，其中《上大夫》《上士由山水》對宋以後的習字教育影響甚大。經過前輩學者和筆者的統計，敦煌文獻中《上大夫》寫本計有三十六件，《牛羊千口》寫本計有十五件，《上士由山水》寫本計有七件，《千字文》寫本計有一百二十六件，《尚想黃綺帖》寫本計有二十六件，《蘭亭序》寫本計有十七件。這些珍貴的一手資料爲研究唐五代宋初敦煌地區習字教育的內容和特點提供了可能。

筆者按照這些敦煌寫本的內容性質，把它們分爲習字類蒙書和習字類書帖，再結合傳世文獻、吐魯番以及和田等地出土寫本等，對這些習字

〔一〕（唐）魏徵等撰：《隋書》卷三二《經籍志一》，中華書局，一九七三年，第九四二頁。

〔二〕《隋書》卷三二《經籍志一》，第九四二頁。

〔三〕 張新朋：《敦煌寫本〈開蒙要訓〉研究》，中國社會科學出版社，二〇一三年，第一九頁。

教材的内容、性質、用途、流傳及影響，尤其是寫本所體現的習字特點和習字教學方法進行探討，以期對唐五代宋初敦煌地區的習字教育有更多認識。

一　敦煌習字教材的種類與價值

敦煌文獻中習字類蒙書和習字類書帖寫本總數在二百件以上，種類豐富，形式多樣，寫本的書寫年代跨越八世紀到十世紀，是唐五代宋初敦煌地區習字教育狀況的具體呈現。以下對敦煌習字類蒙書和習字類書帖的種類和價值進行簡要介紹。

（一）敦煌習字類蒙書的種類與價值

敦煌文獻中發現的習字蒙書，主要是《上大夫》《牛羊千口》《上士由山水》這三種。它們的特點是筆畫簡單、内容短小，專門爲習字入門者而編撰。

敦煌本《上大夫》的内容爲“上大夫，丘乙己，化三千，七十士，尔小生，八九子”，僅有十八字，講述孔子以一己之力教化三千弟子有七十二賢士的故事，誘訓童蒙，具有勸學意義。劉銘恕很早就指出“應該重視敦煌經卷中所有的這類文字，不能以‘雜寫’‘塗鴉’等閑視之。同時，將來應細審一下寫有這種教材的經卷之具體年代，以確定它的創作時代。再有就是用敦煌本校勘宋代陳郁等所傳的文字的异同，以便考實其文字，於此可見它的價值和意義之大”[一]。迄今學界統計的三十六件《上大夫》寫本中，内容保存完整者十二件，書寫年代最早的是斯七四七號背，寫於唐憲宗元和十一年至元和十二年之間（八一六～八一七）；書寫時代最晚的是伯三一四五號背，寫於宋端拱元年（九八八）。這些寫本對探究《上大夫》的含義、性質、傳播以及習字方式有重要價值。該蒙書在宋代以後變成了《上大人》，全文爲“上大人，丘乙己，

[一]　劉銘恕：《敦煌遺書叢識》，杭州大學古籍研究所、浙江省敦煌學研究會、中國敦煌吐魯番學會語言文學分會合編：《敦煌語言文學論文集》，浙江古籍出版社，一九八八年，第五五頁。

化三千，七十士，爾小生，八九子，佳作仁，可知禮也"[一]，後世影響極大。如今敦煌本《上大夫》爲《上大人》的追根溯源以及探究這一蒙書的發展變化過程提供了寶貴資料。另外，敦煌寫本伯四九〇〇號（二）《上大夫》是一件非常難得的存有教授者朱筆範字和學生反復臨寫習字的寫本，首題朱筆"試文"，每行行首是教授者寫的朱筆範字，範字下是學生的習字，行中還有教授者矯正的痕迹，在卷末還有"咸通十年"題記以及評語。這種順着範字臨習的習字方式與宋代以後注重在朱字上描摹的"描朱"有所不同，應該稱之爲"順朱"[二]。這件寫本稱得上是現存最早的《上大夫》順朱寫本，是研究唐代習字方法的寶貴資料。

敦煌寫本《牛羊千口》的内容爲"牛羊千口，舍宅不售，甲子乙丑，大王下首，之乎者也"，共二十字，具有一定的訓誡意味，内容雖短，却涉及六甲知識和常用語氣助詞，有模仿《千字文》結尾的痕迹，是《千字文》對後世蒙書編撰影響的一個珍貴例證。在傳世文獻中尚未發現此蒙書的蹤迹，敦煌寫本的保存對研究該蒙書的内容和性質具有重要意義。現在發現的十五件敦煌寫本中，内容保存完整的有四件，其中可知書寫年代最早的是伯二七三八號背（咸通十年），書寫年代最晚的是伯三一四五號背（端拱元年）。《牛羊千口》寫本有一個鮮明特點，就是十五件寫本中它都緊隨在《上大夫》之後，尚未發現單獨出現的情況，從這一點可了解當時的習字教學方法以及《上大夫》與《牛羊千口》的關係。

敦煌本《上士由山水》的内容是"上士由山水，中人坐竹林。天（王）生自有性，平子本留心。立行方迴也，文才比重仁（仲壬）。去年出北地，今日入南陰。未申孔父志，且作丁公吟。户内去三史，門前出五音。若能求白

[一] 傳世文獻中記載的《上大人》，"爾"和"禮"多爲繁體字，考慮到《上大人》是習字入門時所用的蒙書，結合敦煌寫本《上大夫》中俗字"尔"的使用，以及敦煌文獻中"礼"的使用，筆者以爲筆畫簡單的"尔"和"礼"更符合《上大人》的原貌。

[二] ［日］海野洋平：《童蒙教材としての王羲之〈題書論〉（〈尚想黄綺〉帖）—敦煌寫本・羽664ノ二Rに見るプレ〈千字文〉課本の順朱—》，《杏雨》第二〇號，二〇一七年，第一一七～一七三頁。

玉，即此是黄金。"該詩是五言排律用於習字教育的典型，内容涉及歷史人物王生、王澄、顔回、王充、孔父嘉、丁公，結尾有明顯的勸學色彩，兼具詩歌啓蒙、歷史教育、勸學的意義，在習字蒙書中與衆不同，對探究唐五代宋初敦煌地區習字教育的内容和特點有重要價值。從宋代至民國時期的文獻中，一直有《上士由山水》的身影，足見其影響之長久。但是傳世文獻中關於該詩的記載都不完整，如今敦煌寫本伯三一四五號背中保存了其完整内容，對探究這一詩歌的出現時間、性質具有很大幫助。

（二）敦煌習字類書帖的種類與價值

敦煌習字類書帖主要包括《千字文》《尚想黄綺帖》《蘭亭序》，這三本書帖都與王羲之有關，是唐五代宋初敦煌地區學生學習王書、進行書法習字的主要教材。

敦煌文獻中《千字文》寫本共計一百七十六個卷號，暫綴合爲一百二十六件，這一數字遠超其他習字書帖，而且吐魯番文獻也發現了八十八個卷號[一]，和田文獻中亦有六件[二]，充分説明了《千字文》是唐五代宋初廣泛流行的書帖，甚至遠播西域地區。敦煌文獻中《千字文》寫本的種類非常豐富，有一字反復練習多次的連臨本，有對臨和選臨本，也有背臨或意臨本，還有隨筆練習，説明當時《千字文》的教授方法和用途多樣，通過這些寫本可以了解《千字文》在當時習字教育中的作用以及學習者的習字過程。其中一些反復習字寫本中，行首有明顯的範字（朱筆或墨筆），習字中有矯正痕迹，而且各寫本中每字的習字行數不同，書法風格亦有差異，對於探究唐五代宋初敦煌地區習字教授方法順朱的具體形式和各習字階段教授方法的變化，以及順朱與描朱的區别有重要價值。本套書《千字文卷》對敦煌本《千字文》做了詳細叙録和校釋，爲了避免重復，本書不再對《千字文》

〔一〕　張新朋：《吐魯番出土〈千字文〉叙録——中國、德國、英國收藏篇》，金瀅坤主編：《童蒙文化研究》第二卷，人民出版社，二〇一七年，第五五～七二頁。
〔二〕　段真子：《漢籍抄本在于闐——以中國人民大學藏西域漢文文書爲中心》，《中國人民大學學報》二〇二二年第一期，第三八頁。

做校釋。

敦煌文獻中王羲之書帖《尚想黃綺帖》和《蘭亭序》寫本的數量雖然少於《千字文》，但是相較於其他習字内容，寫本數量還是有很大優勢的，而且在吐魯番、庫車、和田地區也出土了兩者的寫本，這些寫本多數爲習字，證明了它們是唐五代宋初重要的習字書帖，而且影響遠及西域地區。尤其是吐魯番寫本七二TAM一七九：一八／一～九號《尚想黃綺帖》保存了題記"三月十七日令狐慈敏放書""三月十九日學生令狐慈敏"，當中"月""日"有用武周新字，説明至少在武周時期該帖就已經流入西州，甚至可以推測它在武周時期就成爲了天下各州的習字教材[一]。而且同墓出土的七二TAM一七九：一七／一～四號《千字文》，形制與七二TAM一七九：一八／一～九號完全一致，應該是同一時間的習字之作，説明了武周時期學生已經同時學習這兩種書帖。杏雨書屋藏敦煌寫本羽六六四／二號正面是《尚想黃綺帖》習字，背面是《蘭亭序》習字，伯三一九四號背及和田寫本MT.b.〇〇六號中也同時出現了這兩種書帖，可見唐五代宋初這兩種書帖屬於同一層次的習字教材，這種一起練習的形式可能是當時習字教育制度的體現。《尚想黃綺帖》和《蘭亭序》寫本中還發現了很多臨帖痕迹，書法兼備王羲之書風，體現了王書對唐五代宋初習字教育的影響，這些臨帖寫本對了解這兩本書帖在習字教育中的作用有很大幫助。同《千字文》一樣，《尚想黃綺帖》和《蘭亭序》寫本中也有不少順朱寫本，對探究唐五代宋初順朱的教材種類和教授方法有很高的價值。

二　學術史回顧

以下分別就敦煌習字類蒙書《上大夫》《牛羊千口》《上士由山水》和習字類書帖《千字文》《尚想黃綺帖》《蘭亭序》的代表性先行研究進行簡要概述。

〔一〕　榮新江：《〈蘭亭序〉與〈尚想黃綺帖〉在西域的流傳》，故宮博物院編：《2011年蘭亭國際學術研討會論文集》，故宮出版社，二〇一四年，第三一頁。

（一）敦煌寫本《上大夫》學術史

　　早先劉復輯《敦煌掇瑣》一書中便對伯三一四五號背中《上大夫》進行了校録[一]，此録文成爲很多學者研究《上大夫》的基礎。上世紀八十年代以後，學界開始注意到這一蒙書，相關研究成果不斷湧現。一九八七年開始，王利器以劉復的録文爲引，先後發表《跋敦煌寫本〈上大夫〉殘卷》《敦煌寫本〈上大夫〉殘卷跋尾》《試論“上大人”的用途》《“上大人”備考》四篇文章，通過豐富的文獻資料，説明了《上大夫》的習字蒙書性質、流傳及影響，并首先使用“敦煌寫本《上大夫》”這一稱呼[二]。一九八八年，劉銘恕《敦煌遺書叢識》一文中《上大人、丘乙己跋》一節對《上大夫》的含義、流傳情況、文獻價值做了探討，最後提出應該考察敦煌本和宋代以後所傳本的异同[三]。一九九一年，鄭阿財《敦煌蒙書析論》一文對敦煌蒙書進行了分類，在敦煌識字類蒙書中專門爲《上大夫》畫出一個習字類，簡要説明了其爲唐時普遍流行之童蒙習字蒙書，并統計出六件寫本[四]。二〇〇一年，朱鳳玉《敦煌寫本蒙書〈上大夫〉研究》一文，叙録了七件寫本，并結合宋元明清時代文獻，探究了《上大夫》的内容與性質、時代與流傳，認爲宋代陳郁《藏一話腴》把《上大人》與孔子及其門人掛鈎的觀點有些牽強附會，它的性質是民間童蒙識字教材外，還是兒童習字的主要仿書，早在晚唐咸通年間已在敦煌地區被用於習字；并據閩南歌謠《上大人歌》，論述了《上大夫》對後

　　〔一〕　劉復輯:《敦煌掇瑣》中輯，中研院歷史語言研究所，一九三二年，第三三一頁，收入黃永武主編:《敦煌叢刊初集》第一五册，新文豐出版公司，一九八五年，第三五五頁。

　　〔二〕　王利器:《跋敦煌寫本〈上大夫〉殘卷》，《文獻》一九八七年第四期，第一七五～一八〇頁；王利器:《敦煌寫本〈上大夫〉殘卷跋尾》，《社會科學戰線》一九九〇年第三期，第三二二～三二四頁；王利器:《試論“上大人”的用途》，《河北師院學報（社會科學版）》一九九二年第四期，第一二二～一二五頁；王利器:《“上大人”備考》，王利器:《曉傳書齋集》，華東師範大學出版社，一九九七年，第四九九～五〇六頁。

　　〔三〕　劉銘恕:《敦煌遺書叢識》，《敦煌語言文學論文集》，第五一～五五頁。

　　〔四〕　鄭阿財:《敦煌蒙書析論》，漢學研究中心編:《第二屆敦煌學國際研討會論文集》，漢學研究中心，一九九一年，第二二〇頁。

世俗文學的影響〔一〕。之後鄭阿財在《敦煌蒙書》一文中指出"敦煌蒙書裏習字書佔了很多，但是專門爲習字而編的就是'上大人'"〔二〕。二〇〇七年，鄭阿財、朱鳳玉《開蒙養正：敦煌的學校教育》一書"習字初階《上大夫》"一節中統計了八件《上大夫》寫本，對這一蒙書的價值和影響進行了簡要説明〔三〕。

此後，以敦煌寫本《上大夫》爲引，或者直接以後世《上大人》爲中心，結合傳世文獻，論述這一蒙書的源流、文義、性質、影響、功能方面的研究成果大量出現。二〇〇一年，高田時雄《〈西儒耳目資〉以前——中國のアルファベット——》一文主要論述了《上大人》在十六世紀作爲漢字入門知識由傳教士傳入歐洲的過程，并簡要説明了《上大人》傳承過程中的變化〔四〕。二〇〇七年，劉長東《論中國古代的習字蒙書——以敦煌寫本〈上大夫〉等蒙書爲中心》一文指出《上大人》起源於唐代，在宋元有改補，其文字言儒門之事，且該蒙書的流傳體現出其作爲小傳統的"長時段史"或"無意識歷史"的事物，有變化極慢的特點〔五〕。二〇〇八年，曾良《"丘乙己"解讀與古籍整理》一文對《上大人》的歷史淵源和內容含義做了疏解，并説明"上大人，丘乙己"兩句在禪機中表示基本、基礎、入門等義〔六〕。二〇一二年，丁

〔一〕　朱鳳玉：《敦煌寫本蒙書〈上大夫〉研究》，中國唐代學會、中正大學中國文學系、中正大學歷史系主編：《第五屆唐代文化學術研討會論文集》，麗文文化事業股份有限公司，二〇〇一年，第八七～一〇三頁。

〔二〕　鄭阿財：《敦煌蒙書》，國家圖書館善本特藏部敦煌吐魯番學資料研究中心編：《敦煌與絲路文化學術講座》第一輯，北京圖書館出版社，二〇〇三年，第一三七頁。

〔三〕　鄭阿財、朱鳳玉：《開蒙養正：敦煌的學校教育》，甘肅教育出版社，二〇〇七年，第一四～二二頁。

〔四〕　［日］高田時雄：《〈西儒耳目資〉以前——中國のアルファベット——》,［日］高田時雄編：《明清時代の音韻學》，京都大學人文科學研究所，二〇〇一年，第一二三～一三六頁。

〔五〕　劉長東：《論中國古代的習字蒙書——以敦煌寫本〈上大夫〉等蒙書爲中心》，《社會科學研究》二〇〇七年第二期，第一八八～一九四頁。

〔六〕　曾良：《"丘乙己"解讀與古籍整理》，《中國典籍與文化》二〇〇八年第二期，第八九～九二頁。

志軍《從習字訓蒙到大衆娛樂——論蒙書〈上大人〉功能的歷史演變》一文論述了《上大人》從習字蒙書到用於紙牌游戲，并與民間戲曲相糅合的功能變化，認爲其在民間流傳過程中，"仁""禮"思想内涵的逐漸失落，導致了後人進行多元闡釋的可能，并最終淪爲無意義的符號[一]。二〇一五年，鄧凱《"上大人"文本傳播中功能與涵義的變遷》一文中論述了《上大人》功能的演進過程，認爲《上大人》本來是習字、識字蒙書，結果常常化作"禪語"，并嵌入各種唱詞、歌謠等通俗文學中，最後還用作紙牌文字和游戲符號，功能逐漸多樣化，最後指出《上大人》文本涵義的弱化，是其可以産生多種功能的重要原因[二]。同年，雷實《"上大人"描紅本的歷史探尋》一文以敦煌寫本伯四九〇〇號（二）爲引，論述了《上大人》"描紅"的傳承過程，認爲該蒙書"筆畫簡單，筆意自然"，"基本涵蓋了基礎筆畫"，"朗朗上口，易認易寫，還含有一些教育意味"，這些特點是它能傳承千年的主要原因[三]。此外，探討《上大人》内容含義的文章還有胡念耕《"上大人孔乙己"釋義辨正》[四]，探討其功能的文章有朱建頌《上大人紙牌和十七字詩》、張香玉《"上大人"紙牌與戒毒》、張新朋《〈上大人〉與民間戲曲》《〈上大人〉與戒洋煙》《〈上大人〉與民間歌謠》等文章[五]。

〔一〕 丁志軍：《從習字訓蒙到大衆娛樂——論蒙書〈上大人〉功能的歷史演變》，《湖北民族學院學報（哲學社會科學版）》二〇一二年第二期，第一二三~一二六頁。

〔二〕 鄧凱：《"上大人"文本傳播中功能與涵義的變遷》，《中南大學學報（社會科學版）》二〇一五年第五期，第一九八~二〇三頁。

〔三〕 雷實：《"上大人"描紅本的歷史探尋》，《基礎教育課程》二〇一五年第一一期，第六二~六七頁。

〔四〕 胡念耕：《"上大人孔乙己"釋義辨正》，《語文學習》二〇〇九年第一二期，第三六~三七頁。

〔五〕 朱建頌：《上大人紙牌和十七字詩》，《武漢文史資料》二〇〇一年第八期，第四二~四三頁；張香玉：《"上大人"紙牌與戒毒》，《史林》二〇〇六年增刊，第一四七頁；張新朋：《〈上大人〉與民間戲曲》，《尋根》二〇一九年第四期，第三一~三七頁；張新朋：《〈上大人〉與戒洋煙》，金瀅坤主編：《童蒙文化研究》第四卷，人民出版社，二〇一九年，第二六九~二七六頁；張新朋：《〈上大人〉與民間歌謠》，項楚主編：《中國俗文化研究》第二〇輯，四川大學出版社，二〇二一年，第一四~二三頁。

　　如今隨着各地所藏敦煌文獻的陸續出版,《上大夫》寫本不斷地被發現,寫本總數持續增加,以敦煌寫本爲中心的研究成果不斷湧現。二〇〇八年,張涌泉主編的《敦煌經部文獻合集》第八册《小學類字書之屬》中整理和校録了十五件寫本〔一〕,給予《上大夫》足夠重視。二〇一一年和二〇一二年,日本學者海野洋平針對《上大夫》陸續發表兩篇文章,把研究目光放在了敦煌寫本上,統計出前人已經發現的寫本共是二十一件(包括斯一三一三號),他新發現了六件,對十五件寫本進行了校録,着重以伯三三六九號背和伯四九〇〇號(二)爲中心探討了它們的書寫年代、《上大夫》的原貌以及敦煌學生的使用情況,主張敦煌本《上大夫》是傳世本《上大人》的變體〔二〕。二〇一三年,徐梓《〈上大人〉淺説》一文根據《上大夫》的七件敦煌寫本,得出了四點基本認識:一,它是兒童習字蒙書;二,它最晚應該成篇在唐代中期;三,它在唐末宋初還没有定型;四,它在當時還有一定的前綴或後加。徐梓還指出《上大人》"不成於一時,不出自一手"〔三〕。二〇一六年,拙論《從敦煌文獻看唐五代的童蒙習字》一文中統計了二十七件寫本,對《上大夫》的習字方法和性質做了探究〔四〕。二〇一七年,拙論《敦煌寫本〈上大人〉相關問題研究》在前作基礎上增加了兩件寫本,着重分析了《上大夫》的性質,以及寫本中"七十士"與"七十二"、"尔小生"與"女小生"的區别,還有《上大夫》到《上大人》的變化,所得觀點與海野氏正好相反,以爲《上大

　　〔一〕 張涌泉主編:《敦煌經部文獻合集》第八册《小學類字書之屬・訓蒙書抄(一)》《小學類字書之屬・訓蒙書抄(二)》,中華書局,二〇〇八年,第四一二七~四一四二頁。

　　〔二〕 〔日〕海野洋平:《童蒙教材〈上大人〉の順朱をめぐって—敦煌寫本 P.4900(2)・P.3369vに見る〈上大人〉黎明期の諸問題—》,《歷史》第一一七號,二〇一一年,第一~二九頁;〔日〕海野洋平:《敦煌童蒙教材〈牛羊千口〉史料輯覽》,《一關工業高等專門學校研究紀要》第四六號,二〇一一年,第七~三〇頁。

　　〔三〕 徐梓:《〈上大人〉淺説》,《尋根》二〇一三年第六期,第四~九頁。

　　〔四〕 任占鵬:《從敦煌文獻看唐五代的童蒙習字》,金瀅坤主編:《童蒙文化研究》第一卷,人民出版社,二〇一六年,第二八七~二九〇頁。

夫》才是《上大人》的原貌〔一〕。這一研究成果成爲了筆者博士論文《敦煌識字寫本研究》的重要組成部分〔二〕。二〇二〇年，拙論《唐五代敦煌地區學童書學教育研究——以敦煌文獻爲中心》統計了三十一件《上大夫》寫本，討論了它的學習方法，突出了它的初學性質〔三〕。同年稍晚，海野洋平發表新論《敦煌童蒙教材〈牛羊千口〉再論—傳本〈上大人〉·敦煌本〈上大夫〉的逕庭をめぐる一考察—》，在前作的基礎上，通過敦煌寫本中“七十士”與“七十二”、“尔小生”與“女小生”不同書寫的區別，以及敦煌本與傳世本中“上大夫”與“上大人”的不同、“佳作仁，可知禮也”的有無，強調敦煌本《上大夫》是《上大人》所改編，在敦煌地區獨立進化的結果，并且帶有釋家色彩的《牛羊千口》的加入，也是造成《上大人》變化的原因之一。文章末海野氏還公佈了最新的《上大夫》寫本統計結果，共達三十六件，是迄今最全面的統計數據〔四〕。

　　前輩學者的研究内容主要涉及敦煌寫本《上大夫》的書寫年代以及其性質、影響、功能變遷以及與傳世本《上大人》的關係，研究成果斐然。然而還有一些問題尚未解決或結果不清：一是對於《上大夫》的編撰年代尚未有深入的探討；二是對《上大夫》與《上大人》的關係，以及《上大夫》的發展過程還存在較多分歧；三是《上大夫》對後世習字教育和詩歌、戲劇、小説的影響，尤其是對禪師語録的影響，有待於進一步展開。所以，本次筆者將以三十六件敦煌寫本爲主，結合傳世文獻中的豐富資料，深入探討《上大夫》的内容與性質、編撰年代與發展過程、與宋代以後《上大人》的關係、對後世的影響。

　　〔一〕　任占鵬：《敦煌寫本〈上大人〉相關問題研究》，金瀅坤主編：《童蒙文化研究》第二卷，第二九二～三〇七頁。

　　〔二〕　任占鵬：《敦煌識字寫本研究》，廣島大學綜合科學研究科博士學位論文，二〇一九年，第八～二三頁。

　　〔三〕　任占鵬：《唐五代敦煌地區學童書學教育研究——以敦煌文獻爲中心》，金瀅坤主編：《童蒙文化研究》第五卷，人民出版社，二〇二〇年，第一五七～一六〇頁。

　　〔四〕〔日〕海野洋平：《敦煌童蒙教材〈牛羊千口〉再論—傳本〈上大人〉·敦煌本〈上大夫〉的逕庭をめぐる一考察—》，《集刊東洋學》第一二三號，二〇二〇年，第六三～八三頁。

（二）敦煌寫本《牛羊千口》學術史

自從劉復《敦煌掇瑣》中校録了伯三一四五號背中"上大夫，丘乙己，化三千，七十二，女小生，八九子。牛羊万日，舍屯"一段文字以來〔一〕，前輩學者多圍繞《上大夫》進行討論，《牛羊千口》祇是被附帶提及，其内容和價值尚未被重視。二〇〇八年，張涌泉主編的《敦煌經部文獻合集》中在校録寫本伯三一四五號背和斯四一〇六號背之時，也校録了《牛羊千口》，指出"牛羊"以下二十字皆應該作四字句，當是與《上大夫》無關的另一則訓蒙讀物，其中"售""丑""首"押韻；還在校記中對斯一二三二號背、斯一四七二號背、斯五六三一號背、斯八六六八號背、伯三七九七號背、伯三八〇六號背這六件《牛羊千口》寫本做了録文〔二〕。二〇一一年，日本學者海野洋平在探討《上大夫》的形態之時，注意到了《牛羊千口》的價值，其《敦煌童蒙教材〈牛羊千口〉史料輯覽》一文對十三件寫本進行了校録，并詳細介紹了各寫本的形態，探討了各寫本的書寫年代等〔三〕。緊接着海野氏《敦煌童蒙教材〈牛羊千口〉校釋—蒙書〈上大人〉の姉妹篇—》一文把解釋《牛羊千口》的内容含義作爲主要論題，認爲其與釋尊的事迹有關〔四〕。二〇一七年拙論《敦煌寫本〈上大夫〉相關問題研究》一文討論了《牛羊千口》的含義和性質及與《上大夫》的關係，認爲它是專門的習字蒙書，具有儒家勸學的含義，内容與釋尊事迹無涉〔五〕。這一研究成果成爲了筆者博士論文《敦煌識字

<hr>

〔一〕　劉復輯：《敦煌掇瑣》中輯，第三三一頁。

〔二〕　張涌泉主編：《敦煌經部文獻合集》第八册《小學類字書之屬·訓蒙書抄（一）》，第四一二七~四一四二頁。

〔三〕　［日］海野洋平：《敦煌童蒙教材〈牛羊千口〉史料輯覽》，《一關工業高等專門學校研究紀要》第四六號，二〇一一年，第七~三〇頁。

〔四〕　［日］海野洋平：《敦煌童蒙教材〈牛羊千口〉校釋—蒙書〈上大人〉の姉妹篇—》，《一關工業高等專門學校研究紀要》第四七號，二〇一二年，第七~二二頁。

〔五〕　任占鵬：《敦煌寫本〈上大夫〉相關問題研究》，金瀅坤主編：《童蒙文化研究》第二卷，第二九二~三〇七頁。

寫本研究》中的一部分[一]。二〇二〇年拙論《唐五代敦煌地區學童書學教育研究——以敦煌文獻爲中心》中統計出十五件《牛羊千口》寫本，考察了其在習字教育中的地位[二]。同年，海野洋平《敦煌童蒙教材〈牛羊千口〉再論—傳本〈上大人〉·敦煌本〈上大夫〉の逕庭をめぐる一考察—》一文補録了北敦一〇〇四八號背和北敦一三〇六九號背，再次論證《牛羊千口》與釋尊事迹有關[三]。

　　筆者和海野洋平對於《牛羊千口》的内容含義還存在分歧，而且關於該蒙書的性質還有待於進一步分析説明。所以，本次筆者將在之前研究的基礎上，結合傳世資料，對《牛羊千口》的内容和性質進行論證，探討其與《上大夫》的關係及在習字教育中的地位，以期對這一蒙書以及唐五代宋初敦煌地區的習字教育有更加深入的認識。

　　（三）敦煌寫本《上士由山水》學術史

　　學界對此蒙書的關注相對較少。二〇〇一年，朱鳳玉《敦煌寫本蒙書〈上大夫〉研究》一文在進行《上大夫》寫本叙録時，曾對伯三一四五號背和斯四一〇六號背中的《上士由山水》進行了一些校録，但是未進行説明[四]。二〇〇八年，張涌泉主編的《敦煌經部文獻合集》中對斯四一〇六號背和伯三一四五號背中的《上士由山水》進行了全文校録[五]。二〇〇七年，劉長東

　　〔一〕　任占鵬：《敦煌識字寫本研究》，廣島大學綜合科學研究科博士學位論文，二〇一九年，第一八～一九頁。

　　〔二〕　任占鵬：《唐五代敦煌地區學童書學教育研究——以敦煌文獻爲中心》，金瀅坤主編：《童蒙文化研究》第五卷，第一六一頁。

　　〔三〕　[日]海野洋平：《敦煌童蒙教材〈牛羊千口〉再論—傳本〈上大人〉·敦煌本〈上大夫〉の逕庭をめぐる一考察—》，《集刊東洋學》第一二三號，二〇二〇年，第六三～八三頁。

　　〔四〕　朱鳳玉：《敦煌寫本蒙書〈上大夫〉研究》，《第五屆唐代文化學術研討會論文集》，第八七～一〇三頁。

　　〔五〕　張涌泉主編：《敦煌經部文獻合集》第八册《小學類字書之屬·訓蒙書抄（一）》《小學類字書之屬·訓蒙書抄（二）》，第四一二七～四一四二頁。

《論中國古代的習字蒙書——以敦煌寫本〈上大夫〉等蒙書爲中心》一文利用了伯三一四五號背、斯四一〇六號背以及《水東日記》的記載，對《上士由山水》中"上士由山水"到"文才比重仁（仲壬）"部分進行了含義和性質方面的探討，認爲與道家思想有關，用途是學童習字[一]。拙論《敦煌寫本〈上士由山水〉與學郎習字》以伯三一四五號背爲中心，逐句探討了《上士由山水》的含義，總結出其具有儒家勸學的意義，與道家思想無涉，并對它的用途和傳播進行了一些探究[二]。這一研究成果後來構成了筆者博士論文《敦煌識字寫本研究》的第二章[三]。

通過前輩學者和筆者的研究，對於《上士由山水》的內容含義和性質已經有了基本認識，但是筆者認爲其中部分內容的含義還有進一步論證的必要，而且該蒙書在習字之外的教育意義和在習字教育中的地位還有待於進一步分析。所以，本次筆者在前人的基礎上，全面收集相關寫本，并結合敦煌寫本和傳世文獻，綜合論述《上士由山水》的內容含義、編撰特點與性質、對後世的影響。

（四）敦煌寫本《千字文》學術史

敦煌本《千字文》發現以來，前輩學者的研究成果甚多。針對《真草千字文》，臺静農、西川寧、饒宗頤、啓功、沈樂平等學者有簡要説明[四]。針對

〔一〕 劉長東：《論中國古代的習字蒙書——以敦煌寫本〈上大夫〉等蒙書爲中心》，《社會科學研究》二〇〇七年第二期，第一八八～一九四頁。

〔二〕 任占鵬：《敦煌寫本〈上士由山水〉與學郎習字》，金瀅坤主編：《童蒙文化研究》第四卷，第一四〇～一五六頁。

〔三〕 任占鵬：《敦煌識字寫本研究》，廣島大學綜合科學研究科博士學位論文，二〇一九年，第二四～三八頁。

〔四〕 臺静農：《蔣善進真草千字文殘卷跋》，《敦煌學》第一輯，一九七四年，第一一三頁；[日]西川寧：《蔣善進の真草千字文——ペリオ＝シノアの書法–1–》，《書品》第二五〇號，一九七六年，第二～五頁；饒宗頤編集：《敦煌書法叢刊》第一八卷《碎金（一）》，二玄社，一九八三年，第八六～八八頁；啓功：《説〈千字文〉》，《文物》一九八八年第七期，第八二～八八頁；沈樂平：《敦煌書法綜論》，浙江古籍出版社，二〇〇九年，第一一五～一一八頁。

《篆楷千字文》，饒宗頤、高美林、李虹霖、沈樂平等學者發表了見解〔一〕。對敦煌本《千字文》的内容和性質、流傳與影響進行綜合探討的學者有雷僑雲、黄家全、周祖謨、宋新民、林隆盛、東野治之、周丕顯、鄭阿財、朱鳳玉、張新朋、陳子欽等〔二〕。在《千字文》寫本的整理方面，張涌泉、張新朋、常盇

〔一〕　饒宗頤編集：《敦煌書法叢刊》第一八卷《碎金（一）》，第八八頁；高美林：《敦煌〈篆書千字文〉字形研究》，廣西大學碩士學位論文，二〇一四年；李虹霖：《敦煌〈篆書千字文〉篆書楷化現象研究》，《書法賞評》二〇一八年第六期，第一三～一八頁；沈樂平：《敦煌書法綜論》，第七二～七六頁。

〔二〕　雷僑雲：《敦煌兒童文學》，學生書局，一九八五年，第三二～四四頁；黄家全：《敦煌寫本〈千字文〉試論》，敦煌文物研究所編：《1983年全國敦煌學術討論會文集（文史・遺書篇）》下册，甘肅人民出版社，一九八七年，第三三四～三六二頁；黄家全：《敦煌寫卷〈千字文〉研究與漢字教學》，《絲路論壇》一九八七年第二期；周祖謨：《敦煌唐本字書叙録》，中國敦煌吐魯番學會語言文學分會編纂：《敦煌語言文學研究》，北京大學出版社，一九八八年，第四〇～五五頁；宋新民：《敦煌寫本識字類蒙書研究》，中國文化大學博士學位論文，一九九〇年；林隆盛：《敦煌童蒙讀物分類初探》，《東吳文史學報》一九九〇年第八期，第一九一～二〇四頁；鄭阿財：《敦煌蒙書析論》，《第二屆敦煌學國際研討會論文集》，第二一六～二一七頁；［日］東野治之：《訓蒙書》，［日］池田温編：《講座敦煌5・敦煌漢文文獻》，大東出版社，一九九二年，第四一三～四一六頁；周丕顯：《敦煌本〈千字文〉考》，周丕顯：《敦煌文獻研究》，甘肅文化出版社，一九九五年，第一八一～一九九頁；唐長孺：《跋吐魯番所出〈千字文〉》，榮新江主編：《唐研究》第一卷，北京大學出版社，一九九五年，第一～九頁；鄭阿財：《敦煌童蒙讀物的分類與總説》，郝春文主編：《敦煌文獻論集——紀念敦煌藏經洞發現一百周年國際學術研討會論文集》，遼寧人民出版社，二〇〇一年，第一九〇～二〇九頁；鄭阿財、朱鳳玉：《敦煌蒙書研究》，甘肅教育出版社，二〇〇二年，第一一～五一頁；鄭阿財：《敦煌蒙書》，《敦煌與絲路文化學術講座》第一輯，第一三二～一三四頁；張新朋：《敦煌寫本〈開蒙要訓〉研究》，浙江大學博士學位論文，二〇〇八年，第七五～八二頁；王元軍：《説説敦煌本〈千字文〉》，《中國書法》二〇一三年第六期，第一六六～一六九頁；張新朋：《東亞視域下的童蒙讀物比較研究——以〈千字文〉與〈開蒙要訓〉之比較爲例》，《浙江社會科學》二〇一五年第一一期，第一〇七～一一三頁；張新朋：《敦煌寫本〈開蒙要訓〉研究》，第一二四～一六九頁；陳子欽：《日本敦煌秘笈〈千字文〉之新搜》，《雲漢學刊》第三一號，二〇一五年，第三三～六七頁。

心的成果卓著[一]。另外伯希和、那波利貞、小川環樹、小島憲之、小高裕次等學者也都曾論及敦煌本《千字文》[二]。前輩學者們對寫本的整理、校勘以及内容、性質、價值方面的論證已取得豐富成果，爲筆者的研究奠定了堅實基礎。

　　針對敦煌本《千字文》所呈現出的習字方法，早在一九八六年，李正宇《一件唐代學童的習字作業》一文就對斯二七〇三號《千字文》所呈現的習字教授方法進行了詳細分析[三]。之後沃興華《敦煌書法藝術》第三章"王羲之書法對敦煌影響"[四]、楊秀清《淺談唐、宋時期敦煌地區的學生生活——以學郎詩和學郎題記爲中心》[五]、鄭阿財、朱鳳玉《敦煌蒙書研究》一書第二章第一節"綜合性識字類蒙書"[六]、拙論《從敦煌文獻看唐五代的童蒙習

〔一〕　張涌泉主編：《敦煌經部文獻合集》第八册《小學類字書之屬》，第三八九〇～三九九六頁；張涌泉、張新朋：《敦煌本〈千字文〉叙録》，項楚主編：《中國俗文化研究》第五輯，巴蜀書社，二〇〇九年，第一一二～一三五頁；張新朋：《敦煌寫本〈開蒙要訓〉研究》，第一二六～一五八頁；常蓋心：《從敦煌寫本看〈千字文〉在唐五代時期的使用》，金瀅坤主編：《童蒙文化研究》第三卷，人民出版社，二〇一八年，第二六五～二八〇頁。

〔二〕　[法] Paul Pelliot（伯希和），Le Ts'ien tseu wen ou "Livre des mille mots"，T'oung Pao，Second Series，Vol.24，No.2/3（1925～1926），pp.179~214（此文有馮承鈞譯：《千字文考》，《圖書館學季刊》第六卷第一期，一九三二年，第六七～八六頁，可以參考）；[日] 那波利貞：《唐鈔本雜抄考—唐代庶民教育史研究の一資料—》，收入 [日] 那波利貞：《唐代社會文化史研究》，創文社，一九七四年，第一九七～二六八頁；[日] 小川環樹：《千字文について》，[日] 小川環樹：《中國語學研究》，創文社，一九七七年，第二二六～二四一頁；[日] 小島憲之：《海東と西域：啓蒙期としてみた日本上代文學一斑》，岩波書店編：《文學》第五一卷第一二號，一九八三年，第一～二〇頁；[日] 小高裕次：《東アジア漢字文化圈における識字教育の一例——〈千字文〉〈百家姓〉と〈新集金砕掌置文〉》，《東アジア言語研究》第六號，二〇〇三年，第三〇～三八頁。

〔三〕　李正宇：《一件唐代學童的習字作業》，《文物天地》一九八六年第六期，第一五頁。

〔四〕　沃興華：《敦煌書法藝術》，上海人民出版社，一九九四年，第四〇～四二頁。

〔五〕　楊秀清：《淺談唐、宋時期敦煌地區的學生生活——以學郎詩和學郎題記爲中心》，《敦煌研究》一九九九年第四期，第一四三頁。

〔六〕　鄭阿財、朱鳳玉：《敦煌蒙書研究》，第二六頁。

字》〔一〕、常藎心《從敦煌寫本看〈千字文〉在唐五代時期的使用》一文都以斯二七〇三號爲代表分析了《千字文》的習字方式〔二〕。二〇一七年，海野洋平《童蒙教材としての王羲之〈顧書論〉（〈尚想黄綺〉帖）—敦煌寫本·羽664ノ二Rに見るプレ〈千字文〉課本の順朱—》一文以北敦一二一六〇號、北敦一二一六二號、北敦九三二六號、北敦九三二八號+北敦九三五四號、斯四八五二號等《千字文》寫本爲中心，説明了順朱的具體形式〔三〕。二〇一九年，筆者博士論文《敦煌識字寫本研究》第三章利用敦煌寫本詳細介紹了當時《千字文》的學習方法和習字形式。二〇二〇年，拙論《唐五代敦煌地區學童書學教育研究——以敦煌文獻爲中心》一文在博士論文的基礎上對《千字文》寫本所體現出的習字方法做了簡單介紹〔四〕。同年蒙天霞《從敦煌習字蒙書看唐代敦煌童蒙書法教育》對《千字文》的習字方法也有一定論述〔五〕。二〇二一年，拙論《唐五代習字法“順朱”的具體形式——以敦煌寫本〈千字文〉爲中心》一文對《千字文》順朱的具體過程有詳細説明〔六〕。

前輩學者多以斯二七〇三號爲中心對《千字文》的習字方法進行説明，對其他《千字文》習字寫本的分析不足，海野氏雖然利用了一些《千字文》寫本提出了順朱的概念和形式，但并未充分展開。因此，筆者將在前人基礎

〔一〕　任占鵬：《從敦煌文獻看唐五代的童蒙習字》，金瀅坤主編：《童蒙文化研究》第一卷，第二八四～二八五頁。

〔二〕　常藎心：《從敦煌寫本看〈千字文〉在唐五代時期的使用》，金瀅坤主編：《童蒙文化研究》第三卷，第二六八～二七〇頁。

〔三〕　〔日〕海野洋平：《童蒙教材としての王羲之〈顧書論〉（〈尚想黄綺〉帖）—敦煌寫本·羽664ノ二Rに見るプレ〈千字文〉課本の順朱—》，《杏雨》第二〇號，二〇一七年，第一一七～一七三頁。

〔四〕　任占鵬：《唐五代敦煌地區學童書學教育研究——以敦煌文獻爲中心》，金瀅坤主編：《童蒙文化研究》第五卷，第一七〇～一七四頁。

〔五〕　蒙天霞：《從敦煌習字蒙書看唐代敦煌童蒙書法教育》，《大學書法》二〇二〇年第六期，第一一二～一一八頁。

〔六〕　任占鵬：《唐五代習字法“順朱”的具體形式——以敦煌寫本〈千字文〉爲中心》，項楚主編：《中國俗文化研究》第二〇輯，第七一～八八頁。

上，充分利用《千字文》的各類習字寫本，把寫本所呈現出的習字方式大體分爲順朱、對臨、選臨、連臨、背臨或意臨、隨筆，并分析各方式的特點與意圖，進而説明《千字文》在唐五代宋初敦煌地區習字教育中的作用，并充分利用順朱寫本，分析各順朱寫本的异同點和順朱的具體過程，以期對《千字文》在習字教育中的作用和地位以及唐五代宋初時期的習字方法有深入認識。

（五）敦煌寫本《尚想黃綺帖》學術史

《尚想黃綺帖》完整的帖文已經亡佚，僅部分内容見於《論書表》《晋書·王羲之傳》《藝文類聚》《書譜》《晋王右軍自論書》以及敦煌寫本伯二〇〇五號《沙州圖經·張芝墨池》中所載的王羲之《顧書論》。前輩學者圍繞其内容來源、含義、流傳情況進行了多方探討。劉銘恕《王羲之書論》一文列舉《沙州圖經·張芝墨池》以及《晋書·王羲之傳》中相關内容與斯三二八七號進行對比，指出該帖是叙論鍾繇、張芝書法的文字，殆王羲之與人論書法的函札[一]。日本學者池田温《敦煌本に見える王羲之論書》一文結合斯二一四號背和斯三二八七號對《尚想黃綺帖》的内容進行了考證，指出該帖可能是《陶隱居與梁武帝論書啓》和褚遂良《晋右軍王羲之書目》中所載的王羲之《尚想黃綺》帖，認爲該帖并非王羲之原作，而是由南朝人通過王羲之法帖編纂而成的[二]。張天弓《論王羲之〈尚想黃綺帖〉及其相關問題》一文在池田氏研究的基礎上，説明了該帖在唐代的流傳情況，并與《法書要録》所載《晋王右軍自論書》進行了對比，重點探討了該帖的内容含義及其内容在探索王羲之思想和書法創作方面所帶

〔一〕 劉銘恕:《王羲之書論》，劉長文編:《劉銘恕考古文集》上卷，河南人民出版社，二〇一三年，第四三二頁。

〔二〕〔日〕池田温:《敦煌本に見える王羲之論書》，《中國書論大系月報》第六卷，二玄社，一九七九年，第八～一二頁。

來的重要意義〔一〕。沈樂平《敦煌書法綜論》一書中指出“黄綺”應該指書法家黄綺，并就該帖作爲王羲之書學文獻的真實性提出了自己的一點看法〔二〕。毛秋瑾《敦煌吐魯番文獻與名家書法》一書中重點介紹了斯二一四號背和斯三二八七號寫本的狀況，并就寫本的内容和書法方面的價值進行了簡要説明〔三〕。

　　在相關敦煌寫本的整理方面，海野洋平和張新朋有突出貢獻。海野氏統計出敦煌《尚想黄綺帖》寫本共計有二十三件，對最爲破碎的伯四〇一九號碎四+伯四〇一九號F一六a　～伯四〇一九號F三五+伯三三四九號碎四+伯三三六八號碎七進行了綴合、復原〔四〕。幾乎同時，張新朋也對敦煌本《尚想黄綺帖》進行了細緻的收集和整理，在寫本的綴合方面也做了很多貢獻〔五〕。海野氏和張氏完成的寫本整理工作爲筆者的研究提供了很大便利。

　　敦煌《尚想黄綺帖》寫本基本以習字爲主，因而從習字書帖的角度進行探討的研究成果也有不少。福田哲之《吐魯番出土文書に見られる王羲之習書—阿斯塔那一七九號墓文書〈72TAM179:18〉を中心に—》一文主張該帖在唐代下層社會廣泛流傳的原因與它作爲習字書帖有密切關係〔六〕。榮新江《〈蘭亭序〉與〈尚想黄綺帖〉在西域的流傳》及《王羲之〈尚想黄綺帖〉在西域的流傳》二文中對前人發現的《尚想黄綺帖》寫本和他新發

　　〔一〕　張天弓：《論王羲之〈尚想黄綺帖〉及其相關問題》，中國書法家協會學術委員會編：《全國第六屆書學討論會論文集》，河南美術出版社，二〇〇四年，第三六～五〇頁。

　　〔二〕　沈樂平：《敦煌書法綜論》，第一八四～一八六頁。

　　〔三〕　毛秋瑾：《敦煌吐魯番文獻與名家書法》，山東畫報出版社，二〇一四年，第七五～八三頁。

　　〔四〕　［日］海野洋平：《敦煌寫本P.4019pièce4・P.3349pièce4・P.3368pièce7の綴合・復原—童蒙教材としての王羲之〈題書論〉（〈尚想黄綺〉帖）—》，《集刊東洋學》第一一六號，二〇一七年，第九〇～一〇九頁。

　　〔五〕　張新朋：《敦煌文獻王羲之〈尚想黄綺帖〉拾遺》，《敦煌研究》二〇一八年第六期，第六九～七六頁。

　　〔六〕　［日］福田哲之：《吐魯番出土文書に見られる王羲之習書—阿斯塔那一七九號墓文書〈72TAM179:18〉を中心に—》，《書學書道史研究》第八號，一九九八年，第二九～四一頁。

現的杏雨書屋藏羽三號背ノ二和羽六六四ノ二號進行了詳細介紹，并結合吐魯番、和田的六件《尚想黄綺帖》寫本，對寫本所呈現的習字方式、在敦煌及西域的流傳意義進行了探討[一]。海野洋平《童蒙教材としての王羲之〈顗書論〉（〈尚想黄綺〉帖）—敦煌寫本・羽664ノ二Rに見るプレ〈千字文〉課本の順朱—》以羽六六四ノ二號《尚想黄綺帖》爲中心，指出該寫本所反映的習字方式應該稱作順朱，并結合《上大夫》《蘭亭序》《千字文》等寫本，對什麼是順朱進行了説明，最後還强調該帖是當時的童蒙教材[二]。拙論《唐五代敦煌地區學童書學教育研究——以敦煌文獻爲中心》中對以羽六六四ノ二號爲代表的順朱形式和此帖在習字教育中的用途有做説明[三]。

前輩學者已經對該帖的編撰、内容含義、性質有了頗多認識，筆者將在前人基礎上，主要就該帖的習字特點，探討該帖在唐五代宋初敦煌地區習字教育中承擔的作用，還有該帖與《千字文》《蘭亭序》的關係，以期對王羲之書法對習字教育的影響和唐五代宋初敦煌地區習字教育的特點有進一步了解。

（六）敦煌寫本《蘭亭序》學術史

《蘭亭序》是王羲之的書法名作之一，前輩學者多圍繞相關敦煌寫本的書法價值進行論述，也有注意到部分習字寫本的價值。饒宗頤編集《敦煌書法叢刊》第十八卷跋中介紹了伯二五四四號、伯二六二二號背、伯三一九四號背《蘭亭序》的内容和書法特點[四]。沃興華《敦煌書法藝術》

〔一〕 榮新江：《〈蘭亭序〉與〈尚想黄綺帖〉在西域的流傳》，故宫博物院編：《2011年蘭亭國際學術研討會論文集》，第二六～三五頁；榮新江：《王羲之〈尚想黄綺帖〉在西域的流傳》，榮新江：《絲綢之路與東西文化交流》，北京大學出版社，二〇一五年，第二〇〇～二〇九頁。

〔二〕 ［日］海野洋平：《童蒙教材としての王羲之〈顗書論〉（〈尚想黄綺〉帖）—敦煌寫本・羽664ノ二Rに見るプレ〈千字文〉課本の順朱—》，《杏雨》第二〇號，二〇一七年，第一一七～一七三頁。

〔三〕 任占鵬：《唐五代敦煌地區學童書學教育研究——以敦煌文獻爲中心》，金瀅坤主編：《童蒙文化研究》第五卷，第一六四～一六六頁。

〔四〕 饒宗頤編集：《敦煌書法叢刊》第一八卷《碎金（一）》，第八八～八九頁。

一書中認爲伯四七六四號和伯二五四四號《蘭亭序》好像取法馮承素的臨本，伯二六二二號背習字可能在模仿虞世南或者褚遂良的臨本，并注意到斯一六一九號（沃興華誤作斯一六〇一號）是一件學生習字作品，行首有教授者的範字〔一〕。沈樂平《敦煌書法綜論》一書中推斷伯三一九四號背和伯二六二二號背是唐末五代之際以神龍本《蘭亭序》爲範本的練習之作，斯一六一九號和伯四七六四號是學生的習作，而伯二五四四號是以“閱讀”爲目的的抄録〔二〕。王素在論及《蘭亭序》書法的影響時，就俄敦一八九四三號（二－一）的書寫情況指出該件寫本更能反映唐代《蘭亭序帖》的原貌〔三〕。榮新江《〈蘭亭序〉在西域》一文中首先指出俄敦一八九四三號（二－一）實爲于闐文書，其書法特徵更接近宮廷摹本的原貌，較敦煌本更勝一籌；其次探究了《蘭亭序》在唐朝的流傳過程；最後依次詳細介紹了十四件敦煌《蘭亭序》寫本，推斷它們都是中晚唐甚至五代時期的寫本，并對寫本的性質進行了説明〔四〕。毛秋瑾《敦煌吐魯番文獻與名家書法》一書中主要針對各本的書法特點和形式做了簡要論述，認爲伯二五四四號應該是學仕郎抄録之作，伯四七六四號、伯二六二二號背、伯三一九四號背、俄敦一八九四三號（二－一）爲分段臨習之作，斯一六一九號、羽六六四ノ二號是單字臨習之作〔五〕。另外拙論《唐五代敦煌地區學童書學教育研究——以敦煌文獻爲中心》對《蘭亭序》寫本中所體現的習字方法做了介紹〔六〕。

〔一〕　沃興華：《敦煌書法藝術》，第五三頁。

〔二〕　沈樂平：《敦煌書法綜論》，第一一二～一一五頁。

〔三〕　王素：《略談〈蘭亭集序〉書法的淵源與影響》，《中國書法》二〇一二年第一期，第三三頁。

〔四〕　榮新江：《〈蘭亭序〉在西域》，《國學學刊》二〇一一年第一期，第六五～七一頁，修訂本收入榮新江：《絲綢之路與東西文化交流》，第一八五～一九九頁。

〔五〕　毛秋瑾：《敦煌吐魯番文獻與名家書法》，第二九～四七頁。

〔六〕　任占鵬：《唐五代敦煌地區學童書學教育研究——以敦煌文獻爲中心》，金瀅坤主編：《童蒙文化研究》第五卷，第一六六～一六八頁。

前輩學者已經指出了一些敦煌《蘭亭序》寫本是臨習的王羲之書帖，與王書有密切關係，且《蘭亭序》在唐代廣泛用於習字教育。本次筆者將在前人的基礎上，着重對敦煌《蘭亭序》寫本所呈現的習字特點和習字方式進行分析，進而説明它在唐五代宋初敦煌地區習字教育中承擔的作用。

上編　校釋篇

凡　例

一　《敦煌蒙書校釋與研究》收録範圍與整體規劃

《敦煌蒙書校釋與研究》收録敦煌文獻中發現的"蒙書"，按照每部"蒙書"分卷進行校釋和研究。本叢書將分導論卷、《千字文》卷、《開蒙要訓》卷、《俗務要名林》卷、《雜集時用要字》卷、《蒙求》卷、《事林》卷、《事森》卷、《雜抄》卷、《孔子備問書》卷、《百行章》卷、《新集文詞九經抄》附《文詞教林》卷、《一卷本〈王梵志詩〉》卷、《太公家教》卷、《武王家教》卷、《辯才家教》卷、《新集嚴父教》卷、《崔氏夫人訓女文》卷、《兔園策府》卷、《失名策府》卷、《文場秀句》卷、《略出籯金》卷、《楊滿山詠〈孝經〉壹拾捌章》卷，以及《習字》卷、《算術》卷等，收録了四十四種唐代常見蒙書。

《敦煌蒙書校釋與研究》計畫出版約二十卷，每卷分上下編。上編主要對選定蒙書進行整理、校釋、注解，爲下編深入研究做基礎性的整理、校勘工作。下編在上編整理基礎之上，考訂該卷蒙書的作者、成書的時代背景，分析其編撰體例、特點和價值觀念；充分利用這些彌足珍貴的出土文獻，研究唐五代童蒙教育活動以及童蒙教育理念，分析社會變遷對童蒙文化的影響，補證傳世典籍中散佚蒙書的內容和流傳情況，還原歷史，探討童蒙文化對廣大社會底層百姓的生產、經商及生活、習俗、信仰的影響。

二 《敦煌蒙書校釋與研究》整理工作細則

《敦煌蒙書校釋與研究》主要包括凡例、叙録、題解、校釋、圖録研究等項。本叢書尊重前人已有的著録、研究成果，除在“題解”中做總體説明外，前人一些比較重要的、正確的校勘成果，亦在“叙録”“校釋”等部分中加以採納和體現。

（一）叙録細則

叙録主要對整理蒙書的校釋所使用的底本和參校寫卷的狀況，以及前人綴合等整理情況進行説明。底本和參校本狀況主要包括寫卷的卷號、首題、尾題、題記、起止、殘缺、數量、綴合及書寫質量和相關文書的書寫情況等。整理情況指就前人對蒙書整理比較有貢獻、價值的情況要如實概述，加以評判，并在校釋中有所反映。同一類蒙書，須分作若干種校録者，在整理原始蒙書之後，須整理該蒙書發展、衍生出來諸種蒙書時，需要再做叙録，對其發展、衍生的關係做簡要的介紹，説明分別校釋的理由，如《千字文》有《六合千字文》《蕃漢千字文》等，需要分別校釋。

（二）題解細則

題解主要簡明扼要地説明所整理蒙書的簡介和成書年代，并交代校釋時所使用的底本和參校版本的基本信息，以及前人的整理、研究成果狀況。蒙書簡介概括所要整理蒙書的題名、内容、性質、作者和編撰特點、結構等。整理研究狀況概述需要在校釋中參引前人相關重要、經典的録文和研究基本信息。

（三）校釋細則

1.録文

依據所選底本逐字録文、考辨，斷句標點，分段録出，殘缺部分除外。録文依據具體蒙書内容和性質需要，酌情保留原文行款和特定款式，將底本中的雙行小字，改爲單行小字。録文儘量採用現行正體繁體字，若底本中有常見俗字、异體字、別字、假借字、訛誤字等，逕録正，并出校説明；若有校勘價值，或有爭議者，保留原形，其後適"（ ）"，"（ ）"内加正字，并出校説明。

其一，正俗訛誤處置。本叢書用繁體字排版，新舊字形不一者，用新字形，特殊情況用舊字形，古代分用而現代漢字混用者，如"並""并"之類，亦從古，盡量與古代寫本中的寫法保持一致。凡涉兩岸繁體字字形不一者，以大陸版漢字標準字形爲準。一般的异寫字、俗字（結構不變，而筆畫略有變异的字）徑録正，异構字（包括异體字、古本字、古正字、古分用字）及有特定通用字一律徑録正，但在校記中照底本録寫情況説明。鑒於敦煌蒙書中俗字比較常見，常見俗字一般正文徑録正字（如"扌"旁與"木"旁、"氵"旁與"冫"旁以及"弟"與"第""苐"、"功"與"切"、"答"與"荅"形近相混普遍，可徑據文義録正），在同件蒙書首次出現上述問題須出校説明，其後不再一一出校。

其二，缺省符號處置。原卷缺字用"□"號表示，缺幾個字用幾個"□"，不能確定缺字字數者用長條"□□□"（大小占三格）形符號表示。若上部、下部和中部殘缺，不能判斷其準確字數者，用"□□"形符號表示上缺，用"□□"行符號表示下缺，用"□□"形符號表示中缺。如果所缺部分既有正文大字又有單行注文小字的，則用五號字大小的"□"號表示缺字。若雙行注文小字殘缺字數不明，則用"□□"形符號表示缺字。上述缺字符號，在校記中均須説明約缺字數，或依據參校本和傳世典籍，或據文義在正文加括弧、或校記中加"□（ ）"號補缺字内容。底本模糊不清，無法辨認者用"▨"號表示，每個"▨"號代表一個字。底本、參校本中若有文字書寫筆畫清楚可見，却無法辨認其正字者，可直接謄録圖片。

其三，補字符號處置。若底本確定有脱字，則用"〔 〕"號表示脱字，脱字依據相關參校本、史籍和文義可補者外加〔 〕號（如"蒙以〔養〕正"），須出校記；若底本明顯有空格，確係缺字，亦用"□"號表示，須出校記；若係敬空，則可接排，不出校記；若情況不明，仍照留空格，并須出校。

其四，重文、乙正、删除符號處置。底本中的重文符號、省代符（如字頭旁注"〻""厶"等重文、省代符號），一律改爲相應的正字，不用出校；有爭議或特定情況，須出校。倒字（乙）、衍文（卜或彡），據文義或底本的乙正、删除符號，徑加乙正或删除，必要時出校説明。

其五，塗改字、旁注補字處置。底本中文字書寫之後，又有塗改的各種情況，文義確定者可徑録正，無須出校；若存在歧義，須出校。底本中旁注於正文之外的補字，可徑補正文者，無須出校；若存歧義，須出校。旁注若爲標音字或注解性文字，則須改爲小字夾注，并出校。雙行小注須改爲單行小字。

2.校釋細則

除校釋的蒙書原文中需要保留的異體字外，全書行文一律使用現行《現代漢語詞典》附録《新舊字形對照表》爲依據改定。文中所涉及的數位除必須保留的阿拉伯數字外（如計量單位、統計表格），一律使用漢字。

其一，參校原則。校釋部分以底本爲主，用參校本對底本進行參校，録定正文，并出校説明。若同一蒙書的參校本内容或字句，與其他版本出入較大，可視作異本，須出校説明，校釋從簡，但相關文句可取作校勘之用。若有傳世古籍參校，選定其中若干常見的、較權威的版本參校，并須在題解中加以説明。凡此諸種情況在同一篇蒙書中出注之後，不再一一出校。以下諸種情況均適用。

其二，錯别字、缺字、脱字和異文出校。底本的錯别字、缺字、脱字據參校本改正、補出時，須出校説明。底本與參校本存在異文（如異義字及異體字）及詞句不同時，須出校記。若參校本有脱字及細微筆畫之訛，則不必一一出校。

其三，假借字、常見俗字、訛字、避諱字出校。底本中常見假借字、俗字、訛字，其正字明確者徑録正，一般不出注，若有質疑或有價值者須出校説明；若該字不易考明者，正文中考訂正字需外加“（　）”（如“交（教）”之類），須出校記説明。底本中難以辨識之字在正文中照録，或以剪裁圖片的形式處理，并出校記。音譯詞一概照録，不統一文字，須出校説明其義。避諱字徑録正，在校記中照録原字，説明避何人之諱。若上述情況，字形有變，仍須逐一出校説明。

其四，校注序號。加注原則是以正文的標點符號爲單位，一個標點符號（、，；。）加一個注釋，若一個標點符號内有多個字詞需要加注，仍放在同一校記序列號内，中間用“〇”符號隔開。注碼上標外加〔　〕號，十以上的數字作一〇、一一、二〇、二一……一〇〇、一〇一、一一〇……一二〇、一二一等字樣，校記注碼一律標置於所需出校的字、詞、句或條目的第一個標點符號之內的右上方，以一個標點符號爲一個注碼。

校記書寫格式：字、詞、片語的校記，先照録需要校録的字、詞、片語，下施逗號，再表述各參校本的狀況，并説明校勘理由。校記務求簡要，不作繁瑣考證。其後，可加按語，依據文獻資料爲證。

其五，注釋原則。對校釋蒙書中的典故、晦澀字句、歧義之字詞，凡有礙文義理解者，均須出注釋。若能確定蒙書中典故、諺語等的最早出處或較早轉引，及相近記載，均須注釋。若蒙書本身很短，相關信息不足，可盡量出注釋。

其六，正字處理。因爲本叢書《敦煌蒙書校釋與研究》不單純是古籍整理，有很大實用性，也是爲教育學、文學、心理學、兒童學等多學科的學者提供的一個精準讀本，故常見異體字、假借字、俗字等盡量在正文中徑録正，然後出校説明。

其七，標點符號。標點符號的使用依據國家規定的《標點符號用法》。原卷所用的句讀符號、字隔、分段符號一律不再保留，敬空字或抬行不影響内容或理解者，皆予接排。以上各種情況一般可在題解或校記中略加説明。

三　《敦煌蒙書校釋與研究》參引書目簡稱説明

本叢書上編引用同一文獻次數較多者，統一使用簡稱，若在分卷中再次出現，第一次使用全稱，仍需説明簡稱，再使用簡稱。

（一）敦煌文獻編號簡稱

北　　　　　——中國國家圖書館藏敦煌文獻編號

北大　　　　——北京大學圖書館藏敦煌文獻編號

北敦　　　　——中國國家圖書館藏敦煌文獻統編號

北臨　　　　——中國國家圖書館藏敦煌文獻臨編號

北新　　　　——中國國家圖書館藏敦煌文獻新編號

伯　　　　　——法國國家圖書館藏敦煌文獻伯希和編號

伯粟　　　　——法國國家圖書館藏敦煌粟特文文獻伯希和編號

伯特　　　——法國國家圖書館藏敦煌藏文文獻伯希和編號

敦博　　　——敦煌市博物館藏敦煌文獻編號

敦研　　　——敦煌研究院藏敦煌文獻編號

俄敦　　　——俄羅斯科學院東方研究所聖彼得堡分所藏敦煌文獻編號

俄弗　　　——俄羅斯科學院東方研究所聖彼得堡分所藏敦煌文獻弗魯
　　　　　　　格編號

傅圖　　　——"中研院歷史語言研究所"傅斯年圖書館藏敦煌文獻編號

甘博　　　——甘肅省博物館藏敦煌文獻編號

甘圖　　　——甘肅省圖書館藏敦煌文獻編號

甘中　　　——甘肅省中醫學院藏敦煌文獻編號

津藝　　　——天津市藝術博物館藏敦煌文獻編號

酒博　　　——酒泉市博物館藏敦煌文獻編號

散　　　　——《敦煌遺書散錄》編號（《敦煌遺書總目索引》附錄）

上博　　　——上海博物館藏敦煌吐魯番文獻編號

上圖　　　——上海圖書館藏敦煌吐魯番文獻編號

斯　　　　——英國國家圖書館藏敦煌文獻斯坦因編號

西師　　　——西北師範大學藏敦煌文獻編號

英印　　　——印度事務部圖書館藏敦煌文獻編號

永博　　　——永登縣博物館藏敦煌文獻編號

羽　　　　——杏雨書屋藏敦煌文獻編號

浙敦　　　——浙江省藏敦煌文獻編號

中村　　　——《中村不折舊藏禹域墨書集成》編號

中國書店　——中國書店藏敦煌文獻編號

（二）書目簡稱

《寶藏》　　——《敦煌寶藏》

《北大》　　——《北京大學藏敦煌文獻》

《俄藏》　　——《俄藏敦煌文獻》

《法藏》　　——《法藏敦煌西域文獻》

《法目》　　　　——《巴黎國家圖書館藏敦煌漢文寫本注記目録》（ *Catalogue des manuscrits chinois de Touen-houang* ）

《甘藏》　　　　——《甘肅藏敦煌文獻》

《國圖》　　　　——《國家圖書館藏敦煌遺書》

《郝録》　　　　——《英藏敦煌社會歷史文獻釋録》

《黃目》　　　　——《敦煌遺書最新目録》

《彙考》　　　　——《敦煌音義彙考》

《姜韻》　　　　——《瀛涯敦煌韻輯》

《姜韻考釋》　　——《瀛涯敦煌韻書卷子考釋》

《金目》　　　　——《倫敦藏敦煌漢文卷子目録提要》

《津藝》　　　　——《天津市藝術博物館藏敦煌文獻》

《經合》　　　　——《敦煌經部文獻合集》

《龍龕》　　　　——《龍龕手鏡》

《孟録》　　　　——《俄藏敦煌漢文寫卷叙録》

《秘笈》　　　　——《敦煌秘笈》

《榮目》　　　　——《英國圖書館藏敦煌漢文非佛教文獻殘卷目録》

《上博》　　　　——《上海博物館藏敦煌吐魯番文獻》

《上圖》　　　　——《上海圖書館藏敦煌吐魯番文獻》

《説文》　　　　——《説文解字》

《索引》　　　　——《敦煌遺書總目索引》

《索引新編》　　——《敦煌遺書總目索引新編》

《邰録》　　　　——《俄藏敦煌文獻叙録》

《通釋》　　　　——《敦煌變文字義通釋》

《王類》　　　　——《敦煌類書》

《叙録》　　　　——《敦煌古籍叙録》

《英藏》　　　　——《英藏敦煌文獻》

《翟目》　　　　——《英國博物館藏敦煌漢文寫本注記目録》（ *Descriptive Catalogue of the Chinese Manuscripts from Tunhuang in the British Museum* ）

《浙敦》　　——《浙藏敦煌文獻》

《周韻》　　——《唐五代韻書集存》

四　《習字卷》補充説明

（一）吐魯番文獻編號簡稱

大谷　　　——《大谷文書集成》編號

（二）書目簡稱

《人名集成》——《八世紀末期～十一世紀初期燉煌氏族人名集成》

《英敦》　　——《英國國家圖書館藏敦煌遺書》

（三）論文簡稱

《復原》　　——海野洋平《敦煌寫本 P.4019pièce4·P.3349pièce4·P.3368
　　　　　　　　pièce7 の綴合·復原—童蒙教材としての王羲之〈顧書
　　　　　　　　論〉（〈尚想黃綺〉帖）—》

《輯覽》　　——海野洋平《敦煌童蒙教材〈牛羊千口〉史料輯覽》

《劉文》　　——劉長東《論中國古代的習字蒙書——以敦煌寫本〈上大
　　　　　　　　夫〉等蒙書爲中心》

《拾遺》　　——張新朋《敦煌文獻王羲之〈尚想黃綺帖〉拾遺》

《順朱》　　——海野洋平《童蒙教材としての王羲之〈顧書論〉（〈尚
　　　　　　　　想黃綺〉帖）—敦煌寫本·羽664ノ二Rに見るプレ〈千
　　　　　　　　字文〉課本の順朱—》

《再論》　　——海野洋平《敦煌童蒙教材〈牛羊千口〉再論—傳本〈上
　　　　　　　　大人〉·敦煌本〈上大夫〉の遷庭をめぐる一考察—》

《諸問題》　——海野洋平《童蒙教材〈上大人〉の順朱をめぐって—敦
　　　　　　　　煌寫本 P.4900（2）·P.3369vに見る〈上大人〉黎明期の
　　　　　　　　諸問題—》

一 《上大夫》校釋

叙　録

　　《上大夫》筆畫簡單，三字爲一句，每兩句押韻，共六句、十八字。傳世文獻和敦煌文獻中没有該書作者和編撰年代的相關信息，從敦煌寫本的書寫年代推斷，該書在中唐時期就已經作爲基礎習字蒙書在敦煌地區流行。宋代以後二十五字本的《上大人》取代了《上大夫》，成爲初學習字時普遍使用的蒙書。幸賴敦煌文獻中保存了《上大夫》寫本，得以窺探該書在唐代的樣貌、使用及流傳情況。以下對《上大夫》寫本以及前人的整理、校釋成果進行簡要介紹，并進行重新整理、叙録和校釋。

　　迄今發現的敦煌寫本《上大夫》共計三十六件，其中完整本十二件，爲斯一二三二號背、斯一四七二號背、斯四一〇六號背、斯五六三一號背、伯二五六四號背、伯二七三八號背、伯三一四五號背、伯三七〇五號背、伯三七九七號背、伯三八〇六號背、北敦一〇〇四八號背、北敦一三〇六九號背；殘缺本六件，爲斯八六六八號背、伯四九〇〇號（二）、俄敦六〇五〇號背、俄敦八六五五號背、北敦三九五五號背、伯特二二一九號；雜寫本十八件，爲斯二六四號背、斯七四七號背、斯一三八六號背、斯二六四六號背、斯五四四一號、斯五七五四號背、斯六〇一九號背、斯六六〇九號背、斯六九六〇號背、伯二一七八號背、伯二七七二號背、伯三三六九號背、北敦一六四〇號、北敦一七四五號背、北敦一七七四號背、北敦四五六二號背、北敦六一四一號背、北敦七〇八九號。

　　劉復《敦煌掇瑣》一書中對伯三一四五號背進行了録文，編作瑣八一號〔一〕。隨後向達《倫敦所藏敦煌卷子經眼目録》一文中著録了斯七四七號背，擬題作"雜塗'上大夫'等字"〔二〕。此後，經過前輩學者的不斷努力，相關寫本陸續被發現。一九九一年鄭阿財《敦煌蒙書析論》一文統計出六件寫本，爲伯三一四五號背、伯三七九七號背、伯三八〇六號背、伯四九〇〇號（二）、斯七四七號背、斯四一〇六號背〔三〕。其後朱鳳玉《敦煌寫本蒙書〈上大夫〉研究》一文中增加了斯六六〇九號背（按：朱文中誤作斯六六〇六號）、斯六九六〇號背〔四〕。近年，隨着各地所藏敦煌文獻的陸續出版，新的《上大夫》寫本被陸續發現。二〇〇八年，張涌泉主編《敦煌經部文獻合集》（以下簡稱《經合》）第八冊《小學類字書之屬》中對伯三一四五號背和斯四一〇六號背做了詳細校録，并在校記中補充了斯七四七號背、斯一二三二號背、斯一四七二號背、斯五六三一號背、斯六九六〇號背、斯八六六八號背、伯二七三八號背、伯三七〇五號背、伯三七九七號背、伯三八〇六號背、伯四九〇〇號（二）、北敦三九五五號背、俄敦八六五五號背這十三件寫本的録文〔五〕。近年，海野洋平《童蒙教材〈上大人〉の順朱をめぐって—敦煌寫本 P.4900（2）・P.3369v に見る〈上大人〉黎明期の諸問題—》（以下簡稱《諸問題》）一文統計出前人已經發現的寫本共有二十一件（按：除去斯一三一三號後實際是二十件。斯一三一三號《大乘百法明門論義序釋》第七則載："言演半滿於言派者。且如世小兒上學，初學上大夫等爲半字，後聚多字成一字者，

〔一〕 劉復輯：《敦煌掇瑣》中輯，第三三一頁。

〔二〕 向達：《倫敦所藏敦煌卷子經眼目録》，《北平圖書館圖書季刊》新第一卷第四期，一九三九年，第四〇一頁。

〔三〕 鄭阿財：《敦煌蒙書析論》，《第二屆敦煌學國際研討會論文集》，第二二〇頁。

〔四〕 朱鳳玉：《敦煌寫本蒙書〈上大夫〉研究》，《第五屆唐代文化學術研討會論文集》，第八七～一〇三頁。

〔五〕 張涌泉主編：《敦煌經部文獻合集》第八冊《小學類字書之屬・訓蒙書抄（一）》《小學類字書之屬・訓蒙書抄（二）》，第四一二七～四一四二頁。

令盡識會爲滿字。"〔一〕此段話中雖然出現了《上大夫》，但是與其他寫本有別，筆者以爲非《上大夫》寫本，遂不統計），他又發現了斯五四四一號背、斯五七五四號背、伯二一七八號背、伯三三六九號背、北敦一七七四號背、俄敦六〇五〇號背這六件，并對伯四九〇〇號（二）、伯三三六九號背進行了校録〔二〕。海野洋平《敦煌童蒙教材〈牛羊千口〉史料輯覽》（以下簡稱《輯覽》）一文對伯三一四五號背、斯五六三一號背、斯四一〇六號背、斯一二三二號背、伯二七三八號背、伯三七〇五號背、伯三七九七號背、斯一四七二號背、伯二五六四號背、俄敦六〇五〇號背、斯八六六八號、伯特二二一九號這十二件寫本進行了校録〔三〕。二〇一七年，拙論《敦煌寫本〈上大人〉相關問題研究》一文中統計了二十九件寫本，較之海野氏，增加了斯二六四號背、斯六〇一九號背、北敦一七五四號背〔四〕。二〇二〇年，拙論《唐五代敦煌地區學童書學教育研究——以敦煌文獻爲中心》一文在前文的基礎上增加了北敦一〇〇四八號、北敦一三〇六九號〔五〕。同年稍晚，海野洋平《敦煌童蒙教材〈牛羊千口〉再論—傳本〈上大人〉·敦煌本〈上大夫〉の逕庭をめぐる一考察—》（以下簡稱《再論》）文末"敦煌《上大夫》史料一覽"中公佈了迄今

〔一〕 本書征引英藏敦煌文獻斯二七七〇號以下者，均出自方廣錩、〔英〕吳芳思主編《英國國家圖書館藏敦煌遺書》第一～五十册（廣西師範大學出版社，二〇一一～二〇一七年），以下不再一一出注説明。

〔二〕〔日〕海野洋平：《童蒙教材〈上大人〉の順朱をめぐって—敦煌寫本 P.4900（2）·P.3369v に見る〈上大人〉黎明期の諸問題—》，《歷史》第一一七號，二〇一一年，第一～二九頁。

〔三〕〔日〕海野洋平：《敦煌童蒙教材〈牛羊千口〉史料輯覽》，《一關工業高等專門學校研究紀要》第四六號，二〇一一年，第七～三〇頁。

〔四〕 任占鵬：《敦煌寫本〈上大人〉相關問題研究》，金瀅坤主編：《童蒙文化研究》第二卷，第二九二～三〇七頁。

〔五〕 任占鵬：《唐五代敦煌地區學童書學教育研究——以敦煌文獻爲中心》，金瀅坤主編：《童蒙文化研究》第五卷，第一五五～一七九頁。

最爲全面的《上大夫》寫本，總數是三十六件〔一〕，增加了斯一三八六號背、斯二六四六號背、伯二七七二號背、北敦四五六二號背、北敦六一四一號背這五件。

以下在前人的基礎上，依照諸寫本的完整、殘缺、清晰程度，依次對三十六件《上大夫》寫本進行叙錄。

一　完整本

（一）伯三一四五號背

本篇首尾完整，僅一行，共十八字，字迹清晰，書寫較爲工整，筆迹稚嫩。本篇爲底卷首篇，後接《牛羊千口》《上士由山水》《黄金千萬斤》、官員名、人名、敦煌鄉名、《敦煌百家姓》，均無紀年。底卷正面爲社司轉帖，内題"戊子年潤五月録事張▨（帖）"。此"戊子年"，郝春文考訂爲北宋端拱元年（九八八）〔二〕。根據陳垣《二十史朔閏表》可知北宋端拱元年（戊子年）確爲閏五月〔三〕，郝春文所證無誤。海野洋平《輯覽》指出底卷正面社司轉帖中抄寫的名字的姓氏連起來是"景梁胡竇蘇黑程彭麴屈郝郜祝就崔橋申傅候任"，與底卷背面第十五、十六行《敦煌百家姓》中姓氏的排序相似。不僅如此，底卷正面社司轉帖和背面《敦煌百家姓》的筆迹接近，應該是同一人所寫，因此比照底卷正面紀年，本篇書寫時間應該在北宋端拱元年。考同卷官員名中有"翟君使"，應該爲"翟使君"，他"是十世紀中後期歸義軍府衙中非常重要的人物"〔四〕，這一人物的出現也從側面證明了本篇書寫年代推斷的正

〔一〕［日］海野洋平：《敦煌童蒙教材〈牛羊千口〉再論—傳本〈上大人〉·敦煌本〈上大夫〉の逕庭をめぐる一考察—》,《集刊東洋學》第一二三號，二〇二〇年，第六三~八三頁。

〔二〕郝春文：《敦煌寫本社邑文書年代彙考（二）》,《首都師範大學學報（社會科學版）》一九九三年第五期，第七九頁。

〔三〕陳垣：《二十史朔閏表》，古籍出版社，一九五六年，第一二〇頁。

〔四〕陳菊霞：《翟使君考》,《敦煌研究》二〇〇九年第五期，第八四頁。

確。本篇原件無題，《敦煌掇瑣》定作"上大夫丘乙己"，《敦煌寶藏》（以下簡稱《寶藏》）《敦煌遺書總目索引》（以下簡稱《索引》）《敦煌遺書總目索引新編》（以下簡稱《索引新編》）均定作"習書雜字"，《法藏敦煌西域文獻》（以下簡稱《法藏》）定作"習字"，《經合》定作"訓蒙書抄"。本篇《敦煌掇瑣》、《敦煌蒙書研究》、《經合》第八册、《輯覽》有録文。

（二）伯三八〇六號背

本篇首尾完整，僅兩行，共十八字，字迹清晰，書寫工整，緊接寫有"可知其禮也"五字。本篇爲底卷次篇，前接《宣宗皇帝御製勸百寮》，後接齋文，筆迹一致，均無紀年。底卷正面爲《春秋左氏傳集解》。郝春文根據本件底卷背面齋文中有讚頌釋門教授和爲贊普祈福的詞句，認爲齋文的書寫年代應該在吐蕃統治敦煌時期[一]。海野洋平《諸問題》認爲《宣宗皇帝御製勸百寮》是有人托唐宣宗之名所作，其編撰年代應在唐宣宗李忱駕崩之後，而本件底卷中與它同筆的《上大夫》的書寫年代，應該在歸義軍時期。其實本件底卷背面第四十四行到五十行有讚頌節度使及夫人、娘子的語句，據此也可推斷底卷背面書寫年代應該在九至十世紀歸義軍時期。本篇《索引新編》、《敦煌蒙書研究》、《經合》第八册、《諸問題》有録文。

（三）斯五六三一號背

本篇首尾完整，僅兩行，共十八字，字迹清晰，書寫較爲工整，筆迹稚嫩。本篇爲底卷次篇，前接《天生淳善》，後接《牛羊千口》、"一二三四五六七八九十百千万億"，筆迹與正面接近，均無紀年。底卷正面爲《佛經戒律》、社司轉帖，後者内題"庚辰年正月十四日録事韓願清帖"。該"庚辰年"，《英國博物館藏敦煌漢文寫本注記目録》（以下簡稱《翟目》）

〔一〕　郝春文：《敦煌寫本社邑文書年代彙考（三）》，《社科縱横》一九九三年第五期，第一一頁。

疑作九八○年[一]。郝春文《敦煌寫本社邑文書年代彙考（二）》考證正面社司轉帖中"社官楊願受"又見於北敦八七六號背《大目犍連冥間救母變文》文末題記"太平興國二年歲在丁丑潤六月五日顯德寺學仕郎楊願受一人思微（惟），發願作福，寫盡此《目連變》一卷"，認爲兩個"楊願受"應該是同一人，則本件底卷中"庚辰年"應當是距宋太平興國二年較近的太平興國五年（九八○？）。海野洋平《輯覽》舉出"楊願受"還見於伯三八三五號《觀世音菩薩秘密藏無障礙如意心輪陀羅尼經》文末題記"戊寅年（九七八）九月五日清信弟子楊願受寫此經記之耳也"，三件寫本中的"楊願受"應該是同一人的可能性很高，所以推定本件中"庚辰年"是太平興國五年，又底卷正背面筆迹一致，因此底卷背面的内容當是同時期的産物。兹從前學之說。本篇原件無題，《英藏敦煌文獻》（以下簡稱《英藏》）定作"習字（天生淳善等）"，《經合》第八册、《輯覽》有錄文。

（四）斯四一○六號背

本篇首尾完整，僅三行，共十八字，字迹清晰，書寫較爲工整，筆迹稚嫩。本篇爲底卷第七篇，前接《門來善遠》三篇、大寫數字壹到拾、《上士由山水》兩篇，後接《牛羊千口》、大寫數字壹到拾、姓氏人名習字，筆迹一致，均無紀年。底卷正面爲《佛説法句經》。海野洋平《輯覽》認爲本篇的書寫年代在九世紀或十世紀。考底卷背面人名"令狐進子"又見於斯二五一七號《佛説咒魅經》（十世紀）、斯三九八二號《癸亥年至乙丑年月次當番人納役簿》（九六三、九六四）、俄敦四二七八號《十一鄉諸人付麵數》（九一五或九七五）[二]，説明令狐進子生活在十世紀。而令狐進子出現在本篇的底卷中，説明本篇的書寫年代應該在十世紀。本篇原件無題，《寶藏》《索引》《索引新

　　〔一〕　〔英〕Lionel Giles（翟理斯），Descriptive Catalogue of the Chinese Manuscripts from Tunhuang in the British Museum（《英國博物館藏敦煌漢文寫本注記目録》），The Trustees of the British Museum, 1957, p.259.

　　〔二〕　這些寫本的書寫時代推斷，參見〔日〕土肥義和編《八世紀末期～十一世紀初期燉煌氏族人名集成》（汲古書院，二○一五年）第七五○頁。

編》均定作 "兒童習字"，《英藏》定作 "習字"，《經合》定作 "訓蒙書抄"。本篇《敦煌蒙書研究》、《經合》第八册、《輯覽》有録文。

（五）伯三七九七號背

本篇首尾完整，僅兩行，共十八字，字迹清晰，書寫較爲工整，筆迹稚嫩。底卷從左向右寫，爲雜寫，本篇在篇末，前接户籍人名、題記兩條、"大元有量智慧" "學郎大歌李延" "《太公家教》一卷" 等字，後接《牛羊千口》，兩條題記爲 "維大宋開寶九年丙子歲（九七六）三月十三寫子（此）文書了" 和 "開寶九年丁丑年四月八日王會"。底卷正面爲《太公家教》《新集嚴父教》。底卷背面雜寫中户籍人名和題記 "維大宋開寶九年丙子歲三月十三寫子（此）文書了" 墨色較重，筆迹與正面内容較爲接近，説明底卷正面内容可能寫於開寶九年。另外一條題記 "開寶九年丁丑年四月八日王會" 與包括本篇在内的其他雜寫的筆迹一致，題記中的 "丁丑年" 是 "丙子歲" 的下一年，即宋太平興國二年（九七七），因此本篇的書寫年代當在此年。海野洋平《輯覽》認爲 "開寶九年丁丑年" 原本寫作 "開寶十年丁丑年"，但是宋太宗在開寶九年十二月改元爲太平興國元年，丁丑年實際上是太平興國二年，書寫者在得知改元的消息後，不得不在 "十" 字上加了一筆，改成了 "開寶九年"，謊稱是開寶九年所寫，避免了年號的錯誤。可備一説。本篇原件無題，《法藏》定作 "開寶九年雜寫等"，《索引新編》定作 "開寶九年（九七六）雜寫等"。本篇《敦煌蒙書研究》、《經合》第八册、《輯覽》有録文。

（六）斯一二三二號背

本篇首尾完整，僅一行，共十八字，字迹較清，書寫較爲工整，筆迹稚嫩。底卷從左向右書，本篇爲底卷首篇，後接《牛羊千口》，無紀年。底卷正面爲《大般若波羅蜜多經》。海野洋平《輯覽》推斷本篇書寫年代爲九至十世紀，《英國國家圖書館藏敦煌遺書》（以下簡稱《英敦》）推斷爲九世紀歸義軍時期。本篇原件無題，《英藏》《英藏敦煌社會歷史文獻釋録》（以下簡稱《郝録》）均定作 "幼學文（上大夫）"，《英敦》定作 "上大夫（異本）"。《郝録》第五卷、《經合》第八册、《輯覽》、《英敦》第一九册 "條記目録" 有録文。

（七）北敦一三〇六九號背

底卷中共有兩篇《上大夫》。第一篇爲底卷首篇，首尾完整，僅兩行，共十八字，字迹清晰，書寫較爲工整，筆迹稚嫩，後接《牛羊千口》《發願文》、社司轉帖。第二篇夾在底卷倒數第二行和第三行的《發願文》中，僅一行，爲"大夫丘"三字，字迹清晰。底卷正面爲"佛説無常經"■■闍梨、少、羅闍梨、李法律""保通"等雜寫。兩篇《上大夫》均無紀年，《國家圖書館藏敦煌遺書》（以下簡稱《國圖》）推斷底卷背面爲九至十世紀歸義軍時期寫本[一]；海野洋平《再論》根據七階禮《禮懺文》（按：即底卷中的《發願文》）主要是十世紀的寫本，推測兩篇《上大夫》的書寫年代也應該在同一時期。本篇原件無題，《國圖》定作"上大人雜寫"，《國圖》第一一二册"條記目録"、《再論》有録文。

（八）北敦一〇〇四八號背

本篇首尾完整，僅兩行，共十八字，字迹清晰，書寫凌亂，筆迹稚嫩。本篇爲底卷次篇，前接"善慈順集一心奉敕修造大王郎君"等字，後接《牛羊千口》《上士由山水》以及"大""己"二字習字，無紀年。底卷正面爲《維摩詰所説經》。《國圖》推斷底卷背面爲八至九世紀吐蕃統治時期寫本。海野洋平《再論》指出本件底卷可以與北敦一〇二九四號、北敦一一九六四號、北敦一二一五八號綴合，并推測本篇的書寫年代在歸義軍時期。本篇原件無題，《國圖》定作"習字雜寫"，《再論》有録文。

（九）斯一四七二號背

本篇首尾完整，僅兩行，共十八字，字迹較清，書寫較爲工整，筆迹稚嫩。底卷從左向右書，本篇爲底卷第三篇，前接當寺轉帖、數字

〔一〕 本書征引國圖藏敦煌文獻，均出自中國國家圖書館編《國家圖書館藏敦煌遺書》第一～一四六册（北京圖書館出版社，二〇〇五～二〇一二年），以下不再一一出注説明。

“一二三四五六七八九十”，後接《牛羊千口》，殘存修補紙上存“此是願德經卷，戒昌借書寫爲記”一行和“住通”習字一行，均無紀年。底卷正面爲《佛説八陽神咒經》，末題“乙亥歲前四月四日，爲亡阿姨師寫此經功德記，法界有情，同霑司（斯）福”。該“乙亥歲”，《索引新編》推斷“應爲八五五年”〔一〕，《英敦》和《中國古代寫本識語集録》推斷爲九一五年〔二〕。根據陳垣《二十史朔閏表》，可知唐大中九年（八五五）是閏四月，而後梁貞明元年（九一五）是閏二月，所以當以《索引新編》的推斷爲確。關於本件底卷背面的書寫年代，土肥義和《八世紀末期~十一世紀初期燉煌氏族人名集成》（以下简称《人名集成》）根據當寺轉帖中僧名“高僧正”“智光”，推斷爲十世紀中期。海野洋平《輯覽》根據“智光”又見於伯二九三〇號碎四《都僧政和尚榮葬差發帖》（九二〇至九三〇），“高僧政”“智光”同時又見於伯二二五〇號背《儭狀》（九三六左右）中的永安寺部分，推斷底卷背面書寫年代爲十世紀前半期。“高僧正”“智光”同時出現在本件底卷與伯二二五〇號背，説明他們是相同二人的可能性很高，都是永安寺僧。關於伯二二五〇號背的書寫時代，藤枝晃《敦煌の僧尼籍》和土肥義和《人名集成》推定在九二五年〔三〕，唐耕耦、陸宏基推定在九二五—九三〇年〔四〕，李正宇推定在後唐同光年間（九二三至九二五）〔五〕，郝春文推定在九三七年或前後不久〔六〕。依據現有研究成果，可以大致判定伯二二五〇號背書寫年代在十世紀前半期，那

〔一〕　敦煌研究院編：《敦煌遺書總目索引新編》，中華書局，二〇〇〇年，第四五頁。

〔二〕　［日］池田温編：《中國古代寫本識語集録》，東京大學東洋文化研究所，一九九〇年，第四五七頁。

〔三〕　［日］藤枝晃：《敦煌の僧尼籍》，《東方學報》（京都）第二九册，一九五九年，第三一六頁。

〔四〕　唐耕耦、陸宏基編：《敦煌社會經濟文獻真迹釋録》第三輯，全國圖書館文獻縮微複製中心，一九九〇年，第一九三頁。

〔五〕　李正宇：《敦煌地區古代祠廟寺觀簡志》，《敦煌學輯刊》一九八八年第一、二期，第七七頁。

〔六〕　郝春文：《唐後期五代宋初敦煌僧尼的社會生活》，中國社會科學出版社，一九九八年，第三〇八頁。

麽本件底卷背面書寫時代應該亦在十世紀前半期。本篇原件無題，《英藏》定作"雜寫（當寺轉帖 高僧正智光等）"，《郝録》定作"雜寫（當寺轉帖等）"，《英敦》定作"雜寫"。本篇《索引新編》、《經合》第八册、《郝録》第七卷、《英敦》第二三册"條記目録"、《輯覽》有録文。

（一〇）伯二七三八號背

底卷中共兩篇《上大夫》。第一篇首尾完整，僅兩行，共十八字，字迹較清，書寫不工整，筆迹稚嫩。底卷末《尚想黃綺帖》《上大夫》《牛羊千口》是從左向右寫，其餘内容是從右向左寫。本篇爲底卷從左向右數的第二篇，前接《尚想黃綺帖》，後接《牛羊千口》、題記、《上大夫》、社司轉帖數篇、敦煌寺名、敦煌鄉名、敦煌蘭若名、《沉淪溧浪波》《送遠還通達》《正月孟春猶寒》《學問當時苦》《尚想黃綺帖》《千字文》等，題記爲"咸通十年己丑六月八日男文英，母因是"。第二篇在題記右側，僅有"上大夫"三字。底卷正面爲《太公家教》。從底卷背面題記來看，這兩篇《上大夫》的書寫時間都在唐咸通十年（八六九）。本篇原件無題，《法藏》定作"雜寫"，《經合》第八册、《輯覽》有録文。

（一一）伯三七〇五號背

本篇首尾完整，僅兩行，共十八字，字迹較清，書寫較爲工整，筆迹稚嫩。底卷正面爲《論語》，本篇在底卷末，前接《千字文》《論語》《正月孟春猶寒》、雜字、數字、人名雜寫等，後接《牛羊千口》，有紀年"中和二年"和題記"中和二年十二月學生"。可見本篇的書寫年代當在唐中和二年十二月（八八三）。本篇原件無題，《法藏》定作"習字雜寫"，《索引新編》定作"雜寫若干"。本篇《經合》第八册、《輯覽》有録文。

（一二）伯二五六四號背

本篇夾在底卷背面第五十二、五十三、一百四十六、一百四十九至一百五十一行的《百行章疏》中，首尾完整，共三十四字，字迹清晰，書寫較爲工整，筆迹稚嫩。本篇爲底卷第三篇，前接《佛頂尊勝陀羅尼經略抄》

《百行章疏》，後接《牛羊千口》《百行章疏》《千字文》《新合孝經皇帝感詞一十一首》等，均無紀年。底卷正面爲《晏子賦》《醜齫新婦文》《太公家教》，卷末有題記"乙酉年足羊人程長奴之記耳"，還有"辛巳年二月十日盧博士付生絹壹疋，長裁衣尺量得三丈四尺，福（幅）壹尺柒寸三分""乙酉年五月八日立契永安寺王定長白羊"等字。底卷正面題記中的"乙酉年"，土肥義和《人名集成》認爲可能是九二五年，海野洋平《輯覽》認爲是九二五或九八五年。從筆迹看，正背面應該是同一人所寫，書寫者可能便是程長奴，本篇的書寫年代也應該在"乙酉年"，而歸義軍統治敦煌期間的"乙酉年"，應該是後唐同光三年（九二五）或北宋雍熙二年（九八五）。本篇《輯覽》有錄文。

二　殘缺本

（一）斯八六六八號背

本篇首缺尾全，僅兩行，共十七字，起"夫"，訖"八九子"，字迹清晰，書寫凌亂，筆迹稚嫩。本篇爲底卷首篇，後接《牛羊千口》，均無紀年。底卷正面僅存末行"▨經"二字及不明墨迹。本篇的書寫年代當在九至十世紀。本篇原件無題，《英藏》定作"幼學文"，《經合》第八册、《輯覽》有錄文。

（二）伯四九○○號（二）

本篇首全尾缺，共十五行，行首起"上大夫"，訖"尔▨（小）"，每字一行，行首爲朱筆範字，其下爲墨筆習字，墨筆習字止於"千"字，字迹清晰，墨筆習字書寫不工整，筆迹稚嫩。底卷首題有朱筆"試文"二字，卷末有墨筆紀年"咸通十年"和朱筆"經開▨"。本件底卷爲伯四九○○號（一）《尚書序》背面的襯紙。從紀年來看，本篇的書寫年代當在咸通十年（八六九）。海野洋平《諸問題》指出第八行"化"字行末，存伯四九○○號（一）《尚書序》內容"風氣所宜"中"風"字的右側殘畫。本篇原件無題，《法藏》定作"上大夫丘乙己習字"，《索引新編》定作"兒童習字'上大夫丘乙己化三千七十士'及'咸通十年'字樣"。本篇《敦煌蒙書研究》、《經合》第八册、《諸問題》有録文。

（三）伯特二二一九號

本篇首缺尾全，僅一行，共十三字，起"▨（化）三千"，訖"八九子"，字迹清晰，書寫凌亂，筆迹稚嫩。本篇爲底卷首篇，後接《牛羊千口》、吐蕃文，無紀年。底卷背面爲《上士由山水》。底卷爲伯二四一五號《七階佛名經》修補紙的一部分，原編號爲伯二四一五號碎五。海野洋平《輯覽》根據吐蕃文中"rkya"這一吐蕃特有的土地制度用語，推測吐蕃文的書寫年代是吐蕃統治敦煌時期，本篇的筆迹與吐蕃文不一，應該非吐蕃統治期間的字迹，書寫年代應該在吐蕃文之後，大概是九至十世紀。兹從海野氏之説。本篇《輯覽》有録文。

（四）北敦三九五五號背

本篇首全尾缺，僅一行，共十一字，爲"上大夫，丘一己，化三千，七十"，字迹清晰，書寫較爲工整，筆迹稚嫩。本篇爲底卷次篇，前接"如春"二字，後接《敦煌百家姓》以及"龍興寺"三字，無紀年。底卷正面爲《無量壽宗要經》，尾題"張力没藏寫"。土肥義和《人名集成》推斷底卷正面的書寫年代在九世紀前期，《國圖》推斷《無量壽宗要經》爲八至九世紀吐蕃統治時期寫本。《敦煌百家姓》的出現時間應該在張氏歸義軍時期，所以本篇書寫年代當在九至十世紀的歸義軍時期。本篇原件無題，《國圖》定作"雜寫"，《經合》第八册有録文。

（五）俄敦八六五五號背

本篇首缺尾全，僅一行，共十字，爲"丘一己，化三千，七十二，尔"，字迹清晰，書寫凌亂，筆迹稚嫩。本篇位於底卷中間，前接吐蕃文，後接"時妙言"三字及吐蕃文，均無紀年。底卷正面爲《大般若波羅蜜多經》。鄭阿財、朱鳳玉指出底卷背面第六、七行内容是古藏文的字母表，與本篇出自同一人之手，"説明了吐蕃統治時期的敦煌，不但一方面進行雙語教學，同時還是沿襲着中國傳統童蒙教育的老方法，使用最基礎的識字習字教材"[一]。那麼本篇應該是吐蕃統治時期的學習者所習。本篇《經合》第八册有録文。

（六）俄敦六〇五〇號背

本篇首缺尾全，僅兩行，共八字，爲"千，七十二，女小""八九子"，字迹清晰，書寫工整，筆迹稚嫩。本篇爲底卷首篇，後接《牛羊千口》，均無紀年。底卷正面爲《禮懺文》。底卷正面的《禮懺文》與三階教經典《七階佛名經》有密切關係，在十世紀最爲流行[二]，海野洋平《輯覽》推測底卷背面的書寫年代應該在十世紀左右。本篇《輯覽》有録文。

三　雜寫本

（一）伯三三六九號背

底卷中共有兩篇《上大夫》。第一篇在底卷底端，橫寫一行，共三十六字，起"上上大大夫夫"，訖"八八九九子子"，每字兩遍，有缺字，字迹模糊，書寫不工整，筆迹稚嫩，後接《牛羊千口》。第二篇在底卷頂端，首全尾缺，橫寫一行，共五字，爲"上上夫夫己"，亦是每字兩遍，字迹模糊，書寫不工整，筆迹稚嫩。底卷同書有《敦煌百家姓》、人名雜寫等，均無紀年。底卷正面爲《孝經》和人名雜寫，尾題"乾符三年（八七六）十月二十日學生索什德書卷書記之也"和"咸通十五年（八七四）五月八日沙州學生索什德"。兩條題記的筆迹與《孝經》不一，而與底卷背面較爲相近。張涌泉根據正面題記，推測底卷背面《敦煌百家姓》的書寫年代在唐乾符三年前後[三]。海野洋平《諸問題》考證背面人名"索福安"又見於北敦一四一八五號（八至九世紀）和斯一六九一號《大般若波羅蜜多經》，"索文奴"又見於

〔一〕　鄭阿財、朱鳳玉：《開蒙養正：敦煌的學校教育》，第一〇五頁。

〔二〕　汪娟：《敦煌禮懺文研究》，法鼓文化，一九九八年，第一八二～一八三頁。

〔三〕　張涌泉主編：《敦煌經部文獻合集》第八册《小學類字書之屬·敦煌百家姓》，第四〇九頁。

伯五五七九號（一六）《僧籍》和斯五八二四號《應經坊請供菜牒》，都是吐蕃統治後半期的人物，所以推測背面的書寫年代應該在吐蕃統治敦煌時期。然而底卷正面人名"索康七"又見於北敦四二五六號背《斷知更人名單》（九世紀後期），"索康八"又見於伯四○一九號碎二《納草束曆》（九世紀後期），背面"宋國忠"又見於伯三四一八號背《唐沙州諸鄉欠枝夫人户名目》（九世紀末至十世紀初）和斯一八九八號《甲仗簿》（十世紀前期）及莫高窟第九八窟供養人題記（十世紀中期）〔一〕。以上資料一方面説明由於人名的重復性，考證出的年代具有不確定性，一方面也説明底卷背面年代更加傾向於九世紀後期。因此，依據底卷正面題記，推定本篇的書寫年代當在唐咸通十五年或者乾符三年。本篇原件無題，《寶藏》定作"殘人名、殘文書"，《法藏》《索引新編》均定作"雜寫"。本篇《諸問題》有録文。

（二）斯六六○九號背

本篇在底卷背面的修補紙上，共四行，十五字，起"上大夫"，訖"女小生"，字迹較清，書寫較爲工整，筆迹稚嫩，無紀年，書寫年代當在九至十世紀。底卷正面爲《妙法蓮華經》。本篇《敦煌蒙書研究》有録文。

（三）斯六九六○號背

本篇僅一行，共十五字，起"上大夫"，訖"女少（小）生"，字迹清晰，書寫較爲工整，筆迹稚嫩。本篇爲底卷末篇，前接"佛説阿彌陁經""如具""乙酉年""乙酉年五月十五日夫人西宅索奴子""佛説八陽神咒經""大王并諸""奴子社司"等字。底卷正面爲《佛説佛母經》《佛説善惡因果經》底卷背面紀年"乙酉年五月十五日"，土肥義和《人名集成》推斷大概爲十世紀後期；鄭阿財、朱鳳玉認爲"乙酉"可能爲唐懿宗咸通六年（八六五），或後唐莊宗同光三年（九二五），或宋太宗雍熙二年（九八五）〔二〕。本篇原件無

〔一〕　這些寫本的書寫年代推斷，參見［日］土肥義和編《八世紀末期～十一世紀初期燉煌氏族人名集成》，第二三一、三一九頁。

〔二〕　鄭阿財、朱鳳玉：《敦煌蒙書研究》，第一四八頁。

題，《英藏》《索引新編》定作 "雜寫"，《索引新編》、《敦煌蒙書研究》、《經合》第八册有録文。

（四）斯七四七號背

本篇僅一行，共十六字，起 "上上上上大夫"，訖 "女"字，字迹較清，書寫較爲工整，筆迹稚嫩。本篇前接 "部落百姓唐悉列"、"月"字習字等，後接 "吴良義" "申年八月廿八日上部落" "申年十二月絲綿百姓唐悉索番"、吐蕃文一行、"唐盈金無 ▇ 奴" "▇▇ 下等奴氾 ▇▇、下等奴 ▇ 犢犢" "酉年正月四日記" "王醜奴" "申申年十二月" "酉年正月" "索潤 ▇" "月十三日年書記之也" "申年十二月日故記之也，丙申年" 等雜寫。底卷正面爲《論語集解》。《郝録》根據 "上部落" 等語及出現的硬筆痕迹，推斷 "申年八月廿八日上部落" 的書寫時代在吐蕃統治敦煌時期，則本件中 "丙申年" 疑似唐憲宗元和十一年（八一六）[一]。《英敦》推測底卷背面爲八至九世紀吐蕃統治時期寫本。土肥義和《人名集成》推斷本件中 "酉年正月四日"（土肥義和録作 "酉年五月四日"）是九世紀前期的八一八年左右。結合前人研究可知底卷背面的書寫年代應該不出吐蕃統治敦煌時期（七八八～八四八），這一期間的 "丙申年" 是元和十一年，"申年" 即 "丙申年"，"酉年正月四日" 應該是與 "申年十二月" 相差一個月的丁酉年，即元和十二年，因此本件《上大夫》的書寫時間大約在唐元和十一年到元和十二年之間。本篇原件無題，《英藏》《郝録》定作 "雜寫（幼學文等）"，《英敦》定作 "雜寫"。本篇《郝録》第四卷、《經合》第八册、《英敦》第一三册 "條記目録" 有録文。

（五）斯五七五四號背

本篇首缺尾全，僅一行，共八字，爲 "己，化三千，七十二，▇（女）"，字迹模糊，書寫工整，筆迹稚嫩。本篇爲底卷次篇，前接 "《開蒙要訓》一卷"

[一] 郝春文、金瀅坤編著：《英藏敦煌社會歷史文獻釋録》第四卷，社會文獻科學出版社，二〇〇六年，第三五頁。

六字，後接"丑年"二字。底卷正面爲《新集文詞九經抄》。本篇的書寫年代當在九至十世紀。本篇原件無題，《英藏》定作"雜寫（開蒙要訓一卷等）"。

（六）伯二一七八號背

本篇在底卷背面第二百四十至二百四十七行上方餘白處，横寫一行，共八字，爲"上大夫，兵（丘）大大兵（丘）乙"，字迹清晰，書寫凌亂，筆迹稚嫩。底卷背面正文爲《佛説灌頂章句拔除過罪生死得度經》《燃燈文》《般若波羅蜜多心經疏》《大寶積經》《齋琬文》，均無紀年。底卷正面爲《戒疏》。本篇的書寫年代當在九至十世紀。

（七）北敦一六四〇號

本篇位於底卷正文上方餘白處，僅三行，爲"上大夫，丘乙己"六字，字迹清晰，書寫不工整，筆迹稚嫩。底卷正文爲《維摩詰所説經》，無紀年。《國圖》推斷《維摩詰所説經》爲八至九世紀吐蕃統治時期寫本。本篇的書寫年代當晚於《維摩詰所説經》，約在九至十世紀。本篇《國圖》第二三册"條記目録"有録文。

（八）北敦七〇八九號

本篇位於底卷正面第六十六至六十八行上方餘白處，僅兩行，爲"上大夫丘"四字，字迹清晰，書寫不工整，筆迹稚嫩。底卷正文爲《妙法蓮華經》，無紀年。《國圖》推斷《妙法蓮華經》爲九至十世紀的歸義軍時期寫本，則本篇的書寫年代亦當在歸義軍時期。本篇《國圖》第九五册"條記目録"有録文。

（九）斯二六四號背

本篇僅存一行，爲"上大夫"三字，字迹清晰，書寫較爲工整，筆迹稚嫩。本篇爲底卷次篇，前接《付法藏因緣故事》，後接《十大弟子讚・摩訶迦葉》，均無紀年。底卷正面爲《大佛頂萬行首楞嚴經》。《英敦》推斷寫本背面爲九至十世紀歸義軍時期寫本。本篇《郝録》第一卷、《英敦》第四册"條記目録"有録文。

（一〇）斯一三八六號背

本篇僅一行，爲"上大夫"三字，字迹清晰，書寫較爲工整，筆迹稚嫩。本篇在底卷末，前接社司轉帖、"奉敕修造大王"等字的雜寫，筆迹相同，有紀年"甲辰年十二月十二日""甲辰年十一月十二日慈惠鄉百姓張定奴"。底卷正面爲《孝經》，尾題"維天福柒年壬寅歲十二月十二日永安寺學仕郎高清子書記之耳"。底卷背面雜寫的書寫時間當晚於正面《孝經》，那麼背面的"甲辰年"應該是"天福柒年壬寅歲"之後的後晋開運元年（九四四），本篇的書寫年代當在此年。本篇《英敦》第二一册"條記目録"有録文。

（一一）斯二六四六號背

本篇僅一行，爲"上大夫"三字，字迹清晰，書寫不工整，筆迹稚嫩。本篇爲底卷末篇，前接《壁畫榜題稿》、"者切，近也，迫也""文盈師兄好舍經，過角了後没人情"等字，均無紀年。底卷正面爲《無量壽宗要經》。《英敦》推斷底卷背面文字的書寫年代在八至九世紀的吐蕃統治敦煌時期。本篇《英敦》第四六册"條記目録"有録文。

（一二）斯五四四一號

本篇僅一行，爲"上大夫"三字，字迹清晰，書寫較爲工整，筆迹稚嫩。本篇爲底卷第四篇，前接《捉季布傳文》《王梵志詩》及數字"一二三四五六七八九十"，後接《王梵志詩》，筆迹相同，首頁有多條題記，按照時間順序分別爲："戊寅年二月十七日田繼長、李應紹、陰驢子三人，李應紹舍頭身造壹管筆碩拙懃咄咄自手書記之耳。後有人來獨（讀）誦者，更莫怪也，成平▨風"；"戊寅年二月十▨日陰奴兒寫文字一卷，自手書記耳"；"戊寅年二月廿日氾▨▨▨（孔目）學仕郎田文繼、李應紹二人同心交，言者"；"戊寅年二月廿二日陰奴兒寫季布一卷，手自書記耳"；"太平興國三年戊寅歲二月廿五日陰奴兒書記"；《捉季布傳文》後有題記"太平興［國］三年戊寅

歲四月十日氾孔目學仕郎陰奴兒自手寫季布一卷"。以上每條題記的日期都不
同，表示出這些內容應該是陰奴兒在一段時間內所寫。該"戊寅年"，即宋太
平興國三年（九七八），本篇的書寫時間當在此年。

（一三）斯六〇一九號背

本篇僅兩行，爲"夫大丘"三字，字迹清晰，書寫不工整，筆迹稚嫩，
無紀年，書寫年代當在九至十世紀。底卷正面爲《御注孝經》。

（一四）伯二七七二號背

本篇僅一行，爲"上大夫"三字，字迹清晰，書寫較爲工整，筆迹稚嫩。
本篇爲底卷次篇，前接西域文一行，下接"奉"字及西域文，均無紀年。底
卷正面爲《佛名經》。本篇的書寫年代當在九至十世紀。

（一五）北敦一七七四號背

本篇僅一行，爲"大夫丘"三字，字迹清晰，書寫較爲工整，筆迹稚嫩，
無紀年。底卷正面爲《金有陀羅尼經》。《國圖》推斷《金有陀羅尼經》爲八
至九世紀吐蕃統治時期寫本，本篇的書寫時間應該在《金有陀羅尼經》之後，
爲九至十世紀。本篇原件無題，《國圖》定作"雜寫"。

（一六）北敦一七四五號背

本篇僅一行，爲"上大"二字，字迹清晰，書寫較爲工整，筆迹稚嫩，
無紀年。底卷正面爲《妙法蓮華經》。《國圖》推斷《妙法蓮華經》爲八世紀
唐代寫本，本篇的書寫時間應該在《妙法蓮華經》之後，爲九至十世紀。本
篇原件無題，《國圖》定作"雜寫"。

（一七）北敦四五六二號背

本篇僅一行，爲"上大"二字，字迹清晰，書寫較爲工整，筆迹稚嫩。
本篇前爲《尚書注疏》、《田畝歷》、社司轉帖、吐蕃文、"佛"字，後行有
一"人"字，均無紀年，底卷正面爲《淨名經集解關中疏》。《國圖》推斷

底卷背面爲八至九世紀吐蕃統治時期寫本。本篇原件無題，《國圖》定作
"雜寫"。

（一八）北敦六一四一號背

本篇僅一行，爲"上大"二字，字迹清晰，書寫工整，筆迹稚嫩。本篇
後接"六""字"二字及吐蕃文符號，均無紀年。底卷正面爲《無量壽宗要
經》。《國圖》推斷正面《無量壽宗要經》爲八至九世紀吐蕃統治時期寫本。
本篇似爲硬筆書，同卷又有吐蕃文符號，爲吐蕃統治時期寫本的可能性較高。
本篇原件無題，《國圖》定作"雜寫"。

題　解

　　本書校釋《上大夫》，以伯三一四五號背爲底本。本篇爲底卷首篇，首尾完整，字迹清晰，書寫較爲工整，筆迹稚嫩，後接《牛羊千口》《上士由山水》《黄金千萬斤》、官員名、人名、敦煌鄉名、《敦煌百家姓》等，爲北宋端拱元年（九八八）寫本，本件底卷對於探究當時習字教育的内容具有重要價值。

　　本篇《敦煌掇瑣》（以下簡稱《劉録》）、《敦煌寫本蒙書〈上大夫〉研究》（以下簡稱《朱録》）、《經合》、《輯覽》有録文。兹以伯三一四五號背（《法藏》第二二册影印本及IDP彩圖）爲底本，用伯三八〇六號背（甲本）、斯五六三一號背（乙本）、斯四一〇六號背（丙本）、伯三七九七背（丁本）、斯一二三二號背（戊本）、北敦一三〇六九號背（己本）、北敦一〇〇四八號背（庚本）、斯一四七二號背（辛本）、伯二七三八號背（壬本）、伯三七〇五號背（癸本）、伯二五六四號背（子本）、伯三三六九號背（丑本）、斯八六六八號背（寅本）、斯六六〇九號背（卯本）、斯六九六〇號背（辰本）、斯七四七號背（巳本）、伯四九〇〇號（二）（午本）、伯特二二一九號（未本）、北敦三九五五號背（申本）、俄敦八六五五號背（酉本）、斯五七五四號背（戌本）、俄敦六〇五〇號背（亥本）依次參校，并參酌諸家録文，對底本重新校録如下。

校　釋

上大夫，丘乙己〔一〕，化三千，七十二（士）〔二〕，女（尔）小生〔三〕，八九子〔四〕。

【校記】

〔一〕乙，甲、乙、丙、戊、己、庚、辛、壬、癸、子、寅、卯、辰、午本同，丁、巳、申、酉本作“一”，丑、未、戌、亥本缺，《劉録》《朱録》《經合》《輯覽》皆徑録作“乙”，兹從之。按：乙，通“一”。曾良認爲“乙”是“一”的俗字（《“丘乙己”解讀與古籍整理》，《中國典籍與文化》二〇〇八年第二期）。〇己，底本作“巳”，甲、戊、己、辛、壬、子、酉、戌本同，乙、丙、庚、癸本作“已”，丁、卯、辰、巳、午、申本作“己”，丑本上部略有殘泐，寅本被塗抹，當作“己”，兹據丁、卯、辰、巳、午、申本及文義徑録正，《劉録》《朱録》《經合》《輯覽》皆徑録作“己”，兹從之。按：據《敦煌俗字典》，“已”“巳”均爲“己”的俗寫。曾良認爲《上大人》中當作“巳”，“上大人，丘乙巳”的意思是“上大人孔丘一人而巳”。可備一説。

〔二〕二，乙、丙、丁、戊、己、庚、辛、壬、癸、子、丑、寅、卯、辰、巳、未、酉、戌、亥本同，甲、午本作“士”，申本缺，當校作“士”，兹據甲、午本及文義校改，《劉録》《朱録》《經合》《輯覽》皆録作“二”。按：“士”與“丘乙己”的“己”、“八九子”的“子”都屬上聲止韻，“二”屬去聲至韻，從押韻角度看，“士”字更符合《上大夫》的韻律，且宋代以後《上大人》即作“七十士”。

〔三〕女，乙、丙、丁、戊、己、庚、辛、壬、癸、子、丑、寅、辰、巳、未、亥本同，午、酉本作"尔"，甲本作"二"，卯、戌本漫漶不清，申本缺，當校作"尔"，兹據文義校改，《劉録》《經合》《輯覽》録作"女"，《朱録》校作"尔"，兹從校。按：女，通"汝"，與"尔"義同。《集韻·語韻》："女，爾也，通作汝。"宋代以後《上大人》作"尔小生"。又"尔"是"爾"的俗字，但"尔"字筆畫簡單，更適合初學者習字，故保持原形。

〔四〕未本"八九子"後有"可知其禮也"五字。按：宋代以後《上大人》"八九子"後有"佳作仁，可知禮也"兩句。

圖　録

1.伯三一四五號背

2.伯三八〇六號背（局部）

遠非道之財裁過度之須傲慢莫起於心說
倭勿宣於口尊必近善家蒙憚文冒肉
貧者莫賒他門雖冒勿厚常思已過之非
每慮未幸之咎兔已儉約為先憂眾錦
奉為首勤豐食糶而泰初勤農力而赤
有
上大夫立乙巳化三千七十士二小生八九子可
知其禮也

場以真原是歸依乃地而以度以以
乃隊因植枝暴靭縣業著於益生以法宇為宗寬之
乃隊因植枝暴靭縣業著於益生
謔

3.斯五六三一號背（局部）

天生淳善本性曲知曲小檜佗而歸
真匈大和非而醉正故得安通然論
窈十二哥之邊言諸欲慎傯峯二
英刀儲為鬼臺尒位有慎何耕儀無二
吾問為鬼臺尒位有慎何耕儀無二
而佷身必可轉遷更暫當篩
乙巳作三千七十二妳小生八九子牛乙巳
十口舍宅不集大王下平甲千乙王
交夫者也二三四五六七八九十百千萬億

4.斯四一〇六號背（局部）

本國子□□地玖夫長上士
油山永中人坐竹林生白
有性平字木□□丝付
方迴有文□比童人去筆
出此地今人曰南童上大夫
立乙巳化三千七十工女少生八
九子牛羊不□捨㲂不受
大不于申子乙□之夫者
也壹貳叁肆伍陸柒捌
文拾索羅陳東弓易張
君
匡

5.伯三七九七號背（局部）

6.斯一二三二號背（局部）

二 《牛羊千口》校釋

叙　録

　　《牛羊千口》是敦煌文獻中保存的一種筆畫簡單、四言五句的習字蒙書。相關敦煌寫本皆無題，兹以其首句"牛羊千口"爲題。該書目前在傳世文獻中未見著録。敦煌文獻中現存十五件《牛羊千口》，都寫在《上大夫》之後，説明二者關係密切，性質接近，屬於同一層次的教材。以下對《牛羊千口》寫本以及前人的整理、校釋成果進行簡要介紹，并進行重新整理、叙録和校釋。

　　迄今發現的敦煌寫本《牛羊千口》共計十五件，其中完整本四件，爲斯四一〇六號背、斯五六三一號背、伯三一四五號背、北敦一〇〇四八號背；殘缺本兩件，爲俄敦六〇五〇號背、伯特二二一九號；雜寫本九件，爲斯一二三二號背、斯一四七二號背、斯八六六八號背、伯二五六四號背、伯二七三八號背、伯三七〇五號背、伯三三六九號背、伯三七九七號背、北敦一三〇六九號背。

　　早年，劉復在巴黎國家圖書館抄録伯三一四五號背的時候，便發現了這一蒙書，但是由於條件有限，僅抄録了"牛羊万日舍屯"六字，然後標記"以下字蹟模不可讀"[一]。朱鳳玉《敦煌寫本蒙書〈上大夫〉研究》一文對《上大夫》寫本進行叙録之時，對斯四一〇六號背、伯三一四五號背、伯

〔一〕　劉復輯：《敦煌掇瑣》中輯，第三三一頁。

三七九七號背中的《牛羊千口》進行了校録[一]。海野洋平《輯覽》一文專門對該書的寫本進行了整理，對十二件寫本進行了叙録、校釋[二]。

以下在前人的基礎上，依照諸寫本的完整、殘缺、清晰程度，依次對十五件《牛羊千口》寫本進行叙録。由於寫本中《牛羊千口》都是與《上大夫》寫在一起的，諸寫本信息在《上大夫》寫本叙録中已經做過一些介紹，爲了避免重復，有關寫本書寫年代的推斷過程請參看相關《上大夫》寫本叙録。

一 完整本

（一）伯三一四五號背

本篇首尾完整，僅兩行，共二十字，字迹清晰，書寫欠工整，筆迹稚嫩。本篇爲底卷次篇，前接《上大夫》，後接《上士由山水》《黄金千萬斤》、官員名、人名、敦煌鄉名、《敦煌百家姓》，均無紀年。底卷正面爲社司轉帖，内題"戊子年潤五月録事張▓（帖）"。該"戊子年"，郝春文《敦煌寫本社邑文書年代彙考（二）》已經考證出當爲北宋端拱元年（九八八）。底卷正面社司轉帖中人名的姓氏與背面《敦煌百家姓》中姓氏順序一致，筆迹相似，因此底卷背面内容的書寫年代也當在宋端拱元年。本篇《敦煌掇瑣》、《敦煌蒙書研究》、《經合》第八册、《輯覽》有録文。

（二）斯五六三一號背

本篇首尾完整，僅三行，共二十字，字迹清晰，書寫較爲工整，筆迹稚嫩。本篇爲底卷第三篇，前接《天生純善》《上大夫》，後接"一二三四五六七八九十百千万億"，均無紀年。底卷正面爲《佛經戒律》、社司轉帖，

〔一〕 朱鳳玉：《敦煌寫本蒙書〈上大夫〉研究》，《第五屆唐代文化學術研討會論文集》，第八八～八九頁。

〔二〕 ［日］海野洋平：《敦煌童蒙教材〈牛羊千口〉史料輯覽》，《一關工業高等專門學校研究紀要》第四六號，二〇一一年，第七～三〇頁。

後者内題"庚辰年正月十四日録事韓願清帖"。該"庚辰年",上文已經考證爲宋太平興國五年(九八〇),又底卷正背面筆迹一致,因此本篇的書寫年代當在太平興國五年。本篇《經合》第八册、《輯覽》有録文。

(三)斯四一〇六號背

本篇首尾完整,僅三行,共十九字,字迹清晰,書寫較爲工整,筆迹稚嫩。本篇爲底卷第八篇,前接《門來善遠》三篇、大寫數字壹到拾、《上士由山水》兩篇、《上大夫》,後接大寫數字壹到拾、姓氏和人名習字,均無紀年。底卷正面爲《佛説法句經》。上文已經根據底卷中"令狐進子"的生活年代,推斷出本件底卷背面的書寫年代當在十世紀。本篇《敦煌蒙書研究》、《經合》第八册、《輯覽》有録文。

(四)北敦一〇〇四八號背

本篇首尾完整,僅兩行,共二十字,字迹清晰,書寫凌亂,筆迹稚嫩。本篇爲底卷第三篇,前接"善慈順集一心奉敕修造大王郎君"等字、《上大夫》,後接《上士由山水》、"大""己"習字,均無紀年。底卷正面爲《維摩詰所説經》。《國圖》推測底卷背面爲八至九世紀吐蕃統治時期寫本。海野洋平《再論》推測本篇的書寫年代在歸義軍時期。本篇《再論》有録文。

二 殘缺本

(一)俄敦六〇五〇號背

本篇首全尾缺,僅一行,爲"牛羊千▨(口)"四字,字迹清晰,書寫工整,筆迹稚嫩。底卷從左向右寫,本篇爲底卷次篇,前接《上大夫》,無紀年。底卷正面爲《禮懺文》。海野洋平《輯覽》推測底卷背面的書寫年代應該是十世紀左右。本篇《輯覽》有録文。

(二)伯特二二一九號

本篇首全尾缺,僅存"牛"字,字迹清晰,書寫凌亂,筆迹稚嫩。本篇爲底卷次篇，前接《上大夫》，後接吐蕃文，無紀年。底卷背面爲《上士由山水》。海野洋平《輯覽》推測本篇書寫年代大概是九至十世紀。兹從海野氏之説。本篇《輯覽》有録文。

三　雜寫本

（一）北敦一三〇六九號背

本篇僅一行，爲"羊千口，捨宅不天下土大王王"十二字，字迹清晰，書寫較爲工整，筆迹稚嫩。本篇爲底卷次篇，前接《上大夫》，後接《發願文》、社司轉帖，均無紀年。底卷正面爲"佛説無常經"" ▨ 闍梨、少、羅闍梨、李法律""保通"等雜寫。《國圖》推斷底卷背面書寫年代爲九至十世紀歸義軍時期，海野洋平《再論》推定爲十世紀。本篇原件無題，《國圖》定作"羊千口雜寫"，《國圖》第一一二册"條記目録"、《再論》有録文。

（二）伯三三六九號背

本篇僅一行，橫寫，爲"牛牛羊羊万万口口舍舍宅宅不不受受甲"十七字，字迹模糊，書寫不工整，筆迹稚嫩。本篇前接《上大夫》，底卷同書有《敦煌百家姓》、人名雜寫等，均無紀年。底卷正面爲《孝經》和人名雜寫，尾題"乾符三年（八七六）十月二十日學生索什德書卷書 ▨ （記）之也"和"咸通十五年（八七四）五月八日沙州學生索什德"。兩條題記的筆迹與《孝經》不一，而與底卷背面一致。依據底卷正面題記，推定本篇的書寫年代當在咸通十五年或者乾符三年。本篇《諸問題》有録文。

（三）伯二五六四號背

本篇夾在底卷背面第五十三和五十四行的《百行章疏》中，爲"牛羊千口，舍宅""之乎者也"十字，字迹清晰，書寫較爲工整，筆迹稚嫩。本篇爲底卷第四篇，前接《佛頂尊勝陀羅尼經略抄》《百行章疏》《上大夫》，後接《百行章疏》《千字文》《新合孝經皇帝感詞一十一首》等，均無紀年。底卷正面爲《晏子賦》《𪒟𪒟新婦文》《太公家教》，卷末有題記"乙酉年足羊人程長奴之記

耳"，還有雜寫"辛巳年二月十日盧博士付生絹壹疋，長裁衣尺量得三丈四尺，
福（幅）壹尺柒寸三分"，"乙酉年五月八日立契永安寺王定長白羊"等。本篇
的書寫年代應該在"乙酉年"，而歸義軍統治敦煌期間的"乙酉年"，應該是後
唐同光三年（九二五）或北宋雍熙二年（九八五）。本篇《輯覽》有録文。

（四）斯一二三二號背

本篇僅兩行，爲"牛羊千口，舍宅不受"八字，字迹較清，書寫較爲工
整，筆迹稚嫩。底卷從左向右書，本篇爲底卷次篇，前接《上大夫》，無紀
年。底卷正面爲《大般若波羅蜜多經》。海野洋平《輯覽》推斷本篇的書寫年
代爲九至十世紀，《英敦》推斷爲九世紀歸義軍時期。本篇《郝録》第五卷、
《經合》第八册、《輯覽》、《英敦》第一九册"條記目録"有録文。

（五）伯三七九七號背

本篇僅一行，爲"牛羊千口，宅字"六字，字迹清晰，書寫較爲工整，
筆迹稚嫩。底卷從左向右寫，爲雜寫，本篇在篇末，前接户籍人名、題記
兩條、"大元有量智慧""學郎大歌李延""《太公家教》一卷"等字及《上
大夫》，兩條題記分別爲"維大宋開寶九年丙子歲（九七六）三月十三寫子
（此）文書了"和"開寶九年丁丑年四月八日王會"。底卷正面爲《太公家教》
《新集嚴父教》。上文已經推斷出《上大夫》的書寫年代當在宋太平興國二年
（九七七），因此本篇的書寫年代亦當在此年。本篇《敦煌蒙書研究》、《經合》
第八册、《輯覽》有録文。

（六）斯一四七二號背

本篇僅一行，爲"羊羊千口，舍"五字，字迹模糊，書寫較爲工整，筆
迹稚嫩。底卷從左向右書，本篇爲底卷第四篇，本篇前接當寺轉帖、數字
"一二三四五六七八九十"及《上大夫》，殘存修補紙上存"此是願德經卷，
戒昌借書寫爲記"一行和"住通"習字一行，均無紀年。底卷正面爲《佛說
八陽神咒經》，末題"乙亥歲前四月四日，爲亡阿姨師寫此經功德記，法界有
情，同霑司（斯）福。"上文已經推斷出底卷背面的書寫年代當在十世紀前半

期。本篇《經合》第八册、《郝録》第七卷、《英敦》第二三册"條記目録"、《輯覽》有録文。

（七）伯二七三八號背

本篇僅兩行，爲"牛▇（羊）千口，舍"五字，字迹較清，書寫不工整，筆迹稚嫩。底卷末《尚想黄綺帖》《上大夫》《牛羊千口》是從左向右寫，其餘内容是從右向左寫。本篇爲底卷從左向右數第三篇，前接《尚想黄綺帖》《上大夫》，後接社司轉帖數篇、敦煌寺名、鄉名、蘭若名、《沉淪淉浪波》《送遠還通達》《正月孟春猶寒》《學問當時苦》《尚想黄綺帖》《千字文》等，有題記"咸通十年己丑六月八日男文英，母因是"。底卷正面爲《太公家教》。從底卷背面題記來看，本篇書寫時間當在唐咸通十年（八六九）。本篇《經合》第八册、《輯覽》有録文。

（八）斯八六六八號背

本篇僅兩行，爲"牛羊"二字，字迹清晰，書寫凌亂，筆迹稚嫩。本篇爲底卷次篇，前接《上大夫》，均無紀年。底卷正面存"▇經"，另有不明墨迹。本篇《經合》第八册、《輯覽》有録文。

（九）伯三七〇五號背

本篇僅一行，爲"牛羊"二字，字迹模糊，書寫較爲工整，筆迹稚嫩。本篇在底卷末，前接《千字文》《論語》《正月孟春猶寒》、雜字、數字、人名、《上大夫》等，後接雜寫，有紀年"中和二年"和題記"中和二年十二月學生"。底卷正面爲《論語》。依據底卷背面紀年，可知本篇的書寫年代當在唐中和二年十二月（八八三）。本篇《輯覽》有録文。

題　解

　　本書校釋《牛羊千口》，以伯三一四五號背爲底本。本篇爲底卷次篇，首尾完整，字迹清晰，書寫較爲工整，筆迹稚嫩，前接《上大夫》，後接《上士由山水》《黄金千萬斤》、官員名、人名、敦煌鄉名、《敦煌百家姓》，爲北宋端拱元年（九八八）寫本，本件底卷對於探究當時習字教育的内容具有重要價值。

　　本篇《敦煌掇瑣》（以下簡稱《劉録》）、《敦煌寫本蒙書〈上大夫〉研究》（以下簡稱《朱録》）、《經合》、《輯覽》有録文。兹以伯三一四五號背（《法藏》第二二册影印本及IDP彩圖）爲底本，用斯五六三一號背（甲本）、斯四一〇六號背（乙本）、北敦一〇〇四八號背（丙本）、北敦一三〇六九號背（丁本）、伯三三六九號背（戊本）、伯二五六四號背（己本）、斯一二三二號背（庚本）依次參校，并參酌諸家録文，對底本重新校録如下。

校　釋

　　牛羊千口〔一〕，舍宅不售〔二〕，甲子乙丑〔三〕，大王下首〔四〕，之乎者也〔五〕。

【校記】

　　〔一〕千，底本作"万"，戊本同，甲、乙、丙、丁、己、庚本作"千"，當校作"千"，茲據甲、乙、丙、丁、己、庚本徑錄正，《劉録》《朱録》《經合》《輯覽》皆錄作"万"。按：万，"萬"的古字。《玉篇·方部》："万，俗萬字，十千也。"《集韻·願韻》："万，數也，通作萬。"〇口，《劉録》錄作"日"，不妥。

　　〔二〕舍，甲、丙、戊、己、庚本同，乙、丁本作"捨"，辛本脱。按：捨，通"舍"。〇售，底本作"𠂤"，甲本同，乙、丙、戊、庚本作"受"，丁、己本脱，《劉録》《朱録》《經合》徑錄作"售"，茲從之；《輯覽》校作"受"。按：𠂤，"售"的俗字。《干禄字書》：𠂤售，"上俗下正"。〇宅，《劉録》錄作"屯"，蓋誤。

　　〔三〕甲，甲、丙、戊本同，乙本誤作"申"，丁、己本脱。

　　〔四〕首，甲、丙本作"手"，乙本誤作"于"，《朱録》《經合》《輯覽》徑錄作"首"，茲從之。〇大王下首，《朱録》錄作"六壬□首"，《經合》錄作"六壬亥首"，不確；《輯覽》錄作"大王下首"，茲從之。〇"甲子乙丑，大王下首"，甲本作"大王下手，甲子乙丑"，乙本作"大𣏔于，申子乙丑"。按：敦煌寫本斯三〇一一號背有"北方大聖，大王下手"，尚不能確定與《牛羊千口》有關。

〔五〕乎，己本同，甲、乙、丙本作"夫"。按：《經合》認爲"夫"是"乎"的音誤字。其實"乎"與"夫"皆爲句末語氣助詞，義同。《孟子·告子上》載："率天下之人而禍仁義者，必子之言夫！"趙岐注："夫，歎辭也。"清·王引之《經傳釋詞》卷十載："夫，猶'乎'也，歎辭也。"足見"夫"字亦不誤。

圖　錄

1.伯三一四五號背

2.斯五六三一號背（局部）

3.斯四一○六號背（局部）

4.北敦一〇〇四八號背

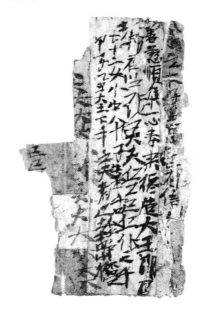

5.北敦一三〇六九號背

6.伯三三六九號背（局部）

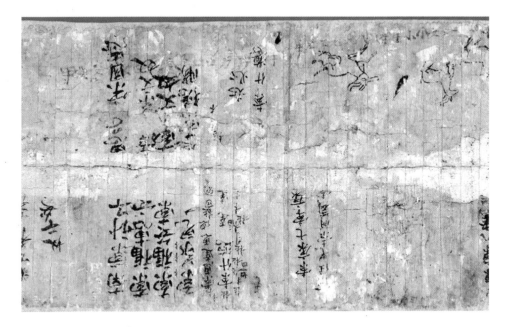

三 《上士由山水》校釋

叙　録

　　《上士由山水》是一首五言詩，共十四句，七十字。明代葉盛《水東日記》記載該詩和《上大人》一樣〔一〕，是基礎的習字蒙書。敦煌文獻中發現的《上士由山水》寫本共計七件，均未記載作者和編撰年代，其中伯三一四五號背記載了該詩全文，目前可知該詩在晚唐五代宋初已經在敦煌地區流行。以下對《上士由山水》寫本以及前人的整理、校釋成果進行簡要介紹，并進行重新整理、叙録和校釋。

　　迄今發現的敦煌寫本《上士由山水》共計七件，其中完整本一件，爲伯三一四五號背；殘缺本一件，爲伯特二二一九號背；雜寫本五件，爲斯四一〇六號背、伯二八九六號背、伯四〇九三號、北敦五二七號背、北敦一〇〇四八號背。

　　關於《上士由山水》整理、校釋已經有一些成果。朱鳳玉在對《上大夫》寫本進行叙録的時候，校録了伯三一四五號背和斯四一〇六號背〔二〕。《經合》中亦對這兩件寫本進行了全文校録〔三〕。

　　〔一〕（明）葉盛撰，魏中平點校：《水東日記》卷十《描朱》，中華書局，一九八〇年，第一〇五～一〇六頁。

　　〔二〕　朱鳳玉：《敦煌寫本蒙書〈上大夫〉研究》，《第五屆唐代文化學術研討會論文集》，第八八頁。

　　〔三〕　張涌泉主編：《敦煌經部文獻合集》第八冊《小學類字書之屬·訓蒙書抄（一）》《小學類字書之屬·訓蒙書抄（二）》，第四一二七～四一四二頁。

以下在前人的基礎上，依照諸寫本的完整、殘缺、清晰程度，依次對七件《上士由山水》寫本進行叙録。

一　完整本

（一）伯三一四五號背

本篇首尾完整，共四行，七十字，字迹清晰，書寫較爲工整，筆迹稚嫩。本篇爲底卷第三篇，前接《上大夫》《牛羊千口》，後接《黄金千萬斤》、官員名、人名、敦煌鄉名、《敦煌百家姓》，均無紀年。底卷正面爲社司轉帖，内題"戊子年潤五月録事張▨（帖）"。該"戊子年"，郝春文《敦煌寫本社邑文書年代彙考（二）》已經考證出當爲北宋端拱元年（九八八）。底卷背面内容的書寫年代也當在端拱元年。本篇《敦煌蒙書研究》、《經合》第八册、《輯覽》有録文。

二　殘缺本

伯特二二一九號背

本篇首尾俱缺，僅一行，爲"坐竹林，王"四字，字迹清晰，書寫凌亂，筆迹稚嫩。本篇爲底卷首篇，後接"張之中"三字，無紀年。底卷正面爲《上大夫》《牛羊千口》、吐蕃文，共三行。底卷爲伯二四一五號《七階佛名經》修補紙的一部分，原編號爲伯二四一五號碎五。海野洋平《輯覽》推測本篇書寫年代大概是九至十世紀。兹從海野氏之説。本篇的筆迹與正面《上大夫》《牛羊千口》不同，但三者同爲習字蒙書，書寫時間應該不會相差太遠，所以暫把本篇的書寫年代定在九至十世紀。本篇《輯覽》有録文。

三　杂寫本

（一）斯四一〇六號背

底卷中共兩篇《上士由山水》。第一篇爲底卷的第三篇内容，共四行，三十七字，起"上士油山水"，訖"今入日南音"，字迹清晰，書寫凌亂，筆迹稚嫩。本篇前接《門來善遠》、大寫數字壹到拾，後接《門來善遠》《上士由山水》《上大夫》《牛羊千口》、大寫數字壹到拾、姓氏和人名習字，均無紀年。第二篇爲底卷第六篇内容，共五行，四十字，起"上士油山水"，訖"今人日南音"，字迹清晰，書寫較爲工整，筆迹稚嫩。底卷正面爲《佛説法句經》。上文已經根據底卷中的"令狐進子"的生活年代，推斷出本件底卷背面的書寫年代當在十世紀。這兩篇《敦煌蒙書研究》《經合》第八册、《輯覽》有録文。

（二）伯四〇九三號

本篇僅一行，爲"天生白友聖，平子本留心，立"十一字，字迹清晰，書寫較爲工整，筆迹稚嫩。本篇在册子封面的末尾，前接《庚寅年四月五日曹員昌貸絹契》、"入""佛光""孔""行事也""社司""夫子"等習字以及紀年"庚寅年正月五日"。册子扉葉雜寫有《平脈略例》、雜字、《茶酒論》《庚寅年四月六日鄭繼温貸絹契》，以及紀年"庚寅年六月七日""丁亥年四月"，第二葉開始爲正文《甘棠集》《平脈略例》《般若波羅蜜多心經》。這些内容中封面葉和扉葉的雜寫以及《平脈略例》《般若波羅蜜多心經》的筆迹稚嫩，"似爲學童寫字練習"[一]，而《甘棠集》的筆迹相對較好。底卷中出現"庚寅年"五次、"丁亥年"一次。吴其昱認爲這些"庚寅年"雜寫最遲抄於宋太宗淳化元年（九九〇）庚寅，最早在唐懿宗咸通八年（八六七）丁亥[二]。張錫厚考慮到《甘棠集》的撰寫年代和傳抄情況，認爲這些"庚寅年"雜寫的最早時代是後唐天成五年（九三〇）[三]。唐耕耦、陸宏基認爲"庚寅年"是九九〇

〔一〕 吴其昱：《甘棠集與劉鄴傳研究》，《敦煌學》第三輯，一九七六年，第三頁。

〔二〕 吴其昱：《甘棠集與劉鄴傳研究》，《敦煌學》第三輯，一九七六年，第三頁。

〔三〕 張錫厚：《敦煌本〈甘棠集〉與劉鄴生年新證》，《中國文化》第一〇號，香港中華書局，一九九四年，收入張錫厚：《敦煌本唐集研究》，新文豐出版公司，一九九五年，第二九〇頁。

年或九三〇年[一]。沙知疑爲九三〇年[二]。趙和平依據俄敦一三七七號《乙酉年（九二五）五月十二日莫高鄉百姓張保全貸絹契》和本件底卷中《庚寅年四月六日鄭繼温貸絹契》的内容基本一致的情況，推斷"庚寅年"是後唐天成五年[三]。兹從趙和平之説。

（三）北敦五二七號背

本篇僅一行，爲"上士由山水，中人坐"八字，字迹清晰，書寫凌亂，筆迹稚嫩。本篇前行爲"土"字，後行也有一字，書寫凌亂，左側爲"女"字旁，無紀年。底卷正面爲《大乘密嚴經》。《國圖》推斷底卷正面《大乘密嚴經》爲七至八世紀唐寫本，本篇的書寫時間應該在《大乘密嚴經》之後，蓋九至十世紀。本篇原件無題，《索引新編》《國圖》均定作"雜寫"，《國圖》第八册"條記目録"有録文。

（四）北敦一〇〇四八號背

本篇僅一行，爲"上士由山水"五字，字迹清晰，書寫凌亂，筆迹稚嫩。本篇爲底卷第四篇，前接"善慈順集一心奉敕修造大王郎君"等字、《上大夫》《牛羊千口》，後接"大""己"習字，均無紀年。底卷正面爲《維摩詰所説經》。《國圖》推斷底卷背面爲八至九世紀吐蕃統治時期寫本。海野洋平《再論》推測本篇的書寫年代在歸義軍時期。本篇《再論》有録文。

（五）伯二八九六號背

本篇僅一行，橫寫，爲"上士由山水"五字，字迹清晰，書寫凌亂，筆迹稚嫩。本篇夾在《善財譬喻經》《于闐使臣上于闐朝廷書》、抒情詩等于闐語文獻中，同書的漢字還有"太子""從德""侯司空""夫聞""救"等，均無紀年。底卷正面爲《大乘密嚴經》。從書寫狀況看，底卷背面漢字雜寫的

〔一〕 唐耕耦、陸宏基編：《敦煌社會經濟文獻真迹釋録》第二輯，第一三四頁。
〔二〕 沙知録校：《敦煌契約文書輯校》，江蘇古籍出版社，一九九八年，第一九二頁。
〔三〕 趙和平：《敦煌本〈甘棠集〉研究》，新文豐出版公司，二〇〇〇年，第八頁。

書寫年代應該晚於于闐語文獻，書寫者可能是一位學習漢字的于闐人。此中"從德"，張廣達、榮新江認爲應該就是指于闐國太子從德，從德在兒童時期（九三五年前後）就被帶到敦煌，一直到十世紀中葉，可能長期居住在敦煌[一]。因此本篇應該寫於從德居留敦煌時期，書寫者是從德本人還是其他人，不得而知，書寫年代應該在後唐清泰二年（九三五）前後到十世紀中葉之間。

〔一〕 張廣達、榮新江：《關於敦煌出土于闐文獻的年代及其相關問題》，北京大學中國中古史研究中心編：《紀念陳寅恪先生誕辰百年學術論文集》，北京大學出版社，一九八九年，第二九〇頁。

題　解

　　本書校釋《上士由山水》，以伯三一四五號背爲底本。該件是現存唯一一件首尾完整的《上士由山水》，字迹清晰，書寫較爲工整，筆迹稚嫩，爲北宋端拱元年（九八八）寫本，前接《上大夫》《牛羊千口》，後接《黄金千萬斤》、官員名、人名、敦煌鄉名、《敦煌百家姓》，對於探究當時的習字教育具有重要價值。

　　本篇《敦煌寫本蒙書〈上大夫〉研究》（以下簡稱《朱録》）、《經合》、《輯覽》有録文。兹以伯三一四五號背（《法藏》第二二册影印本及IDP彩圖）爲底本，用斯四一〇六號背（甲本）、伯四〇九三號（乙本）、北敦五二七背（丙本）、北敦一一〇四八號背（丁本）、伯二八九六號背（戊本）、伯特二二一九號背（己本）參校，并參酌諸家録文，對底本重新校録如下。

校　釋

　　上士由山水〔一〕，中人坐竹林〔二〕。天（王）生自有性〔三〕，平子本留心〔四〕。立行方迴也〔五〕，文才比重仁（仲壬）〔六〕。去年出北地，今日入南陰〔七〕。未申孔父志〔八〕，且作丁公吟〔九〕。户内去三史〔一〇〕，門前出五音。若能求白玉，即此是黄金。

【校記】

　　〔一〕士，甲、丙、丁、戊本同，《經合》《輯覽》録作“士”；《朱録》録作“仕”，蓋誤。按：上士，古代的官階。《禮記·王制第五》：“王者之制禄爵，公、侯、伯、子、男，凡五等。諸侯之上大夫卿、下大夫、上士、中士、下士，凡五等。”“上士”也表示道德高尚的人。《老子》：“上士聞道，勤而行之；中士聞道，若存若亡；下士聞道，大咲之。”《經合》認爲：“上士，道德高尚的人。《論語·雍也》：‘中人以上，可以語上也；中人以下，不可以語上也。’‘上士’即中人以上之人。”兹從《經合》之説。又“上士”，《水東日記》卷十《描朱》作“尚仕”，劉長東《論中國古代的習字蒙書——以敦煌寫本〈上大夫〉等蒙書爲中心》（《社會科學研究》二〇〇七年第二期，以下簡稱《劉文》）一文中認爲“尚”通“上”，“仕”通“士”。〇由，丙、丁、戊本同，甲本前後兩見，均作“油”，《朱録》《經合》《輯覽》録作“由”，兹從之。按：上士由山水，《建中靖國續燈録》卷六《洪州壽聖普�禪師》和《密菴和尚語録》中作“上士由山水”；《古尊宿語録》卷四六《拈古》中作“上士游山水”；《禪林類聚》卷十《人境》中作“上士遊山水”；《水東日記》卷十《描朱》作“尚仕由山水”。《劉文》認爲“由”與“遊”“游”通。《經合》認爲“由”有踐履、遵從的意義，不必校作“遊”，宋以後有作“上士遊山水”者，疑出自後人臆改。茲從《經合》之説。考慮到本篇爲習字蒙書，追求筆畫簡單，故傾向“由”字。

〔二〕中人，甲、丙本同。按：中人，中等德行的人。《論語·雍也》：“子曰：‘中人以上，可以語上也；中人以下，不可以語上也。’”

〔三〕天，乙本同，甲、己本作“王”，當校作“王”，茲據甲、己本及文義校改，《朱録》《經合》《輯覽》徑録作“天”，《劉文》認爲以“天”字爲確，《經合》疑作“禾”。按：《水東日記》卷十《描朱》作“王生自有性”。又“王生”，可能指漢代王生，其因在朝堂上讓廷尉張釋之結襪而留名青史。《漢書》卷五〇《張釋之傳》載：“王生者，善爲黄老言，處士。嘗召居廷中，公卿盡會立，王生老人，曰‘吾襪解’，顧謂釋之：‘爲我結襪！’釋之跪而結之。既已，人或讓王生：‘獨柰何廷辱張廷尉如此？’王生曰：‘吾老且賤，自度終亡益於張廷尉。廷尉方天下名臣，吾故聊使結襪，欲以重之。’諸公聞之，賢王生而重釋之。”〇自有性，甲本作“白有性”，乙本誤作“白友聖”，《朱録》《劉文》《經合》《輯覽》徑録作“自有性”，茲從之。

〔四〕平子本留心，乙本同，甲本前後兩見，前作“平字留心本”，後作“平字本留心”，前者當爲抄寫之誤，《朱録》《劉文》《經合》《輯覽》皆録作“平子本留心”，茲從之。按：《水東日記》卷十《描朱》作“平子本留心”。又“平子”，《劉文》認爲當指春秋時期的韓平子，筆者以爲指代晋王澄的可能性很大。王澄，字平子，爲晋代名士。唐李瀚《蒙求》“逸少傾寫，平子絶倒”中“平子”便指王澄。

〔五〕立行方迴也，甲本前後兩見，均作“立行方迴夜”，《經合》《輯覽》録作“立行方迴也”，茲從之。按：迴，同“回”。《嘉泰普燈録》卷一六《湖州道場正堂明辯禪師》作“立行方回也”。又“迴也”，《劉文》認爲當指顔回，當如是。

〔六〕文才比重仁，甲本前後兩見，均作“文財比重人”，當校作“文才比仲壬”，《劉文》校作“文才比仲壬”，茲從校；《經合》校作“文才比重人”，不妥。按：《嘉泰普燈録》作“文才比仲壬”。又“仲壬”，《劉文》以爲當指漢代王充，當如是。

〔七〕隂，底本作"陰"，兹據文義逕録正。按：隂，"陰"的俗字。《干禄字書》："陰隂陰，上通，中下正。"〇今日入南陰，甲本前後兩見，前作"今入日南音"，後作"今人日南音"，《經合》《輯覽》録作"今日入南陰"，兹從之。

〔八〕"未申孔父志"到"即此是黄金"，甲本脱。

〔九〕且作丁公吟，《景德傳燈録》卷二二有"且作丁公吟"之語。按：丁公，指楚漢戰争時期楚將丁公。《史記》卷一〇〇《季布欒布傳》載："季布母弟丁公，爲楚將。丁公爲項羽逐窘高祖彭城西，短兵接，高祖急，顧丁公曰：'兩賢豈相厄哉！'於是丁公引兵而還，漢王遂解去。及項王滅，丁公謁見高祖。高祖以丁公徇軍中，曰：'丁公爲項王臣不忠，使項王失天下者，迺丁公也。'遂斬丁公，曰：'使後世爲人臣者無效丁公！'"唐李瀚《蒙求》有"丁公遽戮，雍齒先侯"之語。

〔一〇〕去，底本略有漫漶，《輯覽》録作"去"，兹从之。按：去，當爲"收藏"之義。《集韻·語韻》："弆，藏也，或作去。"《漢書》卷五四《蘇武傳》載："掘野鼠去中實而食之。"顏師古注："去謂藏之也，音丘吕反。"

圖　錄

1.伯三一四五號背

2.斯四一○六號背（局部）

本圆子圆圆地玖夫長上士
油山水中人坐竹林主生白
有性平字本四幽丝行
方涸夜文重人去年
出此地今人曰南壴上大夫
五乙巳化三千七十五女少生八
九子牛羊不口拾乇不受
大不于申子乙团之夫者
也壹叁隸伍陸等删
文拾索羅陳東易張
君　畺

3.伯四○九三號

4.伯特二二一九號背

5.北敦一〇〇四八號背

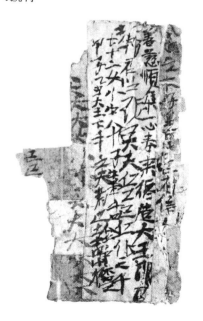

6.伯二八九六號背（局部）

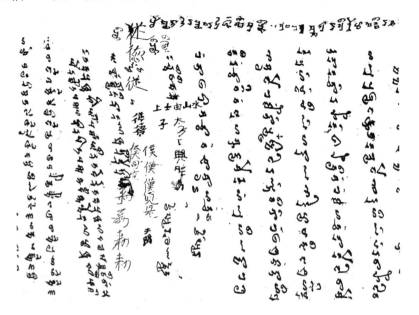

四　《尚想黄綺帖》校釋

叙　録

　　《尚想黄綺帖》，後世亡佚，學界普遍認爲該帖是王羲之的書法作品，内容是王羲之對鍾繇、張芝書法的評論。該帖的部分内容見於《論書表》《晋書·王羲之傳》《藝文類聚》《書譜》《法書要録·晋王右軍自論書》。如今在敦煌、吐魯番、和田等地的出土文獻中發現了不少《尚想黄綺帖》寫本，尤其是敦煌文獻中保存了三件首尾完整的寫本，爲我們了解該帖的内容、傳播、用途提供了一手資料。以下對敦煌《尚想黄綺帖》寫本以及前人的整理、校釋成果進行簡要介紹，并進行重新整理、叙録和校釋。

　　迄今發現的敦煌寫本《尚想黄綺帖》共計三十七個卷號，綴合後是二十六件，其中完整本三件，爲斯二一四號背、斯三二八七號、伯二七三八號背；殘缺本兩件，爲俄敦九五三號背、羽六六四ノ二號；雜寫本十四件，爲斯四八五二號背、伯二六一八號背、伯二六七一號背、伯二六八一號、伯二七六九號、伯三一九四號背、伯三四二〇號背、伯四〇一九號背、伯特一三九號背、伯特二〇七七號、伯特四一一一號背、北敦九〇八九號背、羽三號背ノ二、上海朶雲軒藏《佛説佛藏經》卷背〔一〕；綴合本兩件，爲伯三三四九號碎四+伯三三六八號碎七+伯四〇一九號碎四+伯四〇一九

　　〔一〕　本件暫無編號，現藏於上海朶雲軒，寫本正面爲《佛説佛藏經》，背面爲《孔子項託相問書》《尚想黄綺帖》。二〇〇〇年上海書畫出版社出版《北魏人書佛説佛藏經》一書，影印了該寫本的正面佛經。此書後附出版説明中提到："此經卷經中國古代書畫鑒定組審定，斷爲北魏時人所書。"

號Ｆ一六a+伯四〇一九號Ｆ一六b+伯四〇一九號Ｆ一六c+伯四〇一九號Ｆ一六d+伯四〇一九號Ｆ一六e+伯四〇一九號Ｆ一六f+伯四〇一九號Ｆ二二+伯四〇一九號Ｆ二七+伯四〇一九號Ｆ三五、北敦一三二一〇號Ｆ+北敦一三二一〇號Ｄ；碎片本五件，爲斯一二三七二號、伯三一九四號碎三、伯三三四九號碎四（一）、伯三四一六號碎三、伯三六四三號碎一四〔一〕。另外，在吐魯番、和田、庫車出土文獻中也發現了八件《尚想黄綺帖》寫本，爲七二TAM一七九：一八/一～九號、七二TAM二一六：〇一二/八號（b）、大谷一五一〇號、大谷四〇八七號、LM二〇－一五四八–〇八–五一號背、GXW〇一二五號、MT.b.〇〇六號背、M.T.〇九五號〔二〕。

　　敦煌寫本伯二〇〇五號《沙州圖經·張芝墨池》載：“因兹王羲之《顧書論》云：‘臨池學書，池水盡墨，好之絶倫，吾弗及也。’”此中王羲之《顧書論》的内容與《尚想黄綺帖》最後四句話幾乎一致。據此，劉銘恕較早地把斯二一四號背和斯三二八七號中的相關内容擬名爲“王羲之顧書論”〔三〕。日本學者池田温依據《陶隱居與梁武帝論書啓》（《法書要録》卷二）和褚遂良《晋右軍王羲之書目》（《法書要録》卷三）中的王羲之《尚想黄綺帖》的記録，認爲斯二一四號背和斯三二八七號很可能就是《尚想黄綺帖》，并對寫本進行了校録〔四〕。沃興華在論及敦煌文獻所體現出的王羲之書法之時，提到了斯三二八七號、伯二六七一號、伯二七三八號（沃興華誤作“伯二三七八號”）、伯三三六八號，并校録了斯三二八七號，稱之爲“《王羲之尚想黄綺帖》臨本”〔五〕。《索引新編》校録了斯二一四號背，擬題作“王羲之顧書

　　〔一〕　伯三六四三號碎一四，《法藏》編號爲伯三六四三號碎一五，今依IDP。

　　〔二〕　榮新江：《王羲之〈尚想黄綺帖〉在西域的流傳》，榮新江：《絲綢之路與東西文化交流》，第二〇〇～二〇九頁。

　　〔三〕　劉銘恕：《斯坦因劫經録》，商務印書館編：《敦煌遺書總目索引》，中華書局，一九八三年，第一一三、一七六頁。

　　〔四〕　〔日〕池田温：《敦煌本に見える王羲之論書》，《中國書論大系月報》第六卷，第八～一二頁。

　　〔五〕　沃興華：《敦煌書法藝術》，第五三～五五頁。

論"〔一〕。《郝録》第一卷和第十五卷中分别校録了斯二一四號背和斯三二八七號，并題作"王羲之顧書論抄"〔二〕，又在第一卷修訂版中題作"王羲之顧書論（尚想黄綺）抄"〔三〕。張天弓把沃興華提到的寫本稱之爲《尚想黄綺帖》，也對斯三二八七號進行了校録〔四〕。《經合》在校録《千字文》的時候，提及了斯四八五二號背，稱之爲"王羲之《顧書論》習字"〔五〕。沈樂平《敦煌書法綜論》一書中校録了斯二一四號背，將其稱之爲王羲之《論書》〔六〕。蔡淵迪在其碩士論文中共介紹了六件《尚想黄綺帖》寫本，較之前人，補充了俄敦九五三號背和北敦九〇八九號背，亦校録了斯三二八七號〔七〕。榮新江亦稱這些寫本爲《尚想黄綺帖》，補充介紹了杏雨書屋藏羽三號背ノ二和羽六六四ノ二號〔八〕。林靜瀟在論及敦煌習字寫本時指出了伯特一三九號背〔九〕。近年，對這一文獻進行深入整理和研究的學者是海野洋平。他不僅對前人研究成果中涉及到的十一件《顧書論》或者《尚想黄綺帖》寫本進行了統計，而且新增了伯三四二〇號背（與伯三四六六號背可以綴合）、伯四〇一九號碎四＋伯四〇一九號F

〔一〕　敦煌研究院編：《敦煌遺書總目索引新編》，第七頁。

〔二〕　郝春文編著：《英藏敦煌社會歷史文獻釋録》第一卷，科學出版社，二〇〇一年，第三三一頁；郝春文、游自勇、王蘭平等編著：《英藏敦煌社會歷史文獻釋録》第一五卷，社會科學文獻出版社，二〇一七年，第四一三頁。

〔三〕　郝春文、杜立暉、宋雪初等編著：《英藏敦煌社會歷史文獻釋録》第一卷（修訂版），社會科學文獻出版社，二〇一八年，第五五九頁。

〔四〕　張天弓：《論王羲之〈尚想黄綺帖〉及其相關問題》，《全國第六屆書學討論會論文集》，第三六～五〇頁。

〔五〕　張涌泉主編：《敦煌經部文獻合集》第八册，第三九〇五頁；張新朋：《敦煌寫本〈開蒙要訓〉研究》，第一四四頁。

〔六〕　沈樂平：《敦煌書法綜論》，第一八四～一八六頁。

〔七〕　蔡淵迪：《敦煌經典書法及相關習字研究》，浙江大學碩士學位論文，二〇一〇年，第四三～四四頁。

〔八〕　榮新江：《〈蘭亭序〉與〈尚想黄綺帖〉在西域的流傳》，故宫博物院編：《2011年蘭亭國際學術研討會論文集》，第二六～三五頁；榮新江：《王羲之〈尚想黄綺帖〉在西域的流傳》，《絲綢之路與東西文化交流》，第二〇〇～二〇九頁。

〔九〕　林靜瀟：《敦煌寫本中的習字教育研究》，《中國書畫》二〇一五年第一一期，第八～一一頁。

一六 a ～伯四〇一九號 F 三五、伯特二〇七七號、伯特四一一一號背、伯二六八一號、伯二六一八號背、伯三三四九號碎四、伯三一九四號碎三、伯三四一六號碎三、伯三六四三號碎一四、斯一二三七二號、北敦一三二一〇號 F+北敦一三二一〇號 D 這十二件寫本[一]。海野氏還嘗試綴合了伯四〇一九號碎四+伯四〇一九號 F 一六 a ～伯四〇一九號 F 三五+伯三三四九號碎四+伯三三六八號碎七,對原卷進行了復原和校錄,遺憾的是伯三三六八號碎七的位置有誤;他還指出伯三三四九號碎四中最右側的碎片是獨立的,雖然紙張和字體與其他碎片接近,但是應該不屬於同一寫本。另外海野氏還仔細校錄了羽六六四ノ二號,并指出該寫本可以與另一小塊殘片羽六六四ノ一〇號綴合。同時,張新朋也對敦煌寫本《尚想黃綺帖》進行了細緻地收集和整理,指出了伯四〇一九號背中“想”“黃黃 ++”等字應該源自《尚想黃綺帖》,在寫本綴合方面也做了很多貢獻,比如以下寫本的綴合:伯三三四九號碎四（三）+伯四〇一九號 F 二七、伯三六四三號碎一四兩件殘片的綴合（張文中編號爲伯三六四三號碎一五）、伯四〇一九號碎四+伯四〇一九號 F 一六 e+伯四〇一九號 F 一六 c+伯三三四九號碎四（二）+伯四〇一九號 F 一六 d+伯三三六八號碎七+伯四〇一九號 F 一六 a、伯四〇一九號 F 一六 b+伯四〇一九號 F 一六 f、伯四〇一九號 F 二二+伯四〇一九號 F 三五、北敦一三二一〇號 F+北敦一三二一〇號 D+北敦一三二一〇號 E、羽六六四ノ二號+羽六六四ノ一〇號[二]。本書增加了伯三一九四號背和上海朵雲軒藏《佛説佛藏經》卷背,

---

　　〔一〕〔日〕海野洋平:《九世紀末葉敦煌諸鄉〈納草曆〉の復原─學郎課本三卷（P.4019・P.3349・P.3368）の一體的架藏の證迹たる pièce（付属細片）をめぐって─》,《東洋學報》第九八卷第二號,二〇一六年,第二一五～二四六頁;〔日〕海野洋平:《敦煌寫本 P.4019pièce4・P.3349pièce4・P.3368pièce7 の綴合・復原─童蒙教材としての王羲之〈顧書論〉（〈尚想黃綺〉帖）─》,《集刊東洋學》第一一六號,二〇一七年,第九〇～一〇九頁;〔日〕海野洋平:《童蒙教材としての王羲之〈顧書論〉（〈尚想黃綺〉帖）─敦煌寫本・羽664ノ二Rに見るプレ〈千字文〉課本の順朱─》,《杏雨》第二〇號,二〇一七年,第一一七～一七三頁。
　　〔二〕　張新朋:《敦煌文獻王羲之〈尚想黃綺帖〉拾遺》,《敦煌研究》二〇一八年第六期,第六九～七六頁。

寫本總數變成了二十六件。

以下在前人的基礎上，依照諸寫本的完整、殘缺、清晰程度，依次對二十六件《尚想黄綺帖》寫本進行叙録。

一 完整本

（一）斯三二八七號

本篇首尾完整，共五行，字迹清晰，書寫工整。本篇爲底卷次篇，前接《千字文》，後接《十五願禮佛懺》《六十甲子納音》《早出纏》《樂入山》《樂住山》《李（利）涉法師勸善文》《開經文》，均無紀年。底卷背面亦有《尚想黄綺帖》一行，二十字，起"尚想黄綺"，訖"鍾當"，字迹清晰，書寫工整，前接《千字文》《逍遥近道邊》，筆迹與正面接近，後接《吐蕃子年擘三部落百姓氾履倩等户手實》和《汋淚研磨墨》，有紀年"丙寅年十一月"。除了《吐蕃子年擘三部落百姓氾履倩等户手實》，底卷正背面内容的筆迹接近，書寫時間應該在"丙寅年十一月"。底卷背面的"子年"，李正宇認爲是元和三年（八○八）[一]。而底卷背面的"丙寅年"應該是歸義軍統治期間的唐天祐三年（九○六）或者北宋乾德四年（九六六），底卷中兩件《尚想黄綺帖》的書寫年代應該在此二年中。本篇原件無題，《索引》《寶藏》《英藏》《索引新編》定作"王羲之頓書論"，《郝録》定作"王羲之頓書論抄"。本篇池田温《敦煌本に見える王羲之の論書》、沃興華《敦煌書法藝術》、蔡淵迪《敦煌經典書法及相關習字研究》、《郝録》第一五卷、劉銘恕《王羲之書論》、張天弓《論王羲之〈尚想黄綺帖〉及其相關問題》、海野洋平《敦煌寫本 P.4019pièce4·P.3349pièce4·P.3368pièce7 の綴合·復原—童蒙教材としての王羲之〈頓書論〉（〈尚想黄綺〉帖）—》（以下簡稱《復原》）有録文。

〔一〕 季羨林主編：《敦煌學大辭典》，上海辭書出版社，一九九八年，第四○三頁。

（二）斯二一四號背

　　本篇首尾完整，共四行，字迹清晰。本篇爲底卷次篇，前接《甲申年十月廿日呂通盈傍寺藏牛條記》，後接社司轉帖六篇、《寶像嵯峨面政（正）東》《丈夫百藝立功名》《什物抄》、"尚想黃綺"四字等，社司轉帖間夾有一條題記"學郎杜友遂書卷"，底卷背面還有紀年"甲申年十月廿日"和"甲申年十一月廿日"。底卷正面爲《鷰子賦》，末題"癸未年十二月廿一日永安寺學士郎杜友遂書記之耳"和"甲申年三月廿三日永安寺學郎杜友遂記之耳"。底卷正面"癸未年"題記緊接在《鷰子賦》之後，筆迹、墨色一致，説明《鷰子賦》的書寫時間當在癸未年，"甲申年"題記蓋爲學郎杜友遂後來所題。該"癸未年"，李正宇認爲是九二三年〔一〕。其實從癸未年十一月廿二日就進入了公元九二四年，所以"癸未年十二月廿一日"應該是九二四年。該"甲申年"，翟理斯和李正宇都認爲是九二四年〔二〕。從底卷背面題記來看，背面内容亦爲"學郎杜友遂"所記，因此背面的紀年"甲申年"當爲後唐同光二年（九二四），本篇的書寫年代當在此年。本篇原件無題，《索引》《寶藏》《英藏》《索引新編》定作"王羲之顧書論"，《郝録》定作"王羲之顧書論（尚想黃綺）抄"，《英敦》定作"王羲之自論書（异本）鈔"。本篇池田温《敦煌本に見える王羲之論書》、《郝録》第一卷和第一卷修訂版、《英敦》第三册"條記目録"有録文。

（三）伯二七三八號背

　　底卷中共兩篇《尚想黃綺帖》。第一篇爲底卷背面次篇，首尾完整，共六行，字迹模糊，書寫較爲工整，筆迹稚嫩，最後四字"吾弗及也"已漫漶不清。本篇前接《千字文》，後接社司轉帖數篇、《沉淪溧浪波》《正月孟春猶寒》

　　〔一〕李正宇：《敦煌學郎題記輯注》，《敦煌學輯刊》一九八七年第一期，第三五頁。

　　〔二〕［英］Lionel Giles（翟理斯）：Descriptive Catalogue of the Chinese Manuscripts from Tunhuang in the British Museum（《英國博物館藏敦煌漢文寫本注記目録》），p.236；李正宇：《敦煌學郎題記輯注》，《敦煌學輯刊》一九八七年第一期，第三五頁。

《送遠還通達》《學問當時苦》、敦煌鄉名、寺名、蘭若名、《上大夫》《牛羊千口》《尚想黃綺帖》等，有題記"咸通十年己丑六月八日男文英，母因是"。第二篇爲底卷末篇，從左向右寫，首尾完整，共五行，然第一、二行下殘，字迹較清，書寫較爲工整，筆迹稚嫩。底卷正面爲《太公家教》。從底卷背面題記來看，這兩篇《尚想黃綺帖》的書寫時間都在唐咸通十年（八六九）。這兩篇原件無題，《法藏》定作"雜寫"，張新朋《敦煌文獻王羲之〈尚想黃綺帖〉拾遺》（以下簡稱《拾遺》）有録文。

二 綴合本

（一）伯三三四九號碎四＋伯三三六八號碎七＋伯四〇一九號碎四＋伯四〇一九號F一六a＋伯四〇一九號F一六b＋伯四〇一號九F一六c＋伯四〇一九號F一六d＋伯四〇一九號F一六e＋伯四〇一九號F一六f＋伯四〇一九號F二二＋伯四〇一九號F二七＋伯四〇一九號F三五

底卷由二十一塊碎片綴合而成。底卷正面共四十七行，爲"尚想黃綺，意想疾於緜年在""不虛也。臨池學詩（書），池水盡黑，好之絶"的習字，每字兩行，字迹清晰，書寫較爲工整，筆迹稚嫩。底卷背面共十行，爲"倫，吾弗及也"的習字，每字兩行，字迹清晰，書寫較爲工整，筆迹稚嫩，無紀年，書寫年代當在九至十世紀。海野洋平《復原》和張新朋《拾遺》都對本件底卷進行過細緻綴合，可供參考。本篇原件無題，《法藏》把伯三三四九號碎四和伯三三六八號碎七定作"習字"，把伯四〇一九號的所有碎片定作"書儀等殘片"。本篇《復原》有録文。

（二）北敦一三二一〇號F＋北敦一三二一〇號D

底卷由兩件殘片綴合而成。本篇正面首尾俱缺，共五行，爲"之"字一行、"張""草"二字各兩行，每行行首爲範字，字迹清晰，書寫較爲工整，內容源自"或謂過之，張草猶當鴈行"兩句，後接《千字文》習字，無紀年。本篇背面首尾俱缺，共五行，爲"若""此"二字各兩行、"未"字一行，字迹清晰，書寫較爲工整，內容源自"假令寡人耽之若此，未必謝之"兩句，前接《千字文》習字，無紀年。綴合後的底卷實際上是由兩塊寫本碎片粘在一起的，一塊碎片爲《尚想黃綺帖》，另一塊碎片爲《千字文》，二者之間有明顯的粘合痕迹。不過，二者的筆迹一致，當爲同一人書。《國圖》指出北敦一三二一〇號 D 是從北敦一三二一〇號 F 上脱落下來的碎片，且底卷是九至十世紀歸義軍時期寫本。張新朋《拾遺》對底卷進行了綴合和復原。本篇原件無題，《國圖》定作"習字雜寫"。

三　殘缺本

（一）羽六六四ノ二號

　　底卷原爲羽六六四ノ一號《太公家教》的修補紙。本篇首全尾缺，共三十一行，爲"尚想黃綺，意想疾於肄年在衰""臨池學書，池"的習字，每字兩行，每行行首爲範字，字迹清晰，書寫工整，無紀年。海野洋平《順朱》指出底卷中還有已漫漶不清的朱筆《蘭亭序》習字，并進行了校録。現底卷由多件碎片綴合而成，但明顯存在兩處拼接錯誤：第一處，底卷第九行的"尚"字應該是原篇頭，"尚"字前面的"臨池學書，池"的習字部分應該移動到"年在衰"之後，且兩塊碎片之間還有不少缺字；第二處，底卷右下側小碎片"書池"習字與上面碎片中"臨池"習字明顯不能銜接，應該與上面碎片的"書池"習字部分綴合。底卷背面爲《蘭亭序》習字，共三十一行，每行行首亦爲範字。海野洋平指出底卷背面行間亦夾雜着已漫漶不清的朱筆《蘭亭序》習字。另外，海野洋平《順朱》和張新朋《拾遺》都指出羽六六四ノ一〇號（僅存一字，是"書"字的上半部分）應該是羽六六四ノ二號的一部分，二者可以直接綴合。海野氏還推測本件底卷應該是歸義軍時期寫本。其説近是。本篇原件無題，《敦煌秘笈》（以下簡稱《秘笈》）定作"手習書斷片"，《順朱》有録文。

（二）俄敦九五三號背

　　本篇首全尾缺，僅一行，爲"尚想黃▓（綺）"四字，字迹清晰，書寫工整，爲隨筆習字。本篇前兩行分別爲"千字文敕散"和"維歲次伏"，後行有一“維”字，均無紀年。本篇書寫年代當在九至十世紀。本篇原件無題，《俄藏敦煌文獻》（以下簡稱《俄藏》）定作“雜寫”。

四　碎片本

（一）伯三三四九號碎四（一）

本篇爲伯三三四九號碎四中右起第一片。底卷正面首尾俱缺，共五行，爲“若”“此”各兩行、“未”字一行，字迹清晰，書寫較爲工整，筆迹稚嫩，内容源自“假令寡人耽之若此，未必謝之”兩句。底卷背面首尾俱缺，共四行，爲“書”字一行、“比”字兩行、“之”字一行，字迹清晰，書寫較爲工整，筆迹稚嫩，内容源自“吾書比之鍾張”一句。本篇無紀年，書寫年代當在九至十世紀。本篇與伯三三四九號碎四中另外的三塊殘片以及伯三三六八號碎七和伯四〇一九號碎四等，紙張和筆迹都比較接近，但是海野洋平和張新朋都認爲該碎片與其他碎片不可以綴合。筆者在綴合過程中，也發現它是獨立的，故而單獨叙録。本篇原件無題，《法藏》定作“習字”。

（二）伯三六四三號碎一四

底卷包括兩塊碎片，張新朋《拾遺》指出它們可以直接綴合。本篇首尾俱缺，共五行，爲“墨”字兩行、“假”字兩行、“令”字一行，字迹清晰，書寫工整，筆迹稚嫩，内容源自“池水盡墨。假令寡人耽之若此”兩句。本篇無紀年，書寫年代當在九至十世紀。本篇原件無題，《法藏》定作“習字”。

（三）斯一二三七二號

底卷包括四塊碎片，其中兩塊内容爲《尚想黃綺帖》，當出自同一寫本，另兩塊内容爲《千字文》，筆迹相似。本篇首尾俱缺，共六行，爲“人”字一行、“躭”字兩行、“評”字一行、“之”字兩行，字迹清晰，書寫工整，分别源自“假令寡人躭之若此”和“知其評之不虚也”這兩句，無紀年，書寫年代當在九至十世紀。本篇原件無題，《英藏》定作“習字”。

（四）伯三一九四號碎三

本篇首尾俱缺，僅三行，爲“尚”字一行，“相（想）”字兩行，字迹清晰，書寫較爲工整，筆迹稚嫩，内容源自“尚想黄綺”一句。本篇無紀年，書寫年代當在九至十世紀。本篇原件無題，《法藏》定作“雜寫”。

（五）伯三四一六號碎三

本篇爲底卷首篇，首缺尾全，僅一行，爲“倫，吾弗及也”五字，字迹清晰，書寫工整，後接文字“和和近 ▨▨▨”，無紀年，書寫年代當在九至十世紀。本篇原件無題，《法藏》定作“殘片”，《拾遺》有録文。

五　雜寫本

（一）羽三號背ノ二

本篇共四行，起“尚想黄綺”，訖“未必謝之，後”，字迹清晰，書寫較爲工整。本篇爲底卷末篇，前接《辯中邊論》，均無紀年。底卷正面爲《洞玄靈寶天尊説十戒經》，尾題“至德二載歲次丁酉五月戊申朔十四日辛酉燉煌郡燉煌縣燉煌鄉憂洽里男生清信弟子吴紫陽，載十七，載五月八日生，貴信如法。今詣燉煌郡燉煌縣效穀鄉無窮里三洞法師中岳先生張仙翼，求受十戒十四持身之品”，另外第六行雜寫有“次弟子對師而伏次”，正文行末雜寫有“疾再平學書記”。本篇與底卷正面雜寫“疾再平學書記”的筆迹相似，書寫者可能便是“疾再平”，書寫時代當晚於正面内容，即晚於唐至德二載（七五七），可能在九至十世紀的歸義軍時期。本篇原件無題，《秘笈》定作“詩詞雜寫殘”，《秘笈》第一册有録文。

（二）伯二六八一號

本篇共三行，共十九字，起“尚尚想黄綺”，訖“吾書比之鍾張”，字迹清晰，書寫凌亂，筆迹稚嫩。本篇爲底卷次篇，前接《蘭亭詩》和題記“維大唐乾符三年三月廿四日沙州燉煌縣歸義軍學士張喜進書記之也”“維大唐乾符三年叁”，後接題記“維大唐乾符三年叁月二廿五日燉煌”“張喜延”等，以上内容皆書寫於《論語卷第一》之前，屬於雜寫。底卷背面雜寫有“維大唐乾符”“諫繚繚捘捘”等。張新朋《拾遺》認爲本篇的書寫者即題記中的張喜進，書寫時間在唐乾符三年（八七六）。當如是。許建平指出本篇底卷可以與伯二六一八號背綴合〔一〕。本篇《拾遺》有録文。

（三）伯二六一八號背

本篇在底卷背面中央，僅一行，爲“尚想黃綺，意”五字，字迹清晰，前接《節度押衙兼瓜州衙推梁某狀》、雜字和題記“三月二十六日曹光晟書學▨”“張喜進”，後接雜字、題記“蓮臺寺學仕氾安住等”、《瓜州判官某狀》《瓜州衙推梁敬儒等及百姓上司空狀稿》等。底卷筆迹不一，本篇與其上姓名“張喜進”及其後雜字“姑姑姨姨妗妗舅舅姊妹嬸嬸”的筆迹相同，蓋張喜進所書。底卷正面爲《論語卷第一》，卷末有題記“沙州靈圖寺上座隨軍弟子索庭珍寫記”“沙州燉煌縣歸義軍學士張喜進▨”“乾符三年學士張喜進念”。本篇底卷可以與伯二六八一號綴合。根據底卷中題記的書寫形式和筆迹，可知索庭珍爲《論語卷第一》的書寫者，張喜進爲底卷後來所有者之一，底卷正背面兩篇《尚想黃綺帖》以及部分雜寫和題記爲張喜進所習，書寫時間爲唐乾符三年。本篇《拾遺》有録文。

（四）上海朵雲軒藏《佛説佛藏經》卷背

本篇僅兩行，共十七字，起“尚想黃綺”，訖“吾書比知（之）鍾”，字迹清晰，書寫工整。本篇爲底卷末篇，前接《孔子項託相問書》，有題記“咸通十年三月廿日沙州判官□□□□”。底卷正面爲《佛藏經》。底卷背面筆迹一致，因此據題記可知本篇的書寫年代當在唐咸通十年（八六九）。

〔一〕 許建平：《敦煌經籍叙録》，中華書局，二〇〇六年，第三一〇～三一二頁。

（五）伯特一三九號背

本篇共三十行，起"尚想黃綺"，訖"然張精執（熟），池水"，從開頭至"張草猶"，每字練習一行，而"當鴈行，然張精執（熟），池水"九字，每字僅一遍，字迹清晰，書寫凌亂，筆迹稚嫩，無紀年。底卷正面爲吐蕃文《普賢行願王經》。海野洋平《順朱》推測本篇書寫年代應該在歸義軍時期。其説近是。本篇原件無題，《法國國家圖書館藏敦煌藏文文獻》定作"習字（漢文）"。

（六）伯特四一一一號背

本篇共六行，爲"尚想黃綺，意想疾於繇年在衰。吾書比之鍾"十七字，各字少則練習一遍，多則練習八遍，字迹模糊，書寫凌亂，筆迹稚嫩，無紀年。底卷正面爲吐蕃文《無量壽宗要經》。海野洋平《順朱》推測本篇的書寫年代應該在歸義軍時期。其説近是。

（七）伯特二〇七七號

本篇在底卷第二十三葉左側空白處，僅一行，爲"尚想黃綺，意想疾於衰年在"十一字，字迹較清，書寫較爲工整，筆迹稚嫩。底卷正文爲梵夾裝吐蕃文《般若波羅蜜多經》。本篇無紀年，海野洋平《順朱》推測書寫年代應該在歸義軍時期。其説近是。

（八）伯三四二〇號背

底卷可以與伯三四六六號綴合[一]。本篇僅一行，爲"尚相（想）黃奇（綺），意相（想）疾於繇年"十字，字迹清晰，書寫工整。本篇夾在底卷雜寫中，前接《釋門文範》《論語》《史闍梨昌馬買麥歷》《郎君須立身》、雜寫等，後接《生涯哀有極》、"歸義軍節度使押衙索宋子"十一字、《適

〔一〕 王重民編：《伯希和劫經録》，商務印書館編：《敦煌遺書總目索引》，第二八七頁。

來略問一行》《逝水無還》《思秋逢李大夫》、雜寫等，均無紀年。底卷正面爲《朋友書儀》。根據同卷"歸義軍節度使押衙索宋子"一句，可知本篇的書寫年代當在九至十世紀歸義軍統治時期。

（九）北敦九〇八九號背

本篇僅一行，爲"尚想黃綺，意想疾於"八字，字迹清晰，書寫較爲工整，筆迹稚嫩。本篇爲底卷末篇，前接《千字文》、"惠覺、張判官、頭小杜皮覺他""張弘受和尚、陰和尚""奉敕修造大奉敕"等習字，均無紀年。底卷正面爲《無量壽宗要經》和雜字，尾題"沙彌僧張信達書經一本"。海野洋平《順末》推測本篇書寫年代應該在歸義軍時期。其説近是。本篇原件無題，《國圖》定作"雜寫"。

（一〇）伯二七六九號

本篇僅一行，爲"尚想黃綺，意想"六字，字迹清晰，書寫工整。本篇在底卷左上角，右接文字"謹請西南方經足吐頗羅賓頭户"，後接文字"謹請西南方經足山頗羅賓頭盧上座和尚""敕河西歸義軍節度使"，底卷主體內容是《某寺上座帖》，均無紀年。底卷背面爲文字"謹請西南方經足山頗羅賓頭盧上座和尚"、《應管行人渠人帖》及《千字文》等。從底卷中"敕河西歸義軍節度使"一語，可知本篇書寫時間應該在九至十世紀的歸義軍時期。本篇《拾遺》有録文。

（一一）伯二六七一號背

本篇共四行，從左向右書，爲"尚想黃綺"四字的習字，前三字每字一行，第四行僅有一"綺"字。本篇爲底卷倒數第二篇，前接《白晝未生怨十六觀》、佛經雜寫、僧官名等，後接佛經雜寫，有題記"敕河西節度使唐海滿書記之也""靈圖寺比丘龍弁"及紀年"甲辰年五月廿三日"。底卷正面爲《大乘無量壽宗要經》。從底卷背面題記中"河西節度使"一語，可知底卷背面的書寫年代當在歸義軍統治時期，那麼"甲辰年"應該是唐中和四年（八八四）或者後晉天福九年（九四四）。本篇的書寫時間應該在此二年中。

本篇原件無題,《法藏》定作"雜寫"。

（一二）斯四八五二號背

底卷背面共有《尚想黄綺帖》三處,皆在底卷左下側,第一處僅一行,爲"尚想黄綺"四字,第二處兩行,爲"尚想黄黄綺,意"六字,第三處僅一行,爲"綺意綺"三字,均字迹清晰,書寫較爲工整,筆迹稚嫩,顯然爲習字者的隨筆習字。底卷背面主體內容爲《某寺付僧尼麵蘇歷》,無紀年。底卷正面爲《千字文》習字。本篇書寫年代當在九至十世紀。本篇原件無題,《索引新編》定作"兒童習字",《拾遺》有録文。

（一三）伯三一九四號背

本篇僅一行,在底卷頂端,從左向右,爲"尚尚想黄黄黄"六字,字迹模糊,書寫不工整。本篇爲底卷首篇,後接《蘭亭序》《張通信攪擾等狀》、雜寫以及吐蕃文,均無紀年。本篇前有"記之也"一句,疑似題記,然而"記"字之前的內容被塗抹,暫無法識別。底卷正面爲《論語》。底卷背面有吐蕃文,吐蕃文上有不少塗抹痕迹,説明本篇的書寫年代應該在吐蕃統治敦煌時期或者之後。榮新江推測《張通信攪擾等狀》爲歸義軍時期文書,而《蘭亭序》的書寫年代也當在晚唐甚至五代時期[一]。其實在底卷背面《蘭亭序》左側的雜寫中依稀可辨人名"張球",他是活躍於晚唐五代時期敦煌地區的著名文人。因此,本篇的書寫年代應該與張球的活躍年代相近,即晚唐五代時期。

（一四）伯四〇一九號背

本篇僅三行,爲"想黄""黄""綻（綻）"四字,字迹清晰,書寫凌亂,筆迹稚嫩。本篇夾在底卷雜寫中,前接社司轉帖、雜寫、《寫書不飲酒》,後接社司轉帖、《書儀》《新集定吉凶書儀》等,篇首社司轉帖中內題"乙巳年

〔一〕 榮新江:《〈蘭亭序〉在西域》,《絲綢之路與東西文化交流》,第一九四頁。

十二月十三日録事▨帖”。底卷正面爲《書儀》《新集吉凶書儀》《鷰子賦》，尾題“曹光晟書記”。底卷背面的“乙巳年十二月十三日”，寧可、郝春文推測爲唐光啓二年（八八六）或後晋開運三年（九四六）〔一〕，則本篇的書寫年代亦當在此二年中。

〔一〕 寧可、郝春文輯校：《敦煌社邑文書輯校》，江蘇古籍出版社，一九九七年，第一六三頁。

題　解

　　本書校釋《尚想黄綺帖》，以斯三二八七號爲底本。本篇首尾完整，字迹清晰，書寫工整，爲唐天祐三年（九〇六）或者北宋乾德四年（九六六）寫本，對探究《尚想黄綺帖》的内容、流傳以及王羲之書法的影響具有重要價值。本篇前書《千字文》，底卷背面爲《尚想黄綺帖》和《千字文》同書，這一情形對於認識該帖與《千字文》的關係以及該帖在習字教育中的地位有參考價值。

　　本篇池田温《敦煌本に見える王羲之論書》（以下簡稱《池田録》）、沃興華《敦煌書法藝術》（以下簡稱《沃録》）、蔡淵迪《敦煌經典書法及相關習字研究》（以下簡稱《蔡録》）、《郝録》、劉銘恕《王羲之書論》（以下簡稱《劉録》）、張天弓《論王羲之〈尚想黄綺帖〉及其相關問題》（以下簡稱《張録》）、海野洋平《復原》有録文。兹以斯三二八七號（《英藏》第五卷影印本及 IDP 彩圖）爲底本，用斯二一四號背（甲本）、伯二七三八號背（乙本）、羽三號背ノ二（丙本）、伯二六八一號（丁本）、伯三三四九號碎四＋……＋伯四〇一九號 F 三五（戊本）、上海朵雲軒藏《佛説佛藏經》卷背（己本）、伯特一三九號背（庚本）、伯特四一一一號背（辛本）、羽六六四ノ二號（壬本）、伯特二〇七七號（癸本）、伯三四二〇號背（子本）、北敦九〇八九號背（丑本）依次參校，并參酌諸家録文，對底本重新校録。

校　釋

　　尚想黃綺〔一〕，意想疾於縣年在衰〔二〕。吾﹝書﹞比之鍾張〔三〕，鍾當抗行〔四〕，或謂過之〔五〕，張草猶當鴈行〔六〕。然張精熟〔七〕，池水盡墨〔八〕，假令寡人躭之若此〔九〕，未必謝之。後之達解者〔一〇〕，知其評之不虛也〔一一〕。臨池學書〔一二〕，池水盡黑〔一三〕，好之絕倫〔一四〕，吾弗及也〔一五〕。

【校記】

　　〔一〕想，丙、戊、己、庚、辛、壬、癸、丑本及斯四八五二號背、伯二六七一號背、伯二七六九號、俄敦九五三號背同，甲、乙、子本及伯三一九四號碎三作“相”，《池田錄》《沃錄》《蔡錄》《郝錄》《劉錄》《張錄》《復原》皆徑錄作“想”，兹從之。〇綺，甲、乙、丙、丁、戊、己、庚、辛、壬、丑本作“綺”，癸本作“綂”，子本作“奇”，兹據文義徑錄正，《池田錄》《沃錄》《蔡錄》《郝錄》《劉錄》《張錄》《復原》皆徑錄作“綺”，兹從之。按：綺，“綺”的俗字。又“尚想”，《張錄》解釋作“崇尚、嚮往”。《晋書》卷九二《袁弘傳》載：“仁義在躬，用之不匱。尚想遐風，載揖載味。”《宋書》卷九三《陶潛傳》載：“尚想孔伋，庶其企而。”可資參考。又“黃綺”，《池田錄》中指出可能是商山四皓中的夏黃公和綺里季，或者是姓名爲黃綺的書法家；《沃錄》以爲指書法家黃綺；《張錄》認爲當指夏黃公和綺里季二人，有別於“四皓”，“黃綺”一詞在東晋指隱逸，“尚想黃綺”就是崇尚隱逸。兹從《張錄》之説。

　　〔二〕想，甲、乙、丙、丁、己、庚、辛、壬、癸、丑本及伯二七六九號同，戊、子本作“相”，《池田錄》《沃錄》《蔡錄》《郝錄》《劉錄》《張錄》《復原》皆徑録作“想”，兹從之。○於，底本作“扵”，甲、乙、丙、丁、戊、己、庚、辛、壬、癸、子本同，丑本誤作“汋”，兹據文義徑録正，《池田録》《沃録》《蔡録》《郝録》《劉録》《張録》《復原》皆徑録作“於”，兹從之。按：扵，“於”的俗字。《干禄字書》：扵於，“上通下正”。○繇，丙、丁、己、庚、辛、壬、子本同，甲、乙、戊本皆作“繇”，癸本脱，《池田録》《沃録》《蔡録》《郝録》《劉録》《張録》《復原》皆徑録作“繇”，兹從之。按：繇，“繇”的訛字。《字彙補·糸部》：“繇，繇字之譌。”又“繇”指三國時期著名書法家鍾繇。○衰，《沃録》《蔡録》《劉録》《郝録》《復原》皆徑録作“衰”，兹從之；《池田録》《張録》録作“襄”，蓋誤。按：年在衰，形容人逐漸衰老。《菩薩本緣經》卷上載：“是婆羅門，年在衰弊，形容枯悴，顔貌醜惡，其力無幾。”《十誦律》卷四載：“佛已老耄年在衰末。”可資參考。

〔三〕書，底本脱，甲、乙、丙、丁、己、庚、辛本作“書”，兹據甲、乙、丙、丁、己、庚、辛本補，《池田録》《沃録》《蔡録》《郝録》《張録》《復原》皆補作“書”，兹從補。○之，甲、乙、丙、丁、庚、辛同，己本誤作“知”，《池田録》《沃録》《蔡録》《郝録》《劉録》《張録》《復原》皆徑録作“之”，兹從之。○張，甲、丙、丁、庚、辛本同，乙本誤作“章”，《池田録》《沃録》《蔡録》《郝録》《劉録》《張録》《復原》皆徑録作“張”，兹從之。按：張，指東漢著名書法家張芝。

〔四〕當，甲、乙、丙本同，庚本脱，《池田録》《沃録》《蔡録》《郝録》《劉録》《張録》《復原》皆徑録作“當”，兹從之。○抗，底本作“**栝**”，乙本同，甲、庚本作“**抌**”，丙本作“**枕**”，兹據文義徑録正，《池田録》《沃録》《蔡録》《郝録》《劉録》《張録》《復原》皆徑録作“抗”，兹從之。按：抗行，有對等，可以匹敵之義。

〔五〕或，底本作“戓”，丙、庚本同，甲、乙本作“或”，兹據甲、乙本徑録正，《池田録》《沃録》《蔡録》《郝録》《劉録》《張録》《復原》皆徑録作“或”，兹從之。按：戓，“或”的俗字。《干禄字書》：戓或，“上通下正”。

〔六〕草猶當，甲、乙、丙同，庚本作“**草猶當**”，《池田録》《沃録》《蔡録》《郝録》《劉録》《張録》《復原》皆徑録作“草猶當”，兹從之。○鴈行，甲、乙本同，丙本脱，庚本中“鴈”字作“鳶”，《池田録》《沃録》《蔡録》《郝録》《劉録》《張録》《復原》皆徑録作“鴈行”，兹從之。按：鴈行：并行而稍後。《禮記·王制第五》載：“父之齒隨行，兄之齒鴈行，朋友不相踰。”陳澔注《禮記集説》解釋“鴈行”作：“并行而稍後也。”

〔七〕然張精熟，甲本同，乙本脱，丙本脱“然張”二字，庚本作“然張精孰”，《池田録》《沃録》《蔡録》《郝録》《劉録》《張録》《復原》皆徑録作“然張精熟”，兹從之。

〔八〕盡墨，乙、丙本同，甲本誤作“静黑”，伯三六四三號碎一四存“墨”字，《池田録》《沃録》《蔡録》《郝録》《劉録》《張録》《復原》皆徑録作“盡墨”，兹從之。按：《書譜》載：“然張精熟，池水盡墨，假令寡人耽之若此，未必謝之。”《法書要録》卷一《晋王右軍自論書》載：“張精熟過人，臨池學書，池水盡墨，若吾耽之若此，未必謝之。”以上兩書中皆作“盡墨”。《晋書》卷八〇《王羲之傳》載：“張芝臨池學書，池水盡黑，使人耽之若是，未必後之也。”《藝文類聚》卷九《水部下·池》載：“張芝臨池學書，池水盡黑，寡人耽之若是，未必後之。”以上兩書中皆作“盡黑”。〇丙本“池水盡墨”四字前衍“池學書”三字。

〔九〕令，底本作“𫝆”，甲、乙作“令”，丙本作“令”，兹據甲、乙、丙本及文義徑録正，《池田録》《沃録》《蔡録》《郝録》《劉録》《張録》《復原》皆徑録作“令”，兹從之。〇寡，底本作“真”，甲本作“寡”形，乙、丙本作“寡”形，兹據文義徑録正，《池田録》《沃録》《蔡録》《郝録》《劉録》《張録》《復原》皆徑録作“寡”，兹從之。按：《干禄字書》：“寡寡寡，上俗，中通，下正。”又“寡人”，《漢語大詞典》解釋作：“晋人習慣自稱寡人”。《世説新語·文學》：“君輩勿爲爾，將受困寡人女壻！”余嘉錫《世説新語箋疏》卷上之下《文學第四》引李詳云：“案晋世，寡人上下通稱，不以爲僭。”〇躭，甲、乙、丙本及斯一二三七二號同，《沃録》《張録》《郝録》皆徑録作“耽”，《劉録》校作“耽”，不必；《池田録》《蔡録》徑録作“躭”，兹從之。按：《玉篇·身部》：“躭，俗耽也。”“躭”有深入研究之義。〇若，底本作“若”，甲、乙、丙及北敦一三二一〇號F背同，徑録正，《池田録》《沃録》《蔡録》《郝録》《劉録》《張録》《復原》皆徑録作“若”，兹從之。按：若，“若”的俗字。《干禄字書》：“若若，上通下正。”〇此，底本作"屳"，乙本及北敦一三二一〇號F背同，甲、丙本作"此"，茲據甲、丙本徑録正，《池田録》《沃録》《蔡録》《郝録》《劉録》《張録》《復原》皆徑録作"此"，茲從之。按：屳，"此"的俗字。《干禄字書》：屳此，"上通下正"。

〔一〇〕解，底本作"觧"，甲本作"觧"，乙本作"解"，徑録正。按：《干禄字書》："觧觧解，上俗，中下正。"

〔一一〕知，甲、乙本誤作"之"，《池田録》《沃録》《蔡録》《郝録》《劉録》《張録》《復原》皆徑録作"知"，茲從之。〇評，斯一二三七二號同，甲、乙本誤作"平"，《池田録》《沃録》《蔡録》《郝録》《劉録》《張録》《復原》皆徑録作"評"，茲從之。

〔一二〕書，甲、乙本同，戊本誤作"詩"，《池田録》《沃録》《蔡録》《郝録》《劉録》《張録》《復原》皆徑録作"書"，茲從之。

〔一三〕黑，乙、戊本同，甲本作"墨"，《池田録》《沃録》《郝録》《劉録》《張録》《復原》皆徑録作"黑"，茲從之；《蔡録》録作"墨"。按：伯二〇〇五號《沙州圖經·張芝墨池》作："臨池學書，池水盡墨，好之絶倫，吾弗及也。"可資參考。

〔一四〕倫，戊本及伯三四一六號碎三同，甲本誤作"綸"，乙本誤作"論"，《池田録》《沃録》《蔡録》《郝録》《劉録》《張録》《復原》皆徑録作"倫"，茲從之。

〔一五〕底本"吾"字下衍"及"字，徑刪。〇弗，甲、戊本及伯三四一六號碎三同，乙本誤作"佛"，《池田録》《沃録》《蔡録》《郝録》《劉録》《張録》《復原》皆徑録作"弗"，茲從之。

圖録

1.斯三二八七號（局部）

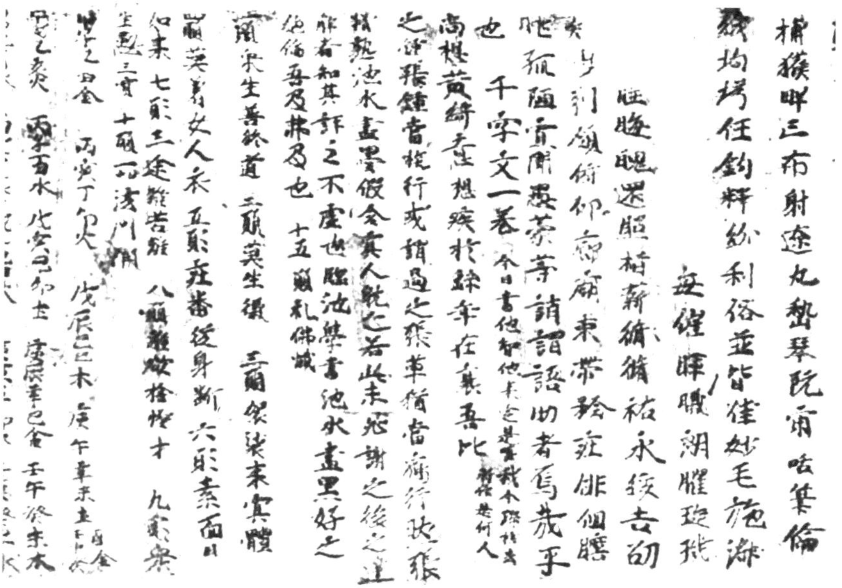

2.斯二一四號背（局部）

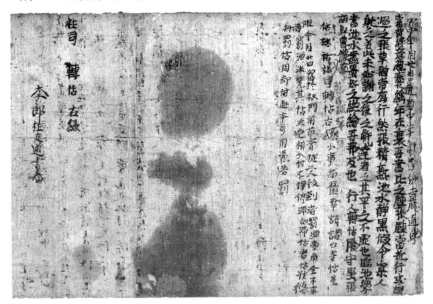

3.伯二七三八號背（局部）

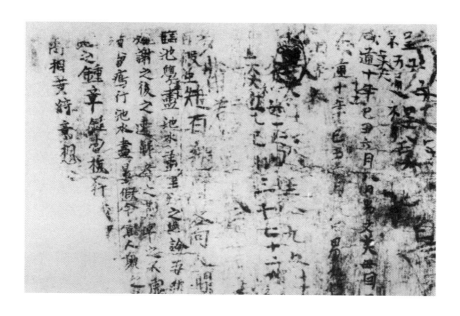

4.羽三號背ノ二（局部）

尚想黃綺意想疾於鍾年在蒙吾書此
之鍾當張鍾抵行或謂過之張草猶當
精熟池學書池水盡異假令真人耽之
若此未必謝之後

5.伯二六八一號（局部）

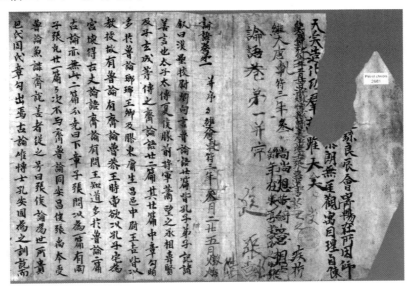

6.伯三三四九號碎四+……+伯四〇一九號F三五（局部）

五　《蘭亭序》校釋

叙　録

　　《蘭亭序》是王羲之的書法名作，備受唐太宗推崇，相傳在太宗死後陪葬昭陵，後僅有摹本傳世。敦煌、和田文獻中發現了二十件《蘭亭序》寫本，其中敦煌寫本十七件，和田寫本三件，當中不僅有反復習字之作，可觀當時習字之法，而且部分寫本有臨帖的痕迹，可與現存摹本進行對比，亦可知在唐代《蘭亭序》已作爲習字書帖而流入敦煌及西域地區，具有很高的研究價值。以下對敦煌文獻中的《蘭亭序》寫本以及前人的整理、校釋成果進行簡要介紹，并進行重新整理、叙録和校釋。

　　迄今發現的敦煌寫本《蘭亭序》共計二十二個卷號，暫綴合爲十七件，其中完整本一件，爲伯二五四四號；殘缺本五件，爲斯一六一九號背、伯四七六四號、北敦一一九二八號背、英印一一九號、羽六六四ノ二號背；雜寫本三件，爲伯二六二二號背、伯三一九四號背、俄敦五三八號；綴合本兩件，爲俄敦一二八三三號+（中缺）+俄敦五二八號A背+俄敦一一〇二三號+（中缺）+俄敦五二八號B、北敦一〇四五一號+北敦一二〇四五號+（中缺）+北敦一〇三五八號；碎片本六件，爲斯一一三四四號A背〔一〕、伯二六二二號碎三、伯三三六九號碎二背、俄敦五六八七號、俄敦一八九四三號（二－一）、俄敦一一〇二四號。另外，和田文獻中有《蘭亭序》寫本三件，爲GXW〇〇一七

〔一〕《英藏》編號爲斯一一三四四號B，今依IDP。

號背+BH三－七號背、GXW○一一二號背、MT.b.○○六號[一]。

敦煌寫本《蘭亭序》的整理起步較晚。一九八三年饒宗頤編集《敦煌書法叢刊·碎金（一）》一書中介紹了伯二五四四號、伯二六二二號背、伯三一九四號背[二]。一九九四年，沃興華《敦煌書法藝術》一書中簡要分析了斯一六一九號（沃書中誤作斯一六○一號）、伯二五四四號、伯二六二二號背、伯四七六四號這四件寫本的書法特點[三]。榮新江在二○一○年發表并於二○一五年修訂的《〈蘭亭序〉在西域》一文，指出俄敦一八九三號（二－一）實爲和田出土的于闐文書，又依次詳細介紹了伯二五四四號、伯二六二二號背、伯三一九四號背、伯四七六四號、斯一六一九號、伯三三六九號碎二背、俄敦五二八號A背、俄敦五二八號B、俄敦五三八號、俄敦一一○二三號、俄敦一一○二四號、俄敦六五八七號、俄敦一二八三三號、羽六六四ノ二號背這十四件寫本的具體情形[四]。拙論《唐五代敦煌地區學童書學教育研究——以敦煌文獻爲中心》一文中統計出《蘭亭序》寫本爲二十一個卷號，綴合爲十七件，較之前學，增加了斯一一三四號A背、伯二六二二號碎三、北敦一○三五八號、北敦一○四五一號、北敦一一九二八號背、北敦一二○四五號、英印一一九號這七號[五]。本書增加了俄敦五六八七號，并重新對二十二個卷號進行了整理綴合，暫綴合爲十七件。

以下在前人的基礎上，依照諸寫本的完整、殘缺、清晰程度，依次對十七件《蘭亭序》寫本進行叙錄。

〔一〕 榮新江：《〈蘭亭序〉在西域》，《絲綢之路與東西文化交流》，第一八五～一九九頁。

〔二〕 饒宗頤編集：《敦煌書法叢刊》第一八卷《碎金（一）》，第八八～八九頁。

〔三〕 沃興華：《敦煌書法藝術》，第五三頁。

〔四〕 榮新江：《〈蘭亭序〉在西域》，《國學學刊》二○一一年第一期，第六五～七一頁，修訂本收入榮新江：《絲綢之路與東西文化交流》，第一八五～一九九頁。

〔五〕 任占鵬：《唐五代敦煌地區學童書學教育研究——以敦煌文獻爲中心》，金瀅坤主編：《童蒙文化研究》第五卷，第一五五～一七九頁

一 完整本

伯二五四四號

本篇首尾完整，共十四行，字迹清晰，書寫較爲工整，末句"亦將有感於斯文"的下面另有"僧義円"三字，可能是書寫者。本篇爲底卷末篇，前接《酒賦》《錦衣篇》《漢家篇》《老人篇》《將進酒》《老人相問曉欸詩》《龍門賦》《北邙篇》，後接《蘭亭序》之文字"永和九""永和九年歲"，均無紀年。底卷背面爲雜寫文字"令王去年""畫人鄧苟苟書是""潤曾尋"，共三行，另外在"畫人鄧苟苟書是"一句上畫有一隻嘴銜樹枝的鳬雁。本篇書寫年代當在九至十世紀。

二 綴合本

（一）北敦一〇四五一號＋北敦一二〇四五號＋（中缺）＋北敦一〇三五八號

底卷由三塊碎片組成，不能無縫綴合。本篇正面首尾俱缺，共十三行，爲"人""之"二字各兩行、"相"字一行、"俯""仰""一""世"四字各兩行，源自"夫人之相與，俯仰一世"，無紀年。本篇背面首尾俱缺，共十四行，爲"修"字一行、"矩（短）""隨""化""終"四字各兩行、"於"字一行、"盡""古"二字各兩行、"人"字一行，源自"況修短隨化，終期於盡。古人云"，無紀年。《國圖》推斷本篇書寫年代爲九至十世紀歸義軍時期。本篇原件無題，《國圖》定作"習字雜寫"。

（二）俄敦一二八三三號＋（中缺）＋俄敦五二八號Ａ背＋俄敦一一〇二三號＋（中缺）＋俄敦五二八號Ｂ

底卷由四件寫本組成，不能無縫綴合。本篇首尾俱缺，共十七行，爲"和"字四行、"之"字兩行、"蘭"字六行、"至"字四行、"少"字一行，分別源自"永和九年""會于會稽山陰之蘭亭""群賢畢至，少長咸集"等句，字迹清晰，書寫較爲工整。本篇無紀年，書寫年代當在九至十世紀。

底卷背面爲《沙州敦煌縣神沙鄉籍》《千字文》。按：俄敦一二八三三號中"和"字與俄敦五二八號B圖版左一以及左二碎片中"和"字的筆迹、形式非常相似，推知二者應該源自同一件寫本。俄敦五二八號A背中"之"字與俄敦五二八號B、俄敦一一〇二三號中"之"字的筆迹相似，又俄敦五二八號A背中"蘭"字與俄敦一一〇二三號中"蘭"字的筆迹也相似，推知它們來自同一寫本。本篇原件無題，《俄藏》定作"雜寫"，《郜録》定作"習字"。

三　殘缺本

（一）英印一一九號

本篇爲底卷首篇，首缺尾全，共三行，起"咸集"，訖"一觴一詠"，字迹清晰，書寫工整，後接吐蕃文和雜字，均無紀年。根據底卷中的吐蕃文，推知本篇的書寫年代應該在吐蕃統治時期及之後的歸義軍時期，約九至十世紀。本篇原件無題，《英藏》定作"蘭亭記"。

（二）伯四七六四號

本篇爲底卷次篇，首缺尾全，共兩行，起"群賢畢至"，訖"清流激"，字迹清晰，書寫較爲工整，前後爲《書儀》，均無紀年。本篇書寫年代當在九至十世紀。

（三）羽六六四ノ二號背

底卷爲羽六六四ノ一號《太公家教》的修補紙。本篇首尾俱缺，共三十一行，起"和九年"，中間至"暮春之初，會"，後接"湍，暎帶左右"，每字練習兩行，字迹較清，書寫較爲工整，無紀年。海野洋平《順朱》指出本篇行間夾雜着朱筆《蘭亭序》習字，爲"情隨事遷，感既（慨）係之矣，向"，每字約兩行，且朱筆習字在前，墨筆習字在後。底卷正面爲《尚想黄綺帖》習字，行間雜寫着已漫漶不清的朱筆《蘭亭序》習字。海野洋平推測本篇可能是歸義軍時期寫本。其説近是。本篇原件無題，《秘笈》定作"手習書斷片"，《順朱》有録文。

（四）斯一六一九號背

本篇首尾俱缺，共十六行，爲"若""合""一""契""未""嘗""不""臨"八字各兩行，字迹清晰，書寫工整，内容源自"若合一契，未嘗不臨文嗟悼"，無紀年。底卷背面第六行行末有"諸大德我"四字。底卷正面爲《成唯識論·善位十一心所釋》。《英敦》推斷本篇書寫年代在九至十世紀歸義軍時期。本篇原件無題，《英藏》《郝録》定作"習字"，《英敦》定作"習字雜寫"。本篇《郝録》第七卷有録文。

（五）北敦一一九二八號背

本篇首尾俱缺，共九行，爲"及""其""所""之"四字各兩行、"既"字一行，字迹清晰，書寫工整，内容源自"及其所之既倦"一句，無紀年。底卷正面爲《維摩詰所説經》。《國圖》推斷本篇書寫年代在九至十世紀歸義軍時期。本篇原件無題，《國圖》定作"習字雜寫"。

四 碎片本

（一）俄敦一一〇二四號

底卷由出自同一寫本的四塊碎片組成。本篇正面首尾俱缺，共二十七行，爲"之""盛""觴""一"四字各一行、"詠，亦足以暢叙幽情，是"九字各兩行、"日"字三行、"也"字一行，字迹清晰，書寫較爲工整，内容源自"雖無絲竹管弦之盛，一觴一詠，亦足以暢叙幽情。是日也"等句。本篇背面首尾俱缺，共三十五行，爲"會于會稽山陰之蘭亭，脩禊（楔）事也，群賢畢至，少""之""長咸集，此地有崇山峻領，茂林""流激湍，暎"，每字各一行，字迹清晰，書寫較爲工整。本篇無紀年，書寫年代當在九至十世紀。

（二）俄敦一八九四三號（二一一）

本篇首全尾缺，共五行，下殘，起"永和"，訖"湍暎帶"，字迹清晰，書寫工整，無紀年。榮新江推定本篇是和田文書，唐人所書，是當時書法習字的遺存[一]。

（三）俄敦五六八七號

本篇首尾俱缺，共八行，爲"遊""目""暢（騁）""懷"四字各兩行，字迹清晰，書寫較爲工整，筆迹稚嫩，内容源自"所以遊目騁懷"一句。本篇無紀年，書寫年代當在九至十世紀。

（四）斯一一三四四號A背

本篇首尾俱缺，僅三行，爲"以"字一行、"爲"字兩行，字迹清晰，書寫工整，内容源自"引以爲流觴曲水"一句，無紀年。底卷背面爲《吐蕃時期官人封户名簿》。本篇書寫年代應該晚於底卷背面的《吐蕃時期官人封户名簿》，可能在九、十世紀。本篇原件無題，《英藏》《榮目》定作"習字"。

（五）伯二六二二號碎三

本篇首尾俱缺，共四行，爲"於""己"二字各兩行，字迹清晰，書寫工整，内容源自"暫得於己"一句。本篇無紀年，書寫年代當在九至十世紀。本篇原件無題，《法藏》定作"習字"。

（六）伯三三六九號碎二背

本篇首尾俱缺，共七行，爲"之""視""昔"三字各兩行、"悲"字一行，字迹模糊，書寫工整，内容源自"亦猶今之視昔。悲夫"。本篇無紀年，

〔一〕 榮新江：《〈蘭亭序〉在西域》，《國學學刊》二〇一一年第一期，第六六頁。

書寫年代當在九至十世紀。底卷正面爲佛經。本篇原件無題,《法藏》定作
"習字"。

五 雜寫本

(一)伯二六二二號背

本篇共三行,起"永和九年",訖"茂林脩竹,崇",字迹清晰,書寫較
爲工整。本篇爲底卷次篇,前接《尚書讀尚書》,後接《赤心鄉等欠賬人名
録》《白畫動物》《常山南至玄泉》《尚書明照察》《大中十三年三月百姓張
安六牒》《昔日家中富》《大中十三年三月百姓石骨崙牒》《白玉非爲寶》《琵
琶金薩自禪造》及雜寫等。底卷正面爲《吉凶書儀》。兹據底卷背面的兩
條"大中十三年三月"的牒文抄,推知本篇的書寫年代大約在唐大中十三年
(八五九)。本篇原件無題,《寶藏》《法藏》定作"蘭亭序習字"。

(二)伯三一九四號背

本篇共三行,起"永和九年",訖"少長咸集",字迹清晰,書寫較爲
工整。本篇前接《尚想黃綺帖》,後接吐蕃文、《張通信攪擾等狀》及雜寫。
本篇前有"記之也"一句,疑似題記,然而"記"字之前的内容被塗抹,
暫無法識别。底卷正面爲《論語》。上文《尚想黃綺帖》叙録中已經説明底
卷背面的書寫年代當在晚唐五代時期。本篇原件無題,《寶藏》"蘭亭集序
習字",《法藏》定作"蘭亭序習字"。

(三)俄敦五三八號

本篇爲底卷次篇,僅一行,共十五字,起"永和九年",訖"會于會稽",
字迹清晰,書寫較爲工整,前接"佛説無常經壹卷""大"等習字,均無紀
年。底卷背面爲文字"大光明佛""大刀子"以及一行吐蕃文。本篇書寫年代
當在九至十世紀。本篇原件無題,《俄藏》定作"蘭亭序雜寫"。

題　解

　　本書校釋《蘭亭序》，以伯二五四四號爲底本。本篇共十四行，字迹清晰，書寫較爲工整，是敦煌本中唯一一件首尾完整的寫本，書寫年代當在晚唐五代時期。本篇不僅對於探究《蘭亭序》在敦煌地區的使用、傳播有重要意義，而且對探討王羲之書法的影響、與現存摹本在書法上的共同點方面也有較高的價值。

　　兹以伯二五四四號（《法藏》第一五册影印本及 IDP 彩圖）爲底本，用伯二六二二號背（甲本）、伯三一九四號背（乙本）、英印一一九號（丙本）、伯四七六四號（丁本）、俄敦一一〇二四號（戊本）、羽六六四ノ二號背（己本）、斯一六一九號背（庚本）、北敦一〇四五一號+北敦一二〇四五號+（中缺）+北敦一〇三五八號（辛本）、俄敦一八九四三號（二－一）（壬本）、俄敦五三八號（癸本）、北敦一一九二八號背（子本）、俄敦五六八七號（丑本）、斯一一三四四號 A 背（寅本）、伯二六二二號碎三（卯本）、故宫博物院藏馮承素《蘭亭序》摹本（摹本）爲參校，對底本进行校録。

校　釋

　　永和九年，歲在癸丑〔一〕，暮春之初〔二〕，會于會稽山陰之蘭亭〔三〕，修禊事也〔四〕。群賢畢至〔五〕，少長咸集〔六〕。此地有崇山峻領〔七〕，茂林修竹〔八〕，又有清流激湍〔九〕，暎帶左右〔一〇〕，引以爲流觴曲水〔一一〕，列坐其次〔一二〕。雖無絲竹管弦之盛〔一三〕，一觴一詠，亦足以暢叙幽情〔一四〕。■（是）日也〔一五〕，天朗氣清，惠風和暢，仰觀宇宙之■（大）〔一六〕，俯察品類之盛〔一七〕，■□（所以）遊目騁懷〔一八〕，足以極視聽之娛〔一九〕，信可樂也。■（夫）人之相與〔二〇〕，俯仰一□（世）〔二一〕，■（或）取諸懷抱〔二二〕，悟言一室之内〔二三〕；或因寄所託〔二四〕，放浪形骸之外。■（雖）趣舍萬殊〔二五〕，静躁不同〔二六〕，當其欣於所遇〔二七〕，暫得於己〔二八〕，快然自足〔二九〕，不知老之將至〔三〇〕。及其所之既倦〔三一〕，情隨事遷〔三二〕，感慨係之矣〔三三〕。向之所欣，俯仰之間〔三四〕，以爲陳迹〔三五〕，猶不能不以之興懷〔三六〕。況修短隨化〔三七〕，終期於盡。古人云〔三八〕："死生亦大矣。"〔三九〕豈不痛哉〔四〇〕！每攬昔人興感之由，若合一契〔四一〕，未嘗不臨文嗟悼〔四二〕，不能喻之於懷。固知一死生爲虛誕〔四三〕，齊彭殤爲妄作〔四四〕。後之視今〔四五〕，亦由今之視昔〔四六〕。悲夫！故列叙時人，録其所述，雖世殊事異〔四七〕，所以興懷，其致一也〔四八〕。後之攬者，亦將有感於斯文。

【校記】

　　〔一〕歲，底本作"岁"，甲本作"歲"，乙、己、癸、摹本同，兹據文義徑録正。

〔二〕春，甲、乙、癸、摹本同，己本作"**萅**"。

〔三〕稽，底本作"**稽**"，甲、乙、戊、壬、癸、摹本同，茲據文義徑録正。按：《干禄字書》：稽稽，"上俗下正"。○陰，底本作"陰"，乙、戊、壬、摹本同，甲本作"**隂**"，茲據文義徑録正。按：陰，"陰"的俗字。《干禄字書》："陰陰陰，上通，中下正。"○之，甲、戊、摹本同，乙本誤作"至"。○亭，甲、戊、摹本同，乙本誤作"停"。

〔四〕修，乙本同，甲、戊、摹本作"**脩**"，當作"修"。按：《干禄字書》："脩修，上脯脩，下修飾。"《字彙補·肉部》："脩，與修通。"○禊，底本作"契"，甲本誤作"惠"，乙、戊、摹本作"稧"，當作"禊"，茲據文義徑録正。按：《干禄字書》：稧禊，"上通下正"。又"修禊"，《漢語大詞典》解釋作："古代民俗於農曆三月上旬的巳日（三國魏以後始固定爲三月初三）到水邊嬉戲，以袚除不祥，稱爲修禊"。

〔五〕群，底本作"羣"，丁、戊、壬、摹本同，甲、乙本作"群"，茲據甲、乙本及文義徑録正。按：羣，"群"的俗字。

〔六〕咸，乙、丙、丁、戊、摹本同，甲本誤作"減"。

〔七〕此，底本作"**屸**"，甲、丙、丁、戊、摹本同，茲據文義徑録正。按：屸，"此"的俗字。《干禄字書》：屸此，"上通下正"。○峻，底本作"**峻**"，爲"峻"的訛字，丙、丁、戊、壬、摹本作"峻"，茲據丙、丁、戊、壬、摹本及文義徑録正。○領，底本作"領"，丙、丁、戊、摹本作"領"，壬本"領"字下部殘泐，當校作"領"，茲據丙、丁、戊、摹本及文義徑録正。又"領"，今當作"嶺"。○甲本終於"崇"字，且誤把"茂林修竹"四字書於"崇"字之前。

〔八〕茂，底本作"**茂**"，丙、丁、戊、摹本同，甲本誤作"筏"，茲據文義徑録正。○修，底本作"**脩**"，丙、摹本作"脩"，丁本作"**脩**"，茲據文義徑録正。按：以下"**脩**"字徑録正，不再一一出校。

〔九〕激，丙、摹本同，丁本作"漱"，在"漱"字之下補有"激"字。

〔一〇〕暎，底本作"**暎**"，丙本同，己、摹本作"**暎**"，茲據文義徑録正。按：暎，同"映"。《集韻·映韻》："映，亦從英。"

〔一一〕爲，底本作"為"，丙、寅、摹本同，茲據文義徑録正。按：為，

"爲" 的俗字。《廣韻・支韻》："爲，俗。"《玉篇・爪部》："爲，俗作爲。" 慧琳《音義》："從爪作爲，正也。經文作爲，略也。" 以下 "爲" 字徑録正，不再一一出校。

〔一二〕坐，底本作 "**坒**"，丙、摹本同，兹據文義徑録正。《干禄字書》："坒坐坒，上俗，中下正。"

〔一三〕盛，底本作 "**咸**"，丙本同，戊、摹本作 "**盛**"，兹據戊、摹本及文義徑録正。按：以下 "**咸**" 字徑録正，不再一一出校。

〔一四〕亦，底本作 "**亦**"，戊本同，摹本作 "**亠**"，兹據文義徑録正。以下 "**亦**" 字徑録正，不再一一出校。○足，底本作 "**足**"，戊、摹本同，兹據文義徑録正。按：《干禄字書》：疋足，"上通下正"。按：以下 "**足**" 字徑録正，不再一一出校。○暢，底本作 "**暘**"，戊、摹本作 "暢"，兹據戊、摹本及文義徑録正。○情，摹本同，戊本誤作 "**婧**"。

〔一五〕是，底本僅存下部殘筆，戊、摹本作 "是"，兹據戊、摹本及文義補。

〔一六〕仰，底本作 "**仰**"，摹本作 "仰"，兹據摹本及文義徑録正。按：以下 "**仰**" 字徑録正，不再一一出校。○觀，底本作 "**觀**"，摹本同，兹據文義徑録正。○大，底本僅存右側殘畫，摹本作 "大"，兹據摹本及文義補。

〔一七〕類，底本作 "**類**"，摹本作 "**類**"，兹據文義徑録正。按：《干禄字書》：類類，"上俗下正"。

〔一八〕所，底本僅存上部殘畫，摹本作 "**所**"，兹據摹本及文義補。○以，底本缺，摹本作 "**以**"，兹據摹本及文義補。○遊，底本作 "**遊**"，丑、摹本同，其中 "方" 部作 "扌" 部，兹據文義徑録正。○騁，摹本同，丑本誤作 "暢"。○懷，底本作 "**懷**"，丑、摹本作 "懷"，兹據丑、摹本及文義徑録正。按：《干禄字書》：懷懷，"上通下正"。以下 "懷" 字徑録正，不再一一出校。

〔一九〕以，底本作 "**以**"，摹本作 "**以**"，兹據文義徑録正。按：以下 "**以**" 字徑録正，不再一一出校。○聽，底本作 "聽"，摹本作 "聽"，兹據摹本及文義徑録正。按：聽，"聽" 的俗字。《干禄字書》：聽聽，"上通下正"。○極，底本作 "**極**"，摹本作 "**極**"，兹據文義徑録正。

〔二〇〕夫，底本右上部略有殘泐，摹本作 "夫"，兹據摹本及字形補。

〔二一〕世，底本缺，摹本作"世"，兹據摹本及文義補。

〔二二〕或，底本上部殘泐，摹本作"或"，兹據摹本及文義補。按：或，"或"的俗字。《干禄字書》：或或，"上通下正"。以下"或"字徑録正，不再一一出校。

〔二三〕悟，底本"忄"部作"巾"，摹本作"悟"，兹據摹本及文義徑録正。

〔二四〕因，底本作"囙"，摹本同，兹據文義徑録正。按：囙，"因"的俗字。《干禄字書》："囙因，上俗下正。"〇所，底本作"**所**"，摹本同，兹據文義徑録正。按：以下"**所**"字徑録正，不再一一出校。

〔二五〕雖，底本僅存左側殘畫，摹本作"雖"，兹據摹本及文義補。〇趣，底本作"**越**"，摹本同，兹據文義徑録正。按：《干禄字書》：赱走，"上俗下正"；取取，"上通下正"。〇萬，底本作"邁"，當校作"萬"，摹本作"萬"，兹據摹本徑録正。

〔二六〕躁，底本作"踩"，摹本同，兹據文義徑録正。按：踩，"躁"的俗字。《龍龕手鑑·足部》："踩，俗；躁，正。"

〔二七〕於，底本作"扵"，摹本同，兹據文義徑録正。按：扵，"於"的俗字。《干禄字書》：扵於，"上通下正"。以下"扵"字徑録正，不再一一出校。

〔二八〕暫，底本作"蹔"，摹本同，兹據文義徑録正。按：蹔，"暫"的俗字。《玉篇·足部》："蹔，與暫同。"慧琳《音義》："蹔捨，慙濫反，俗字也，正體從日作暫。"〇己，底本作"已"，卯本作"巳"，摹本作"己"，兹據摹本及文義徑録正。

〔二九〕快，底本作"**侠**"，摹本作"**快**"，《晋書》卷八〇《王羲之傳》作"快"。

〔三〇〕將，底本作"将"，摹本同，兹據文義徑録正。按：将，"將"的古字。以下"将"字徑録正，不再一一出校。

〔三一〕既，底本作"**既**"，子本作"**既**"，摹本作"**既**"，兹據文義徑録正。〇倦，摹本作"惓"。按：倦，同"惓"。《集韻·線韻》："倦，《説文》：'罷也。'或作惓。"

〔三二〕感，底本作"**感**"，摹本作"感"，兹據摹本及文義徑録正。

〔三三〕隨，底本作"随"，摹本同，兹據文義徑録正。按：随，"隨"的俗字。斯三八八號《正名要録》：随隨，"［上］正，［下］通用。"以下"随"字徑録正，不再一一出校。

〔三四〕俯，底本作“俛”，摹本同，兹據文義徑録正。按：俛，“俯”的俗字。《廣韻·麌韻》：“俯，《漢書》又作俛。”《漢書》卷七五《夏侯勝傳》載：“其取青紫如俛拾地芥耳。”顏師古注：“俛即俯字也。”《干禄字書》：“俯俛，并俯仰，字俗以俛。”

〔三五〕迹，底本作“**迒**”，摹本作“**迍**”，兹據文義徑録正。

〔三六〕能，底本作“**䏻**”，摹本同，兹據文義徑録正。按：《干禄字書》：䏻能，“上通下正”。以下“**䏻**”字徑録正，不再一一出校。

〔三七〕短，底本作“矩”，辛本同，當校作“短”，摹本作“短”，兹據摹本及文義徑録正。按：矩，這裏爲“短”的俗字。《敦煌俗字典》中“短”的俗字包括“矩”形。

〔三八〕底本“云”字後衍“之”字，徑删。

〔三九〕死，底本作“**死**”，摹本作“死”，兹據摹本及文義徑録正。〇底本“死”字右上側補“一”字，疑衍文，不録。〇矣，底本作“矢”，摹本作“矣”，兹據摹本及文義徑録正。按：矢，“矣”的俗訛字。

〔四〇〕哉，底本作“栽”，摹本同，兹據文義徑録正。按：栽，“哉”的俗字。

〔四一〕若，底本作“若”，摹本同，庚本作“若”，兹據庚本及文義徑録正。按：若，“若”的俗字。《干禄字書》：“若若，上通下正。”

〔四二〕嘗，底本作“甞”，庚、摹本同，同“嘗”，兹據文義徑録正。按：《集韻·陽韻》：嘗，“或作甞”。

〔四三〕虛，摹本作“虗”。按：虗，“虛”的俗字。〇誕，底本作“**誔**”，摹本作“誕”，兹據摹本及文義徑録正。

〔四四〕妄，底本作“**妄**”，摹本同，兹據文義徑録正。

〔四五〕後，底本作“**後**”，摹本同，兹據文義徑録正。按：以下“**後**”字徑録正，不再一一出校。〇今，底本作“**今**”，摹本同，兹據文義徑録正。按：以下“**今**”字徑録正，不再一一出校。

〔四六〕視，底本作“現”，當校作“視”，伯三三六九號碎二背、摹本作“視”，兹據伯三三六九號碎二背、摹本及文義徑録正。

〔四七〕異，底本作“**異**”，摹本同，兹據文義徑録正。

〔四八〕致，底本作“**致**”，摹本同，兹據文義徑録正。

圖　録

1.伯二五四四號（局部）

永和九年歲在癸丑暮春之初會于會稽山陰之蘭亭脩禊事也群賢畢至少長咸集此地有崇山峻嶺茂林脩竹又有清流激湍映帶左右引以為流觴曲水列坐其次雖無絲竹管弦之盛一觴一詠亦足以暢敘幽情是日也天朗氣清惠風和暢仰觀宇宙之大俯察品類之盛所以遊目騁懷足以極視聽之娛信可樂也夫人之相與俯仰一世或取諸懷抱悟言一室之內或因寄所託放浪形骸之外雖趣舍萬殊靜躁不同當其欣於所遇暫得於己快然自足不知老之將至及其所之既倦情隨事遷感慨係之矣向之所欣俛仰之間以為陳迹猶不能不以之興懷況脩短隨化終期於盡古人云死生亦大矣豈不痛哉每攬昔人興感之由若合一契未嘗不臨文嗟悼不能喻之於懷固知一死生為虛誕齊彭殤為妄作後之視今亦猶今之視昔悲夫故列敘時人錄其所述雖世殊事異所以興懷其致一也後之攬者亦將有感於斯文

永和九

永和九年書

2.伯二六二二號背（局部）

3.伯三一九四號背（局部）

4.英印一一九號

5.伯四七六四號

6. 俄敦一一〇二四號（上四圖爲寫本正面，下四圖爲寫本背面）

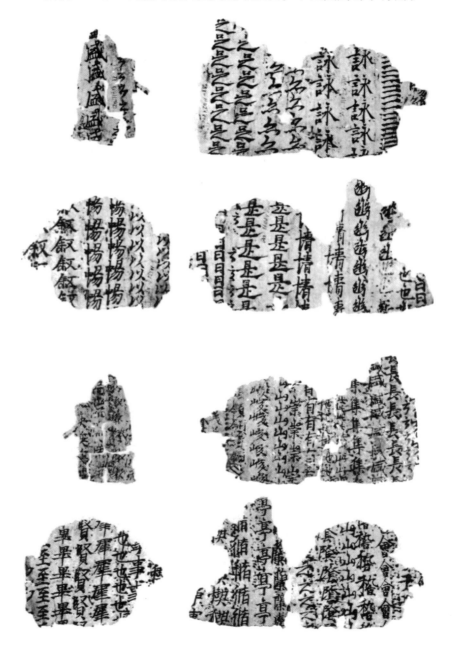

下編　研究篇

第一章　敦煌習字蒙書《上大夫》研究

　　唐初統治者對書法的重視，促進了士人熱衷書法教育，也影響到了童蒙習字教育，出現了專門爲童蒙習字教育編撰的習字蒙書——《上大夫》。它的筆畫簡單，内容簡短，三字爲句而押韻，對後世的習字教育和蒙書編纂都有很大影響。該書在宋代以後被改編爲《上大人》，歷經元明清，一直到上世紀，還在民間流傳，是被普遍用於習字的首用教材。不僅如此，該書對後世的社會文化也有非常大的影響，在禪師語録以及詩歌、戲劇、小説等文獻資料中發現了大量用例。敦煌寫本《上大夫》的發現，不僅可窺唐五代宋初敦煌地區習字教育之一斑，而且爲宋代以後《上大人》的追根溯源以及探尋古代習字蒙書的發展脈絡提供了重要線索，具有非常重要的研究意義。王利器、劉銘恕、朱鳳玉、劉長東、徐梓、海野洋平、雷實、鄧凱等學者以及筆者先後就《上大夫》的性質、源流、流傳、内容含義、影響等方面進行過探討〔一〕，

〔一〕　王利器：《跋敦煌寫本〈上大夫〉殘卷》，《文獻》一九八七年第四期，第一七五～一八〇頁；王利器：《敦煌寫本〈上大夫〉殘卷跋尾》，《社會科學戰線》一九九〇年第三期，第三二二～三二四頁；王利器：《試論“上大人”的用途》，《河北師院學報（社會科學版）》一九九二年第四期，第一二二～一二五頁；王利器：《“上大人”備考》，王利器：《曉傳書齋集》，第四九九～五〇六頁；劉銘恕：《敦煌遺書叢識》，《敦煌語言文學論文集》，第五一～五五頁；朱鳳玉：《敦煌寫本蒙書〈上大夫〉研究》，《第五屆唐代文化學術研討會論文集》，第八七～一〇三頁；劉長東：《論中國古代的習字蒙書——以敦煌寫

但學界對其含義尚有爭議，對其編撰年代及其與《上大人》的關係、發展變化的原因梳理尚不清晰，對其學習方式的演變亦未釐清。這些問題將是本章重點探討的對象，而且爲了讓大家能全面了解這一蒙書的前世今生，本章將在前人基礎上，從其内容和性質展開，進而探討其編撰時代及發展變化，最後論述其影響。

第一節 《上大夫》的内容與性質

敦煌本《上大夫》的内容是"上大夫，丘乙己，化三千，七十士，尔小生，八九子"十八字，其含義和性質是理解它的基礎，前人多有討論。對於其内容，劉銘恕、朱鳳玉、劉長東主要針對宋代以後的《上大人》進行解讀，認爲南宋陳郁《藏一話腴》和明代祝允明《猥談》從孔子教化角度的解釋有些牽强附會；海野洋平則是在宋人陳郁解讀的基礎上對《上大夫》的含義進行了理解。關於其性質，由於傳世文獻多有記載，學界已達成共識，就是識字、習字蒙書，不過鄭阿財進一步主張它是專門的習字蒙書。筆者將在前人基礎上，結合敦煌寫本《上大夫》以及宋人陳郁對《上大人》的解讀，對《上大夫》的内容含義進行分析，并對其性質做一點補充説明。

本〈上大夫〉等蒙書爲中心》，《社會科學研究》二〇〇七年第二期，第一八八～一九四頁；徐梓：《〈上大人〉淺説》，《尋根》二〇一三年第六期，第四～九頁；［日］海野洋平：《童蒙教材〈上大人〉の順朱をめぐって—敦煌寫本 P.4900（2）·P.3369v に見る〈上大人〉黎明期の諸問題—》，《歷史》第一一七號，二〇一一年，第一～二九頁；雷實：《"上大人"描紅本的歷史探尋》，《基礎教育課程》二〇一五年第一一期，第六二～六七頁；鄧凱：《"上大人"文本傳播中功能與涵義的變遷》，《中南大學學報（社會科學版）》二〇一五年第五期，第一九八～二〇三頁；［日］海野洋平：《敦煌童蒙教材〈牛羊千口〉再論—傳本〈上大人〉·敦煌本〈上大夫〉の逕庭をめぐる一考察—》，《集刊東洋學》第一二三號，二〇二〇年，第六三～八三頁；任占鵬：《敦煌寫本〈上大人〉相關問題研究》，金瀅坤主編：《童蒙文化研究》第二卷，第二九二～三〇七頁。

一 《上大夫》的内容

前輩學者探討它的内容含義之時，多引用南宋陳郁《藏一話腴》和明代祝允明《猥談》中的解讀。《藏一話腴》載：

> 孩提之童才入學，使之徐就規矩，亦必有方，發于書學是也。故上大人，丘乙己，化三千，七十士，爾小生，八九子，佳作仁，可知禮也，殊有妙理。予解之曰：大人者，聖人之通稱也。在上有大底人，孔子是也。丘是孔子之名，以一個身己，教化三千徒弟，其中有七十二賢士，但言七十者，舉成數也。爾是小小學生，八歲九歲底兒子，古人八歲始入小學也。佳者，好也。作者，爲也。當好爲仁者之人。可者，肯也。又當肯如此知禮節，不知禮，無以立也。若能爲人知禮，便做孔子也做得。凡此一段也，二十五字，而爾字居其中，上截是孔子之聖也，下截是教小兒學做孔子。其字畫從省者，欲易于書寫，其語言叶韻者，欲順口好讀，己、士、子、禮四字是音韻相叶也。也之一字，乃助語以結上文耳。言雖不文，欲使理到，使小兒易通曉也。〔一〕

陳郁解釋"上大人"爲"在上有大底人"，"丘"是孔子的名字；"丘乙己，化三千，七十士"即孔子"以一個身己，教化三千徒弟，其中有七十二賢士"；"爾小生，八九子"即"爾是小小學生，八歲九歲底兒子"；"佳作仁"即"當好爲仁者之人"；"可知禮也"即"又當肯如此知禮節，不知禮，無以立也"。也就是說，《上大人》前半截是說明孔子教化三千弟子有七十二賢人的故事，後半截是鼓勵小兒學習儒家仁和禮，陳郁的解釋非常通順，合乎情理。

再來看《猥談·上父書》的記載，其云：

〔一〕（宋）陳郁撰：《藏一話腴》，（明）陶宗儀等編：《說郛三種·說郛》卷六〇，上海古籍出版社，一九八八年，第九一一頁。

上大人，丘乙己，化三千，七十士，尔小生，八九子，佳作仁，可知禮。右八句，末曳也字，不知何起。今小兒學書必首此，天下同然。書坊有解，胡說耳。《水東日記》言："宋學士晚年寫此，必知所自。"又《說郛》中曾記之，亦未暇撿。向一友謂予："此孔子上其父書也。上大人句，上，上書；大人，謂叔梁紇。丘句，聖人名。乙己化三千七十士尔句，乙，一通言，一身所化士如許。小生八九子佳句，八九七十二也，言弟子三千中七十二人更佳。作仁句，作，猶爲也。可知禮也，仁禮相爲用，言七十子善爲仁，其於禮可知。大概取筆畫稀少，開童子稍附會理也。"〔一〕

祝允明能文善書，雖然認爲書坊對《上大人》的解釋都是胡說，但自己似乎也没有正確解答。一位朋友告訴他，"上大人"是孔子給其父叔梁紇的信。後面"乙己化三千七十士尔"與陳郁的解釋相近，但是斷句不同；"小生八九子佳"的解釋和斷句與陳郁有很大區別。對此，胡念耕在《"上大人孔乙己"釋義辨正》一文提出了疑問，認爲："這分明是'友'人在耍文字，將三字一句的歌謠體斷釋爲散文體式，并念成了歪經"〔二〕。陸春祥也認爲："祝枝山的觀點新穎，却不符合孩童們朗朗上口的原則，三個字三個字，多麽上口啊，大人們倒是懂了，孩子們却徹底糊塗。"〔三〕的確如此，祝允明友人之言，把原本的三字句打亂，破壞了韻律，實爲曲解。不過祝允明友人和陳郁的共同點是把《上大人》與孔子教化故事聯繫在一起。

但是也有人對把"上大人，丘乙己"與孔子掛鈎的解讀提出了質疑。元代謝應芳《龜巢稿·學書》云：

〔一〕（明）祝允明撰：《猥談》，（明）陶宗儀等編：《説郛三種·説郛續》卷四六，第二〇九七頁。

〔二〕 胡念耕：《"上大人孔乙己"釋義辨正》，《語文學習》二〇〇九年第一二期，第三六頁。

〔三〕 陸春祥：《而已》，上海文藝出版社，二〇一八年，第三三～三四頁。

字書之學，訓蒙者率以《上大人》二十五字先之，以爲點畫簡而易習也。然所云三千、七十，殆若指孔門弟子而言，是則第四字乃聖人名諱，理合迴避，豈宜呼之以口，以瀆萬世帝王之師乎？〔一〕

然而考"孔丘"在宋代典籍中出現次數很多，并無避諱，謝應芳的質疑并不可取。朱鳳玉以爲："陳郁在宋代儒學的環境下，他對'上大人'的解讀，很顯然是從孔子着眼，爲聖人立教，勉勵學子成人成聖，其所詮釋自然不免有些牽強附會。"〔二〕其實早在唐太宗年間，就以孔子爲先聖〔三〕，在全國各州縣建立孔子廟〔四〕，孔子及其門人的地位得到了很大提升，所以不論是"爲聖人立教"，還是"勉勵學子成人成聖"，并不見得是宋代才出現的現象。如今《上大人》的源頭《上大夫》被發現，它究竟是何意義，陳郁對《上大人》的詮釋是否牽強呢。以下結合陳郁的詮釋和敦煌寫本，對《上大夫》的含義進行解讀。

敦煌本《上大夫》首句是"上大夫"，是古代的官階，與"上大人"的含義有明顯不同。張涌泉在校錄《上大夫》之時，説明"孔丘曾爲魯司寇，位在上大夫之列"〔五〕。當然上大夫不止孔子一人，但是結合下一句的"丘"字，無疑説明這裏的"上大夫"指的就是孔子，證明了祝允明友人提出的"上大人"是"孔子上其父書也"的説法屬於歪説。陳郁認爲"丘乙己"是"以

─────────────

〔一〕（元）謝應芳撰：《龜巢稿》卷一四《學書》，（清）紀昀等編纂：《景印文淵閣四庫全書》第一二一八册，（臺灣）商務印書館，一九八六年影印本，第三二九頁。

〔二〕朱鳳玉：《敦煌寫本蒙書〈上大夫〉研究》，《第五屆唐代文化學術研討會論文集》，第九三頁。

〔三〕（宋）王溥撰：《唐會要》卷三五《學校》，中華書局，一九五五年，第六三五～六三六頁。

〔四〕（宋）歐陽修等撰：《新唐書》卷一五《禮樂志五》，中華書局，一九七五年，第三七三頁。

〔五〕張涌泉主編：《敦煌經部文獻合集》第八册《小學類字書之屬·訓蒙書抄（一）》，第四一三〇頁。

一個身己"〔一〕。其實"丘乙己"中"乙"字是"一"字的借字，斯七四七號背、伯三七九七號背、俄敦八六五五號背、北敦三九五五號背中均作"丘一己"，這種寫法的存在足以説明"以一個身己"的解釋是準確的。另外，曾良《"丘乙已"解讀與古籍整理》一文中以爲"丘乙己"中"己"當作"已"，意爲"上大人孔丘一人而已"〔二〕。其實結合"上大夫"一句，就可證這種猜測是值得商榷的，因爲古時位列上大夫者不止孔子一人。

"化三千"即教化三千弟子。"七十士"，有不少敦煌寫本作"七十二"。《史記·孔子世家》載："孔子以詩書禮樂教，弟子蓋三千焉，身通六藝者七十有二人。"〔三〕那麼"七十士"便是指七十二賢人，作"七十"者，爲概數。

"尒小生"，敦煌寫本中此句也作"女小生"。《集韻·語韻》："女，爾也，通作汝。"〔四〕可見"尒"與"女"通。關於"小生"，《古今韻會舉要·庚韻》：生，"諸生弟子之稱"〔五〕。《漢書·朱雲傳》載："云曰：'小生乃欲相吏邪？'"顏師古注曰："小生謂其新學後進。"〔六〕可見"小生"可以指學生。王應麟《三字經》曰："蘇老泉，二十七，始發憤，讀書籍。彼既老，猶悔遲，爾小生，宜早思。若梁灝，八十二，對大廷，魁多士。彼既成，衆稱异，爾小生，宜立志。瑩八歲，能詠詩；泌七歲，能賦棋。彼穎悟，人稱奇，爾幼學，當效

〔一〕（明）祝允明《猥談·上父書》認爲"乙己化三千七十士尒"是指"一身所化士如許"。這一説法與陳郁的解釋接近（〔明〕陶宗儀等編：《説郛三種·説郛續》卷四六，第二〇九七頁）。

〔二〕曾良：《"丘乙已"解讀與古籍整理》，《中國典籍與文化》二〇〇八年第二期，第九二頁。

〔三〕（漢）司馬遷撰，（南朝·宋）裴駰集解，（唐）司馬貞索隱，（唐）張守節正義：《史記》卷四七《孔子世家》，中華書局，一九五九年，第一九三八頁。

〔四〕（宋）丁度等編：《集韻》卷五，上海古籍出版社，一九八五年影印本，第三三一頁。

〔五〕（元）黃公紹原編，（元）熊忠舉要：《古今韻會舉要》卷八，《景印文淵閣四庫全書》第二三八册，第五三一頁。

〔六〕《漢書》卷六七《朱雲傳》，第二九一六頁。

之。"〔一〕此中"爾小生""爾幼學"與《上大夫》中"尔小生"意義相同。那麼陳郁所言"爾小生"即"爾是小小學生",也當無問題。

"八九子",陳郁解釋作"八歲九歲底兒子"。唐代學生多是八歲入小學〔二〕。陳郁之説也無問題。

日本學者海野洋平認爲《上大夫》僅有孔子教化的一層結構,"化"字後的"三千,七十士,尔小生,八九子"都屬於孔子教化的對象〔三〕。筆者以爲這樣的理解是可行的。如此以來,《上大夫》的内容可以解讀如下:上大夫孔子以一己之力,教化三千弟子,其中有七十二賢人,現在還有你們這些八九歲的小學生。

那爲何宋代以後對於《上大人》含義的認識不盡相同,出現了不少"胡説",甚至認爲不可解呢?鄧凱認爲"其習字功能的强化越來越消解了原本的字句含義。"〔四〕可備一説。筆者以爲宋代以後《上大夫》變作了《上大人》,而"大人"一詞意義衆多,不僅可以表示對聖人、皇帝的尊稱,也可以表示對官員、父親的尊稱,因此對於很多未見到唐代《上大夫》和不明"上大人"原意的後人來説,難以把"上大人"直接與孔子聯繫在一起,而且也如鄧凱所言,由於它廣泛流傳以後,衍生了很多功能,失去了統一標準,各個階層的人對它的理解不同,遂産生了各種歧義,甚至不明所以。而對於教授者來説,不了解《上大人》的原意也没關係,依舊可以用之教以習字;禪師、文人可以不受束縛,賦予它更多的理解和寓意,進而豐富了它的文化意義。

〔一〕　上海古籍出版社編:《中國古代蒙書精粹·三字經》,上海古籍出版社,一九九六年,第八一～八二頁。

〔二〕(後晋)劉昫等撰:《舊唐書》卷七三《孔穎達傳》載:"穎達八歲就學,日誦千餘言。"(中華書局,一九七五年,第二六〇一頁)同書卷八八《韋嗣立傳》載:"八歲入小學,十五入太學,春秋教以《禮》《樂》,冬夏教以《詩》《書》。"(第二八六六頁)

〔三〕〔日〕海野洋平:《敦煌童蒙教材〈牛羊千口〉再論—傳本〈上大人〉·敦煌本〈上大夫〉の逕庭をめぐる一考察—》,《集刊東洋學》第一二三號,二〇二〇年,第七五頁。

〔四〕鄧凱:《"上大人"文本傳播中功能與涵義的變遷》,《中南大學學報(社會科學版)》二〇一五年第五期,第一九九頁。

二 《上大夫》的性質

《上大夫》的性質究竟如何，前人已有不少論斷，比如王利器認爲它是幼學讀物、習字初階蒙書[一]；劉銘恕主張它是蒙學的一種基本學習教材[二]；鄭阿財、朱鳳玉、劉長東認爲它是習字蒙書[三]；徐梓認爲它是習字教材[四]。前輩學者已經準確把握了該書的性質，尤其是王利器早已指出《上大夫》是習字初階蒙書，可謂灼見。以下筆者將回歸到敦煌寫本，從唐五代宋初《上大夫》在敦煌地區的使用情況，具體説明它在習字教育中的作用。

首先通過三十六件敦煌寫本中與《上大夫》同書的内容，來了解一下該書在當時的使用情況。通過校釋篇對《上大夫》寫本的叙録，統計出其中筆迹稚嫩者有三十二件，從這些寫本可推知它們的書寫者基本爲習字入門者。各寫本的同書内容中，《牛羊千口》出現了十五次，社司轉帖七次，甲子紀年六次，數字五次，《上士由山水》《敦煌百家姓》、人名各四次，《千字文》三次，《正月孟春猶寒》《太公家教》《發願文》、敦煌鄉名各兩次，《開蒙要訓》《尚想黄綺帖》《論語》《百行章疏》《新合孝經皇帝感詞一十一首》《門來善遠》《天生淳善》《捉季布傳文》《王梵志詩》《晏子賦》《齖䶗新婦文》《宣宗皇帝御製勸百寮》等各一次。《上大夫》與《牛羊千口》《上士由山水》《敦煌百家姓》《千字文》《開蒙要訓》《太公家教》《王梵志詩》《百行章》等蒙書以及啓蒙經典《論語》寫在一起，説明了《上大夫》的蒙書性質。部分寫本中該書又與甲子紀年、數字習字寫在一起，這些内容正屬於"六甲五方書計之事"[五]，進一步説明《上大夫》是一部基礎蒙書。

〔一〕 王利器：《試論"上大人"的用途》，《河北師院學報（社會科學版）》一九九二年第四期，第一二二～一二五頁。

〔二〕 劉銘恕：《敦煌遺書叢識》，《敦煌語言文學論文集》，第五二頁。

〔三〕 鄭阿財、朱鳳玉：《敦煌蒙書研究》，第一三九頁；劉長東：《論中國古代的習字蒙書——以敦煌寫本〈上大夫〉等蒙書爲中心》，《社會科學研究》二〇〇七年第二期，第一八八～一九四頁。

〔四〕 徐梓：《〈上大人〉淺説》，《尋根》二〇一三年第一期，第四～九頁。

〔五〕 《漢書》卷二四上《食貨志上》，第一一二二頁。

其次來看一件具有代表性意義的寫本伯四九〇〇號（二）（圖一），這件寫本對認識《上大夫》在習字教育中的作用有很大幫助。該本是伯四九〇〇號（一）《尚書序》背面的襯紙[一]，首全尾缺，共十四行，從第六行起寫本下殘。寫本右側首題朱筆"試文"，每行首字爲朱筆，頂格書，從右向左爲"上大夫，丘乙己，化三千，七十士，尔▨（小）"十四字。朱字下面是墨筆習字，每字習寫一行，每行十一到十五字不等。從筆迹來看，行首朱筆的書法好於墨筆習字，應該是教授者所書。學生墨筆習字止於"千"字行。朱字"七""十"下有墨筆"咸通十年"，該紀年的書法明顯比前邊習字好，應該是教授者所寫的習字日期。朱字"士尔"下有朱筆"經開▨▨▨"等字，應該是教授者對學生習字的評語或者鼓勵的話語。墨筆習字有大有小，筆迹稚嫩，説明該學生應該是入門不久。值得注意的是，"夫"行和"乙"行第七字、"己"行約第六字，"千"行第二字有朱筆痕迹，應該是教授者對學生書寫不規範的矯正行爲。

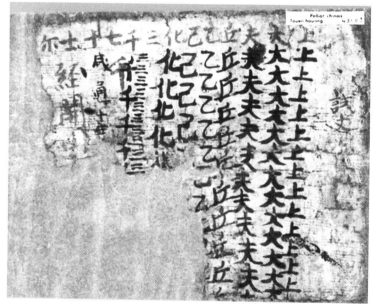

圖一　伯四九〇〇號（二）《上大夫》

〔一〕〔日〕海野洋平：《童蒙教材〈上大人〉の順朱をめぐって―敦煌寫本 P.4900（2）・P.3369v に見る〈上大人〉黎明期の諸問題―》，《歷史》第一一七號，二〇一一年，第六頁。

　　這件寫本中有朱筆範字和墨筆習字，很容易讓人聯想到現在還在使用的
一種習字方法——描紅。所謂描紅，就是在一種印有紅色楷字的習字紙上摹
寫的習字方法，也叫“描朱”〔一〕。不過這件寫本中學生并不是摹寫，而是順着
範字臨寫，與今人所説的“連臨”有一定相似之處〔二〕，海野洋平把這種不同
於描紅的習字方法稱爲“順朱”〔三〕。這種習字方法在敦煌、吐魯番、和田等文
獻中非常多見，範字有朱筆也有墨筆，反而描紅尚未發現，可見順朱在唐五
代宋初的敦煌及西域地區非常普遍。但是在敦煌習字類蒙書中僅有這一件順
朱寫本，而且是敦煌文獻所有順朱寫本中爲數不多的朱筆範字本，彌足珍貴。
關於順朱及敦煌文獻中的順朱寫本的具體情況，詳見本書第七章。通過該寫
本中的各種信息，我們可知在唐代咸通年間敦煌地區，老師教授學生用《上
大夫》習字，採用的是老師先寫朱筆範字，再讓學生反復臨習的方式，并且
在學生臨寫過程中，老師需要進行筆畫的矯正和書寫評語。

　　還有該寫本首行中的“試文”也值得關注。“試文”應該是一種考試。
《新唐書・柳璨傳》：“或薦璨才高，試文，帝稱善，擢翰林學士。”〔四〕《舊唐書・李
揆傳》：“開元末，舉進士，補陳留尉，獻書闕下，詔中書試文章，擢拜右拾
遺。”〔五〕從這兩條資料來看，“試文”應該是一種文學考試，也可以作“試文章”
即詩賦等。結合伯四九〇〇號（二）內容和書寫情況來看，顯然不是文章，而
是習字。“試文”還見於敦煌寫本伯三七三八號碎一和伯三七三八號碎三背。
前者首題墨筆“試文”，其下寫《宣宗皇帝御製勸百寮》和社司轉帖〔六〕。後者

　　〔一〕　漢語大詞典編輯委員會漢語大詞典編纂處編纂：《漢語大詞典》第六卷，漢語
大詞典出版社，一九九〇年，第六四〇頁。
　　〔二〕　關於“連臨”，參見張清榮編著《初學書法百例疑難問答》（江西美術出版社，
一九九五年）第一七頁。
　　〔三〕〔日〕海野洋平：《童蒙教材としての王羲之〈頓書論〉（〈尚想黃綺〉帖）—敦
煌寫本・羽664ノ二Rに見るプレ〈千字文〉課本の順朱—》，《杏雨》第二〇號，二〇一七
年，第一一七～一七三頁。
　　〔四〕《新唐書》卷二二三下《奸臣傳下・柳璨傳》，第六三五九頁。
　　〔五〕《舊唐書》卷一二六《李揆傳》，第三五五九頁。
　　〔六〕　上海古籍出版社、法國國家圖書館編：《法藏敦煌西域文獻》第二七冊，上海
古籍出版社，二〇〇二年，第一九八頁。

首題墨筆"試文"，其下是人名、姓氏習字，後題"辛酉年歲十一月█████（燉煌）郡金光明████（寺學）▭▭"〔一〕。從這三件寫本的內容和書寫情況來看，它們應該是在教授者指導下完成的考試寫本，而《上大夫》《宣宗皇帝御製勸百寮》、社司轉帖、人名、姓氏都是考試的內容。

該寫本縱向是25.5厘米，每行僅十一到十五字不等，說明字跡較大。宋人王虛中《速成門·小兒寫字法》云："寫字不得惜紙，須令大寫，長後寫得大字。若寫小字，則拘定手腕，長後稍大字則寫不得，予親有此弊也。寫字時，先寫上大二字，一日不得過兩字，兩字端正，方可換字。若貪字多，必筆畫老草，寫得不好，寫得好時，便放歸。午後亦須上學。"〔二〕可見，該寫本的習字遵從初學習字要寫大字的教育理念。

綜合以上信息，筆者推測伯四九○○號（二）是唐代老師用《上大夫》對學生進行的一次正式習字考試，考試方法就是順朱，而且老師特意以"試文"開頭，用朱筆寫範字，進行矯正，結尾又有墨筆題記和朱筆評語，可見這一次順朱對學生比較重要，另外也說明《上大夫》在習字教育中具有重要地位。最後，評語"經開█▭▭"中提及的"經"，可能指儒家經典，筆者大膽推測這裏的"經開"有可能指開始學習經典，意味着該學生可以讀書了。

除了順朱，三十六件敦煌《上大夫》寫本中還有不少塗鴉式的習字，這些習字往往出現於寫本背面或者空白處，與其他文獻抄寫在一起，應該是學生隨筆所習。伯二一七八號背中"上大夫兵（丘）大大兵（丘）乙"出現在《燃燈文》寫本天頭的餘白處。北敦一六四○號中"上大夫丘乙己"出現在《維摩詰所説經》寫本天頭的餘白處。北敦七○八九號中"上大夫丘"出現在《妙法蓮華經》天頭的餘白處。伯二七七二號背中"上大夫"三字出現在《佛名經》寫本的背面。斯六○一九號背中"夫大丘"三字出現在《御注孝經》寫本的背面。北敦一七四五號背中"上大"二字出現在《妙法蓮華經》寫本的背面。北敦一七七四號背中"大夫丘"三字出現在《金有陀羅尼經》寫本背面的。北敦

〔一〕《法藏敦煌西域文獻》第二七册，第一九九頁。

〔二〕（宋）陳元靚編：《事林廣記》丁集卷三，〔日〕長澤規矩也編：《和刻本類書集成》第一輯，上海古籍出版社，一九九○年影印本，第二五三頁。

四五六二號背中"上大"二字出現在《净名經集解關中疏》寫本的背面。北敦六一四一號背中"上大"二字出現在《無量壽宗要經》寫本的背面。以上九件寫本中僅有《上大夫》開頭几字，而且利用了佛經、儒經的空白處或背面，説明它們應該不是老師佈置的作業，而是學生塗鴉，隨意的特點符合年幼學生的心性，這麼多塗鴉的存在也反映出《上大夫》的學習在當時非常普遍。

再次，從敦煌寫本來看，《上大夫》還是唐時吐蕃人學習漢字的教材。斯七四七號背、俄敦八六五五號背明確爲吐蕃統治敦煌時期的寫本，説明在這一時期《上大夫》依舊多見於習字教育。尤其是俄敦八六五五號背中《上大夫》前後都是吐蕃文，鄭阿財、朱鳳玉指出《上大夫》旁邊内容是古藏文的字母表，與《上大夫》出自同一人之手，進而推斷吐蕃統治時期的敦煌，實行雙語教學，延續着中國傳統童蒙教育的老方法，使用最基礎的識字習字教材。[一]。可見此寫本是當時實行漢、藏雙語識字教學的珍貴例證，也説明《上大夫》被藏民視作學習漢字的基礎蒙書，與古藏文字母屬於同等性質，即半字。

最後來看《上大夫》與半字的關係。斯一三一三號《大乘百法明門論義序釋》第七則載："言演半滿於言派者。且如世小兒上學，初學上大夫等爲半字，後聚多字成一字者，令盡識會爲滿字。"這件寫本的書寫年代大概在唐末宋初[二]，不僅説明《上大夫》是唐代小兒的初學蒙書，而且告訴我們《上

〔一〕 鄭阿財、朱鳳玉：《開蒙養正：敦煌的學校教育》，第一〇五頁。

〔二〕 斯一三一三號有題記"辛酉年十二月十二日竟了""辛酉年十二月十三日了"。此"辛酉年"，《翟目》疑爲九六二年（第一七九頁）；藤枝晃、上山大峻、池田温及方廣錩皆推測是八四一年（［日］藤枝晃：《敦煌曆日譜》，《東方學報》（京都）第四五册，一九七三年，第三九二頁；［日］上山大峻：《敦煌佛教の研究》，法藏館，一九九〇年，第八一頁；［日］池田温編：《中國古代寫本識語集録》，第三四五頁；季羨林主編：《敦煌學大辭典》，上海辭書出版社，一九九八年，第七一八頁）；朱鳳玉推測該寫本的書寫年代可能在吐蕃統治敦煌時期，是唐德宗建中二年（七八一）或唐武宗會昌元年（八四一）（《敦煌寫本蒙書〈上大夫〉研究》，《第五届唐代文化學術研討會論文集》，第九七頁）；海野洋平認爲是八四二年正月（《童蒙教材〈上大人〉の順朱をめぐって—敦煌寫本 P.4900（2）·P.3369vに見る〈上大人〉黎明期の諸問題—》，《歷史》第一一七號，二〇一一年，第二八頁）。然而《英敦》推斷爲"九至十世紀歸義軍時期寫本"。筆者以爲吐蕃時期多用地支紀年，"辛酉年"可能非吐蕃時期，因此《英敦》的推斷更爲可信。所以，辛酉年十二月應該是歸義軍時期的九〇二年或九六二年。

大夫》被視爲半字，而半字又與滿字相對，二者是遞進關係，小兒初學半字，而後聚半字成一字，都認識後即達到滿字。

那麼具體何爲半字、滿字呢？南朝梁僧佑曾在《出三藏記集·胡漢譯經文字音義同异記第四》中對半字和滿字有詳細解釋，并結合漢字進行了説明，對理解這二詞有很大幫助。僧佑云："又梵書製文，有半字滿字。所以名半字者，義未具足，故字體半偏，猶漢文'月'字，虧其傍也。所以名滿字者，理既究竟，故字體圓滿，猶漢文'日'字，盈其形也。故半字惡義，以譬煩惱；滿字善義，以譬常住。又半字爲體，如漢文'言'字；滿字爲體，如漢文'諸'字。以'者'配'言'，方成'諸'字。'諸'字兩合，即滿之例也；'言'字單立，即半之類也。半字雖單，爲字根本，緣有半字，得成滿字。"〔一〕通過僧佑的説明，可知所謂半字和滿字源自梵文，就字體而言，梵文中不具備完整意義的字母是半字，由字母構成的具有完整意義的字詞是滿字。如果用漢字來理解的話，偏旁是半字，如"言"字；由偏旁構成的字是滿字，如"諸"字。回到《上大夫》，其十八字皆是單體字，如"言"字一般，在唐代僧人看來，此書符合半字的意義，所以有了"初學上大夫等爲半字"的説法。

半字和滿字在構字上的意義與清人王筠提及的純體字和合體字非常接近。王筠《教童子法》云：

　　蒙養之時，識字爲先，不必遽讀書，先取象形指事之純體教之。識日月字，即以天上日月告之；識上下字，即以在上在下之物告之，乃爲切實。純體字既識，乃教以合體字。又須先易講者，而後及難講者。〔二〕

王筠認爲童蒙識字，先從"日""月""上""下"這樣的純體字開始，再學習合體字，遵循先易後難的教育方法。這裏的純體字對應的就是唐人所説的半

〔一〕（南朝·梁）釋僧佑撰，蘇晋仁、蕭鍊子點校：《出三藏記集》卷一《胡漢譯經文字音義同异記第四》，中華書局，一九九五年，第一三頁。

〔二〕（清）王筠撰：《教童子法》，王雲五主編：《叢書集成初編》第九八六册，中華書局，一九八五年，第一頁。

字，合體字對應的就是滿字。可見王筠所提到的教育方法，早在唐代就已施行開來。

第二節 《上大夫》的編撰與演變

敦煌寫本斯七四七號背中《上大夫》的書寫時間應該在唐憲宗元和十一年至元和十二年之間（八一六～八一七），説明該書的編撰時間必然早於元和十二年，而關於該書的具體編撰年代，前人尚未深入探究。而且，《上大夫》出現之後，在流傳過程中内容還有一些變化，比如現存敦煌各本的内容存在差異、宋代以後《上大人》的出現等。本節將結合相關的社會文化背景，就《上大夫》的編撰年代與發展過程進行深入討論。

一 《上大夫》編撰年代與文化背景

《上大夫》究竟始於何時、何人所編，前人尚未有定論。南宋處凝、智本等編《白雲端和尚語録・舒州白雲山海會禪院語録》載："郭長官入山。師上堂云：'夜來枕上作得個山頌，謝功父大儒，廬山二十年之舊，今日遠訪白雲之懃，當須舉與大衆，請已後分明舉似諸方。此頌豈唯謝功甫大儒，直要與天下有鼻孔衲僧，脱却著肉汗衫，莫言不道！'乃云：'上大人丘乙己，化三千七十士，爾小生八九子，佳作仁可知禮也。'"〔一〕此書記載《上大人》是"白雲端和尚"晚上睡覺前所作。考"白雲端"是北宋名僧白雲守端（一〇二五～一〇七二），而從敦煌寫本已知《上大夫》在九世紀前期就已經誕生，顯然非白雲守端所作。清人俞樾也認爲"或因謂此即白雲枕上所作，則大誤矣"〔二〕。又元佚名《吳起敵秦掛帥印》頭折云："孫子兵書曰：上大人丘

〔一〕（宋）釋處凝、釋智本等編：《白雲端和尚語録》卷二《舒州白雲山海會禪院語録》，藏經書院編輯：《卍續藏經》第一二〇册，新文豐出版公司，一九九三年，第四二〇頁。

〔二〕（清）俞樾撰：《茶香室叢鈔》卷九《上大人》，江蘇廣陵古籍刻印社編輯：《筆記小説大觀》第三四册，江蘇廣陵古籍刻印社，一九八四年影印本，第六〇頁。

乙己，化三千七十二，爾小生八九子，佳作仁可知禮也。你省的些什麽？"〔一〕
這一説法顯然是戲説〔二〕。清人黄宗羲《明儒學案・東廓論學書》云："有疑聖
人之功異於始學者，曰：'王逸少所寫《上大人》，與初填砆模者，一點一直，
不能一毫加損。'"〔三〕此説言王羲之曾寫《上大人》，更是無根據之傳言。另
外，針對《上大人》，清人俞樾説"宋時已有此語，不知所自始"〔四〕，翟灝認
爲"唐末先有此語，北宋時已爲小兒誦矣"〔五〕，均是較爲穩妥的説法。今人王
利器指出大慧禪師《答吕郎中書》和《五燈會元・睦州陳尊宿》中引用了"上
大人，丘乙己"，大慧禪師卒於唐玄宗時，陳尊宿是唐僖宗時人，都已經引用
及此〔六〕。但是，《答吕郎中書》出自宋代釋藴聞編《大慧普覺禪師語録》，此中
"大慧普覺禪師"應當是宋人宗杲，而非唐代名僧大慧禪師（釋一行），可見
王説不夠準確。《睦州陳尊宿》還記録了"巢寇入境"事件，而陳尊宿與弟子
討論佛法并引用《上大人》的記録在此事件之後，那麽陳尊宿引用《上大人》
的時間應該發生在黄巢起義（八七八～八八四）爆發之後，這段時間正是唐
僖宗統治（八七三～八八八）後期。因此，傳世文獻中關於《上大人》的最
早記載，應該是《五燈會元・睦州陳尊宿》〔七〕，所記時代可能是唐僖宗後期。

〔一〕（元）佚名撰：《吴起敵秦掛帥印》，王季思主編：《全元戲曲》第七卷，人民文
學出版社，一九九九年，第二八九頁。

〔二〕　王利器認爲："此倜儻之詞，猶《孟德新書》之比，未可遽信爲《孫子兵書》
也。"（《試論"上大人"的用途》，《河北師院學報（社會科學版）》一九九二年第四期，
第一二二頁）

〔三〕（清）黄宗羲著，沈芝盈點校：《明儒學案》卷一六《東廓論學書》，中華書局，
一九八六年，第三三八頁。

〔四〕（清）俞樾撰：《補自述詩》，《清代詩文集彙編》編纂委員會編：《清代詩文集
彙編》第六八五册，上海古籍出版社，二〇一〇年，第一四九頁。

〔五〕（清）翟灝撰，陳志明編校：《通俗編》卷七《文學類・上大人》，東方出版社，
二〇一三年，第一二九頁。

〔六〕　王利器：《"上大人"備考》，王利器：《曉傳書齋集》，第四九九～
五〇〇頁。

〔七〕《上大夫》僅見於敦煌文獻，宋以後文獻中都記載的是《上大人》，如果這一名
稱的改變是在宋代的話，就不能排除南宋釋普濟編集的《五燈會元》中把唐人語録"上大
夫"改作"上大人"的可能。

另外，徐梓推斷《上大人》最晚應該成篇在唐代中期，且"不成於一時，不出自一手"[一]，然而并未做詳細討論。

從敦煌寫本可見《上大夫》最早的書寫年代。三十六件敦煌寫本《上大夫》中，明確有紀年的寫本分別是：

斯七四七號背，有紀年"申年八月廿八日上部落""申年十二月日故記之也，丙申年""酉年正月四日記"等。

斯一三八六號背，有紀年"甲辰年（九四四）十一月十二日"和"甲辰年十二月十二日"。

斯五四一號，有題記"太平興［國］三年戊寅歲（九七八）四月十日氾孔目學仕郎陰奴兒自手寫季布一卷"。

斯五六三一號背，正面有紀年"庚辰年（九八〇）正月十四日"。

斯六九六〇號背，有紀年"乙酉年（九二五）五月十五日"。

伯二五六四號背，有題記"乙酉年（九二五或九八五）足羊人程長奴之記耳"。

伯二七三八號背，有題記"咸通十年（八六九）己丑六月八日男文英，母因是"。

伯三一四五號背，正面有紀年"戊子年（九八八）潤（閏）五月"。

伯三三六九號背，正面有題記"乾符三年（八七六）十月二十日學生索什德書卷書記之也"和"咸通十五年（八七四）五月八日沙州學生索什德"。

伯三七九五號背，有題記"中和二年十二月（八八三）學生"。

伯三七九七號背，有題記"開寶九年丁丑年（九七七）四月八日王會"和"維大宋開寶九年丙子歲（九七六）三月十三寫子（此）文書了"。

伯四九〇〇號（二），有紀年"咸通十年"。

從這些題記和紀年來看，年代最早的當是有紀年"丙申年"和"酉年"的斯七四七號背，此"丙申年"和"酉年"，筆者考證爲唐憲宗元和十一年（八一六）和元和十二年，年代最晚的是伯三一四五號背的北宋端拱元年

〔一〕 徐梓：《〈上大人〉淺說》，《尋根》二〇一三年第六期，第四～九頁。

（九八八）。因此斯七四七號背中《上大夫》實爲已知敦煌各本書寫年代之最早者。據李正宇的最新研究成果，敦煌地區大約是在唐貞元四年（七八八）陷於吐蕃的[一]，此後六十年敦煌地區與中原文化交流基本是隔斷的，那麼《上大夫》傳入敦煌地區的時間應該在貞元四年之前，也就是説《上大夫》的出現時間不會晚於貞元四年。

　　下面通過傳世文獻分析《上大夫》的具體編撰年代及其産生的文化背景。探討這一點需要從唐初的社會背景入手。唐初太宗喜好書法，大力推動書學[二]，不僅在弘文館和國子監下設置書學，還設置明書科，吏部銓選亦重書法，使書法成爲取士、選官的重要標準之一，以致當時不學書無以立，開創了唐代士庶好書法的風氣。上行下效，民間勢必興起學習書法的浪潮，以致宋人評價説："唐三百年，凡縉紳之士，無不知書，下至布衣皂隸，有一能書，便不可掩"[三]。

　　唐代由於社會對書法的崇重，幼童教育也受到重視。武則天時，"并州人毛俊誕一男，四歲，則天召入内試字。《千字文》皆能暗書，賜衣裳放還。人皆以爲精魅所託，其後不知所終"[四]。《千字文》是唐代重要的習字教材。并州人毛俊之子在四歲時便能暗書《千字文》，而且竟得武則天召入宮中試字。此故事雖然可能是傳説，但是反映了民間對幼童習字教育的重視。這種重視書法的風氣甚至影響到了西域地區。韋節《西蕃記》云："康國人并善賈，男年五歲則令學書。"[五]康國人居西域，其男子在五歲時已令學書，此舉當受中原

　　〔一〕　李正宇：《沙州貞元四年陷蕃考》，《敦煌研究》二〇〇七年第四期，第九八～一〇三頁。

　　〔二〕　金瀅坤：《唐代明書科與書學教育》，《遼寧大學學報（哲學社會科學版）》二〇一六年第二期，第一七頁。

　　〔三〕（宋）闕名撰：《宣和書譜》卷一八《草書六》，王雲五主編：《叢書集成初編》第一六三三册，第四一四頁。

　　〔四〕（唐）張鷟撰，趙守儼點校：《朝野僉載》卷五，中華書局，一九七九年，第一一〇頁。

　　〔五〕（唐）杜佑撰，王文錦、王永興、劉俊文、徐庭雲、謝方點校：《通典》卷一九三《邊防典九》，中華書局，一九八八年，第五二五六頁。

地區的影響。唐人更有"五尺童子，恥不言文墨焉"的説法〔一〕，正是唐代幼童學習積極性的寫照。在這樣的社會背景下，爲了滿足幼童的習字教育，就需要一些筆畫簡單、内容簡短的習字教材，因此《上大夫》應運而生，既能啓蒙識字，又能用於初學習字，滿足了唐代幼童的習字需求。

《上大夫》的内容涉及孔子教化三千弟子有七十二賢人的故事，其産生應該還與唐代推崇孔子及其門人的社會背景有關。唐初百廢待興，統治者大興文教，在全國設置孔子廟，提升孔子地位，推行德教。太宗貞觀二年十二月（六二九），房玄齡、朱子奢建議："臣以周公尼父，俱稱聖人，庠序置奠，本緣夫子，故晋宋梁陳，及隋大業故事，皆以孔子爲先聖，顔回爲先師，歷代所行，古人通允。伏請停祭周公，升夫子爲先聖，以顔回配享"。詔從之〔二〕。孔子和顔回的地位得以提升。貞觀四年（六三〇）"詔州、縣學皆作孔子廟"〔三〕。孔子廟開始被推行至全國。唐人韋機"顯慶中爲檀州刺史。邊州素無學校，機敦勸生徒，創立孔子廟，圖七十二子及自古賢達，皆爲之贊述"〔四〕。可見高宗年間即便是邊地也建立了孔子廟，且出現了畫七十二賢士於孔子廟牆壁的現象。唐玄宗時期對孔子廟的形制有了更爲詳細的規定。開元八年（七二〇）國子司業李元瓘奏稱：

> 先聖孔宣父廟，先師顔子配座，今其像立侍，配享合坐。十哲弟子，雖復列像廟堂，不預享祀。謹檢祠令：何休、范甯等二十二賢，猶霑從祀，望請春秋釋奠，列享在二十二賢之上。七十子，請準舊都監堂圖形于壁，兼爲立贊；庶敦勸儒風，光崇聖烈。曾參等道業可崇，獨受經於夫子，望準二十二賢預饗。

玄宗從之，并"以顔子亞聖，上親爲之贊，以書于石。閔損已下，令當朝文

〔一〕《通典》卷一五《選舉典三》，第三五八頁。
〔二〕《唐會要》卷三五《學校》，第六三五～六三六頁。
〔三〕《新唐書》卷一五《禮樂志五》，第三七三頁。
〔四〕《舊唐書》卷一八五上《良吏傳上・韋機傳》，第四七九五頁。

士分爲之贊"〔一〕。"七十子，請準舊都監堂圖形于壁"一句説明畫七十子於牆壁的行爲先已有之。開元二十七年（七三九）八月二十四日詔：

> 其兩京國子監及天下諸州，夫子南面坐，十哲等東西行列侍。且門人三千，見稱十哲，包夫衆美，實越等夷。暢元聖之風規，發人倫之耳目，并宜襃贈，以寵賢明。其顔子既云亞聖，須優其秩。〔二〕

并"制追贈孔宣父爲文宣王，顔回爲兗國公，餘十哲皆爲侯，夾坐。後嗣襃聖侯改封爲文宣公"〔三〕。這一舉措不僅用孔子廟内的形制確定了孔子門人的地位，而且贈孔子爲文宣王，贈顔回爲兗國公，其餘十哲皆封侯。來月二十一日又詔："七十子并宜追贈。"〔四〕至此，孔門十哲、七十子的地位得到了很大提升。

各地的孔子廟成爲學生祭拜、學習的場所，孔子及門人也成爲學生的先師。前引唐人韋機"顯慶中爲檀州刺史。邊州素無學校，機敦勸生徒，創立孔子廟"〔五〕。唐人倪若水"開元初，歷遷中書舍人、尚書右丞，出爲汴州刺史，政尚清静，人吏安之。又增修孔子廟堂及州縣學舍，勸勵生徒，儒教甚盛，河、汴間稱詠不已"〔六〕。總章三年（六七〇）五月詔："諸州縣孔子廟堂及學館有破壞并先來未造者，遂使生徒無肄業之所，先師闕奠祭之儀，久致飄露，深非敬本。宜令所司速事營造。"〔七〕可見孔子廟成爲各地勸學、尊師的象徵，而且孔子廟往往設在學校中，或本身就是學習之所。伯二〇〇五號《沙州圖經》"州學"條載："右在城内，在州西三百步，其學院内東廂有先聖太師廟

〔一〕《舊唐書》卷二四《禮儀志四》，第九一九～九二〇頁。

〔二〕《唐會要》卷三五《學校》，第六三七頁。

〔三〕《舊唐書》卷九《玄宗本紀下》，第二一一頁。

〔四〕《唐會要》卷三五《學校》，第六三八頁。

〔五〕《舊唐書》卷一八五上《良吏傳上·韋機傳》，第四七九五頁。

〔六〕《舊唐書》卷一八五下《良吏傳上·倪若水傳》，第四八一一頁。

〔七〕《舊唐書》卷五《高宗本紀下》，第九四頁。

堂，堂内有素先聖及先師顔子之像，春秋二時奠祭。"另外"縣學"條中關於孔子廟的記載大體與"州學"條類似。從這一記載來看，敦煌州縣學中就有孔子廟。

再來看《上大夫》，其内容"上大夫，丘乙己，化三千，七十二"與孔子廟的形制契合度很高，可謂是把孔子廟的形制與孔子教化故事結合而轉化成的一篇簡短文本。面對在孔子廟中祭拜和接受啓蒙的學生，教授者可利用《上大夫》，給學生灌輸孔子及其門徒偉大、光輝的形象，誘勸學生見賢思齊，學習儒家聖賢，并以學習《上大夫》爲標志，表示學生正式拜入孔子門下。所以《上大夫》的出現很可能與統治者對孔子和弟子們的讚頌、孔子廟在全國的推行、孔子門人尤其是七十子的地位提升這一歷史背景有密切關係。從唐太宗到唐高宗時期，不論是孔子廟的形制，還是對孔子及門人的推崇，都還在發展階段，習字教育的發展也需要一定時間，因此筆者認爲將《上大夫》的編撰年代置於孔子門人地位到達唐代頂峰的唐玄宗開元年間，即八世紀前半葉，較爲妥當。《上大夫》出現後，隨即流行到全國，并當在貞元四年（七八八）敦煌陷蕃之前傳入了敦煌地區。

二　敦煌《上大夫》諸本的内容差异

敦煌諸本《上大夫》的内容是存在差异的，有"丘乙己"與"丘一己"、"七十士"與"七十二"、"尔小生"與"女小生"的不同。前人已有留意這些差异。比如《索引新編》的編者指出斯一四七二號背《上大夫》與通行本有別〔一〕。方廣錩認爲斯一二三二號背《上大夫》"表現形態有异，或爲异本。待考"〔二〕。高田時雄認爲寫本間"二""女""士"的混亂，是由當時敦煌方言中近似音所引起的，是十世紀敦煌寫本中常見的現象〔三〕。海野洋平則認爲

〔一〕　敦煌研究院編：《敦煌遺書總目索引新編》，第四五頁。

〔二〕　《英國國家圖書館藏敦煌遺書》第一九册"條記目録"，第一三頁。

〔三〕　［日］高田時雄：《〈西儒耳目資〉以前—中國のアルファベット—》，［日］高田時雄編：《明清時代の音韻學》，第一三一頁。

“七十二”“女小生”是在敦煌所改編的結果[一]。以下在前人的基礎上，深入探討出現這些差異的原因。

首先，“丘乙己”與“丘一己”的考辨。三十六件《上大夫》寫本中僅有二十一件寫本中保留了“丘乙己”或“丘一己”這句話，其中十七件寫本中作“丘乙己”，斯七四七號背、伯三七九七號背、俄敦八六五五號背、北敦三九五五號背四件寫本中作“丘一己”。簡單來説，就是“乙”字與“一”字的不同。寫本中，作“丘一己”的書寫年代最早的是斯七四七號背（書寫年代八一六到八一七年），作“丘乙己”的較早的寫本是伯二七三八號背和伯四九〇〇號（二）（兩件寫本的書寫年代都是八六九年），看似是“丘一己”出現時代在前，但是伯三七九七號背（書寫年代九七七年）和北敦三九五五號背（歸義軍時期）也作“丘一己”，説明這兩種寫法一直在混用。依照《廣韻》，“乙”字和“一”字都是入聲質韻，讀音相同。古代“一”經常作“乙”，比如“太一”作“太乙”。在實際生活中，因爲“一”字容易被改寫成其他數字，而“乙”不易被改寫，所以“乙”字經常代替“一”字用於記賬等。曾良《“丘乙己”解讀與古籍整理》一文對古代“一”字借用“乙”字的用例有一些介紹[二]，這裏不再贅述。至於《上大夫》寫本中，爲何多使用“乙”字，應該與它的用途有關。因爲《上大夫》是習字蒙書，内容短小却包括了習字的基本筆畫，編撰者不得不對每一個字的筆畫和結構進行仔細斟酌，“一”字雖然簡單，但在“上大夫，丘”“三千”“七十二”“生”“子”這些字中都具備，没有必要在如此精煉的地方浪費一個字，而“乙”字的結構是《上大夫》所没有的，對於學生掌握基礎的筆畫結構較爲重要，所以“乙”字比“一”字更適合於《上大夫》。另外，伯四九〇〇號（二）首題朱筆“試文”，應該是一次正式的習字考試，寫本頂端的朱筆範字中有“丘乙己”，也説明“乙”

〔一〕〔日〕海野洋平：《敦煌童蒙教材〈牛羊千口〉再論—傳本〈上大人〉·敦煌本〈上大夫〉の逕庭をめぐる一考察—》，《集刊東洋學》第一二三號，二〇二〇年，第七三~七五頁。

〔二〕曾良：《“丘乙己”解讀與古籍整理》，《中國典籍與文化》二〇〇八年第二期，第九一~九二頁。

字更加正式。作"丘一己"者可能是流傳過程中産生的一種變體。

其次，"七十士"與"七十二"的考辨。三十六件《上大夫》寫本中有二十一件保存了"七十士"或"七十二"。其中伯四九〇〇號（二）和伯三八〇六號背作"七十士"，十九件作"七十二"。孔門有七十二賢士，作"七十二"當無問題，但是"七十士"與"七十二"義近，唐代文獻中多用"七十子"指代孔門七十二賢士，宋人陳郁也認爲此"七十士"是"但言七十者，舉成數也"〔一〕，所以"七十士"的用法亦可。依照《廣韻》，"士"是上聲止韻，"二"屬去聲至韻，讀音有別，又"丘乙己"的"己"、"八九子"的"子"都屬上聲止韻，與"士"字押同韻。海野洋平直言："二"字使整體押韻的一貫性崩壞，對於注重韻律的童蒙教材而言是一個致命缺陷〔二〕。因此從押韻的角度來看，"士"字對於《上大夫》來説應該更爲契合。再者，考慮到唐玄宗時期對"七十子"的推崇，有表達尊敬之意的"七十士"應該比較爲平淡的"七十二"更符合《上大夫》的原貌。另外咸通十年（八六九）的伯四九〇〇號（二）《上大夫》的習字試文中作"七十士"，也説明"士"字更爲準確。

那爲何寫本中作"七十二"者遠遠多於作"七十士"者呢？筆者以爲，首先這兩字在結構上相近，在實際習字中，"二"字可以代替"士"字；其次，"二"字是"而至切"，雖没有完全押韻，但也算與"己""子"字音韻相協；最後，給啓蒙初學的學生講述孔子與七十二門人故事的時候，"七十二"更直觀，容易理解，能減少釋義過程中的麻煩，遂敦煌地區的教授者多採用"七十二"教以學生。

最後，"尔小生"與"女小生"的考辨。三十六件《上大夫》寫本中，有兩件作"尔"字，十八件作"女"字，後者的數量遠多於前者。"尔"，先秦時期就作爲人稱代詞使用。《漢語大詞典》引例《詩・小雅・無羊》："誰謂爾

〔一〕（宋）陳郁撰：《藏一話腴》，（明）陶宗儀等編：《説郛三種・説郛》卷六〇，第九一一頁。

〔二〕［日］海野洋平：《敦煌童蒙教材〈牛羊千口〉再論—傳本〈上大人〉・敦煌本〈上大夫〉の逕庭をめぐる一考察—》，《集刊東洋學》第一二三號，二〇二〇年，第七三頁。

無羊？三百維群。”鄭玄箋：“爾，女也。”〔一〕“女”，即“汝”。《集韻·語韻》：“女，爾也，通作汝。”〔二〕“女”也是先秦時期已經使用的人稱代詞。《漢語大詞典》引例《詩·魏風·碩鼠》：“三歲貫女，莫我肯顧。”〔三〕即是。一直以來，“尔”與“女”的用法是接近的。但是宋代以後《上大人》中都作“尔”，加之伯四九〇〇號（二）試文中也作“尔”，證明了其實“尔”字才是《上大夫》的原貌。但是“女”字出現次數多，這是爲何呢〔四〕。敦煌變文中保存了不少敦煌當時的語言材料，通過考察發現敦煌地區多習慣使用“女”字，“尔”字作爲人稱代詞的用法僅有一例〔五〕。由此可以推測《上大夫》可能是傳到敦煌之後，入鄉隨俗，“尔小生”多變成了“女小生”。

綜上所述，敦煌《上大夫》諸本中“丘一己”“七十二”“女小生”的寫法，是該書在敦煌地區實際使用過程中因地制宜而產生的變體，體現出抄本時代，蒙書很難形成定本，會因教授者的學識、地域文化的不同而產生不同的寫法。從敦煌本《上大夫》寫本來看，這些不同寫法在九、十世紀一直持續，其中“七十士，尔小生”的寫法雖然更爲準確，但是“七十二，女小生”的寫法却更加流行，後者應該更加適合敦煌地區的學生。

三　從《上大夫》到《上大人》的變化原因

宋代以後文獻中的《上大人》基本内容爲“上大人，丘乙己，化三千，七十士，爾小生，八九子，佳作仁，可知禮也”，共二十五字。它的首

〔一〕《漢語大詞典》第一卷，第五七六頁。

〔二〕（宋）丁度等編：《集韻》卷五，第三三一頁。

〔三〕《漢語大詞典》第四卷，第二五五頁。

〔四〕海野洋平認爲佛經中常用的第二人稱代詞是“汝”，而敦煌另一習字蒙書《牛羊千口》的内容與釋尊故事有關，敦煌寫本中《上大夫》與《牛羊千口》往往一起出現，所以敦煌本《上大夫》的“爾”改作了“女”（《敦煌童蒙教材〈牛羊千口〉再論—傳本〈上大人〉·敦煌本〈上大夫〉の逕庭をめぐる一考察—》，《集刊東洋學》第一二三號，二〇二〇年，第七四~七五頁）。

〔五〕《李陵變文》載：“上天使爾知何道，陛下應知陵赤心。”（黃征、張涌泉校注：《敦煌變文校注》卷一，中華書局，一九九七年，第一三一頁）

句與《上大夫》不同，且末尾多出了"佳作仁，可知禮也"七字。對此，周叔迦認爲是"後世誤夫爲大"[一]；王利器認爲"敦煌寫本作'上大夫'，當是傳寫之誤"[二]；海野洋平認爲敦煌本《上大夫》是由《上大人》所改編，是在敦煌地區獨立進化的亞種形態[三]，還提出《上大夫》略去"佳作仁，可知禮也"七字，與習字蒙書《牛羊千口》有一定關係[四]。但是關於"上大人"三字爲何變作"上大夫"，海野氏沒有詳細説明。而筆者以爲《上大人》是由《上大夫》變化而來[五]，且從"夫"到"人"并非傳抄之誤，這些變化當是社會文化變遷所帶來的影響在蒙書編撰上的體現。敦煌本《上大夫》和唐五代史料中皆未見"佳作仁，可知禮也"這兩句話，對此海野洋平提出三條論據，意圖證明當時這兩句話已經作爲《上大夫》的一部分而存在。論據一：當時敦煌一張紙的長度大約是四十七到四十八厘米，伯四九〇〇號（二）《上大夫》順朱從左到右横寫有"上"到"小"十四字，其後雖然殘缺，但可推知還有大量空白，而敦煌紙張金貴，不可能浪費，所以推知"小"字之後繼續寫"生，八九子，佳作仁，可知禮也"甚至是"牛羊千口"等是有可能的。論據二：伯三八〇六號背《上大夫》在"八九子"之後有"可知其禮也"一句，應該是"佳作仁，可知禮也"的不完全形態，所以不能説敦煌本中沒有"佳作仁，可知禮也"兩句。論據三：海野氏舉出了南宋守堅集《雲門匡真禪師廣録》中的三條資料：卷上《對機三百二十則》載："問乞師指示。師云：'上

〔一〕 周叔迦：《校經瑣記：上大人、武婆、南能北秀》，《國立北平圖書館館刊》第五卷第四期，一九三一年，第六頁。按："後世誤夫爲大"中的"大"字可能是"人"字之誤。

〔二〕 王利器：《"上大人"備考》，王利器：《曉傳書齋集》，第五〇〇頁。

〔三〕 〔日〕海野洋平：《童蒙教材〈上大人〉の順朱をめぐって—敦煌寫本 P.4900（2）·P.3369v に見る〈上大人〉黎明期の諸問題—》，《歷史》第一一七號，二〇一一年，第七～一〇頁。

〔四〕 〔日〕海野洋平：《敦煌童蒙教材〈牛羊千口〉再論—傳本〈上大人〉·敦煌本〈上大夫〉の逕庭をめぐる一考察—》，《集刊東洋學》第一二三號，二〇二〇年，第七五～七六頁。

〔五〕 任占鵬：《敦煌寫本〈上大人〉相關問題研究》，金瀅坤主編：《童蒙文化研究》第二卷，第二九二～三〇七頁。

大人丘乙己。'進云：'學人不會。'師云：'化三千七十士。'"〔一〕；卷中《室中語要》載："舉仰山云：'如來禪即許師兄會。'僧便問：'如何是如來禪？'師云：'上大人。'"〔二〕；卷下《游方遺録》載："師在嶺中順維那處起。彼時問：'古人豎起拂子放下拂子意旨如何？'維那云：'拂前見拂後見。'師云：'如是如是。'又云：'是諸伊是不諸伊？'又云：'可知禮也。'"〔三〕雲門匡真禪師是唐末五代名僧文偃（八六四～九四九），已經用《上大人》作禪機，《游方遺録》中記載的"可知禮也"一句應該是作爲《上大人》中的一句話而被引用的可能性很高。對此三條論據，筆者以爲都值得商榷。

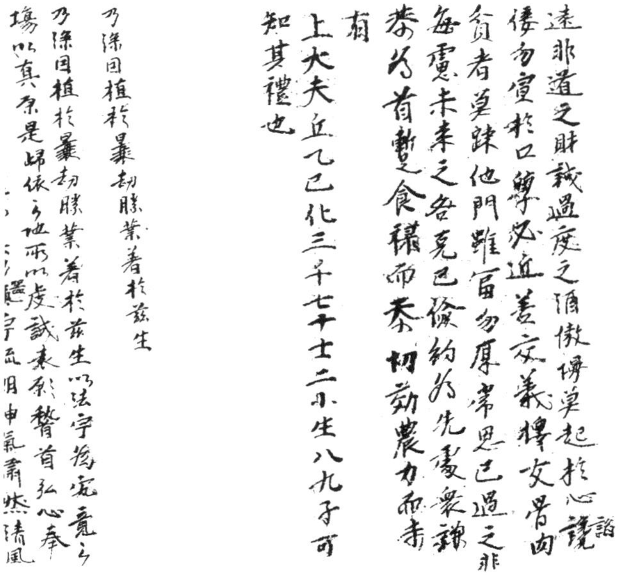

圖二　　伯三八〇六號背《上大夫》(局部)

〔一〕（宋）釋守堅集：《雲門匡真禪師廣録》卷上《對機三百二十則》，大正一切經刊行會編纂：《大正新修大藏經》第四十七册，大藏出版，一九二四～一九三四年，第五五二頁b。

〔二〕（宋）釋守堅集：《雲門匡真禪師廣録》卷中《室中語要》，《大正新修大藏經》第四十七册，第五五四頁c。

〔三〕（宋）釋守堅集：《雲門匡真禪師廣録》卷下《游方遺録》，《大正新修大藏經》第四十七册，第五七五頁a。

　　首先，伯四九〇〇號（二）《上大夫》中"尔小"之後的卷子已經殘缺，即使後面留有空白，怎麼能推測出繼續寫的是"佳作仁，可知禮也"呢。三十六件敦煌本《上大夫》中均未見這七字，十五件寫本中"八九子"之後接的是《牛羊千口》，因而推測伯四九〇〇號（二）殘掉部分有"佳作仁，可知禮也"七字，缺乏依據。

　　其次，伯三八〇六號背《上大夫》（圖二）的確在"八九子"之後寫有"可知其禮也"一句〔一〕，但認爲這句話就是"佳作仁，可知禮也"的不完全形態或者脫落了"佳作仁"三字的話，有些武斷。"可知其禮也"中的"其"字當指代孔子，整句話的意思是：可知孔子的禮；與"上大夫，丘乙己"呼應。而"佳作仁，可知禮也"還强調了"仁"的重要性，加上"知禮"，其實有雙重意義，與"可知其禮也"在意義上有差异。"知禮"是儒家教育的一個重要目標。《漢書・食貨志》云："八歲入小學，學六甲五方書計之事，始知室家長幼之節。十五入大學，學先聖禮樂，而知朝廷君臣之禮。"〔二〕小到"室家長幼之節"，大到"朝廷君臣之禮"，一直都是儒家的教育目標。唐代也强調學生要知禮，所以"可知其禮也"出現在《上大夫》之後，是以告訴學生學習《上大夫》可以知禮。

　　這種學習《上大夫》可以"知禮"的理念，一直到明清時期的文獻中還有體現。如《靈峰蕅益大師宗論・大方廣佛華嚴經頌一百首》載："憐兒嚼飯未爲醜，上大人書勸熟讀。一朝讀到可知禮，錦繡文章充滿腹。"〔三〕《知空蘊禪師語録・機緣》："問：'性理之譚，請爲指示。'師曰：'上大人丘乙己。'曰：

　　〔一〕　對於伯三八〇六號背《上大夫》的情况，高田時雄推測是在書寫過程中脫落了"佳作仁"三字（《〈西儒耳目資〉以前—中國のアルファベット—》，〔日〕高田時雄編：《明清時代の音韻學》，第一三一頁）。

　　〔二〕《漢書》卷二四上《食貨志上》，第一一二二頁。

　　〔三〕（明）釋智旭著：《靈峰蕅益大師宗論》卷九之一《大方廣佛華嚴經頌一百首》，新文豐出版公司編輯部編：《嘉興大藏經》第三六册，新文豐出版公司，一九八七年，第三九九頁a。

'畢竟如何？'師曰：'可知禮也。'"〔一〕《天岸昇禪師語録·再住青州法慶禪寺語録》載："熟讀上大人，方識可知禮。"〔二〕可見不論僧俗，都强調通過學習《上大人》能達到"知禮"，與伯三八〇六號背《上大夫》的書寫者所要表達的觀點是相同的。

因此，我們可以説伯三八〇六號背中"可知其禮也"的出現，相比於其他敦煌本，突出、深化了《上大夫》的意義，將學習的目的"知禮"直接明示了出來，較之其他敦煌本是一種創新，也影響到了以後的《上大人》。另外，該寫本中明確作"可知其禮也"，不僅"禮"字與適於初學者習字的"礼"有别，而且句式與宋代以後《上大人》末句"佳作仁，可知禮也"的句式也不同。所以如果認爲伯三八〇六號背是《上大夫》到《上大人》中間的一種過渡形式的話，更爲妥當。

最後，從《雲門匡真禪師廣録·游方遺録》中文偃與維那的對話可知，"可知禮也"應該是維那對文偃所問"是諾伊是不諾伊"的一句答語，而非文偃所説。而且這段對話與《雲門匡真禪師廣録》中出現的"上大人"的兩條對話是没有關係的，因此無法確認"可知禮也"一句出自《上大人》。而且，《雲門匡真禪師廣録》爲南宋守堅所集，不能排除宋人把唐人語録中的"上大夫"改爲"上大人"的可能。現在看來，不論是《雲門匡真禪師廣録》，還是《五燈會元·睦州陳尊宿》，都没有出現"佳作仁"或"佳作仁，可知禮也"，因而不能證明這兩句話在晚唐已經出現。

總之，海野洋平所舉三條證明《上大人》在唐代已經出現的證據都不確鑿，臆測成分頗高。敦煌本《上大夫》出現的最早年代是唐憲宗元和十一年到十二年（八一六到八一七）之間。《五燈會元·睦州陳尊宿》載："問：'如

〔一〕（清）釋學藴説，（清）釋通來等編：《知空藴禪師語録》卷下《機緣》，《嘉興大藏經》第三七册，第七六七頁 c。

〔二〕（清）釋昇説，（清）釋元玉等記録：《天岸昇禪師語録》卷一一《再住青州法慶禪寺語録》，《嘉興大藏經》第二六册，第七〇五頁 c。

何是一代時教？’師曰：‘上大人，丘乙己。’”〔一〕這裏所載“上大人”一句出現的時間大概是唐僖宗後期〔二〕。也就是說，文獻中“上大夫”的出現時間是明確早於“上大人”的，所以應該首先考慮《上大夫》在前，《上大人》在後的可能性。接下來筆者就這一問題進行論證。

《上大夫》與《上大人》的明顯區別之一在“夫”與“人”，一字之別造成了意義完全不同。“上大夫”是古代的一種官階。《禮記·王制第五》載：“王者之制禄爵，公、侯、伯、子、男，凡五等。諸侯之上大夫卿、下大夫、上士、中士、下士，凡五等。”〔三〕張涌泉在論及《上大人》的時候認爲：“如果‘丘’指孔丘，則疑當據敦煌本作‘上大夫’爲是；孔丘曾爲魯司寇，位在上大夫之列。”〔四〕筆者亦以爲孔子既曾爲上大夫，稱其“上大夫”是準確的。對於“上大人”，南宋陳郁《藏一話腴》解釋作：“大人者，聖人之通稱也。在上有大底人，孔子是也”〔五〕。考“大人”一詞意義衆多，其中確有聖人、君王之義。《新唐書·李絳傳》云：“陛下蕩積習之弊，四海延頸望德音，忽自立碑，示人以不廣。《易》稱：‘大人與天地合德。’謂非文字所能盡，若令可述，是陛下美有分限。”〔六〕此“大人”，蓋指聖人和君王。《宋史·太宗本紀》載：“帝幼不群，與他兒戲，皆畏服。及長，隆準龍顔，望之知爲大人，儼如也。”〔七〕此“大人”指君王。《宋史·張述傳》云：“臣聞‘明兩作離，大人以

〔一〕（宋）釋普濟著，蘇淵雷點校：《五燈會元》卷四《睦州陳尊宿》，中華書局，一九八四年，第二三三頁。

〔二〕《五燈會元》是南宋釋普濟所著，和南宋釋守堅集的《雲門匡真禪師廣録》一樣，也不能排除編撰者根據宋人的習慣把唐人語録“上大夫”被改作“上大人”的可能。

〔三〕（清）孫希旦撰，沈嘯寰、王星賢點校：《禮記集解》卷一二《王制第五之一》，中華書局，一九八九年，第三〇九頁。

〔四〕張涌泉主編：《敦煌經部文獻合集》第八册《小學類字書之屬·訓蒙書抄（一）》，第四一三〇頁。

〔五〕（宋）陳郁撰：《藏一話腴》，（明）陶宗儀等編：《説郛三種·説郛》卷六〇，第九一一頁。

〔六〕《新唐書》卷一五二《李絳傳》，第四八三七頁。

〔七〕（元）脱脱等撰：《宋史》卷四《太宗本紀一》，中華書局，一九七七年，第五三頁。

繼明照四方'。離爲日，君象也。二明相繼故能久照，東昇西没，晝夜迭運，數之常也。陛下御天下且三紀矣，是日之正中也，而未聞以繼照爲慮，臣竊疑之。"〔一〕此"大人"蓋指聖人。可見"大人"作聖人、君王的用法，在宋代比較常見。又清代俞樾《茶香室叢鈔·大人》載："國朝王應奎《柳南隨筆》云：'稱謂亦隨時爲重輕。如大人之稱，至尊也。'"〔二〕由此可知"大人"這一稱呼非常尊貴，"上大人"即大人之上，更是尊貴無比。唐代孔子的最高封號是"文宣王"〔三〕，雖稱"先聖"，但地位尚不及君王之尊，且"先聖"之號不爲稱孔子之獨用，周公也被稱此號〔四〕。所以如若在唐代稱孔子作"上大人"似乎有違禮制。

　　宋代爲何能稱呼孔子作"上大人"了呢？這種變化應該與宋初一系列的尊孔行爲有關。五代十國間戰亂頻發，儒學教育不復盛唐。宋高祖即位後，重修國子監，"塑先聖、亞聖、十哲像，畫七十二賢及先儒二十一人像于東西廡之木壁，太祖親撰《先聖》《亞聖贊》，十哲以下命文臣分贊之。建隆中，凡三幸國子監，謁文宣王廟"〔五〕。大力弘揚儒教。宋太宗"亦三謁廟"。宋真宗大中祥符元年（一〇〇八），"備禮謁文宣王廟……詔追諡曰玄聖文宣王"〔六〕。又"二年五月乙卯，詔追封十哲爲公，七十二弟子爲侯，先儒爲伯或贈官。親制《玄聖文宣王贊》，命宰相等撰顔子以下贊，留親奠祭器於廟中，從官立石刻名。既以國諱，改諡至聖文宣王"〔七〕。"玄聖""至聖"已是對聖人最高的稱呼。甚至宋仁宗熙寧七年（一〇七四）判國子監

　　〔一〕《宋史》卷三〇三《張述傳》，第一〇〇四四頁。

　　〔二〕（清）俞樾撰：《茶香室叢鈔》卷五《大人》，《筆記小説大觀》第三四册，第四〇頁。

　　〔三〕《舊唐書》卷九《玄宗本紀下》，第二一一頁。

　　〔四〕《舊唐書·禮儀志》載："依令，周公爲先聖，孔子爲先師。又《禮記》云：'始立學，釋奠於先聖。'鄭玄注：'若周公、孔子也。'且周公踐極，功比帝王，請配武王。以孔子爲先聖。"（第九一八頁）

　　〔五〕《宋史》卷一〇五《禮志八·吉禮八·文宣王廟》，第二五四七頁。

　　〔六〕《宋史》卷一〇五《禮志八·吉禮八·文宣王廟》，第二五四七~二五四八頁。

　　〔七〕《宋史》卷一〇五《禮志八·吉禮八·文宣王廟》，第二五四八頁。

常秩等 "請追尊孔子以帝號"，被禮官所止[一]。宋前期統治者爲了宣揚儒學，追諡孔子爲 "至聖文宣王"，甚至欲追封帝號，自古先聖未有此尊崇。此時，"上大夫" 的稱呼便不足以體現孔子身份，故用可以指代聖人和君王的 "大人" 一詞，取代 "大夫"，始爲 "上大人"。"上大人" 更可以理解爲大人之上[二]，是以表示對孔子的至高尊崇。"上大人" 取代 "上大夫" 的時間應該在宋真宗大中祥符元年追封孔子爲 "玄聖文宣王" 之後。既然稱號有變，宋人就會回避再用 "上大夫" 指代孔子，因此之後的文獻中再沒有出現《上大夫》。

　　《上大夫》與《上大人》的另一個明顯不同是後者有 "佳作仁，可知禮也" 七字。三十六件敦煌本都没有這七字，反而是其中十五件中 "八九子" 之後跟着 "牛羊千口" 等語。海野洋平推測是敦煌本《上大夫》略去了這七字，讓《上大人》原本具有的孔子教化故事與 "尔小生，八九子，佳作仁，可知禮也" 這樣的訓誡意味的雙層結構，變爲了僅有孔子教化的單層結構，從 "化" 字開始的 "三千，七十士，尔小生，八九子" 都屬於孔子教化的物件；而後與習字蒙書《牛羊千口》結合，上截《上大夫》讓學生了解儒家聖賢，下截《牛羊千口》讓學生了解釋尊故事[三]。筆者以爲海野氏所提出的《上大夫》是以孔子爲主語，其後內容都是孔子教化對象的解釋，是很有道理的。所以《上大夫》本身就具有完整的意義：上大夫孔子以一己之力教化三千弟子、七十二賢人，現在還有你們這些八九歲的小學生。然而筆者認爲 "佳作仁，可知禮也" 七字不是略去，而是在宋代添加的。如此推測主要理由有二。其一，"上大夫，丘乙己，化三千，七十二，尔小生，八九子" 都筆畫簡單，符合唐人所説的半字，適於初學者習字，而 "佳作仁，可知禮也"

〔一〕《宋史》卷一〇五《禮志八·吉禮八·文宣王廟》，第二五四八頁。

　　〔二〕 胡念耕把 "上大人" 中的 "上" 字解讀爲 "上古" 或 "崇高的"（《"上大人孔乙己" 釋義辨正》，《語文學習》二〇〇九年第一二期，第三七頁）。可備一説。

　　〔三〕 ［日］海野洋平：《敦煌童蒙教材〈牛羊千口〉再論—傳本〈上大人〉·敦煌本〈上大夫〉の逕庭をめぐる一考察—》，《集刊東洋學》第一二三號，二〇二〇年，第六三~八三頁。

七字筆畫較多，除了“可”“也”二字外，皆非半字，與前面文字相違和。元代謝應芳《龜巢稿·學書》中有這樣一段話：“字書之學，訓蒙者率以《上大人》二十五字先之……其末兩句之乖剌尤甚，故某不揣狂瞀，嘗易之數與方名，曰一二三四五六七八九十百千萬兆，曰東西南北上下左右前後，以字畫較之亦簡易也。待其手熟，即兼以壹貳叁肆伍陸柒捌玖拾伯阡萬字教之，以備公私計算之用。”〔一〕謝應芳認爲“佳作仁，可知禮也”兩句“乖剌尤甚”，與半字性質的《上大夫》有很大不同，也與傳統習字教育多用一二三四等簡單數字和東西南北等簡易方位名的情形不同。這種差異説明“佳作仁，可知禮也”，應非《上大夫》原文。

其二，這七字的核心是仁和禮，屬於儒家五常説，是儒家提倡的基本品格和德行。五代“干戈賊亂之世也，禮樂崩壞，三綱五常之道絶，而先王之制度文章掃地而盡於是矣”〔二〕。樓勁認爲：“有鑒於五代時期禮制的失位和不倫，宋初重申或歸復唐代禮制的現象，確是大量地存在着的。”〔三〕而且趙宋建國相對容易，統治者擔心他人效尤，特別重視禮制〔四〕。宋初編纂的禮制方面的典籍就有《重集三禮圖》《開寶通禮》《通禮義纂》《禮閣新編》《太常新禮》《祀儀》《大享明堂記》《太常因革禮》等。禮制的提倡又與儒學的復興密不可分，所以統治者大力推崇孔子及其門人，士大夫們也崇禮，踐行禮制。這樣的時代背景必然影響到童蒙教育及蒙書的編撰，“上大夫”因此變成了“上大人”，在敦煌本伯三八〇六號背“可知其禮也”説法的基礎上，進一步强調仁與禮的“佳作仁，可知禮也”兩句也隨之出現。《上大人》與禮的關係，陳郁《藏一話腴》中有一段話是最好的詮釋，他説：“佳者，好也。作者，爲也。當好爲仁者之人。可者，肯也。又當肯如此知禮節，不知禮，無以立也。若能爲人知禮，便

〔一〕　（元）謝應芳撰：《龜巢稿》卷一四《學書》，《景印文淵閣四庫全書》第一二一八册，第三二九頁。

〔二〕　《新五代史》卷一七《晋家人傳·延煦傳·延寶傳》，第一八八頁。

〔三〕　樓勁：《宋初禮制沿革及其與唐制的關係——兼論“宋承唐制”説之興》，《中國史研究》二〇〇八年第二期，第七〇～七一頁。

〔四〕　陳戍國：《中國禮制史：宋遼金夏卷》，湖南教育出版社，二〇〇〇年，第二頁。

做孔子也做得。凡此一段也,二十五字,而爾字居其中,上截是孔子之聖也,下截是教小兒學做孔子。其字畫從省者,欲易于書寫,其語言叶韻者,欲順口好讀"〔一〕。可見,"佳作仁,可知禮也"的出現賦予了《上大人》新的意義,不僅強調了儒家學説的核心仁和禮,而且使語言更加音韻相協,甚至《上大人》以"爾"字爲界,形成了前半部分是孔子教化故事,後半部分是對學生勸學的雙重意義。這樣的新變化雖然存在着一點筆畫複雜化的瑕疵,但是整體更適合於童蒙教育,是這一蒙書的一大進步。

"佳作仁,可知禮也"七字的出現應該與"上大人"同時或者相差不遠。這七字首見於南宋處凝編《白雲端和尚語録・舒州白雲山海會禪院語録》,該語録載:

> 郭長官入山。師上堂云:"夜來枕上作得個山頌,謝功父大儒,廬山二十年之舊,今日遠訪白云之懃,當須舉與大衆,請已後分明舉似諸方。此頌豈唯謝功甫大儒,直要與天下有鼻孔衲僧,脱却著肉汗衫,莫言不道!"乃云:"上大人丘乙己,化三千七十士,爾小生八九子,佳作仁可知禮也。"〔二〕

照此説,郭功甫造訪白雲守端,白雲守端用《上大人》作偈,贈予了他。上文已經説明《上大人》并非白雲守端所作,但是據此説可以推定在白雲守端卒年(一○七二)之前《上大人》已經成形并流傳。考慮到"上大人"出現的時間可能在宋真宗大中祥符元年(一○○八)追封孔子爲"玄聖文宣王"之後,則《上大人》的形成時間大約在宋真宗大中祥符元年到宋神宗熙寧五年(一○七二)之間。

〔一〕(宋)陳郁撰:《藏一話腴》,(明)陶宗儀等編:《説郛三種・説郛》卷六○,第九一一頁。

〔二〕(宋)釋處凝、釋智本等編:《白雲端和尚語録》卷二《舒州白雲山海會禪院語録》,《卍續藏經》第一二○册,第四二○頁。

四　明清時期 "孔乙己" 的出現

　　《上大人》出現以後，幾百年没有什麽變化，但是在明代以後出現了"孔乙己"的説法。明代《憨山老人夢游集·答談復之》云："若有志參究，祇須將從前知見，盡情吐却，即上大人孔乙己字脚，亦不許存在胸中，吐到乾乾净净，一物不留處。"〔一〕憨山老人（一五四六～一六二三），法號德清，其生活年代約在明中晚期。同時明代姚旅《露書·迹篇》載："莆陳山頭一神宫，因就頹更作，於梁上得宋時曆日及童子仿紙一本，仿書即'上大人孔乙己'詩。"〔二〕《露書》成書於十七世紀早期，其言宋代的仿紙上有"上大人孔乙己"，然而在宋代文獻中尚未發現"孔乙己"的記載，因此《露書》所載存疑。不過從這兩條文獻記載來看，似乎明中晚期就出現了"孔乙己"的用法。

　　學界普遍認爲這種變化的出現，是爲了避孔子諱的緣故〔三〕。筆者亦以爲是。元代謝應芳《龜巢稿·學書》中已經提出："是則第四字乃聖人名諱，理合迴避，豈宜呼之以口，以瀆萬世帝王之師乎？"〔四〕而真正讓避孔子諱成爲法令的，是在清雍正年間。雍正二年（一七二四）令："尋命避先師諱，加'邑'爲'邱'，地名讀如期音，惟'圜丘'字不改。"〔五〕自此以後文獻中爲了

　　〔一〕（明）釋福善日録，（明）釋通炯編輯：《憨山老人夢游集》卷一七《答談復之》，《卍續藏經》第一二七册，第四五四頁。

　　〔二〕（明）姚旅著，劉彦捷點校：《露書》卷七《迹篇》，福建人民出版社，二〇〇八年，第一七六頁。

　　〔三〕江萍：《關於"上大人"》，《國聞週報》第一一卷第三期，一九三四年，第六頁；鄧凱：《"上大人"文本傳播中功能與涵義的變遷》，《中南大學學報（社會科學版）》二〇一五年第五期，第二〇〇頁；陸春祥：《而已》，第三四頁；〔日〕海野洋平：《敦煌童蒙教材〈牛羊千口〉再論—傳本〈上大人〉·敦煌本〈上大夫〉の逕庭をめぐる一考察—》，《集刊東洋學》第一二三號，二〇二〇年，第七八頁。

　　〔四〕（元）謝應芳撰：《龜巢稿》卷一四《學書》，《景印文淵閣四庫全書》第一二一八册，第三二九頁。

　　〔五〕趙爾巽等撰：《清史稿》卷八四《禮志三·吉禮三·至聖先師孔子》，中華書局，一九七六年，第二五三五頁。

避諱，"丘乙己"幾乎都變成了"邱乙己""孔乙己"或"某乙己"。比如清達珍編《正源略集·蘄州訥菴辯禪師》載："要識上大人，便是邱乙己。不用化三千，直下可知禮。"〔一〕同書《金陵西天妙德起禪師》載："小參，山僧自小記得四句伽陀，不免當陽拈出，揮拂子云：'上大人孔乙己，化三千可知禮也。'且問諸仁者，是甚麼義？"〔二〕此外，清代行敏述《金剛經如是經義》卷下《究竟無我分第十七》，心圓居士拈別、火蓮居士集梓《揞黑豆集·蘇州府鄧尉萬峰時蔚禪師》和同書《杭州仁和圓照苕溪行森禪師》，彭際清述《居士傳·郭功父》，等等，這些典籍中凡涉及到"丘乙己"者都作"邱乙己"。

不僅如此，學生習字也改作了"孔乙己"。比如清錢大昭《邇言·上大人》載："今童子初就傅，往往寫上大人孔乙己化三千七十二云云，不過取其筆畫少而便習耳。"〔三〕"孔"字筆畫簡單，對《上大人》的習字體系幾乎沒有影響，又可明確指代孔子。因此"孔乙己"的用法流傳最爲廣泛，在民國依舊多見，比如魯迅筆下知名的讀書人孔乙己。

第三節 《上大夫》對後世的影響

《上大夫》代代相傳，不僅對後世的習字教育影響深遠，還滲透到了宗教、文學作品、日常話語中，衍生出很多新功能。王利器較早地論述了《上大人》對習字教育的影響，還說明後世宗教利用《上大人》爲其宗教信仰服務〔四〕。朱

〔一〕（清）釋達珍編：《正源略集》卷九《蘄州訥菴辯禪師》，《卍續藏經》第一四五冊，第三九六頁。

〔二〕（清）釋達珍編：《正源略集》卷一六《陵西天妙德起禪師》，《卍續藏經》第一四五冊，第四八八頁。

〔三〕（清）錢大昭著：《邇言》卷五《上大人》，商務印書館編輯部編：《邇言等五種》，商務印書館，一九五九年，第六三頁。

〔四〕 王利器：《"上大人"備考》，王利器：《曉傳書齋集》，第四九九～五○六頁。

鳳玉論述了《上大夫》對後世文學尤其是俗文學的影響〔一〕。鄧凱深入探究了《上大人》對宗教、民俗、民間文學的滲透，嘗試總結其文本一千多年來功能與涵義變遷的意義〔二〕。張新朋則探討了該書在民間戲曲和歌謠中的運用〔三〕。特別是高田時雄撰文說明了《上大人》在十六世紀作爲漢字入門知識由傳教士傳入了歐洲〔四〕。以下結合文獻資料和前人論說，主要闡述《上大夫》對習字教育、禪師語録以及詩詞、戲曲、小説的影響。

一　《上大夫》對習字教育的影響

唐人視《上大夫》爲半字，專門用之教以初學者習字，這一教育方法經歷宋元明清乃至民國一直沿用。關於學生首用《上大人》學習的情形，在傳世文獻中記載頗多，除了上文所引陳郁《藏一話腴》、謝應芳《龜巢稿》、祝允明《猥談》，下面再略舉數條，以供大家了解。宋代蘊文編《大慧普覺禪師語録·答呂郎中》載：“平生所讀底書一字也使不着，蓋從上大人丘乙己時，便錯了也。”〔五〕元代昭如、希陵等編《雪巖祖欽禪師語録·普說》載：“又那裏似世間村秀才教小學，自《上大人》，讀到《論語》《孟子》《毛詩》《周易》一般。”〔六〕明代《千山剩人禪師語録·普說》載：“大都士人從小入書堂，父

〔一〕　朱鳳玉：《敦煌寫本蒙書〈上大夫〉研究》，《第五屆唐代文化學術研討會論文集》，第八七～一〇三頁。

〔二〕　鄧凱：《“上大人”文本傳播中功能與涵義的變遷》，《中南大學學報（社會科學版）》二〇一五年第五期，第一九八～二〇三頁。

〔三〕　張新朋：《〈上大人〉與民間戲曲》，《尋根》二〇一九年第四期，第三一～三七頁；張新朋：《〈上大人〉與民間歌謠》，項楚主編：《中國俗文化研究》第二〇輯，第一四～二三頁。

〔四〕　[日]高田時雄：《〈西儒耳目資〉以前—中國のアルファベット—》，[日]高田時雄編：《明清時代の音韻學》，第一二三～一三六頁。

〔五〕　（宋）釋蘊文編：《大慧普覺禪師語録》卷二八《答呂郎中》，《大正新修大藏經》第四七册，第九三〇頁b。

〔六〕　（元）釋昭如、釋希陵等編：《雪巖祖欽禪師語録》卷二《普說》，《卍續藏經》第一二二册，第五一九頁。

母所囑，師長所訓，莫不以位高金多爲第一義，所謂上大人時錯了也。"〔一〕明人劉元卿《書復初扇》云："童子習仿作'上大人'三字，其橫直點畫，無异於二王也，二王特手勢熟妙耳。"〔二〕清梁章鉅《歸田瑣記》云："有初學執筆者，每寫上大人等字。"〔三〕清代《蔗菴范禪師語録·住會稽曹山護生禪院語録》載："看來像三家村裏，老學究教稚小頑童讀《上大人》相似。"〔四〕又清人黄鉞《壹齋集·糊窗》曰："初冬糊窗紙易頗，小兒弄筆墨重浣……模糊顛倒若有字，村學生摹上大人。"〔五〕還有民國時期湘如《上大人孔乙己新解》一文中載："塾師授徒課字，開始均用'上大人，孔乙己，化三千，七十士，爾小生，八九子，佳作仁，可知禮'十二字，蓋以筆畫簡少，易於塗鴉。"〔六〕可見隨着時代的變遷，《上大夫》雖變爲《上大人》，但它作爲初學者普遍首用的習字教材的性質却一直保持，不論是士大夫教授子弟，還是鄉村先生教授幼童，都離不開它，歷經千年而不衰。

從敦煌伯四九○○號（二）《上大夫》寫本來看，當時敦煌地區使用的是順朱，即教授者在寫本上方寫範字（朱筆或墨筆），學習者順着範字反復臨習的習字方法。宋代明確出現了在朱筆範字上用墨筆摹寫的習字方法——描朱，也叫"摹朱""描紅"。明代畫家仇英《臨宋人畫册》之《村童鬧學圖》這一

〔一〕（明）釋函可説，（明）釋元斌等編，（明）釋今羞等録，（明）釋今廬、釋今又重梓：《千山剩人禪師語録》卷五《普説》，《嘉興大藏經》第三八册，第二四一頁a。

〔二〕（明）劉元卿撰，彭樹欣編校：《劉元卿集》卷一二《書復初扇》，上海古籍出版社，二○一四年，第四八六頁。

〔三〕（清）梁章鉅撰，于亦時點校：《歸田瑣記》卷六《上大人》，中華書局，一九八一年，第一一五頁。

〔四〕（清）釋净範説，（清）釋智璋等録：《蔗菴範禪師語録》卷七《住會稽曹山護生禪院語録》，《嘉興大藏經》第三六册，第九二七頁c。

〔五〕（清）黄鉞撰，陳育德、鳳文學校點：《壹齋集》卷一三《糊窗》，黄山書社，二○一四年，第二三三頁。

〔六〕湘如：《上大人孔乙己新解》，《北洋畫報》第一一九四期，一九三五年。按：《上大人孔乙己新解》文中"十二字"應爲"二十四字"之誤。

畫作中便保存了宋代學生用《上大人》進行描朱的情形（圖三）〔一〕，成爲宋代已用《上大人》描朱的珍貴例證。

該《村童鬧學圖》描繪的是宋代一個學堂裏村童鬧學的場景。畫中老師書桌右側坐着一位紅衣學童，面前書桌上依次擺放書、白紙和硯臺，該學童右手握筆，左手壓白紙，似乎在寫着什麼。如果仔細觀察的話，就會發現這其實是一張描朱紙，共五行，每行三字。第一行寫的是墨筆"上大人"三字，第二行寫的是墨筆"丘乙"二字，"乙"字下隱約可見朱筆"己"字，第三行隱約可見朱筆"化"字，第四行隱約可見朱筆"十士"二字，第五行較爲清晰，是朱筆"尔小生"三字。由此可見，這個學童正在用《上大人》進行描朱，已經摹寫了"上大人，丘乙"五字。這張描朱紙上的朱字，究竟是印刷字還是教授者所寫，難以判定。這幅畫展示了宋代學童用《上大人》進行描朱的具體形態：一張描朱紙上字不宜多，三字一行，與《上大人》三字句的形式契合，學童可在寫完一行後讓手腕得以休息；範字較大，正合宋人王虛中《速成門·小兒寫字法》中所云："寫字不得惜紙，須令大寫，長後寫得大字"〔二〕。另外，從畫中可知，老師就在旁邊，案頭右上角的硯臺中有朱色和黑色墨水，可以隨時對學童習字進行矯正和批閱。

宋以後的文獻中出現了很多"摹朱""描朱"的説法，表明描朱成爲了主流的習字方法。如南宋晁補之《胡戢秀才效歐陽公集古作琬琰堂》："長年囊楮況易擲，兒作摹朱婦遮壁。"〔三〕元代蒲道源《閑居叢稿·贈寫字張童子序并詩》："夫兒童七八歲入小學，執筆摹朱始能成字，唇吻襟袖皆黑，古今天

〔一〕　黃小峰《孔夫子的鄉下門生：解讀〈村童鬧學圖〉》一文指出："在仇英的畫中，這位模範生身穿紅衫，手拿毛筆，不以爲然地扭頭看着鬧學的同學，桌上的描紅本上端端正正寫着一行字'上大人孔乙己'，這是唐代以來開始盛行的童蒙讀物的起始句。"（《中華遺産》二〇一〇年第九期，第一五〇～一五五頁）

〔二〕　（宋）陳元靚編：《事林廣記》丁集卷三，〔日〕長澤規矩也編：《和刻本類書集成》第一輯，第二五三頁。

〔三〕　（清）陳焯編：《宋元詩會》卷二七，《景印文淵閣四庫全書》第一四六三册，第四〇八頁。

圖三　明代仇英《臨宋人畫册》之《村童鬧學圖》及其局部

圖片來源：上海博物館

下皆然也。"〔一〕這兩條資料中的"摹朱"，即同"描朱"，强調了摹寫。元代馬致遠《薦福碑》第一折："麽篇：則這寒儒，則索村居，教伴哥讀書，牛表描硃，爲什麼怕去長安應舉。"〔二〕元代王伯成《貶夜郎》第二折："怕我連真帶草，一畫數黑論黃，寫仿描朱。從頭至尾，依本畫葫蘆。"〔一〕清人張照、梁詩正等《石渠寶笈》載："否則用墨不精，如小兒學描朱耳。"〔二〕等等。這些資料説明了描朱已經成爲宋以後學生習字的重要方法。而《上大人》更是成爲了通行全國的描朱教材。明人葉盛《水東日記·描朱》載：

> "上大人丘乙己化三千七十士尔小生八九子佳作仁可知禮也。尚仕由山水，中人坐竹林。王生自有性，平子本留心。王子去求仙，丹成入九天。山中方七日，世上已千年。"已上數語，凡鄉學小童，臨仿字書，皆仿於此，謂之描朱。尔傳我習，幾徧海内，然皆莫知所謂。〔三〕

據此可知，明代《上大人》和《尚仕由山水》《王子去求仙》組成了當時學生描朱的主要教材，"尔傳我習，幾徧海内"，即便是鄉學村童，亦常用之。

　　描朱在宋以後開始普及的原因，當與印刷術和造紙術的進步有關。宋代雕版印刷術開始普及，不斷發展的印刷業不僅需要大量紙張，而且對紙張的品質提出了新的要求，進一步刺激了造紙業的發展，"這一時期所造的紙品質優秀，潔白光滑，吸墨良好，最適合書法繪畫"〔四〕。如此以來，習字教育也開始利用印刷術，把範字刻在印版上，隨用隨印，或者直接印刷成册，既可直接摹寫，即描朱，也可用白紙覆在上面摹寫，即仿影〔五〕，使用起來非常便利。明代姚旅《露書·迹篇》載："莆陳山頭一神宮，因就頽更作，於梁上得宋時

　　〔一〕（元）王伯成撰：《貶夜郎》，徐沁君校點：《新校元刊雜劇三十種》，中華書局，一九八〇年，第四四八頁。

　　〔二〕（清）張照、梁詩正等奉敕撰：《石渠寶笈》卷十，《景印文淵閣四庫全書》第八二四册，第二八六頁。

　　〔三〕（明）葉盛撰，魏中平點校：《水東日記》卷十《描朱》，第一〇五～一〇六頁。

　　〔四〕　錢存訓：《紙和印刷》，〔英〕李約瑟主編：《中國科學技術史》第五卷 "化學及相關技術"第一分册，科學出版社、上海古籍出版社，二〇一八年，第四三頁。

　　〔五〕　張清榮編著：《初學書法百例疑難問答》，第一六頁。

曆日及童子仿紙一本，仿書即'上大人孔乙己'詩。"〔一〕此中的"仿紙"應該就是印好的描朱紙，證明宋代習字教育中已經使用印刷好的《上大人》作描朱之用。清代黃宗羲《明儒學案·東廓論學書》云："有疑聖人之功异於始學者，曰：'王逸少所寫《上大人》，與初填朱模者，一點一直，不能一毫加損。'"〔二〕王逸少即王羲之，但他是不可能寫《上大人》的，這條資料中所載顯然是傳言，但反映出時人對於《上大人》習字的重視。這裏的"朱模"就是印好的描朱紙，"填朱模"即描朱。清顧張思《土風録·上大人丘乙己》云："鄉學書兒描寫紅字小本，有'上大人丘乙己'之文。"〔三〕這裏的"紅字小本"應該是一種裝訂好的描朱本。

印刷本之外，教授者手寫朱字《上大人》的情况亦較爲常見。清張爾岐《蒿菴閑話》載："近日吾鄉蒙師，爲童子描《上大人》，常倒書'爾小生，八九子'二句，不知其爲韻語也。"〔四〕這裏的蒙師便是手寫朱字，讓學生摹寫。"倒書'爾小生，八九子'"是說先寫"八九子"，再寫"爾小生"，這可能是因爲鄉間蒙師不解《上大人》文義，以致書寫顛倒。清范寅《越諺》載："'上大人，化三千'，童子初就傅，師寫朱書，抱童加膝，把述以墨，此最古。"〔五〕"朱書"即朱筆範字。這裏教授者是寫好朱字《上大人》後，由於學生年齡小，要把他抱在膝上，手把手教他摹寫。又俞樾《補自述詩》云："嬌小曾孫愛似珍，憐他塗抹未停勻。晨窗日日磨丹矸，描紙親書《上大人》。"俞樾自注曰："小兒初學字，以朱字令其以墨筆描寫，謂之描紙。上大人孔一己等二十五字，宋時已有此語，不知所自。僧寶雖未能書，性喜塗抹，每

〔一〕（明）姚旅著，劉彥捷點校：《露書》卷七《迹篇》，第一七六頁。

〔二〕（清）黃宗羲著，沈芝盈點校：《明儒學案》卷一六《江右王門學案一·東廓論學書》，中華書局，一九八六年，第三三八頁。

〔三〕（清）顧張思撰，曾昭聰、劉玉紅校點：《土風録》卷十《上大人丘乙己》，上海古籍出版社，二〇一六年，第一四八頁。

〔四〕（清）張爾岐著：《蒿菴閑話》卷二，《筆記小説大觀》第一六册，江蘇廣陵古籍刻印社，一九八三年影印本，第二八六頁。

〔五〕（清）范寅撰：《越諺》卷中，婁子匡主編：《國立北京大學中國民俗學會民俗叢書》第四輯第七三册，東方文化供應社，一九七〇年影印本。

日爲書一紙，令其描寫。"〔一〕俞樾是晚清著名學者，他的曾孫僧寶就是紅學家、詩人俞平伯。俞樾也是書法家，因疼愛曾孫，竟親自磨墨，每天寫《上大人》描紙一張，令幼時俞平伯描寫。

民國時期《上大人》描朱依舊流行，不過多稱爲"描紅"。魯迅《孔乙己》一文中的主人公，就出自《上大人》描紅紙。其文曰："因爲他姓孔，別人便從描紅紙上的'上大人孔乙己'這半懂不懂的話裏，替他取下一個綽號，叫做孔乙己。"〔二〕這當中的描紅紙應該是印好的習字紙，而鼎鼎有名的孔乙己，正是從描紅紙上誕生的。印刷好的描紅紙也有叫"紅模子"的。如《玄妙觀》中揭載的一篇短文《茅盾的幼年生活》中寫到："茅盾在私書塾内讀書，只有罰跪過一次，爲的是把描寫《上大人》的紅模子，寫成了《上犬人》。"〔三〕梁實秋《落花入夢甜》中也提到："光是認字還不夠，需要練習寫字，於是以描紅模子開始，'上大人，孔乙己，化三千……'"〔四〕民國時期常見的紅模子除了《上大人》，還有《王子去求仙》和《一去二三里》〔五〕。

民國時期《上大人》的描紅紙和習字簿現在還有不少留存，内容和形制各有千秋，足見這類描紅紙在當時非常普遍。描紅紙中有傳統二十五字的《上大人》（圖四），也有一些改編版，如圖五描紅紙的内容是"上大人，孔夫子，三千徒，七十士，百世師，二丁祀，太古來，文在兹。後學生□□□初習字拜上呈"。朱其華《是"孔乙己"，還是"孔乙巳"》一文中提到一種描紅紙内容是"上古大人，孔氏一巳，化及三千，七十二氏"〔六〕。這兩種内容都是基於傳統《上大人》文本的改編。還有在《上大人》之後接《王子去求仙》的描紅紙（圖六），説明明代已有的習字教育傳統一直影響到了民國（以下四張

〔一〕（清）俞樾撰：《補自述詩》，《清代詩文集彙編》第六八五册，第一四九頁。

〔二〕魯迅：《魯迅全集》第一卷《呐喊》，人民文學出版社，二〇〇五年，第四五八頁。

〔三〕佚名：《茅盾的幼年生活：上大人寫成了上犬人，打輸了流淚不是好漢》，《玄妙觀》一九三九年第五期，第四八頁。

〔四〕梁實秋：《落花入夢甜》，中國致公出版社，二〇一九年，第一九六頁。

〔五〕江萍：《關於"上大人"》，《國聞週報》第一一卷第三期，一九三四年，第六頁。

〔六〕朱其華：《是"孔乙己"，還是"孔乙巳"》，《語文教學通訊》一九九三年第一一期，第五二頁。

圖片源自孔夫子舊書網）。

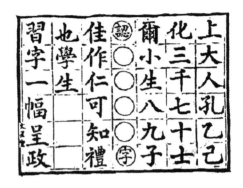

圖四 《上大人》描紅紙　　　　圖五《上大人》描紅紙

　　這類描紅紙的印版現在還有留存，成爲民國時期《上大人》描紅的真實存證。朱鳳玉《敦煌寫本蒙書〈上大夫〉研究》一文中介紹了作者在黄山屯溪老街所購得的一塊《上大人》印版和彰化鹿港民俗博物館收藏的印版[一]。張新朋《〈上大人〉與民間戲曲》一文中亦介紹了作者收藏的兩塊《上大人》印版[二]。兩文中皆提供了印版的圖片，可供參考。

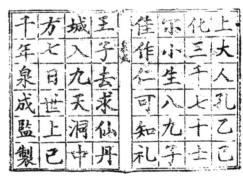
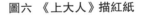

圖六 《上大人》描紅紙　　　　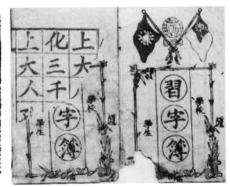

圖七《上大人》描紅習字簿

　　〔一〕 朱鳳玉：《敦煌寫本蒙書〈上大夫〉研究》，《第五屆唐代文化學術研討會論文集》，第九五頁。

　　〔二〕 張新朋：《〈上大人〉與民間戲曲》，《尋根》二〇一九年第四期，第三一～三七頁。

　　民國時期還流行一種發蒙儀式，其主要内容就是用《上大人》進行"開筆"，也叫"開筆禮"。當代作家郁達夫在《書塾與學堂》一文中記録道："我的初上書塾去念書的年齡，却説不清楚了，大約總在七八歲的樣子；衹記得有一年冬天的深夜，在燒年紙的時候，我已經有點朦朧想睡了，盡在擦眼睛，打呵欠，忽而門外來了一位提着燈籠的老先生，説是來替我開筆的。我跟着他上了香，對孔子的神位行了三跪九叩之禮；立起來就在香案前面的一張桌上寫了一張上大人的紅字，念了四句'人之初，性本善'的《三字經》。第二年的春天，我就夾着緑布書包，拖着紅絲小辮，摇擺着身體，成了那册英文讀本里的小學生的樣子了。"〔一〕作家饒平如在《平如美棠——我倆的故事》一書中記録了自己幼時的"開筆"經歷："我的完整記憶起始於八歲那年，家裏爲我舉行發蒙的儀式。既然是儀式，首先要揀一個好日子。發蒙那天，凌晨三點左右，傭人就來喊我起床。梳洗好到了廳堂，見那裏早已經佈置好，正面供奉着孔子牌位，父親和發蒙先生端立在前……書桌上的文房四寶，全都换成簇簇新的。發蒙先生……捉着我的手在書桌前描紅，寫的是'上大人孔夫子化三千七十士……'我的手被先生攥得很痛，却在這場面下不敢出聲。按照規矩，發蒙時用的筆和剛剛寫下的字立刻被母親小心地收藏起來。禮畢，客廳的一旁早已備下酒水肴饌……大約過了個把月，大哥便帶着我到離家很近的珠市街小學去報名上課了。"〔二〕可見當時富人之家，要在學童正式入學前鄭重舉行發蒙儀式，在孔子牌位前，由發蒙先生領着進行一次《上大人》的描紅，代表正式拜入孔子門下，然後便可入學。也有在家中長輩帶領下進行"開筆"的。如黄天驥《嶺南新語》云："老一輩的廣州人，多會在家裏虔誠地安排'開筆'的儀式。記得有一天，大人在廳裏放了筆墨，攤開了'描紅簿'。簿上每頁印有'上大人，孔乙己'等十二個紅色的字，讓我端端正正坐在桌前，爺爺則坐在我的身後，把着我的手，蘸了墨，

　　〔一〕　郁達夫：《書塾與學堂》，郁達夫：《郁達夫作品精選》，雲南人民出版社，二〇一九年，第二一四頁。
　　〔二〕　饒平如：《平如美棠——我倆的故事》，廣西師範大學出版社，二〇一四年，第二～四頁。

然後把本子上的紅字，跟着筆勢，一筆一筆地描寫，這叫作'描紅'。奶奶還在祖先神位點了一炷香，香煙裊裊，廳裏便瀰漫着蕭穆神秘的氣氛。"[一]這樣的"開筆禮"在舊時比較常見，李惠軍、陳德雄編著《海南火山石傳統村落》[二]、孫榮艾《閩北民俗體育文化研究》[三]、周良順《菇溪風情》[四]，等等，這些書中皆有相關記載，足見《上大人》開筆儀式在各地的廣爲流行。

《上大人》描朱在建國後依然存在。雷實《"上大人"描紅本的歷史探尋》一文中載："1949年前後，一些學校仍然用這樣的描紅本，筆者1950年開始描紅，寫的就是這'上大人孔乙己'。後來這種描紅本就很快地從現代學校中消失了。但是，我國的澳門，直至上世紀70年代有的學校仍然使用'上大人'，到了2015年澳門的商店裏還有'上大人'描紅本出售，一般是家長買來讓孩子在家裏習字。"[五]可見現在基本不再用這樣的描紅紙，《上大人》也隨之淡出了人們的視野。但是，《上大人》作爲我國優秀傳統文化的一部分，歷史悠久，在今天看來依舊擁有不錯的習字和文化價值，不應該就此埋没。二〇一五年，雷實編著《新撰上大人描紅本》[六]，將《上大人》重新拉回了習字教育的舞臺。筆者以爲《上大人》的價值還有待於進一步挖掘。

二 《上大夫》對禪師語録的影響

《上大夫》從唐代開始就與佛門結下了深厚的緣分，除了被稱爲半字，在晚唐時還出現了禪機的用法。關於《上大夫》被用於禪機的原因與意義，朱

〔一〕 黄天驥：《黄天驥文集》第一五册《嶺南新語》，廣東人民出版社，二〇一八年，第一五四頁。

〔二〕 李惠軍、陳德雄編著：《海南火山石傳統村落》，上海交通大學出版社，二〇一六年，第二一九頁。

〔三〕 孫榮艾：《閩北民俗體育文化研究》，人民體育出版社，二〇一九年，第一九八頁。

〔四〕 周良順：《菇溪風情》，寧波出版社，二〇一九年，第一〇三頁。

〔五〕 雷實：《"上大人"描紅本的歷史探尋》，《基礎教育課程》二〇一五年第一一期，第六五頁。

〔六〕 雷實編著：《新撰上大人描紅本》，河北美術出版社，二〇一五年。

鳳玉和曾良推測蓋與它的初學、入門蒙書的性質有關〔一〕，然而沒有展開論述；鄧凱認爲與它的文本字義具有開放性有關〔二〕。本小節將在前學的基礎上，從《上大夫》的性質和内容意義的角度，進一步分析該書用作禪機的原因及禪師們的用意。

有關《上大夫》用作禪機的史料記載可以追溯到晚唐。宋代普濟《五燈會元·睦州陳尊宿》載："問：'如何是一代時教？'師曰：'上大人，丘乙己。'"〔三〕《雲門匡真禪師廣録·室中語要》載："僧便問：'如何是如來禪？'師云：'上大人。'"〔四〕"睦州陳尊宿"是晚唐高僧道明（七八〇～八七七），又稱"道蹤""陳蒲鞋"〔五〕。"雲門匡真禪師"是唐末五代名僧文偃（八六四～九四九），爲雲門宗之祖〔六〕。由這兩則材料可知，晚唐時高僧已經用《上大夫》作禪機來解讀"一代時教"和"如來禪"，點化弟子。

宋代以後《上大人》的禪機用例更爲多見。如《五燈會元·明州香山蕴良禪師》載："僧問：'如何是透法身句？'師曰：'刹竿頭上舞三臺。'曰：'如何是接初機句？'師曰：'上大人。'曰：'如何是末後句？'師曰：'雙林樹下。'"〔七〕同書的《襄州含珠山彬禪師》載："問：'如何是三乘教？'師曰：'上大人。'曰：

〔一〕　朱鳳玉：《敦煌寫本蒙書〈上大夫〉研究》，《第五屆唐代文化學術研討會論文集》，第九三頁；曾良：《"丘乙己"解讀與古籍整理》，《中國典籍與文化》二〇〇八年第二期，第九〇頁。

〔二〕　鄧凱：《"上大人"文本傳播中功能與涵義的變遷》，《中南大學學報（社會科學版）》二〇一五年第五期，第二〇〇頁。

〔三〕　（宋）釋普濟著，蘇淵雷點校：《五燈會元》卷四《睦州陳尊宿》，第二三三頁。

〔四〕　（宋）釋守堅集：《雲門匡真禪師廣録》卷中《室中語要》，《大正新修大藏經》第四七册，第五五四頁 c。

〔五〕　釋慈怡主編：《佛光大辭典》第六册，佛光出版社，一九八八年，第五五三七頁。

〔六〕《佛光大辭典》第六册，第五三三六頁。

〔七〕　（宋）釋普濟著，蘇淵雷點校：《五燈會元》卷一二《明州香山蕴良禪師》，第七三五頁。

'意旨如何？'師曰：'化三千。'"〔一〕《古尊宿語録・智門（光）祚禪師語録》："問：
'如何是如來禪？'師云：'横擔拄杖，緊繫草鞋。'問：'如何是祖師禪？'師云：
'上大人。'又云：'會麽？'僧云：'不會。'師云：'不會且順朱。'"〔二〕在這三
條用例中，禪師們分別用《上大人》解釋了"接初機句""三乘教""祖師禪"。
宋代還出現了"上大人禪"的説法。《雪峰慧空禪師語録》載："不比雪峰上大
人禪，到處裏得説便説。所以前日室中問兄弟，你還會上大人麽？祇對者甚多，
悟明者極少。"〔三〕同書又載："雪峰只是萬百年陳故，上大人禪，且與諸人作個
定場。"〔四〕這裏的"上大人禪"當指代用《上大人》作的禪機。

　　以下分析《上大人》禪機的用意。其實本文前引的《古尊宿語録・智門
（光）祚禪師語録》中提到的《上大人》與順朱，對正確認識《上大人》禪機
的意義有重要價值。該書載："問：'如何是祖師禪？'師云：'上大人。'又
云：'會麽？'僧云：'不會。'師云：'不會且順朱。'"〔五〕智門（光）祚禪師
在用"上大人"回答了關於"如何是祖師禪"的問題之後，反問提問者會不
會《上大人》，面對提問者"不會"的回答，禪師便説"不會且順朱"。與這一
記載類似的内容還見於《雲門匡真禪師廣録》和《續古尊宿語要》。《雲門匡真
禪師廣録・垂士代語》載："師因摘茶云：'摘茶辛苦，置將一問來。'無對。
又云：'爾若道不得，且念上大人。更不相當，且順朱。'"〔六〕南宋師明集《續
古尊宿語要・遜菴演和尚語》載："華藏道：'若有人不假紙筆墨硯，一大藏
教，五千四十八卷，天下老和尚所説法門，一時寫畢，華藏要伊爲走使；若寫

_____

　　〔一〕（宋）釋普濟著，蘇淵雷點校：《五燈會元》卷一五《襄州含珠山彬禪師》，第
九八一頁。
　　〔二〕（宋）賾藏主編集，蕭萐父、吕有祥點校：《古尊宿語録》卷三九《智門（光）
祚禪師語録》，中華書局，一九九四年，第七三二頁。
　　〔三〕（宋）釋慧弼編：《雪峰慧空禪師語録》，《卍續藏經》第一二〇册，第二八二頁。
　　〔四〕（宋）釋慧弼編：《雪峰慧空禪師語録》，《卍續藏經》第一二〇册，第二八二頁。
　　〔五〕（宋）賾藏主編集，蕭萐父、吕有祥點校：《古尊宿語録》卷三九《智門（光）
祚禪師語録》，第七三二頁。
　　〔六〕（宋）釋守堅集：《雲門匡真禪師廣録》卷中《垂士代語》，《大正新修大藏經》
第四七册，第五六二頁a。

不得，上大人，丘乙己，化三千，七十士，爾小生，八九子，佳作人，可知禮也，且熟念，然後順朱。莫道老僧壓良爲賤。’”〔一〕這三條資料中，分別出現了“不會”“道不得”“寫不得”這樣的否定句，與之相關聯的是禪師們讓弟子去“念”或“熟念”《上大人》，然後再順朱，可以説這三條資料呈現出了相似的語境和話語。

這裏的“順朱”，海野洋平認爲應該是在寫有朱筆（或者墨筆）模板的紙上進行反復習字的方法，有別於描朱，并舉出咸通十年的敦煌寫本伯四九〇〇號（二）《上大夫》就是一件順朱的習字本〔二〕。結合順朱的實物伯四九〇〇號（二），可以確認上面三條資料中的順朱，便指的是用《上大人》習字。如此以來，禪師的用意就可以理解了，這三段對話的核心内容就是禪師們面對弟子的“不會”“道不得”“寫不得”，進而要求他們去學習《上大人》，鞏固修行基礎。這三條資料也説明禪師們有一個共識，即《上大人》是修行和學習的基礎。此外，宋賾藏主編集《古尊宿語録·舒州龍門（清遠）佛眼和尚語録》中的一條記載對於了解宋代禪師們對《上大人》的認識有重要幫助。該書載：“大衆，言雖庵淺，理實甚深。若不會上大人，如何登孔聖門，通曉六經子史、百氏詩書！縱使身名顯達，不曉上大人，如何佐國安邦，使功成身退！至於百工伎藝、負販庸人、孩稚小童，無上大人，如何成就能事？山林河海、日月星辰、上聖下凡，無上大人不能安立。大衆，好上大人還會麽？孔門弟子如能識，折桂登科第一人。”〔三〕這裏説世間萬物“無上大人不能安立”，顯然過於誇張，然而這段話非常深刻地反映出當時禪師們認爲《上大人》是各個階層安身立命的基礎，當然也説明了《上大人》是修行者不可或缺的修行基礎。又《佛光國師

〔一〕（宋）釋師明集：《續古尊宿語要》卷五《遜菴演和尚語》，《卍續藏經》第一一九册，第一〇一頁。

〔二〕［日］海野洋平：《童蒙教材としての王羲之〈頓書論〉（〈尚想黃綺〉帖）—敦煌寫本·羽664ノ二Rに見るプレ〈千字文〉課本の順朱—》，《杏雨》第二〇號，二〇一七年，第一一七～一七三頁。

〔三〕（宋）賾藏主編集，蕭萐父、吕有祥點校：《古尊宿語録》卷二九《舒州龍門（清遠）佛眼和尚語録》，第五三八頁。

語録・示景清上人》云："父母未生已前本來面目，此公案如學寫上大人相似，千字萬字，皆從此字發生。"〔一〕佛光禪師是南宋時期高僧，據該資料可知他認爲《上大人》是字的基本，其他的千字萬字都是從它而來。通過這些資料，我們終於大體明白了《上大人》對於禪師們的重要意義，在禪師們的心目中，《上大人》代表着字的基礎，進而引申爲學習和修行的基礎。因此，禪師們把《上大人》用作禪機來回答"一代時教""如來禪""接初機句""三乘教""祖師禪"等問題，而不給出直接答案，自然是希望弟子從《上大人》尋找答案，希望他們意識到基礎修行的重要性，切莫好高騖遠。

了解了禪師們的用意之後，我們再來討論禪師們爲什麽會選用《上大人》來作禪機。唐宋以來誕生的初學蒙書甚多，《上大人》能夠成爲禪師們喜用的禪機，當有多重原因。以下筆者主要從三個角度來論述這一問題。

首先，《上大夫》和《上大人》在唐宋時期非常流行，禪師們利用多數人都知道的蒙書作禪機，易於聽者接受和感悟。晚唐寫本斯一三一三號《大乘百法明門論義序釋》第七則云："且如世小兒上學，初學上大夫等爲半字。"這一記載説明晚唐時期《上大夫》已經在習字教育中較爲普及。敦煌文獻中保存的三十六件晚唐五代宋初敦煌《上大夫》寫本，也證明了這一點。宋代以後《上大人》的普及度較之唐代有過之而無不及，這一點從前引《古尊宿語録・舒州龍門（清遠）佛眼和尚語録》就可窺知一二。此外，宋陳郁《藏一話腴》載："孩提之童才入學，使之徐就規矩，亦必有方，發於書學是也。故上大人，丘乙己，化三千，七十士，爾小生，八九子，佳作仁，可知禮也，殊有妙理。"〔二〕宋普濟集《五燈會元・提刑郭祥正居士》載："雲上堂曰：'夜來枕上作得個山頌，謝功甫大儒，廬山二十年之舊，今日遠訪白雲之勤，當須舉與大衆，請已後分明舉似諸方。此頌豈唯謝功甫大儒，直要與天下有鼻孔衲僧脱却著肉汗衫。莫言不道！'乃曰：'上大人，丘乙己。化三千，七十士。爾

〔一〕（宋）釋子元、釋祖元語，（宋）釋一真等編：《佛光國師語録》卷七《示景清上人》，《大正新修大藏經》第八〇册，第二〇三頁 c。

〔二〕（宋）陳郁撰：《藏一話腴》，（明）陶宗儀等編：《説郛三種・説郛》卷六〇，第九一一頁。

小生，八九子，佳作仁，可知禮也。'公切疑，後聞小兒誦之，忽有省。"〔一〕這兩條資料也能説明《上大人》在宋代童蒙教育中的使用已經非常普遍，尤其後一條資料更是反映了《上大人》可被用於禪機的原因。這段文字記載了郭功甫拜會白雲守端禪師，白雲守端送之《上大人》禪機的故事。郭功甫初不解，後來聽到小兒誦讀《上大人》，可能喚起了幼時記憶，才明白禪師之深意。可見，禪師們使用衆所周知的《上大人》爲禪機，聽者易於理解和接受。

其次，唐代《上大夫》與半字的性質一致。關於半字的含義以及其與《上大夫》的關係，在上文"《上大夫》的性質"一節中已經有詳細説明。《上大夫》既然被唐代僧人視爲半字，那麼其被禪師們用爲禪機，自是可以表達不圓滿，希望修行者注重基礎，通過半字的積累，終可達滿字，正所謂"掙倒毗耶不二門，上大人兮丘乙己"〔二〕；"應須熟念上大人，方識佛身無有量"〔三〕。

最後，宋以後禪師們喜用《上大人》禪機，還與《上大人》中所提到的"禮"有重要關係。宋代《上大人》出現了"佳作仁，可知禮也"兩句，強調學習的目的是"知禮"。陳郁在《藏一話腴》中對"可知禮也"一句有頗爲準確的解釋，他説："可者，肯也。又當肯如此知禮節，不知禮，無以立也。若能爲人知禮，便做孔子也做得"〔四〕。的確，"禮"在古代社會具有重要的意義。《左傳·隱公十一年》載："禮經國家，定社稷，序民人，利後嗣者也。"〔五〕《禮

〔一〕（宋）釋普濟著，蘇淵雷點校：《五燈會元》卷一九《提刑郭祥正居士》，第一二四九頁。

〔二〕（元）釋一志、釋元浩、釋可興等編：《了菴清欲禪師語録》卷七《和訥無言十二時歌韻》，《卍續藏經》第一二三册，第七五三頁。

〔三〕（清）釋昇説，（清）釋元玉等記録：《天岸昇禪師語録》卷二〇《佛事》，《嘉興大藏經》第二六册，第七四五頁a。

〔四〕（宋）陳郁撰：《藏一話腴》，（明）陶宗儀等編：《説郛三種·説郛》卷六〇，第九一一頁。

〔五〕（周）左丘明傳，（晉）杜預注，（唐）孔穎達正義：《春秋左傳正義》卷四，（清）阮元校刻：《十三經注疏》，中華書局，一九八〇年影印本，第一七三六頁。

記·曲禮上》云:"夫禮者, 所以定親疏, 決嫌疑, 別同异, 明是非也。"〔一〕"禮"
是社會中共同的行爲準則和道德規範, 關乎國家社稷、尊卑地位、家庭關係、
長幼秩序, 如孔子所言"安上治民, 莫善於禮"〔二〕。而"知禮", 不僅是儒家所
強調的意識, 也是佛家修行的目標之一, 所謂"參禪須是識尊卑明貴賤"〔三〕。
所以禪師們也強調《上大人》對於"知禮"的重要意義。如清代《知空蘊禪
師語録·機緣》載:"問:'性理之譚, 請爲指示。'師曰:'上大人丘乙己。'曰:
'畢竟如何?'師曰:'可知禮也。'"〔四〕又如清代《天岸昇禪師語録·再住青
州法慶禪寺語録》載:"熟讀上大人, 方識可知禮。"〔五〕一些禪師更是直接用詩
歌的形式把《上大人》與"可知禮"聯繫在一起, 強調修行中"禮"的重要
意義。元代參學門人編《高峰原妙禪師語録·示禪人》載:"今日山僧却有個
煆凡成聖底藥頭, 不假栽培底種子, 説則辭繁, 略舉一偈:'欲明種子因, 熟
讀上大人。若到可知禮, 盲龜跛鼈親。'"〔六〕明代《靈峰澫益大師宗論·大方
廣佛華嚴經頌一百首》載:"憐兒嚼飯未爲醜, 上大人書勸熟讀。一朝讀到可
知禮, 錦繡文章充滿腹。"〔七〕又明代《歸元直指集·山居百詠聊述鄙懷》云:"山
居欲入覓天真, 先讀開蒙上大人。讀到牢關知禮處, 十方世界現全身"〔八〕。這

〔一〕（清）孫希旦撰, 沈嘯寰、王星賢點校:《禮記集解》卷一《曲禮上第一之一》,
第六頁。

〔二〕（清）孫希旦撰, 沈嘯寰、王星賢點校:《禮記集解》卷四八《經解第二十六》,
第一二五七頁。

〔三〕（清）釋性統録,（清）釋弘秀編:《別菴禪師同門録》卷上《高峰三山燈來禪
師法嗣》,《嘉興大藏經》第三九册, 第三四八頁a。

〔四〕（清）釋學蘊説,（清）釋通來等編:《知空蘊禪師語録》卷下《機緣》,《嘉興
大藏經》第三七册, 第七六七頁c。

〔五〕（清）釋昇説,（清）釋元玉等記録:《天岸昇禪師語録》卷一一《再住青州法
慶禪寺語録》,《嘉興大藏經》第二六册, 第七○五頁c。

〔六〕（元）參學門人編:《高峰原妙禪師語録》卷上《示禪人》,《卍續藏經》第
一二二册, 第六七五頁。

〔七〕（明）釋智旭著:《靈峰澫益大師宗論》卷九《大方廣佛華嚴經頌一百首》,《嘉
興大藏經》第三六册, 第三九九頁a。

〔八〕（明）釋宗本集:《歸元直指集》,《卍續藏經》第一○八册, 第三五一頁。

三首詩旨在告訴修行者，學習《上大人》以及“知禮”對於個人修養、生活、修行境界的重要意義。尤其是第三首更是點明了“禮”與佛家修行的關係，是以“知禮”才能到達“十方世界現全身”的修行境界，説明禪師已把“知禮”視作很高的修行境界。當然禪師們并不是强調學習《上大人》便能“知禮”，其深意應該是通過半字的學習，逐步積累，方達“知禮”。

　　宋代以後隨着《上大人》的普及，該書在禪師們的運用過程中産生了一些新的結構形式，這便是鄧凱《“上大人”文本傳播中功能與涵義的變遷》一文所提到的“結構嵌入”功能〔一〕。這種功能的主要表現形式，一種是把《上大人》的文本運用到偈言的創作中，一種是把《上大人》的文本和其他偈言混編在一起，禪師們通過這兩種形式表達一定的意趣。以下來分析這兩種形式的特點及禪師們的用意。

　　首先，禪師們會把《上大人》的文本運用到偈言的創作中。《禪宗頌古聯珠通集》中記載了一些禪師巧用“化三千”“七十二”創作的偈言。比如松源岳云：“夫子不識字，達磨不會禪。大唐天子國，依舊化三千。”〔二〕佛燈珣云：“雲門餬餅對超談，多少禪流看不穿。若是孔門真弟子，自然知道化三千。”〔三〕簡堂機云：“蹇驢須是阿家牽，媳婦嬌癡懶著鞭。在舍只知七十二，出門方見化三千。”〔四〕這些禪師把《上大人》中“化三千，七十士”兩句完美地融合到偈言中，意在闡明世俗道理，引人思考。再如元代《楚石梵琦禪師

〔一〕　鄧凱：《“上大人”文本傳播中功能與涵義的變遷》，《中南大學學報（社會科學版）》二〇一五年第五期，第二〇〇頁。

　　〔二〕（宋）釋法應集，（元）釋普會續集：《禪宗頌古聯珠通集》卷十《祖師機緣·六祖下第三世之一》，《卍續藏經》第一一五册，第一一八頁。與此詩類似的有（清）釋大奇説，（清）釋興舒等編《觀濤奇禪師語録》卷三《住建昌府新城壽昌禪寺》：“夫子不識字，達磨不會禪。兩個上大人，疑殺化三千。”（《嘉興大藏經》第三六册，第七六〇頁c）

　　〔三〕（宋）釋法應集，（元）釋普會續集：《禪宗頌古聯珠通集》卷三三《祖師機緣·六祖下第七世之五》，《卍續藏經》第一一五册，第四一五頁。

　　〔四〕（宋）釋法應集，（元）釋普會續集：《禪宗頌古聯珠通集》卷三六《祖師機緣·六祖下第九世之一》，《卍續藏經》第一一五册，第四五五頁。

語録·白雲》載：“雲門上大人，白雲丘一己。從此化三千，清風來未已。”〔一〕
此詩稱讚雲門宗的聖人白雲守端禪師一人教化衆多弟子。清代《正源略集·蘄
州訥菴辯禪師》載：“要識上大人，便是邱乙己。不用化三千，直下可知
禮。”〔二〕此詩的大意爲：如果認識了《上大人》，就可以像孔子一樣知道禮儀。
通過以上分析，可以看出禪師們妙用《上大人》的用意，在於闡釋世俗道理，
突出教育、學習的意義，依舊没有脱離《上大人》的蒙書性質。

　　其次，禪師們還把《上大人》與其他偈言混編。以下結合各用例，依次
簡析禪師們的用意。元代《高峰原妙禪師語録·杭州西天目山師子禪寺法
語》載：

　　　　上堂：“夜夜抱佛眠，上大人。朝朝還共起，丘乙己。起坐鎮相
　　隨，化三千。語默同居止，七十士。纖毫不相離，爾小生。如身影相似，
　　八九子。欲識佛住處，佳作仁。只遮語聲是，可知禮也。傅大士和聲吐
　　出，耀古騰今。”〔三〕

此中從“夜夜抱佛眠”到“只遮語聲是”的八句偈言是南朝梁時傅大士所作。
傅大士（四九七～五六九），名翕，又稱善慧大士，是禪宗著名的尊宿。他所
作此偈言常爲後代禪師引用，影響很大。這裏禪師把此偈言和《上大人》混
編在一起，朗朗上口，别有一番趣味。明代《象田即念禪師語録》載：“山
僧不惜眉毛，一一下個着語：‘懷州牛喫禾，上大人。益州馬腹脹，丘乙己。
天下覓醫人，化三千。灸猪左膊上，七十士。’衆禪德如其忍俊不禁，齊出
來道：‘長老恁麽着語，大似將土泥裹洗。’則向諸人道：‘爾小生，八九子，

　　〔一〕（元）釋文晟、釋正隆等編：《楚石梵琦禪師語録》卷一四《佛祖偈贊下》，《卍
續藏經》第一二四册，第二二一頁。

　　〔二〕（清）釋達珍編：《正源略集》卷九《蘄州訥菴辯禪師》，《卍續藏經》第一四五
册，第三九六頁。

　　〔三〕（元）參學門人編：《高峰原妙禪師語録》卷上《杭州西天目山師子禪寺法語》，
《卍續藏經》第一二二册，第六五八頁。

佳作仁，可知禮也。'"〔一〕此中與《上大人》混編在一起的是宋代禪師所作的"懷州牛喫禾，益州馬腹脹。天下覓醫人，灸豬左膊上"，該偈言亦曾廣爲流傳。這裏即念禪師把二者編在一起，似乎意在調侃，活躍氣氛。清超永編輯《五燈全書·建州松溪華嚴元錫弘恩禪師》載："上大人，至道無難。丘乙己，唯嫌揀擇。化三千，但莫憎愛。可知禮也，不須更説。"〔二〕弘恩禪師把《上大人》與一組四言偈言"至道無難，唯嫌揀擇，但莫憎愛，不須更説"混編在一起，應該旨在表達自身的修行感悟。清净符彙集《宗門拈古彙集·洪州黄龍慧南禪師》載："我手何似佛手，上大人丘乙己。我脚何似驢脚，化三千七十士。人人有個生緣，爾小生八九子。上座生緣在甚麼處，佳作仁可知禮也。"〔三〕清達珍編《正源略集·杭州慧雲本充盛禪師》載："參禪須是鐵漢，上大人。著手心頭便判，丘乙己。直趨無上菩提，佳作仁。一切是非莫管，可知禮也。"〔四〕以上兩條資料中分別與《上大人》混編在一起的是兩組六言偈言，禪師們的目的蓋爲表達修行感悟，啓迪智慧。

　　以上這些資料中禪師們把《上大人》用於禪機，將其文本用於偈言創作或與其他偈言混編，主要用之解釋禪法，意圖勸學，點化弟子；或表達感悟，啓迪智慧；或意在調侃，活躍氣氛。用法、變化雖多，但基本都圍繞着《上大人》的性質。因爲《上大人》是僧俗共用的入門蒙書，引申爲半字，而唯有通過半字的積累，才能達到滿字，也就是圓滿的境界。這種圓滿的境界又與《上大人》所提倡的"可知禮"相通，佛門在修行中亦追求"禮"，渴望達到"知禮"的境界，正如禪師所唱"讀到牢關知禮處，十方世界現全身"。總之，《上大人》"言雖粗淺，理實甚深"，從唐人的半字説開始，便被

　　〔一〕（明）釋明净現説，釋净癡等録：《象田即念禪師語録》卷一，《嘉興大藏經》第二七册，第一六一頁 c。

　　〔二〕（清）釋超永編輯：《五燈全書》卷一一六《建州松溪華嚴元錫弘恩禪師》，《卍續藏經》第一四二册，第一六四頁。

　　〔三〕（清）釋净符彙集：《宗門拈古彙集》卷四二《洪州黄龍慧南禪師》，《卍續藏經》第一一五册，第九九九頁。

　　〔四〕（清）釋達珍編：《正源略集》卷五《杭州慧雲本充盛禪師》，《卍續藏經》第一四五册，第三五四頁。

賦予了新的功能和意義，正所謂“妙言至徑，大道至簡”〔一〕，正好契合了佛門的修行理念，遂爲禪師們周知、化用，成爲禪師語録中一種獨特的文化符號。

三 《上大夫》對詩詞、小説、戲曲等的影響

有名的蒙書在流傳過程中，後人會不斷進行改編，其中以《千字文》和《蒙求》影響最大，改編版本最多，比如《叙古千字文》《續古千文》《續千字文》《性理千字文》《女千字文》《十七史蒙求》《兩漢蒙求》《訓女蒙求》《左氏蒙求》《名物蒙求》等等。《上大人》的名氣不比它們低，但由於内容短，除了在宋代和明清有一點變化之外，并無這樣的改編版本出現，但是不能説它没有被改編過，僅是改編的形式不同。《上大人》的改編更多的是通過活用它的文本，編入詩詞、戲曲、小説中，成爲話語的一部分。

在士大夫的詩詞中發現了不少《上大人》的痕迹，用以表達人生志趣、追憶童年。比如南宋劉辰翁《青玉案・壽老登八十六歲》載：

> 里中上大人誰大。人上大，仁難作。八十六翁閒處坐。小生懶惰。近來高臥。忘却今朝賀。甲申還是連珠麽。賸有老人星一個。白髮朱顔堪婆娑。靈光殿火。昆明劫過。角綺園黄我。〔二〕

劉辰翁是南宋末年著名的愛國詞人，該詞是爲里中一老壽星所寫。開頭藉用世人熟知的“上大人”來稱呼里中的老人們，“小生”稱呼自己。又把“上大人”改作“人上大”，“佳作仁”改作“仁難作”，表示人已經老了，但是仁還是很難做到。元代方回《丙申生日七十自賦》曰：“先君無罪謫封川，天畀遺孤出瘴煙。忽到古希年七十，猶思上大化三千。苦吟足可編詩史，狂醉真宜

〔一〕（五代）陶埴撰：《還金述》中篇，上海書店編：《道藏》第一九册，文物出版社、上海書店、天津古籍出版社，一九八八年影印本，第二八七頁a。

〔二〕唐圭璋編：《全宋詞》第五册，中華書局，一九六五年，第三二〇六頁。

號謫仙。五子傳家無一物，聊將書册當青氈。"〔一〕方回在古稀之年，套用孔子教化三千弟子的故事表達人生志向，猶思教育子弟。清褚人穫《堅瓠集·館師歎》曰："先生虛話説難全，實景描來更可憐。馬眼隔橫丘乙己，梅花笏倒去求仙。二釐一管羊毛筆，五個三張面袋帘。鐵硬紫朱稀爛墨，亂批習字點而圈。"〔二〕此中"丘乙己"三字出自《上大人》，"去求仙"三字出自另一習字蒙書《王子去求仙》。這首《館師歎》描述了學堂中學童由於頑皮而習字潦草，館師無奈歎息的情景。《堅瓠補集·糖擔聖人》引明代李在躬《支頤集》云："曾記少時八九子，知禮須教爾小生。把筆學書丘乙己，惟此名爲上大人。忽然糖擔挑來賣，換得兒童錢幾文。豈知玉振金聲響，僅博糖鑼三兩聲。"〔三〕這首詩講述了作者幼時在學堂學習《上大人》，忽聽得外面傳來賣糖人的吆喝聲，便扔下了書筆去買糖吃的情景。這些詩詞反映出文人士大夫幼時學習的《上大人》，扎根到了他們記憶的深處，讓他們到老來都念念不忘，還用以表達人生志趣、追憶童年。明人張守約曾説："吾幼曾讀書，至今在心裏，上言上大人，下言丘乙己。"〔四〕這段話可謂是當時文人士大夫的真實心理寫照。

　　《上大人》亦多見於小説，用於充當話語對象、構建語境。明西周生《醒世姻緣傳》第一回"晁大舍圍場射獵，狐仙姑被箭傷生"載："如此蹉跎，也還喜得晁源伶俐，那'上大人丘乙己'還自己寫得出來。後來知識漸開，越發把這本《千字文》丢在九霄雲來，專一與同班不務實的小朋友遊湖吃酒，套雀釣魚，打圍捉兔。"〔五〕又如吳承恩《西游記》第八十五回"心猿妒木母，魔主計吞禪"云："搖身一變，變做個矮瘦和尚，手裏敲個木魚，口裏哼阿哼的，

〔一〕（元）方回撰：《桐江續集》卷二一《丙申生日七十自賦》，《景印文淵閣四庫全書》第一一九三册，第四九〇～四九一頁。

〔二〕（清）褚人獲輯撰，李夢生校點：《堅瓠集》戊集卷三《館師歎》，上海古籍出版社，二〇一二年，第三八〇頁。

〔三〕（清）褚人獲輯撰，李夢生校點：《堅瓠集》補集卷一《糖擔聖人》，上海古籍出版社，二〇一二年，第一〇三一頁。

〔四〕（明）張守約追擬：《擬寒山詩》，《嘉興大藏經》第三三册，第七一三頁c。

〔五〕（明）西周生輯著：《醒世姻緣傳》，《古本小説集成》編委會編：《古本小説集成》第四輯第六四九册，上海古籍出版社，一九九四年影印本，第五頁。

又不會念經，只哼的是《上大人》。"[一]凌濛初編《二刻拍案驚奇》卷二六"懵教官愛女不受報，窮庠士助師得令終"載："有便有幾十個秀才，但是認得兩個《上大人》的字腳，就進了學，再不退了。"[二]明安遇時《包公案·龍圖公案》第五十九回"惡師誤徒"載："張大智又補一訴詞：'訴爲誣師事：天因材篤焉，聖因人教哉。有朋自遠方來，亦將有以利吾國乎？自行束脩以上，三月不知肉味。上大人容某禀告，化三千惟天可表。上訴。'"[三]清代《宛如約》第三回云："我這鄉村中，都只以耕種爲主，并無一個讀書之人，就是偶然天生了幾個識學的能人，也只好認得《百家姓》與《上大人》罷了。"[四]清代曹去晶《姑妄言》第九回"鄔合苦聯勢利友，宦尊契結酒肉盟"中記載了用學生仿書《上大人》冒充家書的故事[五]。還有魯迅名作《孔乙己》，主人公的名字更是直接脫胎於《上大人》。這些小說中所用《上大人》，多基於它的蒙書特性和家喻户曉的特點，靈活構建語境，通俗易懂。

元明時代戲劇也常常嵌入、引用《上大人》，足見其通俗性。高明《琵琶記》第十七齣"義倉賑濟"載：

（外）："老的姓甚名誰？家裏有幾口？"（丑）："小的姓丘名乙己，家住上大村，有三千七十口。"（外）："胡説，那裏有許多口。"（丑）："告相公得知，上大人，丘乙己，化三千，七十士。"（末）："一口胡柴。"[六]

〔一〕（明）吴承恩著：《西游記》（楊閩齋梓本），《古本小説集成》第四輯第五四八册，第一〇三〇頁。

〔二〕（明）凌濛初編：《二刻拍案驚奇》，《古本小説集成》第四輯第六四七册，第一二三二頁。

〔三〕（明）安遇時著，陶樂琪編譯：《包公案》，團結出版社，二〇一七年，第三七五~三七六頁。

〔四〕（清）惜花主人批評：《宛如約》，《古本小説叢刊》編輯委員會編輯：《古本小説叢刊》第一輯，中華書局，一九八七年影印本，第一三八七頁。

〔五〕（清）曹去晶著：《姑妄言》，鄭福田、王槐茂主編：《傳世孤本經典小説》第一~三卷，金城出版社，二〇〇〇年，第四一一頁。

〔六〕（明）高明著：《琵琶記》，（明）毛晉編：《六十種曲》第一册，中華書局，一九五八年，第六八頁。

"姓丘名乙己"，容易讓人想到魯迅的《孔乙己》。其中把"上大人"解釋作"上大村"，"化三千七十士"解釋作"三千七十口"，是非常戲劇了。楊柔勝《玉環記》第六齣"韋皋嫖院"載："念學生，入儒林，賴讀書，怕作文。寫的字，《上大人》，讀的書，《千字文》。"〔一〕這則文獻反映了《上大人》和《千字文》在童蒙教育中的普遍性。

　　在一些民間戲曲和歌謠中《上大人》往往被改編作唱詞，豐富了唱詞的形式與意義，是該書對俗文化影響的又一重要體現。張新朋《〈上大人〉與民間戲曲》一文中，提到黃梅戲《雙插柳》《柳鳳英修書》《英臺祭墳》《葵花井》《白布樓》、江蘇香火戲《崔崗五路董財神》、粵曲《情滿桃花渡》、丁耀亢《西湖扇》、長沙花鼓戲《洞賓度丹》等中都有唱詞是以《上大人》爲基礎改編而成〔二〕。具體改編方法或是在《上大人》文本前後或中間加入文字，比如黃梅戲《雙插柳》；或把《上大人》的句子拆解，再與其他文字組合，構成藏頭曲，比如《柳鳳英修書》。丁志軍《從習字訓蒙到大眾娛樂——論蒙書〈上大人〉功能的歷史演變》文中提到了湘西龍山土家族聚居區流傳的一首漁鼓詞，是"以'上大人'的二十四個字爲字頭，叙述的是《西廂記》中崔鶯鶯對張君瑞的思戀之情"〔三〕。這種曲子在湖北地區也有流傳。如《中國民間歌曲集成·湖北卷·浠水分卷》記錄了一首名爲《上大人》的曲子，其"引子"曰："鶯鶯女打坐在閨閣綉樓，相思病害得她難以抬頭，手拿着七弦琴紅娘伴奏，唱一曲上大人解悶消愁"，唱曰："上綉樓不由人心中急壞，大不該命紅娘勾引他來，人言道張君瑞風流慷慨，孔雀屏會一面稱奴心懷……作一個上大人與衆開懷"〔四〕。顯然這是一首運用了《上大人》的藏頭曲。民間關於《上大人》

　　〔一〕（明）楊柔勝著：《玉環記》，（明）毛晉編：《六十種曲》第八册，第一二頁。

　　〔二〕　張新朋：《〈上大人〉與民間戲曲》，《尋根》二○一九年第四期，第三一～三七頁。

　　〔三〕　丁志軍：《從習字訓蒙到大眾娛樂——論蒙書〈上大人〉功能的歷史演變》，《湖北民族學院學報（哲學社會科學版）》二○一二年第二期，第一二六頁。

　　〔四〕《中國民間歌曲集成》全國編輯委員會編：《中國民間歌曲集成·湖北卷》，人民音樂出版社，一九八八年，第八三頁。

的唱詞還有很多，如《中國民間彩詞》中記錄的《唱上大人》〔一〕《中國岳西高腔·劇目集成》《中國歌謠集成·福建卷》《遠安歌謠》《武漢民間童謠輯注》《鼓盆歌》（下）中記錄的《上大人》〔二〕《民間歌謠》中的《聖人謠》〔三〕《中國民間游戲總彙·棋牌卷》中的《勸世曲》，足見《上大人》對俗文化之影響巨大。

　　以上所舉的部分歌謠還具有教化意義，顯然延續了蒙書《上大人》的教育功能。《中國歌謠集成·福建卷》所記錄的在福鼎市流傳的《上大人》，採用了藏頭詩的形式，把《上大人》的每一字用作七言詩的首字，共計二十五首詩，分別叙述了薛仁貴、薛丁山、孔子、秦始皇、顔回、岳飛、白娘子、劉關張、諸葛亮、孫臏、龐涓、貂蟬、范仲淹、姜太公、王昭君、楊廣等人物及其故事，從相關内容來看，這些人物應當出自民間戲劇。人物故事詩之外還有四首具有勸學、學做人方面的詩歌，如"子"字詩曰："子字子孫要學賢，勤作勤學莫貪眠；狀元本是人間子，幾多草屋出公卿"；"可"字詩曰："可字來聽古人名，大大小小都來聽；要學好人做好事，莫做奸人敗名聲"〔四〕。從這四首詩來看，作者無疑是利用人物故事來勸誡世人向學、向善。《鼓盆歌》（下）中記錄的《上大人》是陝南地區傳唱的歌謠，其開篇即唱："一更唱到二更進，列位賓朋且坐定，聽我唱個上大人"，緊接着唱："上大人，費辛勤，養二老，奉雙親。讀四書，明禮儀，學古人，與思今。孔乙己，將心比，莫損人，莫利己。到處逢人要和氣，人生自古和爲貴……"〔五〕該歌謠的性質實爲蒙學讀物。《中國民間游戲總彙·棋牌卷》中記錄的《勸世曲》是湖北孝感地

　　〔一〕　明德運、余德意編著：《中國民間彩詞》，西苑出版社，二〇〇四年。

　　〔二〕　崔安西、汪同元主編：《中國岳西高腔·劇目集成》，安徽文藝出版社，二〇一四年，第五九八頁；彭善梁、吳光烈主編：《遠安歌謠》，遠安縣文化館，一九九〇年，第七三〇頁；彭翔華編著：《武漢民間童謠輯注》，武漢大學出版社，二〇一五年，第一八四頁。

　　〔三〕　王毓銀主編：《民間歌謠》，中國礦業大學出版社，二〇一二年，第四二頁。

　　〔四〕　《中國民間文學集成》全國編輯委員會、《中國歌謠集成·福建卷》編輯委員會編：《中國歌謠集成·福建卷》，中國ISBN中心，二〇〇七年，第八四五～八四七頁。

　　〔五〕　薛儒成編著：《鼓盆歌》（下），三秦出版社，二〇一七年，第一〇四頁。

區流傳的一首講述董永與七仙女故事的歌謠，其唱曰："上仙界，苦修行，千年萬載。大不該，貪紅塵，私下凡來。人世間，見風流，誰個不愛。丘遇着，行孝人，相配和諧。乙仙身，化凡姑，二八裙衩。己身子，騰祥雲，來自天外……家裏事，有奴家，巧手安排。作賢妻，當孝媳，奴本應該。仁義信，記心上，豁達胸懷……禮待人，孝父母，普天愛戴"〔一〕。這首《勸世曲》是借七仙女之口，宣揚婦道，可稱一篇女德教本。這類型的《上大人》歌謠還有很多，前學也舉出了不少，如朱鳳玉《敦煌寫本蒙書〈上大人〉研究》一文中所舉的《台灣俗曲集》中的《上大人歌》、張香玉《"上大人"紙牌與戒毒》一文中所舉戒毒曲〔二〕、丁志軍文中所舉《勸世曲》。

　　另外，《上大人》還被用於製作紙牌、漫畫，供人游戲、針砭時事。民國年間兩湖等地區流行一種"上大人"紙牌，由《上大人》中的前二十四個字組成，與撲克類似，每個字四張或五張牌，用於游戲〔三〕。漫畫家陳振龍曾創作了一系列以《上大人》爲主題的諷刺漫畫，副標題有《親善》《徒勞》《一舉兩得》《傷兵之友》《聊以自慰》《千金一笑》《不抵抗主義》等，這些漫畫在上世紀三四十年代影響很大。

結　論

　　本章以三十六件《上大夫》寫本爲中心，結合敦煌文獻和傳世文獻中關於《上大夫》《上大人》的記載，詳細探討了《上大夫》的内容與性質、編撰年代與發展變化過程以及對後世的影響。敦煌本《上大夫》僅有十八字，全文爲"上大夫，丘乙己，化三千，七十士，尔小生，八九子"，爲三言韻語，

　　〔一〕　馬翀煒主編：《中國民間游戲總彙·棋牌卷》，湖南文藝出版社，二〇一六年，第三五二～三五三頁。

　　〔二〕　張香玉：《"上大人"紙牌與戒毒》，《史林》二〇〇六年增刊，第一四七頁。

　　〔三〕　馬翀煒主編：《中國民間游戲總彙·棋牌卷》，第三四七～三五二頁；徐明庭、朱建頌：《武漢地區的"上大人"紙牌》，《武漢文史資料》一九八九年第一輯，第一六八～一七四頁。

内容可以解讀爲：上大夫孔子以一己之力，教化三千弟子、七十二賢人，現在還有你們這些八九歲的小學生。可見該書不僅有勸誘學生向孔子及其門人學習的用意，還有表示學生從今以後便入孔子之門，爲孔子門生的意義。《上大夫》的内容簡短，筆畫簡單，從出現之始便專門用於初學者習字。敦煌寫本伯四九〇〇號（二）《上大夫》首題朱筆"試文"，行首爲朱筆範字，範字下爲墨筆臨習，不僅體現了唐代學生練習《上大夫》採用的是臨習教授者所寫範字的方法，也提示我們當時存在習字考試。

習字蒙書《上大夫》的出現，與唐代統治者重視書法和書法教育、官學和私學的發展、孔子及門人地位不斷提高的社會背景有密切關係。在這樣的社會背景下，童蒙教育興盛，形成了"五尺童子，恥不言文墨焉"的社會風氣，蒙學教材出現了"由綜合性讀物向側重某一方面的專精發展"的趨勢[一]，《上大夫》就是作爲專門的習字蒙書而出現，滿足了初學者的習字需求。《上大夫》大約在貞元四年（七八八）敦煌陷蕃之前傳入了敦煌地區，在傳播過程中，出現了"丘一己""七十二""女小生"的寫法，體現出抄本時代，蒙書很難形成定本，會因教授者的學識、地域文化的不同而產生不同的寫法。五代禮樂崩壞，宋代統治者爲了重建禮制，封孔子爲"至聖文宣王"，孔子的地位進一步提升。在這樣的歷史背景下，僅僅表示孔子官階的"上大夫"，被改編爲可以指代聖人、君王的"上大人"，又在"八九子"之後增加了"佳作仁，可知禮也"七字，以突出"仁"和"禮"，弘揚禮法，如此以來，十八字的《上大夫》變成了二十五字《上大人》。明清時期出現了"孔乙己"的寫法，尤其是清雍正二年（一七二四）下令避孔子諱，自此以後文獻記載中爲了避諱，"丘乙己"多變爲"邱乙己""孔乙己"或"某乙己"。從《上大夫》的編撰到《上大人》，以及部分内容的變化，體現了不同時代社會文化導向對蒙書編撰和發展的影響。

宋代以後《上大人》一直都是學生習字普遍首用的蒙書，《上大人》描朱

〔一〕 金瀅坤：《唐五代科舉制度對童蒙教育的影響》，《浙江師範大學學報（社會科學版）》二〇一二年第一期，第二四頁。

的習字方式一直延續到當代，在千年的流傳過程中，産生了難以想象的影響。從唐代開始，禪師們就利用《上大人》爲世人熟知的特點，結合《上大人》爲半字，學之"可知禮"的意義，將其巧用作禪機，解釋禪法，點化弟子，更是將《上大人》的文本運用到偈言創作、與其他偈言混編，進而表達修行感悟，教育弟子，調侃人生百態。不僅如此，在世俗文人創作的詩歌、戲劇、小説以及民間游戲中也多見《上大人》的蹤影。人們利用《上大人》家喻户曉的特點，或引用、或改編，用之在詩歌、小説、戲劇、歌謡中鋪陳、戲説、勸誡、追憶、調侃、游戲，靈活構建語境，通俗易懂，令人共鳴。《上大人》在童蒙教育之經久不衰，世俗各界對其熟悉、接受之普遍，在各種文學體裁中的廣泛應用與改編，充分反映了其社會文化影響之深遠。

第二章　敦煌習字蒙書《牛羊千口》研究

　　《牛羊千口》早已亡佚，幸賴在敦煌文獻中發現了十五件寫本，得以窺其在唐五代宋初的敦煌地區被用於習字教育的狀況。寫本中均無記載作者的相關資訊，可知的是該書起"牛羊千口"，訖"之乎者也"，共五句、二十字，筆畫較爲簡單。十五件寫本中該書都緊隨在習字蒙書《上大夫》之後，是知二者應該具有緊密聯繫，性質接近。張涌泉在校録伯三一四五號背寫卷時指出該書應該是四字句，是與《上大夫》無關的另一則訓蒙讀物[一]。海野洋平對這一蒙書進行過專門研究，整理出十三件寫本，對其內容含義進行了考證，認爲與釋尊的事迹有關[二]。筆者曾在探討《上大夫》含義之時，亦對該書內容進行過簡要的説明，認爲該書具有勸學意義，內容與釋尊事迹無涉[三]。然而前文的論述疏

　　〔一〕　張涌泉主編：《敦煌經部文獻合集》第八册《小學類字書之屬・訓蒙書抄（一）》，第四一三一頁。

　　〔二〕　［日］海野洋平：《敦煌童蒙教材〈牛羊千口〉史料輯覽》，《一關工業高等專門學校研究紀要》第四六號，二〇一一年，第七～三〇頁；［日］海野洋平：《敦煌童蒙教材〈牛羊千口〉校釋—蒙書〈上大人〉の姉妹篇一》，《一關工業高等專門學校研究紀要》第四七號，二〇一二年，第七～二二頁；［日］海野洋平：《敦煌童蒙教材〈牛羊千口〉再論—傳本〈上大人〉・敦煌本〈上大夫〉の逕庭をめぐる一考察—》，《集刊東洋學》第一二三號，二〇二〇年，第六三～八三頁。

　　〔三〕　任占鵬：《敦煌寫本〈上大夫〉相關問題研究》，金瀅坤主編：《童蒙文化研究》第二卷，第三〇一～三〇二頁。

於簡略，研究深度尚不足，部分觀點還有商榷餘地，資料亦不夠豐富。本章將對《牛羊千口》的内容和性質進行充分論證，并探討其與《上大夫》及習字教育的關係，以期對這一蒙書有更加全面的認識。

第一節　《牛羊千口》的内容

　　敦煌寫本《牛羊千口》僅有二十字，雖然簡短，但是想要正確解讀頗爲不易。該書全文是：牛羊千口（有的寫本作"牛羊万口"），舍宅不售（有的寫本作"舍宅不受"），甲子乙丑，大王下首（有的寫本作"大王下手"），之乎者也（有的寫本作"之夫者也"）。有的寫本中"甲子乙丑"和"大王下首"的順序顛倒。海野洋平《敦煌童蒙教材〈牛羊千口〉校釋—蒙書〈上大人〉の姊妹篇—》一文認爲該書的内容應該是"牛羊千口，舍宅不受，甲子乙丑，大王下首，之乎者也"，介紹了釋尊的主要人生軌迹[一]。以下是海野氏的解讀："牛羊千口"一句表示釋尊爲悉達太子時生活富裕、身份高貴；"舍宅不受"一句表示釋尊捨去富足的世俗生活，出家了；"甲子乙丑"一句表示釋尊經歷六年時光終大悟成道；"大王下首"一句則表示很多國王對釋尊下首，皈依佛門；最後"之乎者也"一句是爲提升漢字學習效果而活用了既存的成語。而且海野氏還提出《上大夫》是以儒家孔聖事迹爲中心，《牛羊千口》是以佛門釋尊事迹爲中心，敦煌寫本中《上大夫》與《牛羊千口》總是前後相接出現，説明當時的童蒙教育是把儒家孔聖事迹和佛門釋尊事迹同時傳授予學生。筆者以爲海野氏的解讀值得商榷。以下在海野氏及筆者前文的基礎上，嘗試對《牛羊千口》的内容進行進一步探討。

　　"牛羊千口"一句中，牛羊都是家畜，牛羊成群是富裕的代表。《隋書·元景山傳》載："從武帝平齊，每戰有功，拜大將軍，改封平原郡公，邑二千户，賜女樂一部，帛六千匹，奴婢二百五十口，牛羊數千。"[二]同書《高熲傳》載：

　　〔一〕〔日〕海野洋平：《敦煌童蒙教材〈牛羊千口〉校釋—蒙書〈上大人〉の姊妹篇—》，《一關工業高等專門學校研究紀要》第四七號，二〇一二年，第七~二二頁。

　　〔二〕《隋書》卷三九《元景山傳》，第一一五二頁。

"時突厥屢爲寇患，詔頴鎮遏緣邊。及還，賜馬百餘匹，牛羊千計。"〔一〕可見"牛羊數千""牛羊千計"這樣的說法較爲常見，與"牛羊千口"類似，表示財富無疑。又《王梵志詩》曰："他家笑吾貧，吾貧極快樂。無牛亦無馬，不愁賊抄掠。"〔二〕說明没有牛馬等家畜，反而會成爲貧窮的象徵。可見"牛羊千口"形容的是當時士庶之家富足的樣子。《牛羊千口》寫本伯三一四五號背和伯三三六九號背中作"牛羊万口"，雖然表示的財富更多，但所表達的含義没有太大變化。不過作"牛羊千口"者多達十件〔三〕，說明"牛羊千口"的用法在當時更爲普遍。

"舍宅不售"一句中的"舍宅"即宅舍，也是財富的代表之一。敦煌寫本斯六五三七號背《分書樣文》載："城外莊田、城内屋舍、家資什物及羊牛畜牧等，分爲厶分爲憑。"〔四〕此中的"舍宅"與莊田、家資什物、牛羊等都作爲財産被分割。《王梵志詩》云："富饒田舍兒，論情實好事。廣種如屯田，宅舍青煙起。槽上飼肥馬，仍更買奴婢。牛羊共成群，滿圈養肫子。"〔五〕可見有大量農田，有宅舍、肥馬、奴婢，牛羊豬成群，是當時富裕的標志。

"不售"，有不出售、不能實現的含義，前接"舍宅"二字，當表示不出售。如《北史・皇甫亮傳》載："所居宅洿下，標牓賣之，將買者或問其故，亮每答云：'爲宅中水淹不洩，雨即流入牀下。'由此宅終不售。"〔六〕此中"不售"的用法蓋與"舍宅不售"相同。那麽"舍宅不售"便表示不出售舍宅。古時有貧不賣舍宅的說法。唐人寒山詩曰："教汝數般事，思量知我賢。極貧忍賣屋，

―――――――――

〔一〕《隋書》卷四一《高頴傳》，第一一八〇頁。

〔二〕（唐）王梵志著，項楚校注：《王梵志詩校注》卷一《他家笑吾貧》，上海古籍出版社，一九九一年，第二九頁。

〔三〕《牛羊千口》寫本斯五六三一號背、北敦一〇〇四八號背、斯四一〇六號背、北敦一三〇六九號背、伯二五六四號背、斯一二三二號背、伯三七九七號背、斯一四七二號背、伯二七三八號背、俄敦六〇五〇號背這十件中首句作"牛羊千口"。

〔四〕沙知録校：《敦煌契約文書輯校》，第四五八頁。

〔五〕（唐）王梵志著，項楚校注：《王梵志詩校注》卷五《富饒田舍兒》，第六四五頁。

〔六〕（唐）李延壽撰：《北史》卷三八《皇甫亮傳》，中華書局，一九七四年，第一三九五頁。

纔富須買田。"寒山以下層民衆的導師的姿態，告誡人們"極貧忍賣屋"，"賣屋"是不賢的行爲。對於"極貧忍賣屋"一句，項楚注曰："《晋書·隗炤傳》：'臨終，書版授其妻曰："吾亡後當大荒窮，雖爾，慎莫賣宅也。"'按古人以'賣屋'爲敗家之事，《太上感應篇》卷一四'耗人貨財'，傳曰：'請更舉一事，庶幾爲子弟者皆知所戒。王祖德紹興己丑死於秦州。一日，其妻與其子暮坐堂中，恍見祖德從外歸，責曰："吾聞家中已議賣宅，宅乃祖業，安可輒以（有脱文）"'"〔一〕。又白居易云："得丁喪親，賣宅以奉葬。或責其無廟。云：貧無以爲禮。"〔二〕由此可見，古人視"賣宅"爲不智、不孝的行爲。所以《牛羊千口》中"舍宅不售"一句應當是告誡人們出售宅舍是不好的行爲，應當避免。

　　敦煌寫本北敦一○○四八號背、斯四一○六號背、伯三三六九號背、斯一二三二號背《牛羊千口》中皆作"舍宅不受"，"不受"即不接受。《舊唐書·竇建德傳》載："父卒，送葬者千餘人，凡有所贈，皆讓而不受。"〔三〕敦煌寫本《伍子胥變文》載："子胥見人不受，情中漸覺不安。"〔四〕這兩條資料中的"不受"即表示不接受。那麼"舍宅不受"可以解讀爲不接受宅舍。海野洋平對此句解讀爲釋尊捨棄宅舍。然而不論是不接受還是捨棄宅舍，訓誡意義都不如"舍宅不售"的立意顯著。因此，筆者以爲《牛羊千口》中"受"字當爲"售"字的同音誤字。張涌泉指出敦煌寫本中"售""受"二字通用〔五〕。如北敦二四九六號《目連變文》："喉咽別（則）細如針鼻，飲嚥滴水而不容；腹藏則寬於太山，盛售（受）三江而難滿。"北敦三○二四號《八相變》："又感四天王掌鉢來奉於前，併四鉢納一盂中，可售（受）四斗六升。"〔六〕綜上所述，"舍宅不受"一句訓誡意義不足，當以具有告誡人們不可賣

　　〔一〕（唐）寒山著，項楚注：《寒山詩注》，中華書局，二○○○年，第三八五頁。

　　〔二〕（唐）白居易著，顧學頡校點：《白居易集》卷六七《判》，中華書局，一九七九年，第一四一一頁。

　　〔三〕《舊唐書》卷五四《竇建德傳》，第二二三四頁。

　　〔四〕黃征、張涌泉校注：《敦煌變文校注》卷一《伍子胥變文》，第八頁。

　　〔五〕張涌泉主編：《敦煌經部文獻合集》第八册《小學類字書之屬·訓蒙書抄（一）》，第四一三一頁。

　　〔六〕黃征：《敦煌俗字典》，上海教育出版社，二○○五年，第三七三頁。

宅意義的“舍宅不售”一句爲確。

“甲子乙丑”是六十甲子的首位和第二位，屬於六甲知識。我國先民利用十天干和十二地支依次相配，組成了六十個基本單位，稱爲干支紀元法，六十年一循環，所以也叫“六十甲子”，簡稱“六甲”。六甲知識是童蒙教育的重要内容。《漢書・食貨志》載：“八歲入小學，學六甲五方書計之事。”〔一〕《四民月令》載：“研凍釋，命幼童入小學，學篇章。”關於“篇章”，崔寔自注云：“謂《六甲》《九九》《急就》《三倉》之屬”〔二〕。這兩條資料説明了早在漢代，六甲就屬於學生入小學後學習的童蒙知識，與《急就篇》《三倉》《九九乘法歌》等書計知識屬於同一層次。又《南齊書・顧歡傳》載：“歡年六七歲書甲子，有簡三篇，歡析計，遂知六甲。”〔三〕詩人李白“五歲誦六甲”〔四〕。敦煌蒙書《孔子備問書》中記録了完整的六十甲子〔五〕。可見六甲知識一直到唐代都屬於基礎的童蒙知識。“甲子乙丑”四字是六甲知識的篇首，又筆畫簡單，作爲《牛羊千口》的一部分，既能讓初學者習字，又能引入六甲知識，一舉兩得。

再來看“大王下首”一句〔六〕。“大王”是古代對君主或者諸侯王的敬稱。如《舊唐書・尉遲敬德傳》載：“敬德聞其謀，與長孫無忌遽啓太宗曰：‘大王若不速正之，則恐被其所害，社稷危矣。’”〔七〕此中“大王”指的是秦王李世民。“大王”在唐代也指王羲之。唐張懷瓘《書斷》載：“阮研，字文幾，

〔一〕《漢書》卷二四上《食貨志上》，第一一二二頁。

〔二〕（漢）崔寔撰，石聲漢校注：《四民月令校注》，中華書局，二〇一三年，第九頁。

〔三〕（南朝・梁）蕭子顯撰：《南齊書》卷五四《顧歡傳》，中華書局，一九七二年，第九二八頁。

〔四〕（唐）李白著，（清）王琦注：《李太白全集》卷二六《上安州裴長史書》，中華書局，一九七七年，第一二四三頁。

〔五〕鄭阿財、朱鳳玉：《敦煌蒙書研究》，第二〇三頁。

〔六〕拙文《敦煌寫本〈上大夫〉相關問題研究》認爲“大王下首”中的“下首”和“下手”同，有指代位次較低的一邊的含義，“大王”指代的是地位高的人，進而把此句解釋爲：社會地位高的人和社會地位低的人（金瀅坤主編：《童蒙文化研究》第二卷，第三〇一～三〇二頁）。

〔七〕《舊唐書》卷六八《尉遲敬德傳》，第二四九七頁。

陳留人，官至交州刺史。善書，其行草出於大王，甚精熟，若飛泉交注，奔競不息。時稱蕭陶等各得右軍一體，而此公筋力最優。"[一]又唐李綽《尚書故實》載："太宗酷好法書，有大王真蹟三千六百紙。"[二]這兩條資料中"大王"都指代王羲之。佛經和變文中也經常出現"大王"一詞。比如《長阿含經》載："此城時名拘舍婆提，大王之都城，長四百八十里，廣二百八十里。"[三]敦煌變文《太子成道經》載："是時净飯大王爲宫中無太子，憂悶尋常不樂。"[四]以上兩條資料中的"大王"指的是古印度國王。海野洋平主張"大王下首"中的"大王"應該指的是古印度國王。

　　"大王"也可以指曹氏歸義軍節度使。歸義軍節度使曹議金在後唐長興二年（九三一）開始冒稱"大王"[五]，而後曹議金的後人曹元忠、曹延禄也自稱過"大王"。如今《牛羊千口》僅存於敦煌文獻中，那麼"大王下首"中的"大王"可能與曹氏歸義軍節度使有密切關係。十五件《牛羊千口》寫本中，伯二七三八號背中有題記"咸通十年（八六九）己丑六月八日男文英，母因是"，是已知《牛羊千口》書寫年代的最早者，不過該寫本僅有"牛羊千口，舍"五字"，由於不見"大王"二字，所以嚴格意義上説不能確定此時"大王下首"一句已成爲《牛羊千口》的一部分。出現"大王"二字的寫本共有四件，其中伯三一四五號背的書寫年代應該是北宋端拱元年（九八八）；斯五六三一號背的書寫年代應該是北宋太平興國五年（九八〇）；北敦一〇〇四八號背無紀年，《國圖》推斷爲八至九世紀吐蕃統治時期寫本，海野

〔一〕（唐）張懷瓘撰：《書斷》卷中《妙品》，《景印文淵閣四庫全書》第八一二册，第六四頁。

〔二〕（唐）李綽編：《尚書故實》，王雲五主編：《叢書集成初編》第二七三九册，第一頁。

〔三〕（後秦）佛陀耶舍、竺佛念譯：《長阿含經》卷三《游行經第二中》，《大正新修大藏經》第一册，第二一頁b。

〔四〕　黄征、張涌泉校注：《敦煌變文校注》卷四《太子成道經》，第四三五頁。

〔五〕　榮新江：《歸義軍史研究——唐宋時代敦煌歷史考索》，上海古籍出版社，二〇一五年，第一〇三頁。

洋平推斷爲歸義軍時期寫本[一]；北敦一三〇六九號背無紀年，海野洋平推測爲十世紀寫本[二]。因此，現在尚無"大王下首"一句出現於九世紀的明確證據，但可以確認其出現在十世紀後半期的寫本中。那麽，此句中"大王"一詞有較大可能指代曹氏歸義軍節度使。如此的話，《牛羊千口》就非成書於一時，不出自一人之手，五句二十字的文本可能形成於後唐長興二年（九三一）之後。

"大王下首"中"下首"一詞，從字面含義來看，可以理解爲低頭，海野洋平依據唐慧琳《一切經音義》中對"俯"字和"稽首"的解釋，認爲"下首"與"稽首"通，"大王下首"表示釋尊説法傳道之時古印度諸王稽首參問的情形[三]。考"稽首"一詞，是以頭頓地的一種跪拜禮，以表尊敬、屈服。唐道宣述《釋門歸敬儀·威容有儀篇第八》載："《白虎通》云：'稽者，至也；首者，頭也。言下拜於前頭至地。'即《説文》云：'謂下首者爲稽也。'《三蒼》云：'稽首，頓首也，謂以頭頓於地也。'"[四]由此可見，"稽"或"稽首"的動作，需要下首，下首的程度是"以頭頓於地"。此外，"下首"亦有表示尊敬、屈服之意。歐陽修《回丁判官書》云："幸至其所，則折身下首以事上官。"[五]《宋史·朱熹傳》載："夫將者，三軍之司命，而其選置之方乖刺如此，則彼智勇材略之人，孰肯抑心下首於宦官、宮妾之門。"[六]可見在實際使用中，"下首"可以解讀爲地位較低的人對地位較高的人的屈服、遵從。現在返回到"大王下首"一句，如果當中"下首"是稽首或遵從，那麽能讓身居高

〔一〕［日〕海野洋平：《敦煌童蒙教材〈牛羊千口〉再論—傳本〈上大人〉·敦煌本〈上大夫〉の逕庭をめぐる一考察—》，《集刊東洋學》第一二三號，二〇二〇年，第六五～六六頁。

〔二〕［日〕海野洋平：《敦煌童蒙教材〈牛羊千口〉再論—傳本〈上大人〉·敦煌本〈上大夫〉の逕庭をめぐる一考察—》，《集刊東洋學》第一二三號，二〇二〇年，第六七頁。

〔三〕［日〕海野洋平：《敦煌童蒙教材〈牛羊千口〉校釋—蒙書〈上大人〉の姉妹篇—》，《一關工業高等專門學校研究紀要》第四七號，二〇一二年，第一三、一六頁。

〔四〕（唐）釋道宣述：《釋門歸敬儀》卷下《威容有儀篇第八》，《大正新修大藏經》第四五册，第八六三頁a。

〔五〕（宋）歐陽修著，李逸安點校：《歐陽修全集》卷六八《回丁判官書》，中華書局，二〇〇一年，第九九六頁。

〔六〕《宋史》卷四二九《道學傳三·朱熹傳》，第一二七六二頁。

位的大王稽首或遵從的對象，衹能是其父母、最高統治者、聖人以及天地等，聖人者當如孔子以及海野洋平所認爲的釋尊。但是考慮到《牛羊千口》是蒙書，大王稽首的場面對於學生而言應該非常遙遠，因此筆者以爲如果把此中"下首"作"稽首"來理解的話，還值得進一步商榷。

"下首"一詞還可以指代植物。《大戴禮記・曾子天圓》："曾子曰：'天之所生上首，地之所生下首。'"孔廣森補注："上首謂動物，下首謂植物。"〔一〕又《南華真經》載："受命於天，唯〔堯〕舜獨也正。"唐人成玄英疏曰："郭注曰：'下首唯有松柏，上首唯有聖人'者，但人頭在上，去上則死；木頭在下，去下則死。是以呼（不）〔人〕爲上首，呼木爲下首。故上首食傍首，傍首食下首。下首，草木也。傍首，蟲獸也。"〔二〕以上兩條資料中，前人認爲"上首"是人或動物，"下首"與"上首"相對，爲草木一類。"下首"此義與"大王"明顯不合，不易理解，應該可以排除。

另外，"下首"，通"下手"，可以表示位次較低的一邊，或者右邊的位置〔三〕。元釋省悟編述《律苑事規・第二諸師》載："和尚答云：'汝既陳請，我當爲汝作十戒和尚。'（下首侍者尺一下云）"〔四〕此中"下首侍者"應該是指位於右邊的侍者。同書卷六《專使請住持》載："上首知事去，下首知事行禮；頭首去，上首知事行禮。"〔五〕此中"頭首""上首""下首"應該是地位從高到低的三個人，"下首"的位次最低。如此以來，也能够解釋爲何斯五六三一號背、北敦一〇〇四八號背中作"大王下手"，因爲"下手"亦可指位次較低的一邊。又"手"通"首"。《左傳・襄公二十五年》載："陳知其罪，授手於我，

〔一〕（清）孔廣森撰，王豐先點校：《大戴禮記補注》卷五《曾子天圓第五十八》，中華書局，二〇一三年，第一〇九頁。

〔二〕（晋）郭象注，（唐）成玄英疏，曹礎基、黃蘭發點校：《南華真經注疏》卷二《內篇・德充符第五》，中華書局，一九九八年，第一一四頁。

〔三〕《漢語大詞典》第一卷，第三一〇、三一八頁。

〔四〕（元）釋省悟編述，（元）釋嗣良參訂：《律苑事規》卷二《第二諸師》，《卍續藏經》第一〇六册，第一五頁。

〔五〕（元）釋省悟編述，（元）釋嗣良參訂：《律苑事規》卷六《專使請住持》，《卍續藏經》第一〇六册，第四八頁。

用敢獻功。"〔一〕阮元校勘曰："案《家語》作'授首于我。'惠棟云：'手，古首字。'"〔二〕據此可證"手"與"首"在古代有混用。

現在結合上文對"下首"含義的三種解讀，筆者以爲第三種含義應該與"大王"最爲契合，"大王下首"一句可以解釋爲：位於大王的下首。古代位於大王下首者，應該是大王的左膀右臂，無疑是達官顯貴，更加寬泛一點的話，下首者可以理解爲各級官員。那麼"大王下首"一句出現在蒙書中，應當是鼓勵學習者"學而優則仕"，以歸義軍官僚爲目標，具有一定的勸學意義。敦煌文獻中不少學郎詩表達出學郎入仕爲官、光宗耀祖的願望。比如伯二七四六號《孝經》末題詩曰："讀誦須懃苦，成就如似虎。不詞（辭）杖棰體，願賜榮軀路。"〔三〕北敦四二九一號背有詩曰："高門出貴子，好木出良在（材）。丈夫不學聞（問），觀（官）從何處來。"〔四〕北敦八六六八號《百行章》末題："學郎身姓〔□〕，長大要人求。堆虧急學問，成人作都頭。"〔五〕這些學郎詩所表達的願景不正是通過學習可以有朝一日進入歸義軍政權而光耀門楣嗎。因此"大王下首"一句所包含的意義，與當時啓蒙教育的目的是非常契合的。加之前一句"甲子乙丑"可以表示時間，與"大王下首"結合起來理解的話，就是學生經過長時間的努力學習，才可能入仕爲官。而且"大王下首"者也會擁有一定財富，與首句"牛羊千口"相呼應。

最後"之乎者也"一句完全是由語氣助詞組成。敦煌寫本《五更轉》云："一更初，自恨長養枉身軀，耶娘小來不教授，如今爭識文與書。二更深，孝經一卷不曾尋，之乎者也都不識，如今嗟歎始悲吟。"〔六〕宋代《虛堂和尚語

〔一〕《春秋左傳正義》卷三六，（清）阮元校刻：《十三經注疏》，第一九八五頁。

〔二〕（清）阮元校刻：《十三經注疏》，第一九八七頁。

〔三〕徐俊纂輯《敦煌詩集殘卷輯考》中録作："讀誦須懃苦，成就始似虎。不詞（辭）扙（杖）棰體，願賜榮軀路。"（中華書局，二〇〇〇年，第七八三頁）

〔四〕徐俊纂輯：《敦煌詩集殘卷輯考》，第九一六頁。

〔五〕徐俊纂輯《敦煌詩集殘卷輯考》中録作："學郎身姓〔□〕，長大要人求。堆虧急學得，成人作都頭。"（第九二〇頁）

〔六〕任半塘編著：《敦煌歌辭總編》卷五《雜曲·定格聯章》，上海古籍出版社，一九八七年，第一二八四頁。

録・婺州雲黄山寶林禪師語録》載："上堂：'一大藏教，不出個鴉鳴鵲噪。
九經諸史，不出個之乎者也。'"〔一〕可以説"之乎者也"是學習入門之基，這
幾個字都不認識的話，"九經諸史"讀不得，祇能"嗟歎始悲吟"。《千字文》
末句爲"謂語助者，焉哉乎也"，大概是周興嗣爲了湊足千字而加，同時達
到了實用的效果。如此看來，《牛羊千口》以"之乎者也"收尾，明顯是受到
《千字文》的影響。至於斯五六三一號背、北敦一〇〇四八號背、斯四一〇六
號背中作"之夫者也"，與"之乎者也"相比，僅有一字之差，含義并無變
化。"夫"字可作語氣助詞。《孟子・告子上》云："率天下之人而禍仁義者，
必子之言夫！"趙岐注："夫，歎辭也。"〔二〕清人王引之《經傳釋詞》載："夫，
猶'乎'也，歎辭也。"〔三〕是以"之夫者也"亦是常用的語氣助詞組合，祇是
較之"之乎者也"在文獻中少見罷了。

　　綜上所述，"牛羊千口"一句表示士庶之家富裕的樣子；"舍宅不售"一
句旨在告誡人們不可出售宅舍，因爲售宅是不賢、不孝的行爲；"甲子乙丑"
一句屬於六甲知識，爲基礎啓蒙知識；"大王下首"一句旨在告訴學生當以
入仕爲官爲目標；"之乎者也"一句爲常用語氣助詞。《牛羊千口》似乎并未
有一個完整的含義。在敦煌寫本中，十五件《牛羊千口》都緊接在習字蒙書
《上大夫》之後，而《牛羊千口》本身內容簡短，筆畫簡單，寫本的筆迹多比
較稚嫩，還有伯三三六九號背是反復習字，這些情況都説明《牛羊千口》應
該是習字蒙書。因此該書在文義上不求嚴密，而是選擇了一些常見常用、筆
畫簡單，又具有啓蒙教育意義的字詞，以習字爲主要目的，兼及勸誡、勸學
的意義。另外，正因爲該書是習字蒙書，在習字中往往不注重含義，又處於
寫本時代，在流傳、使用的過程中，個別字難免會出現變化，所以部分敦煌
寫本中出現了"牛羊万口""舍宅不受""大王下手""之夫者也"這樣的寫

　　〔一〕（宋）釋妙原編：《虛堂和尚語録》卷二《婺州雲黄山寶林禪寺語録》，《大正新
修大藏經》第四七册，第一〇〇三頁a。
　　〔二〕（清）焦循撰，沈文倬點校：《孟子正義》卷二二《告子上》，中華書局，
二〇一七年，第七八八頁。
　　〔三〕（清）王引之撰，李花蕾校點：《經傳釋詞》卷十《夫》，第二三四頁。

法，以及"甲子乙丑"和"大王下首"這兩句話順序顛倒的現象。

第二節　《牛羊千口》的性質

　　關於《牛羊千口》的性質，張涌泉認爲是訓蒙讀物[一]，海野洋平認爲是童蒙教材[二]。還有《國圖》中對北敦一三〇六九號背《牛羊千口》説明如下："從形態看，該《羊千口》（擬）與《上大人》一樣，爲初階童蒙教材。"在今所得見的十五件敦煌寫本《牛羊千口》中，與該書同寫的内容有《上大夫》《上士由山水》《千字文》《敦煌百家姓》《百行章疏》等蒙書，有數字、姓名、姓氏等基礎内容，據此可知《牛羊千口》應該也屬於蒙書的性質。

　　十五件敦煌寫本《牛羊千口》中，該書都前接習字蒙書《上大夫》，説明二者的性質相似，在習字教育中的作用相近。海野洋平便認爲二者是姐妹篇[三]。敦煌本《上大夫》的全文爲"上大夫，丘乙己，化三千，七十士，尔小生，八九子"。《牛羊千口》的全文爲"牛羊千口，舍宅不售，甲子乙丑，大王下首，之乎者也"。二者的確有明顯的共通點，那就是内容簡短，筆畫簡單。《上大夫》僅有十八字，從基礎的習字筆畫豎和橫入手，最簡單的"乙"字僅爲一畫，最複雜的"丘""尔""生"三字僅爲五畫，最多的是"上""大""己"等三畫字，整篇的平均筆畫是三畫，而且包括五個數字。《牛羊千口》僅有二十字，以基礎筆畫撇入手，最簡單的也是"乙"字，筆畫最多的是"售"字，整篇的平均筆畫是五畫。可見《牛羊千口》的整體難度稍大於《上大夫》，這一點可能是敦煌寫本中《牛羊千口》排在《上大夫》之後的重要原因之一。習字教育當講求從易到難。學生初習

　　〔一〕　張涌泉主編：《敦煌經部文獻合集》第八册《小學類字書之屬・訓蒙書抄（一）》，第四一三一頁。

　　〔二〕［日］海野洋平：《敦煌童蒙教材〈牛羊千口〉校釋—蒙書〈上大人〉の姉妹篇—》，《一關工業高等專門學校研究紀要》第四七號，二〇一二年，第七～二二頁。

　　〔三〕［日］海野洋平：《敦煌童蒙教材〈牛羊千口〉校釋—蒙書〈上大人〉の姉妹篇—》，《一關工業高等專門學校研究紀要》第四七號，二〇一二年，第七～二二頁。

字，用《上大夫》開筆，教授者教以"上""大""小"等易於理解的字以及
"三""七""八""九""十"等基礎數字，這些字可以稱爲半字或純體字。等
學生基本掌握這些字之後，教授者用《牛羊千口》教以"牛羊""舍宅""大
王""下首"等常識，同時進入六甲知識和作文中常用語氣助詞的學習。因
此可以肯定的是，當時的習字教育已經遵循筆畫從易到難，先講易於理解的
字，後講複雜的字，在增加難度的同時，爲學習之後的内容注入引子，奠定
基礎。

　　敦煌寫本伯三一四五號背、斯四一〇六號背、北敦一〇〇四八號背、伯
特二二一九號中同時出現了習字蒙書《上大夫》《牛羊千口》《上士由山水》，
這三本蒙書的基本性質相同，但在習字教育中的地位有一定差異。據敦煌寫
本斯一三一三號《大乘百法明門論義序釋》第七則的記載，得知唐代"世小
兒上學，初學上大夫等爲半字"，説明當時學生習字普遍首用《上大夫》。敦
煌寫本中《牛羊千口》都出現在《上大夫》之後，説明二者有固定的使用順
序，而且《牛羊千口》的難度稍大於《上大夫》，那麼《牛羊千口》的學習時
間應該緊接在《上大夫》之後。《上士由山水》共十四句七十字，涉及知識更
多，難度最大，因此它的學習時間應該在《牛羊千口》之後。從《上大夫》
到《上士由山水》，依次從三字句、四字句學習到五字句，尤其是後者已經是
五言詩，不僅學習内容和涉及的知識逐漸增多，而且結構越來越複雜，呈現
出遞進式的習字過程。

結　論

　　本章對敦煌寫本《牛羊千口》的内容和性質做了詳細考察。《牛羊千口》
的編撰者在力求筆畫簡單的基礎上，用"牛羊千口"一句描繪了士庶之家富
裕的樣子，在學生心中埋入了美好的圖景；用"舍宅不售"一句告訴學生出
售宅舍是不賢、不孝的行爲；用"甲子乙丑"一句引入歲時知識；用"大王
下首"一句告訴學生要以入仕爲官爲學習目標；用"之乎者也"一句引入語
氣助詞的學習。《牛羊千口》二十個簡單的字，包含了日常事物、歲時知識、
階級秩序、作文詞語，還具備一定的訓誡、勸學意義，雖然在文義上不求嚴

密，但是具有重要的啓蒙教育意義。結合敦煌寫本和前人研究成果來看，《牛羊千口》應該是一篇初學者所用的習字蒙書。與《上大夫》相比，《牛羊千口》的習字難度稍大，涉及知識種類更加豐富，應該是《上大夫》之後補充學習的教材，學習時間應該緊接在《上大夫》之後。

第三章 敦煌習字蒙書《上士由山水》研究

　　《上士由山水》是一首十四句的五言詩，在唐五代宋初的敦煌地區被用於習字教育，迄今發現了伯三一四五號背、斯四一〇六號背、伯特二二一九號背、伯二八九六號背、伯四〇九三號、北敦五二七號背、北敦一〇〇四八號背七件敦煌寫本，爲探究這一蒙書的内容、性質及與習字教育的關係提供了珍貴資料。宋代以後有關《上士由山水》的記載多爲隻言片語，多與童蒙教育有關，甚至提到了其爲描朱之用，爲我們定性它爲習字蒙書提供了依據。劉長東曾對《上士由山水》中從"上士由山水"到"文才比仲壬"的部分進行了分析，認爲其包含道家思想，爲習字蒙書[一]。張涌泉在校錄伯三一四五號背和斯四一〇六號背時，對《上士由山水》的部分内容做過校箋[二]。筆者曾通過分析伯三一四五號背的内容和押韻情況，認爲該書的内容不止於"文才比仲壬"，而是訖於"即此是黄金"，具有勸學意義，而且在劉長東基礎上對該詩内容進行了解讀[三]，但是如今看來内容解讀方面還存在不少疏漏。本章在前

　　〔一〕　劉長東：《論中國古代的習字蒙書——以敦煌寫本〈上大夫〉等蒙書爲中心》，《社會科學研究》二〇〇七年第二期，第一八八～一九四頁。
　　〔二〕　張涌泉主編：《敦煌經部文獻合集》第八册《小學類字書之屬》，第四一二七～四一四二頁。
　　〔三〕　任占鵬：《敦煌寫本〈上士由山水〉與學郎習字》，金瀅坤主編：《童蒙文化研究》第四卷，第一四〇～一五六頁。

人和筆者前文的基礎上，結合敦煌寫本和傳世文獻，深入探究《上士由山水》的内容、性質以及對後世的影響，以期對這一蒙書及其在習字教育中的地位有更加全面的認識。

第一節 《上士由山水》的内容與性質

關於《上士由山水》的内容，劉長東在《論中國古代的習字蒙書——以敦煌寫本〈上大夫〉等蒙書爲中心》一文中認爲僅有四句，即到"平子本留心"爲止，"立行方迴也，文才比仲壬"兩句屬於另一首詩，并對這六句詩進行了解讀。劉氏判斷《上士由山水》僅有四句的依據應該是明代葉盛《水東日記》，因爲該書中《上士由山水》便是訖於"平子本留心"一句[一]。海野洋平提及《上士由山水》是五言九韻的勸學詩，共九十字[二]。也就是説海野氏認爲該詩的内容還包括伯三一四五號背中該詩之後的五言詩《黃金千萬斤》。筆者通過敦煌寫本，判定《上士由山水》當有十四句，共七十字。劉氏部分解讀比較得當，對筆者啓發很大，具有不錯的參考價值。本節將對《上士由山水》全文進行進一步解讀，并就其性質及在習字教育中的地位進行説明。

一 《上士由山水》的内容

傳世文獻中保存下來的《上士由山水》并不完整，幸賴敦煌寫本伯三一四五號背中保存了全文。爲了討論方便，兹將《上士由山水》移録如下：

> 上士由山水，中人坐竹林。天（王）生自有性，平子本留心。立行

〔一〕（明）葉盛撰，魏中平點校：《水東日記》卷十《描朱》，第一〇五～一〇六頁。

〔二〕［日］海野洋平：《童蒙教材としての王羲之〈顧書論〉（〈尚想黃綺〉帖）—敦煌寫本·羽664ノ二Rに見るプレ〈千字文〉課本の順朱—》，《杏雨》第二〇號，二〇一七年，第一四五頁。

　　方迴也，文才比重仁（仲壬）。去年出北地，今日入南陰。未申孔父志，
　　且作丁公吟。户内去三史，門前出五音。若能求白玉，即此是黄金。

　　這裏有必要説明一下何以判斷伯三一四五號背的記載是全文。爲了表述
方便，把從“上士由山水”到“文才比重仁（仲壬）”這六句稱爲詩歌的前
半部分，從“去年出北地”到“即此是黄金”的八句稱爲詩歌的後半部分。
首先從音韻的角度分析，《上士由山水》每兩句的末字是押韻的，前半部分的
“林”“心”“壬”三字是平聲侵韻，後半部分的“陰”“吟”“音”“金”四字
也是平聲侵韻，前後兩部分的韻脚是一致的。其次從内容來看，前後兩部分
都涉及到了人物典故，内容連貫，具有一體性，特別是最後兩句“若能求白
玉，即此是黄金”應該是全篇的主旨所在。再者，兩個部分的筆畫都比較簡
單，適合於學童習字。由此三點推知伯三一四五號背保存的《上士由山水》
應該是完整的。另外，伯三一四五號背中《上士由山水》之後還接有“黄金
千萬斤，用盡却還貧。不如懃學問，大寶自隨身”四句詩，“貧”和“身”屬
於平聲真韻。該詩的韻脚與《上士由山水》不合，且“黄金”二字與“即此
是黄金”重復，當是一首單獨的詩歌[一]。最近鄭阿財指出，寫本中這兩首詩
是同一人所寫，且連貫一氣，未有區隔，後一首應是接續前詩的唱和詩，採
用的是文學中常見的頂真修辭手法，使勵志勸學意旨更明白有力[二]。當如是。
以下就《上士由山水》的内容進行探討，分析其含義和特點。
　　首先解析開篇“上士由山水，中人坐竹林”兩句。“上士由山水”一句，
明代葉盛《水東日記》中作“尚仕由山水”[三]，劉長東指出文淵閣《四庫全書》
本《水東日記》作“尚士”，“尚”與“上”通，“仕”與“士”通[四]。“上士”，

　　〔一〕　任占鵬:《敦煌寫本〈上士由山水〉與學郎習字》，金瀅坤主編:《童蒙文化研究》
第四卷，第一四八頁。
　　〔二〕　鄭阿財:《敦煌蒙書校釋與研究·導論卷》，文物出版社，二〇二二年。
　　〔三〕　（明）葉盛撰，魏中平點校:《水東日記》卷十《描朱》，第一〇五頁。
　　〔四〕　劉長東:《論中國古代的習字蒙書——以敦煌寫本〈上大夫〉等蒙書爲中心》，
《社會科學研究》二〇〇七年第二期，第一九一頁。

古代的官階〔一〕，這裏當指道德高尚的人。"中人"，應該指德行次於"上士"的人。這裏的"上士""中人"的説法應該源自孔子所提出的人性論。《論語·季氏》載："生而知之者，上也；學而知之者，次也；困而學之，又其次也；困而不學，民斯爲下矣。"〔二〕《論語·雍也》載："中人以上，可以語上也；中人以下，不可以語上也。"〔三〕可見孔子認爲人大體有"生而知之者""學而知之者""困而學之""困而不學"四種，又可簡單分爲"中人以上""中人""中人以下"三類。老子曰："上士聞道，勤而行之；中士聞道，若存若亡；下士聞道，大咲之。"〔四〕老子提到的"上士""中士""下士"似乎可與孔子之説中的"中人以上""中人""中人以下"一一對應。張涌泉認爲"上士由山水"中的"上士"，即是"中人以上"，指代道德高尚的人〔五〕。這樣理解應當没有大問題。如此以來"中人坐竹林"中的"中人"，應該與孔子所言的"中人"對應，也與老子所言的"中士"義近，表示次於"上士"德行的人。唐孔穎達認爲孔子所提出的"生而知之者"是聖人，"學而知之者"是賢人〔六〕。那麼據此把"上士"理解爲聖人，把"中人"理解爲"賢人"也當没有太大問題。

"由"字，劉長東指出"由"與"游""遊"通，故"尚仕由山水"即是"上士游山水"〔七〕；張涌泉在校録伯三一四五號背之時指出"由"有踐履、遵從

〔一〕《禮記·王制第五》載："王者之制禄爵，公、侯、伯、子、男，凡五等。諸侯之上大夫卿、下大夫、上士、中士、下士，凡五等。"（［清］孫希旦撰，沈嘯寰、王星賢點校：《禮記集解》卷一二《王制第五之一》，第三〇九頁）

〔二〕（三國·魏）何晏集解，（宋）邢昺疏：《論語注疏》卷一六《季氏第十六》，（清）阮元校刻：《十三經注疏》，第二五二二頁。

〔三〕《論語注疏》卷六《雍也第六》，（清）阮元校刻：《十三經注疏》，第二四七九頁。

〔四〕 朱謙之：《老子校釋》"四十一章"，中華書局，一九八四年，第一六六～一六七頁。

〔五〕 張涌泉主編：《敦煌經部文獻合集》第八册《訓蒙書抄（一）伯三一四五背》，第四一三二頁。

〔六〕《論語注疏》卷一六《季氏第十六》，（清）阮元校刻：《十三經注疏》，第二五二二頁。

〔七〕 劉長東：《論中國古代的習字蒙書——以敦煌寫本〈上大夫〉等蒙書爲中心》，《社會科學研究》二〇〇七年第二期，第一九一頁。

的意義，不必校作“遊”〔一〕。《禮記・經解》：“是故隆禮、由禮謂之有方之士，不隆禮、不由禮謂之無方之民，敬讓之道也。”孔穎達疏：“由，行也。”〔二〕孫希旦集解：“由，謂踐履之。”〔三〕又《論語・泰伯》：“民可使由之，不可使知之。”鄭玄注：“由，從也。”〔四〕可見“由”字應該遵照張涌泉的理解，解釋爲踐行、遵從之意。“山水”便是自然，那麼“由山水”即是踐行、遵從自然之道。“上士”雖爲“生而知之者”的聖人，但也要踐行、遵從自然之道，也需“勤而行之”。

　　“中人”與“上士”相對，那麼“坐竹林”應該與“由山水”對應，表現的是“學而知之者”的一種狀態。涉及到“竹林”，或許我們首先會想到“竹林七賢”。魏正始年間，名士嵇康與“陳留阮籍、河内山濤，豫其流者河内向秀、沛國劉伶、籍兄子咸、琅邪王戎，遂爲竹林之游，世所謂‘竹林七賢’也”〔五〕。以後竹林成爲隱逸的標配之一，晋人袁宏更是撰《竹林名士傳》三卷專門記録隱逸竹林的名士〔六〕。對於“坐竹林”，或還能想到唐人隱於山林潛心習業的事迹，兹略舉幾例。《舊唐書・李渤傳》載：“（李渤）勵志於文學，不從科舉，隱於嵩山，以讀書業文爲事。”〔七〕《舊唐書・崔從傳》載：“（崔從）與仲兄能同隱山林，苦心力學。屬歲兵荒，至於絶食，弟兄採梠拾橡實，飲水棲衡，而講誦不輟，怡然終日。”〔八〕講述學於山林或竹林的歌辭亦有

〔一〕　張涌泉主編：《敦煌經部文獻合集》第八册《小學類字書之屬・訓蒙書抄（一）》，第四一三二頁。

〔二〕（漢）鄭玄注，（唐）孔穎達疏：《禮記正義》卷五〇《經解第二十六》，（清）阮元校刻：《十三經注疏》，第一六一〇頁。

〔三〕（清）孫希旦撰，沈嘯寰、王星賢點校：《禮記集解》卷四八《經解第二十六》，第一二五七頁。

〔四〕（清）劉寶楠撰，高流水點校：《論語正義》卷九《泰伯第八》，中華書局，一九九〇年，第二九九頁。

〔五〕（唐）房玄齡等撰：《晋書》卷四九《嵇康傳》，中華書局，一九七四年，第一三七〇頁。

〔六〕《晋書》卷九二《文苑傳・袁宏傳》，第二三九八頁。

〔七〕《舊唐書》卷一七一《李渤傳》，第四四三七頁。

〔八〕《舊唐書》卷一七七《崔從傳》，第四五七七頁。

不少。韋應物《善福精舍示諸生》:"諸生時列坐,共愛風滿林。"〔一〕許渾《卜居招書侶》:"微雨秋栽竹,孤燈夜讀書。憐君亦同志,晚歲傍山居。"〔二〕敦煌寫本《十二時》:"黄昏戌,琴書獨坐茅庵室,天子不將印信迎,誓隱山林終不出。"〔三〕關於唐人學於山林的資料還有很多,詳見嚴耕望《唐人習業山林寺院之風尚》一文。針對唐人學於山林寺院的情況,嚴耕望指出:唐中葉以後,"讀書山林寺院,論學會友,蔚爲風尚,及學成乃出應試以求聞達,而宰相大臣、朝野名士亦即多出其中"〔四〕。"中人"既爲"學而知之者",與唐人隱於山林志於學業的行爲是契合的,這些志於學業的人的確稱得上是賢人。因此"中人坐竹林"一句說的應該是追求學業的人於山林中學習的情景。總之,"上士由山水,中人坐竹林"兩句表達的是聖賢亦需行而知之、學而知之,引出了學習的主題。

其次解析"王生自有性,平子本留心"兩句。"王生",敦煌寫本斯四一○六號背、伯特二二一九號背作"王生",伯三一四五號背、伯四○九三號作"天生",當以"王生"爲確。劉長東認爲當作"天生自有性",與"平子本留心"結合,引用的是春秋時期韓平子的典故〔五〕。《説苑・敬慎》載:"韓平子問於叔向曰:'剛與柔孰堅?'對曰:'臣年八十矣,齒再墮而舌尚存。老聃有言曰:"天下之至柔,馳騁乎天下之至堅。"又曰:"人之生也柔弱,其死也剛强。萬物草木之生也柔脆,其死也枯槁。因此觀之,柔弱者生之徒也,剛强者死之徒也。"夫生者毀而必復,死者破而愈亡,吾是以知柔之堅於剛也。'平子曰:'善哉!然則子之行何從?'叔向曰:'臣亦柔耳,何以剛爲。'平子曰:'柔無乃脆乎?'叔向曰:'柔者紐而不折,廉而不缺,何

〔一〕 孫望編著:《韋應物詩集繫年校箋》卷四《善福精舍示諸生》,中華書局,二○○二年,第二○二頁。

〔二〕 (唐)許渾撰:《丁卯詩集・補遺》,上海古籍出版社,一九九四年,第五一頁。

〔三〕 任半塘編著:《敦煌歌辭總編》卷五《雜曲・定格聯章》,第一二八九頁。

〔四〕 嚴耕望:《唐人習業山林寺院之風尚》,收入嚴耕望:《嚴耕望史學論文集》,上海古籍出版社,二○○九年,第八八八頁。

〔五〕 劉長東:《論中國古代的習字蒙書——以敦煌寫本〈上大夫〉等蒙書爲中心》,《社會科學研究》二○○七年第二期,第一九一頁。

爲脆也！天之道微者勝。是以兩軍相加，而柔者克之；兩仇争利，而弱者得焉……'平子曰：'善！'"〔一〕劉長東據這一資料認爲"天生自有性，平子本留心"兩句可理解爲："蓋謂人天生而有剛柔之性，但韓平子能留心柔弱的正面效用。"〔二〕這一解釋較爲牽强。關於韓平子的事迹，史料中記載其少，不具有典型性，而且該典故中涉及的剛柔之論，是韓平子向叔向請教後，叔向表達的觀點，韓平子僅是表示贊同罷了。

考宋之前文獻中與"平子"有關的名人中，主要有季平子、張平子（張衡）、王平子（王澄）等，其指代晉王澄的可能性很大。王澄字平子，頗有盛名。唐李瀚《蒙求》"逸少傾寫，平子絶倒"中"平子"指的就是王澄。《晉書・衛玠傳》載："琅邪王澄有高名，少所推服，每聞玠言，輒嘆息絶倒。故時人爲之語曰：'衛玠談道，平子絶倒。'"〔三〕《蒙求》所載即爲此事。史書對王澄的才智給予了很高的評價。《晉書・王澄傳》載："衍有重名於世，時人許以人倫之鑒。尤重澄及王敦、庾敳，嘗爲天下人士目曰：'阿平第一，子嵩第二，處仲第三。'澄嘗謂衍曰：'兄形似道，而神鋒太儁。'衍曰：'誠不如卿落落穆穆然也。'澄由是顯名。有經澄所題目者，衍不復有言，輒云'已經平子矣。'"〔四〕而年少成名的弊端也很明顯，王澄高傲氣盛，經常我行我素。劉琨曾對他説："卿形雖散朗，而内實勁俠，以此處世，難得其死。"此話是真朋友的勸誡。但是王澄不以爲意，在做荆州刺史之時，"日夜縱酒，不親庶事，雖寇戎急務，亦不以在懷"。并在戰事中，屢次決斷錯誤，委罪下屬，拒不納諫，以致"上下離心，内外怨叛"，然而"澄望實雖損，猶傲然自得"。後晉元帝以王澄爲軍諮祭酒，王澄在赴任途中路過江州，拜見王敦，竟招殺身之禍。此事《晉書・王澄傳》有載，其云：

〔一〕（漢）劉向撰，向宗魯校證：《説苑校證》卷十，中華書局，一九八七年，第二四五頁。

〔二〕劉長東：《論中國古代的習字蒙書——以敦煌寫本〈上大夫〉等蒙書爲中心》，《社會科學研究》二〇〇七年第二期，第一九一頁。

〔三〕《晉書》卷三六《衛玠傳》，第一〇六七頁。

〔四〕《晉書》卷四三《王澄傳》，第一二三九頁。

時王敦爲江州，鎮豫章，澄過詣敦。澄夙有盛名，出於敦右，士庶莫不傾慕之。兼勇力絶人，素爲敦所憚，澄猶以舊意侮敦。敦益忿怒，請澄入宿，陰欲殺之。而澄左右有二十人，持鐵馬鞭爲衛，澄手嘗捉玉枕以自防，故敦未之得發。後敦賜澄左右酒，皆醉，借玉枕觀之。因下牀而謂澄曰："何與杜弢通信？"澄曰："事自可驗。"敦欲入内，澄手引敦衣，至于絶帶。乃登于梁，因罵敦曰："行事如此，殃將及焉。"敦令力士路戎搤殺之，時年四十四，載尸還其家。劉琨聞澄之死，歎曰："澄自取之。"〔一〕

王澄行事乖張，惹怒王敦，被陷與敵方杜弢通信，終被害。劉琨祇能嘆曰"澄自取之"。《晋書》的編纂者認爲他"肆情傲物，對鏡難堪，終失厥生，自貽伊敗"〔二〕。由此可知房玄齡等人是把王澄的事迹作爲反面教材記録的。再回到"平子本留心"一句。"留心"有關心、小心之意。那麽，這句話應該是説王澄本應該小心翼翼，謹慎處事。

而前一句"王生自有性"中的"王生"與"平子"對照，也應該是人名。古人經常把姓王的人稱爲王生，但是也有一位比較有名的歷史人物就叫王生。《漢書·張釋之傳》載：

王生者，善爲黄老言，處士。嘗召居廷中，公卿盡會立，王生老人，曰"吾韈解"，顧謂釋之："爲我結韈！"釋之跪而結之。既已，人或讓王生："獨柰何廷辱張廷尉如此？"王生曰："吾老且賤，自度終亡益於張廷尉。廷尉方天下名臣，吾故聊使結韈，欲以重之。"諸公聞之，賢王生而重釋之。〔三〕

王生在朝堂上當着衆公卿之面，不顧招來非議，讓張釋之爲自己系韈子，"釋

〔一〕《晋書》卷四三《王澄傳》，第一二四一頁。
〔二〕《晋書》卷四三《王澄傳》，第一二四六頁。
〔三〕《漢書》卷五〇《張釋之傳》，第二三一二頁。

之跪而結之"。王生此舉并不是爲了侮辱張釋之，而是以己之過分，來凸顯張
釋之的賢明，"欲以重之"。王生在講明此舉的用意之後，諸公果真"賢王生
而重釋之"。這便是王生的"自有性"，即成就他人、犧牲自我的美好、善良
之性。這一故事在史書中記載頗多。《晋書·庾峻傳》載："以釋之之貴，結
王生之襪於朝，而其名愈重。"〔一〕《魏書·釋老志》載："（崔）浩事天師，拜
禮甚謹。人或譏之。浩聞之曰：'昔張釋之爲王生結襪。吾雖才非賢哲，今奉
天師，足以不愧於古人矣。'"〔二〕這一故事在《長短經》《唐摭言》以及《藝文
類聚》《太平御覽》等書中也有記載，甚至在唐人詩歌中也有引用。許渾《灞
上逢元處士東歸》詩曰："何人更結王生襪，此客虛彈貢氏冠。"〔三〕薛逢《上
吏部崔相公》詩曰："公車未結王生襪，客路虛彈貢禹冠。"〔四〕可見，張釋之
給王生結襪的故事被後世傳作美談，王生因爲犧牲自我、成就他人的"自有
性"而名留青史。再回看"平子本留心"，王澄却因爲恃才傲物、行事乖張
的"自有性"而損命。所以"王生自有性，平子本留心"包含的兩個故事都
與性格有關，旨在告訴學生要擁有如王生般的善良之性，摒棄如王澄般的高
傲之性。

　　然後解析"立行方迴也，文才比仲壬"兩句。迴，即"回"。劉長東指出
"回也"是顏回，"仲壬"是東漢王充（字仲任，或作仲壬）〔五〕。《論語·雍也》：
"孔子曰：'賢哉回也！一簞食，一瓢飲，在陋巷，人不堪其憂，回也不改其
樂。賢哉回也！'"〔六〕可見孔子就經常把顏回稱作"回也"。唐人也多用此稱
呼。徐彥伯《題東山子李適碑陰二首》的第二首詩曰："回也實夭折，賈生

　　〔一〕《晋書》卷五〇《庾峻傳》，第一三九三頁。

　　〔二〕（北齊）魏收撰：《魏書》卷一一四《釋老志》，中華書局，一九七四年，第
三〇五三頁。

　　〔三〕（唐）許渾撰：《丁卯詩集》卷上，第一三頁。

　　〔四〕（清）曹寅等奉敕輯：《全唐詩》卷五四八，中華書局，一九六〇年，第
六三二五頁。

　　〔五〕劉長東：《論中國古代的習字蒙書——以敦煌寫本〈上大夫〉等蒙書爲中心》，
《社會科學研究》二〇〇七年第二期，第一九二頁。

　　〔六〕《論語注疏》卷六《雍也第六》，（清）阮元校刻：《十三經注疏》，第二四七八頁。

亦脆促。"〔一〕孟浩然《西山尋辛諤》云:"回也一瓢飲,賢哉常晏如。"〔二〕所以"迴也"當指顏回。"行"指德行,"立行"即建立德行標準。顏回以德行高尚而著稱。所以"立行方迴也"便是説:以顏回的德行標準要求自己。"仲壬",東漢王充。王充著《論衡》,以才學著稱。《後漢書·王充傳》載:"友人同郡謝夷吾上書薦充才學,肅宗特詔公車徵,病不行。"李賢注引《謝承書》曰:"夷吾薦充曰:'充之天才,非學所加,雖前世孟軻、孫卿,近漢楊雄、劉向、司馬遷,不能過也。'"〔三〕時人謝夷吾把王充與孟子、揚雄等人作比,足見王充才學之高。"文才比仲壬"一句〔四〕,就是文才堪比王充。總之,"立行方迴也,文才比仲壬"兩句旨在希望學生以顏回的高尚德行、王充的才學來要求自己。劉長東從蒙書的角度認爲:"習字蒙書選顏回和王充之目的是欲'勵志',即勉勵學童在德行和學問上當與二人比肩。"〔五〕當如是。《蒙求》中也用顏回、王充作例,其云"顏回簞瓢,仲蔚蓬蒿"和"王充閲市,董生下帷",就是標榜顏回的德行和王充的向學。

接着解析"去年出北地,今日入南陰"兩句。"北地",地名,隋有"北地郡"。《舊唐書·地理志》載:"寧州上,隋北地郡……武德元年,改北地郡爲寧州。"〔六〕"北地"也泛指北部地區。唐杜審言《經行嵐州》:"北地春光晚,邊城氣候寒。"〔七〕唐寒山詩曰:"南方瘴癘多,北地風霜甚。"〔八〕唐人邊塞詩中,亦多見"北地",兹不再列舉。唐代詩文中的"北地"基本上指的是北部地

〔一〕《全唐詩》卷七六,第八二二頁。

〔二〕(唐)孟浩然著,佟培基箋注:《孟浩然詩集箋注》(增訂本)卷下,上海古籍出版社,二〇一三年,第四四二頁。

〔三〕(南朝·宋)范曄撰,(唐)李賢等注:《後漢書》卷四九《王充傳》,中華書局,一九六五年,第一六三〇頁。

〔四〕斯三三九三號背有"文才比僧政,大雲寺"語,用法與"文才比仲壬"同。

〔五〕劉長東:《論中國古代的習字蒙書——以敦煌寫本〈上大夫〉等蒙書爲中心》,《社會科學研究》二〇〇七年第二期,第一九二頁。

〔六〕《舊唐書》卷三八《地理志一》,第一四〇六頁。

〔七〕(唐)杜審言著,徐定祥注:《杜審言詩注》,上海古籍出版社,一九八二年,第二二頁。

〔八〕(唐)寒山著,項楚注:《寒山詩注》,第三四二頁。

方，而"去年出北地"一句中"北地"亦當指北部地方。"南陰"，古有"南陰平郡"，北周時改爲"南陰平縣"，隨後廢置〔一〕。此"南陰"應該與"南陰平郡"無涉。斯四一〇六號背《上士由山水》中作"今入曰南音"，張涌泉認爲或當作"今日入南音"〔二〕。"南音"可以指南方的音樂、虞舜的《南風》歌或者南方口音〔三〕。但是"南音"中"音"字與《上士由山水》後半部分中"門前出五音"句末字重復，所以可排除"南音"的可能，斯四一〇六號背中出現的"南音"應該是抄寫之誤。"南陰"與"北地"相對，理解爲南部地區，應該問題大不。那麼"去年出北地，今日入南陰"應該是說：去年離開了北部地區，今天進入了南部地區。如果聯繫到本詩的蒙書性質，這兩句話應該在説學子爲了求學而南北奔波，因爲古代學子求學的過程往往伴隨着到處拜師或者游學，南北奔波在所難免。

　　然後是"未申孔父志，且作丁公吟"兩句的解析。關於"孔父"，一者，是對孔子的尊稱，如《舊唐書·禮儀志》載："自周公制禮之後，孔父刊經已來，爰殊厭降之儀，以標服紀之節"〔四〕；二者，孔子的六世祖"孔父嘉"，亦稱作"孔父"。孔父嘉的故事，《史記·宋微子世家》中有較爲詳細的記載，其云：

　　　　穆公九年，病，召大司馬孔父謂曰："先君宣公舍太子與夷而立我，我不敢忘。我死，必立與夷也。"孔父曰："群臣皆願立公子馮。"穆公曰："毋立馮，吾不可以負宣公。"於是穆公使馮出居于鄭。八月庚辰，穆公卒，兄宣公子與夷立，是爲殤公……（殤公）九年，大司馬孔父嘉妻好，出，道遇太宰華督，督説，目而觀之。督利孔父妻，乃使人宣言國中曰："殤公即位十年耳，而十一戰，民苦不堪，皆孔父爲之，我且殺孔父以寧民。"是歲，魯弒其君隱公。十年，華督攻殺孔父，取其妻。殤公怒，遂

　　〔一〕《隋書》卷二九《地理志上·蜀郡》，第八二六～八二七頁。
　　〔二〕　張涌泉主編：《敦煌經部文獻合集》第八册《小學類字書之屬·訓蒙書抄（二）》，第四一四一頁。
　　〔三〕《漢語大詞典》第一卷，第八九三頁。
　　〔四〕《舊唐書》卷二七《禮儀志七》，第一〇二四頁。

弒殤公，而迎穆公子馮於鄭而立之，是爲莊公。〔一〕

依據太史公所記，孔父嘉爲宋國大司馬，宋穆公病亡後，依照穆公的遺囑，擁立穆公兄宋宣公之子與夷爲國君，是爲宋殤公。孔父嘉能參與立君之事，應該在朝堂上擁有較高的地位。但是在殤公九年，孔父嘉却被太宰華督以"殺孔父以寧民"的理由殺害，甚至殤公亦被太宰華督所弒。這則記載顯示出孔父嘉被殺有兩個原因：第一個原因是太宰華督爲了奪取孔父嘉妻；第二個原因是宋殤公連年征戰，民衆苦不堪言，而孔父嘉被視爲戰争的罪魁禍首。其實這一事件顯然是太宰華督爲了反對殤公暴政而發起的一場宮廷政變，孔父嘉是殤公的重臣，遂成爲政變中的犧牲品，正如《穀梁傳》云："孔父之先死，何也？督欲弒君，而恐不立，於是乎先殺孔父，孔父閑也"〔二〕。

後人對於此事件中孔父嘉的評價不一。晉杜預認爲："稱督以弒，罪在督也。孔父稱名者，内不能治其閨門，外取怨於民，身死而禍及其君。"唐孔穎達亦持相同看法："婦人之出，禮必擁蔽其面，孔父妻行，令人見其色美，是不能治其閨門。及殤公之好攻戰，孔父須伏死而争，乃從君之非，是取怨於百姓。事由孔父，遂禍及其君，似公子比劫立加弒君之罪。杜君積累其惡，故以書名責之。"〔三〕可見二人是對孔父嘉持否定態度的。漢公羊壽主張孔父嘉是被宋殤公連累的，其《春秋公羊傳》云："宋萬弒其君接及其大夫仇牧。及者何？累也。弒君多矣，舍此無累者乎？孔父、荀息皆累也"〔四〕。唐徐彦疏："孔父生存，殤公不可得而弒，故於是先攻孔父之家。殤公知孔父死，己必死，趨而救之，皆死焉。孔父正色而立于朝，則人莫敢過而致難於其君者，

〔一〕《史記》卷三八《宋微子世家》，第一六二三頁。

〔二〕（晉）范甯集解，（唐）楊士勛疏：《春秋穀梁傳注疏》卷三，（清）阮元校刻：《十三經注疏》，第二三七三頁。

〔三〕《春秋左傳正義》卷五，（清）阮元校刻：《十三經注疏》，第一七四〇頁。

〔四〕（漢）公羊壽傳，（漢）何休解詁，（唐）徐彦疏：《春秋公羊傳注疏》卷七，（清）阮元校刻：《十三經注疏》，第二二三二頁。

孔父可謂義形于色矣。"〔一〕徐彥認爲孔父嘉是爲了殤公而死，對他給予了高度評價。《宋書》的撰者沈約褒孔父嘉，貶華督，其云："昔汲黯尚存，劉安寢志；孔父既逝，華督縱逆"〔二〕。還有唐皮日休認爲"孔父以奪室見弒"，是"無辜之怨"，他在《春秋決疑十篇》中説：

> 夫桓二年書曰："宋華督弒其君與夷，及其大夫孔父。"僖十年又書曰："里克弒其君卓，及其大夫荀息。"夫君稱"弒"也，而云"及"者，是君臣無別也。弒之者，罪臣下也。夫孔父以奪室見弒，荀息以立君被誅，是無辜之怨，是以"及"。褒之者何？自臣及君也，蓋貶華父與里克也。俾孔父之死，如與夷之死。荀息之死，如卓子之死。"及"之者，貴之也。〔三〕

皮日休認爲《春秋左傳》中記載的"宋華督弒其君與夷，及其大夫孔父"中的"及"字，是褒義的，有讚揚孔父嘉的意味，孔父嘉和"以立君被誅"的荀息，皆是無辜的。總之，可能因孔父嘉爲孔子六世祖，所以後人特別關注這一事件，對孔父嘉褒貶不一。再回到《上士由山水》中"未申孔父志"一句，其中"未申"即尚未實現〔四〕，整句話的意思應該是尚未實現"孔父"的意志，但是其中"孔父"究竟是指孔子，還是孔父嘉，在此時尚難以斷定，或應當結合下句"且作丁公吟"才能做出正確判斷。

〔一〕《春秋公羊傳注疏》卷一八，（清）阮元校刻：《十三經注疏》，第二二九六頁。

〔二〕（南朝·梁）沈約：《宋書》卷六八《南郡王義宣傳》，中華書局，一九七四年，第一八〇一頁。

〔三〕（唐）皮日休著，蕭滌非、鄭慶篤整理：《皮子文藪》卷三《春秋決疑十篇》，上海古籍出版社，一九八一年，第三三頁。

〔四〕關於"未申"的用例，見《晉書·慕容暐載記》載："飛檄三輔，仁聲先路，獲城即侯，微功必賞，此則鬱概待時之雄，抱志未申之傑，必嶽峙灞上，雲屯隴下"（第二八五二頁）；（宋）李昉等編《太平廣記》卷四九二《雜傳記九·靈應傳》載："泊遭釁累，譴謫於茲，平生志氣，鬱而未申"（中華書局，一九六一年，第四〇四四頁）。

　　"且作丁公吟"一句中的"丁公"與前句中的"孔父"對仗，人名無疑。古代對丁姓之人的敬稱可以作"丁公"，然而歷史上也有一位大名鼎鼎的人物就叫丁公。《史記・季布欒布傳》載：

　　　　季布母弟丁公，爲楚將。丁公爲項羽逐窘高祖彭城西，短兵接，高祖急，顧丁公曰："兩賢豈相厄哉！"於是丁公引兵而還，漢王遂解去。及項王滅，丁公謁見高祖。高祖以丁公徇軍中，曰："丁公爲項王臣不忠，使項王失天下者，迺丁公也。"遂斬丁公，曰："使後世爲人臣者無效丁公！"[一]

　　丁公是季布同母异父的弟弟，項羽部將，在彭城之戰中因劉邦的一句話"兩賢豈相厄哉"而放走了劉邦。然而劉邦滅項羽後，并未念及此恩情，反而指責丁公爲項羽臣而不忠，以致項羽失天下，遂斬丁公，以儆效尤。對於此事，後人看法不一。《晉書・祖約傳》載："勒將程遐説勒曰：'天下粗定，當顯明逆順，此漢高祖所以斬丁公也。'"[二]《魏書・蕭寶夤傳》載："漢困彭宋，實丁公而獲免。吳項已平，二臣即法。豈不録其情哉？欲明責以示後。"[三]《舊唐書・韋湊傳》載："及高祖滅項氏，遂戮丁公以徇，曰：'使項王失天下者，丁公也。'夫戮之，大義至公也，不私德之，所以誠其後之事君者。"[四]這些觀點認爲劉邦殺丁公是公之大義，以誡後人。但後人也有不少反對之聲。裴松之注《三國志・魏書・劉廙傳》中引用晋傅玄《傅子》曰："夷、叔迂武王以成名，丁公順高祖以受戮，二主之度遠也。"[五]傅玄認爲劉邦此舉缺乏氣度。明末王夫之在《讀通鑒論・漢高帝・斬丁公忘恩非義》中直接提出：

　　〔一〕《史記》卷一〇〇《季布欒布傳》，第二七三三頁。

　　〔二〕《晉書》卷一〇〇《祖約傳》，第二六二七頁。

　　〔三〕《魏書》卷五九《蕭寶夤傳》，第一三二一頁。

　　〔四〕《舊唐書》卷一〇一《韋湊傳》，第三一四四～三一四五頁。

　　〔五〕（晋）陳壽撰，（南朝・宋）裴松之注：《三國志》卷二一《魏書・劉廙傳》，中華書局，一九五九年，第六一五頁。

"夫高帝當窘迫之時，豈果以丁公爲可殺而必殺之哉？當誅丁公之日，又豈果能忘丁公之免己而不以爲德哉？欲懲人臣之叛其主，而先叛其生我之恩，且囂然曰是天下之公義也。則借義以爲利，而吾心之惻隱亡矣。""若丁公者，廢而勿用可也；斬之，則導天下以忘恩矣。恩可忘也，苟非刑戮以隨其後，則君父罔極之恩，孰不可忘也？嗚呼！此三代以下，以義爲名爲利而悖其天良之大蠹也。"〔一〕王夫之認爲劉邦斬殺丁公，是"借義以爲利"，并不是爲了公義，是忘恩行爲，不是正確的價值導向。唐李瀚《蒙求》載有"丁公遽戮，雍齒先侯"兩句，前一句"丁公遽戮"當然説的是丁公爲劉邦所殺的故事，後一句中的"雍齒"是早先跟隨劉邦起義的同鄉，而後叛劉邦，投靠了魏國周市，後來再降劉邦，劉邦封其爲什方侯。此事《史記·高祖本紀》《史記·留侯世家》有載。《蒙求》中這兩句顯然是根據丁公和雍齒二人的類似境遇却不同結果，諷刺劉邦"借義以爲利"的行爲。

　　那麼"且作丁公吟"一句中的"丁公"當指楚將丁公。"且作"即暫且作。《五燈會元·香嚴智閑禪師》載："此生不學佛法也，且作個長行粥飯僧，免役心神。"〔二〕此用例與"且作丁公吟"中"且作"類似。"吟"有歎息、呻吟之義。於是"且作丁公吟"應該是：暫且爲丁公歎息。可見《上士由山水》的作者没有批判丁公，而是同情丁公的遭遇，爲其歎息。既然作者認爲"且作丁公吟"中的"丁公"遭受了不公的待遇，有冤屈，那麼"未申孔父志"中的"孔父"亦應當是可能遭受了"無辜之怨"的孔父嘉，而非孔子。因此"未申孔父志，且作丁公吟"講的是孔父嘉與丁公被冤殺的故事，屬於歷史啓蒙知識，與《蒙求》中"丁公遽戮，雍齒先侯"兩句的性質相似。

　　再次是"戶内去三史，門前出五音"兩句的解析。"三史"之説在三國

────────────

　　〔一〕（清）王夫之著：《讀通鑑論》卷二《漢高帝》，船山全書編輯委員會編：《船山全書》第十册，岳麓書社，一九九六年，第八四頁。
　　〔二〕（宋）釋普濟著，蘇淵雷點校：《五燈會元》卷九《香嚴智閑禪師》，第五三六頁。

時期已普遍使用[一]，指的是《史記》《漢書》《東觀漢記》。敦煌蒙書《雜抄》即言："何名三史？《史記》《前漢》《東觀漢記》。"[二]直到唐開元二十五年（七三七），《後漢書》正式取代了《東觀漢記》的地位，成爲三史之一，此後三史再無更替[三]。唐設有三史科，爲科舉考試科目之一，選拔精通三史的人才。長慶二年（八二二）二月，諫議大夫殷侑上奏："歷代史書，皆記當時善惡，係以褒貶，垂裕勸戒。其司馬遷《史記》，班固、范煜《兩漢書》，音義詳明，懲惡勸善，亞於六經，堪爲世教……近日以來，史學都廢，至於有身處班列，朝廷舊章，昧而莫知，況乎前代之載，焉能知之。伏請置前件史科"[四]。殷侑的建議得到了唐穆宗的許可，三史科正式設立，成爲科舉考試的正式科目之一。"去"，這裏應該表示收藏。《集韻・語韻》："弆，藏也，或作去。"[五]《左傳・昭公十九年》："及老，託於紀鄣，紡焉以度而去之。"陸德明釋文："去，起呂反。裴松之注《魏志》云：'古人謂藏爲去。'案：今關中猶有此音。"孔穎達正義："去即藏也。字書去作弆，羌莒反，謂掌物也。今關西仍呼爲弆。東人輕言爲去，音莒。"[六]《漢書・蘇武傳》："掘野鼠去中實而食之。"顏師古注："去謂藏之也，音丘呂反。"[七]由此可見，"去"在唐代有收藏的含義。因此"户内去三史"的意思便是家中收藏有三史。

"五音"，宮商角徵羽，代指音律，爲童蒙知識。敦煌蒙書《雜抄》序言云："蓋聞：天地開辟已來，日月星辰，人民種類，陰陽寒暑，四時八節，三皇五帝，宮商角徵羽，金木水火土，九州八音，山川道逕，壽（奇）形之

[一] 雷聞：《唐代的"三史"與三史科》，《史學史研究》二〇〇一年第一期，第三二頁。

[二] 鄭阿財、朱鳳玉：《敦煌蒙書研究》，第一七〇頁。

[三] 高明士：《唐代"三史"的演變——兼述其對東亞諸國的影響》，《大陸雜志》第五四卷第一期，一九七七年，第七～一六頁。

[四] 《唐會要》卷七六《貢舉中・三傳》，第一三九八頁。

[五] （宋）丁度等編：《集韻》卷五，第三二八頁。

[六] 《春秋左傳正義》卷四八，（清）阮元校刻：《十三經注疏》，第二〇八七頁。

[七] 《漢書》卷五四《蘇武傳》，第二四六三頁。

物，貴賤賢愚，帝代相承，生死不及，周而復始。"〔一〕《雜抄》的編撰者在序言中開宗明義，強調"宮商角徵羽"是認識世界的基礎之一，與陰陽、氣候、五行有密切關係，以期學生重視。《雜抄》中另有"論五姓（聲）、五行、三老、三備。何名五姓（聲）？宮、商、角、徵、羽。五聲作何聲色？黄聲宮、白聲商、青聲角、赤聲徵、黑聲羽"〔二〕。可見"五音"，又名"五聲"，《雜抄》這裏專門對"五聲"進行了解釋，反復強調了其重要性。不過《雜抄》所載"五音"内容僅是基礎，説明對於童蒙而言祇需掌握這些基本常識即可。回到"門前出五音"，可理解爲五音從家中傳出，意味着家中有子弟學習五音。"户内去三史，門前出五音"兩句中"户内""門前"二詞説的是房屋，給人一種家家户户都"去三史""出五音"的感覺，旨在鼓勵學生向學。

最後是"若能求白玉，即此是黄金"兩句的解析。"白玉"和"黄金"頗爲貴重，是財富的象征。李白《答杜秀才五松山見贈》云："敕賜飛龍二天馬，黄金絡頭白玉鞍。"〔三〕敦煌文獻《王昭君變文》云："黄金白玉蓮（連）車載，寶物明珠盡庫傾。"〔四〕《妙法蓮華經講經文》云："樓臺瑪瑙修，階道瑠璃布，黄金作棟梁，白玉爲椽柱。"〔五〕唐人往往把"白玉"和"黄金"連用，描述奢靡之物或形容財富之多。"若能求白玉，即此是黄金"兩句中二詞同用，亦是同樣的道理，指代的就是財富。那如何才能求得白玉，什麼才是黄金，當然是作者在前面提到的"三史"和"五音"及其所代表的學問。作者在這裏強調學問就是財富，旨在勸學。學問意味着財富，是當時較爲常見的一種觀點。如斯六二〇四號有詩曰："童兒學業切殷懃，累習誠（成）聖德（得）人欽。

〔一〕　鄭阿財、朱鳳玉：《敦煌蒙書研究》，第一六九～一七〇頁。
〔二〕　鄭阿財、朱鳳玉：《敦煌蒙書研究》，第一七〇～一七一頁。
〔三〕　（唐）李白著，（清）王琦注：《李太白全集》卷一九《答杜秀才五松山見贈》，第九〇四頁。
〔四〕　黄征、張涌泉校注：《敦煌變文校注》卷一《王昭君變文》，第一五九頁。
〔五〕　黄征、張涌泉校注：《敦煌變文校注》卷五《妙法蓮華經講經文（一）》，第七〇九頁。

但似如今常尋誦，意智逸出盈金銀。"〔一〕又如伯二七三八號背有詩曰："學問當時苦，九（久）後自榮身。千金無所用，行處不求人。"〔二〕這兩首學郎詩都具有明顯的勸學特點，尤其是第二首表達了"榮身"之後，即使有千金也没有用處，再也不用處處求人。可以説《上士由山水》最後兩句"若能求白玉，即此是黄金"點明了學問的重要價值，直截了當告訴學生通過學問可以獲得白玉、黄金，突出了勸學主題。

不過當時還有一種觀點，主張白玉、黄金不足貴，學問才是隨身寶。伯三一四五號背《上士由山水》後緊接一首勸學詩爲："黄金千萬斤，用盡却還貧。不如懃學問，大寶自隨身。"鄭阿財指出，此詩應是接續《上士由山水》的唱和詩，採用的是文學中常見的頂真修辭手法，使勵志勸學意旨更明白有力〔三〕。正如鄭阿財所言，該詩首句"黄金千萬斤"與《上士由山水》的末句"即此是黄金"形成了頂真形式，看似否定了《上士由山水》所提出的學問是黄金的觀點，結果還是强調了學問的重要意義。另外伯二六二二號背有詩曰："白玉非爲寶，黄金我未須。意［在］千張紙，心存萬卷書。"〔四〕敦煌寫本《十二時》："食時辰，偷光鑿壁事殷勤，丈夫學問隨身寶，白玉黄金未足珍。"〔五〕這兩首詩歌的用意與剛提到的《黄金千萬斤》一致，突顯出學問勝於白玉黄金的主題。這些詩歌較之《上士由山水》，主旨是相同的，祇是换了一個角度强調學問的價值。

〔一〕 項楚《敦煌詩歌導論》中録作："童兒學業切殷懃，累習誠聖德（得）人欽。但似如今常尋誦，意智逸出盈金銀。"（第二〇五頁）徐俊纂輯《敦煌詩集殘卷輯考》中録作："童兒學業切殷懃，累習誠望德（得）人欽。但似如今常尋誦，意智逸出盈金銀。"（第八九九頁）

〔二〕 徐俊纂輯《敦煌詩集殘卷輯考》中録作："［等］閑當時苦，九（久）後自榮身。千金無所用，欲使不求人。"（第七八二頁）

〔三〕 鄭阿財：《敦煌蒙書校釋與研究・導論卷》。

〔四〕 徐俊纂輯《敦煌詩集殘卷輯考》中録作："白玉非爲寶，黄金我未須。［□］竟千張紙，心存萬卷書。"（第七七八～七七九頁）徐俊提到此詩亦見於伯三四四一號背，作"白玉雖未（爲）寶，黄金我未雖（須）。心在千章至（張紙），意在万卷書"；還見於長沙窰瓷器題詩，詩云："白玉非爲寶，千金我不須。意在千張紙，心存万卷書"。

〔五〕 任半塘編著：《敦煌歌辭總編》卷五《雜曲・定格聯章》，第一二八八頁。

《上士由山水》的内容其實可以分爲兩個層次，從"上士由山水"到"且作丁公吟"是第一個層次，這一層次首先高屋建瓴，説明聖賢之人亦需學習，然後逐一談到因不同的性格而造成不同命運的王生和王澄、德行高尚的顏回和學博才大的王充、命運令人唏噓的孔父嘉和丁公，以歷史人物故事及其中包含的價值觀教育爲主，從"户内去三史"到"即此是黄金"是第二個層次，進入到勸學，與首句呼應，深化了童蒙教育主題。

二　《上士由山水》的性質

從《上士由山水》的内容來看，它無疑是一本内容簡短、筆畫簡單的蒙書。敦煌寫本中，《上士由山水》與習字蒙書《上大夫》《牛羊千口》、數字書寫在一起，筆迹稚嫩，而且明代葉盛《水東日記》中明確提到它是當時普遍使用的描朱教材，元代李冶《敬齋古今黈·拾遺》載有"小兒初作字，點畫稍多，即難措筆，必簡易則易爲力，故小學有'上士由山水，中人坐竹林'之語"[一]。所以進一步説，《上士由山水》應該是習字蒙書，今人劉長東也已經指出它習字蒙書的性質[二]。以下從《上士由山水》的特點展開，結合敦煌寫本和相關的傳世文獻，對《上士由山水》具體性質以及它在習字教育中的地位進行説明。

《上士由山水》應當是一首五言排律，這是它有別於《上大夫》《牛羊千口》的一個重要特點。該詩講求押韻，"林""心""壬""陰""吟""音""金"都押平聲侵韻，一韻到底。該詩亦注重平仄。首聯"上士由山水，中人坐竹林"是仄起，首句不押韻，格式爲"仄仄平平仄，平平仄仄平"。第二聯"王生自有性，平子本留心"形式爲"平平仄仄仄，平仄仄平平"，按照平仄規律，該聯本應該是"平平平仄仄，仄仄仄平平"，因爲出句第三字本來是平聲而用了仄聲，所以本來是仄聲的對句首字改爲了平聲，算是對句相救。第三

〔一〕（元）李冶撰：《敬齋古今黈·拾遺》卷一，王雲五主編：《叢書集成初編》第二一六册，第一一九頁。

〔二〕　劉長東：《論中國古代的習字蒙書——以敦煌寫本〈上大夫〉等蒙書爲中心》，《社會科學研究》二○○七年第二期，第一八八～一九四頁。

聯"立行方迴也,文才比仲壬"的形式爲"仄平平平仄,平平仄仄平",本來的格式爲"仄仄平平仄,平平仄仄平",出句第二字出格。第四聯"去年出北地,今日入南陰"形式爲"仄平仄仄仄,平仄仄平平",該聯本應該是"平平平仄仄,仄仄仄平平",出句首字出格,第三字與對句第一字算是拗救。第五聯"未申孔父志,且作丁公吟"形式爲"仄平仄仄仄,仄仄平平平",該聯本應該回到首聯的"仄仄平平仄,平平仄仄平",但是却接近第二聯的格式"平平平仄仄,仄仄仄平平",且有三字出格,説明現存的《上士由山水》存在第四聯與第五聯中間缺失一聯的可能。第六聯"户内去三史,門前出五音"的形式爲"仄仄仄平仄,平平仄仄平",出句第三字出格。第七聯"若能求白玉,即此是黄金"的形式爲"仄平平仄仄,仄仄仄平平",出句第一字出格。因此,《上士由山水》雖然在平仄方面不是非常嚴謹,但是無疑是一首五言排律,這是它與三言《上大夫》和四言《牛羊千口》在特點上的最大不同。

　　那麼《上士由山水》在習字教育中的地位如何呢?敦煌寫本中與《上士由山水》一起出現次數最多的内容是《上大夫》《牛羊千口》,三者同見於伯三一四五號背、斯四一○六號背、北敦一○○四八號背、伯特二二一九號四件寫本,其中前三件寫本中它們的筆迹一致,應該是同一人所寫,進而可以判斷它們在當時屬於同一層次的習字蒙書,即學生在初級習字階段的教材。這三本蒙書雖然屬於同一層次,但是根據具體用途和難度的不同,習字順序應該有先後。上文在探討《上大夫》和《牛羊千口》的性質之時,已經説明《上大夫》最爲簡單,應該是學生習字最先可以使用的教材,《牛羊千口》的學習時間應該排在《上大夫》之後。《上士由山水》是五言詩,有十四句,共七十字,難度顯然居於三本蒙書之首。且根據統計,《上士由山水》中最爲簡單的字是"人""入""丁"三字,均爲二畫字,當中最爲複雜的字是十一畫的"黄"字,接下來是十畫的"留""陰""能"三字,整篇的平均筆畫爲六畫,而《上大夫》和《牛羊千口》的平均筆畫分別是三畫和五畫,那麼確知《上士由山水》的難度最大,學習時間應該最靠後。這種遞進式的習字方法在後世也有反映。明人葉盛《水東日記·描朱》載:

　　"上大人丘乙己化三千七十士尔小生八九子佳作仁可知禮也。尚仕由山水，中人坐竹林。王生自有性，平子本留心。王子去求仙，丹成入九天。山中方七日，世上已千年。"已上數語，凡鄉學小童，臨仿字書，皆昉於此，謂之描朱。〔一〕

葉盛提及用以描朱的《上大人》《尚仕由山水》《王子去求仙》這三篇蒙書〔二〕，排列順序應該不是隨意的，而是依照從易到難逐步遞進。再者，王利器在《敦煌寫本〈上大夫〉殘卷跋尾》一文中介紹過舊時四川的習字方法，其云：

　　舊時四川，幼童發蒙習字，塾師以土紅筆寫"一二三"等字，命學童依樣描寫，謂之"拉扁擔"，拉伸了，然後摹格反復寫"上下十卜丁，人干寸斗平"十字，久之，又換寫"王子去求仙，丹成入九天，山中方七日，世上已千年"。〔三〕

從王利器的描述可知，舊時四川學童習字，是從摹寫數字開始，一定時間以後換寫"上下十卜丁，人干寸斗平"十字，再過一段時間換寫《王子去求仙》，顯然存在着習字層次的遞進。

　　從敦煌寫本來看，《上士由山水》還是其他民族學習漢字的教材。伯二八九六號背中"上士由山水"五字夾在《善財譬喻經》《于闐使臣上于闐朝

〔一〕（明）葉盛撰，魏中平點校：《水東日記》卷十《描朱》，第一〇五～一〇六頁。

〔二〕《王子去求仙》的故事源自晉代神話故事，唐末五代開始流行。現敦煌莫高窟三六六窟門口就題有此詩（高啓安：《一張據說是'莫高窟藏經洞'照片的考索》，中央文史研究館、敦煌研究院、香港大學饒宗頤學術館編：《慶賀饒宗頤先生九十五華誕敦煌學國際學術研討會論文集》，中華書局，二〇一二年，第五八八頁）。據宋代李濤《次韻平野王子厚登相山不及相過》："兒童傳好語，王子去求仙。我住亦邇只，君胡不惠然。相望百里外，一別五年前。會聚渾閑事，鷺鷗盟要堅。"（［宋］陳起編：《江湖小集》卷八三《李濤蒙泉詩稿》，《景印文淵閣四庫全書》第一三五七冊，第六三四頁）可知此詩在宋代就用於童蒙教育。

〔三〕王利器：《敦煌寫本〈上大夫〉殘卷跋尾》，《社會科學戰線》一九九〇年第三期，第三二四頁。

廷書》、抒情詩等于闐語文獻中，從同書的漢字“太子”“從德”，可推知書寫者應該是于闐國的太子從德或者一名知曉從德的于闐人。由此可見在十世紀《上士由山水》也爲在敦煌的于闐人學習。

綜上，《上士由山水》筆畫簡單，但是字數多、意義多，學習時間應該在《上大夫》和《牛羊千口》之後。而且它講求對仗、韻律，屬於五言排律，文義、結構較爲完整，且立意清晰，具有明顯的勸學、教化意圖，説明它已不是完全意義上的習字蒙書，而是在習字中開始兼及詩歌啓蒙、歷史教育以及勸學教育。

第二節　《上士由山水》對後世的影響

《上士由山水》在唐以後流傳較廣，不僅廣泛被用於習字教育，甚至對禪師語録也産生了不小的影響。

一　《上士由山水》對習字教育的影響

唐時《上士由山水》已流傳到了敦煌地區，成爲主要的習字教材，這一點從七件敦煌寫本就可得知。根據校釋篇的叙録，伯四〇九三號《上士由山水》的書寫年代應該在後唐天成五年（九三〇），伯三一四五號背的書寫年代應該在北宋端拱元年（九八八），伯二八九六號背的書寫年代可能在後唐清泰二年（九三五）前後到十世紀中葉之間，斯四一〇六號背的書寫年代大約在十世紀，説明《上士由山水》流入敦煌地區的時間應該在後唐天成五年之前。《上士由山水》在敦煌地區的習字教育中影響很大。伯二八九六號背中“上士由山水”一句出現于闐語文獻當中，與其同筆迹的雜抄中還有于闐國太子的名字“從德”二字，説明在敦煌的于闐人也用《上士由山水》習字。

宋代以後《上士由山水》作爲習字教材被廣泛使用。南宋思覺集《如來廣孝十種報恩道場紀讚》載：“五歲孩兒，便知天和地。送在學堂，學些由山水。到我靈山，替娘蒙授記。願兒成人，報答娘恩意。”〔一〕“由山水”就是

〔一〕　方廣錩主編：《藏外佛教文獻》第八輯《阿吒力教典籍·如來廣孝十種報恩道場儀》，宗教文化出版社，二〇〇三年，第一三二頁。

《上士由山水》。從這段話可知，宋代有五歲幼童在家認識了"天""地"等字，被送去學堂，正式開始習字，學習的便是以《上士由山水》爲代表的蒙書。元代李冶《敬齋古今黈·拾遺》載：

> "文出升平世，禾生大有年。四克今日月，六合古山川。反朴次三五，古文丁一千。王功因各定，大作不相沿。主化布于下，人心孚自天。上方求士切，公亦立仁先。才行苟并至，位名尤兩全。末由弓冶手，安比父兄肩。幸及布衣仕，宜希守令先。尺刀元并用，丹白具同研。去吏多甘老，休兵坐力田。干戈包已久，永卜本支延。"歐陽永叔戲爲也。小兒初作字，點畫稍多，即難措筆，必簡易則易爲力。故小學有"上士由山水，中人坐竹林"之語。歐公此詩，當亦爲兒輩設也〔一〕。

李冶提到當時"小兒初作字"時用的便是"簡易則易爲力"的"上士由山水，中人坐竹林"，從"故小學有"一語可見《上士由山水》在當時應該非常普及，是重要的習字書。李冶還提到歐陽修《文出升平世》一詩是爲"兒輩設"，即爲了子弟習字而作，與《上士由山水》性質接近。從其中"上方求士切，公亦立仁先。才行苟并至，位名尤兩全"等語來看，歐陽修此詩也具有勸學、教化的意義。明代葉盛《水東日記·描朱》中記載了當時學生普遍使用《上士由山水》進行描朱，其云：

> "上大人丘乙己化三千七十士爾小生八九子佳作仁可知禮也。尚仕由山水，中人坐竹林。王生自有性，平子本留心。王子去求仙，丹成入九天。山中方七日，世上已千年。"已上數語，凡鄉學小童，臨仿字書，皆昉於此，謂之描朱。爾傳我習，幾徧海内，然皆莫知所謂。或云僅取字

〔一〕（元）李冶撰：《敬齋古今黈·拾遺》卷一，王雲五主編：《叢書集成初編》第二一六册，第一一九頁。

畫簡少無他義，或云義有了了可解者，且有出也[一]。

此中"尚仕由山水"一句較之"上士由山水"，前兩字發生了變化，這應該是在流傳過程中產生的同音誤字。據葉盛此説，可知《上士由山水》和《上大人》一起作爲"鄉學小童"的描朱對象，"凡鄉學小童"以及"爾傳我習，幾徧海內"等語，更是表明它們在當時非常普及。需要注意的是葉盛僅記載了"尚仕由山水，中人坐竹林。王生自有性，平子本留心"這四句，且説"然皆莫知所謂。或云僅取字畫簡少無他義，或云義有了了可解者，且有出也"，説明當時有可能以這四句最爲流行，而且時人已多不注重其内容含義。

民國時期《上士由山水》依然在民間流傳，影響着當時的習字教育。筆者曾在孔夫子舊書網看到一本民國時期小冊子，表皮書有時間（民國廿九年孟春）、書寫人（方義森），首頁書有"上士由山水，中人坐竹林。王生自有性，平子本留心。立行方回"二十四字，有朱筆斷句。然而由於没能看到實物，而網頁上關於《上士由山水》的部分僅有一張照片，甚爲遺憾。根據另外兩張照片，該册還寫有《朱子家訓》以及"冬來雪擁透寒窗，梅逞英雄閙一場。白者白，香"（後缺），其中"英"字上用朱筆畫了一個叉，同時右下側補"英"字，可能是教授者矯正的痕迹；末頁寫有"毫訪右軍"四字。如今從這一本習字册及其書寫時間可知，《上士由山水》一直到一九四〇年作爲習字書還在一些地區使用。

二 《上士由山水》對禪師語録的影響

《上士由山水》和《上大人》一樣，也廣泛滲透到了禪師語録中。如惟白敕集《建中靖國續燈録・洪州壽聖普誧禪師》載："問：'朝蓋已臨於法會，還有西來意也無？'師云：'上士由山水。'"[二]賾藏主編集《古尊宿語録・拈古》載："師拈云：'且道如今作麼生會？'良久云：'上士游山水，中人坐竹

〔一〕（明）葉盛撰，魏中平點校：《水東日記》卷十《描朱》，第一〇五～一〇六頁。

〔二〕（宋）釋惟白敕集：《建中靖國續燈録》卷六《洪州壽聖普誧禪師》，《卍續藏經》第一三六册，第一〇四頁。

林．’〔一〕崇岳、了悟等編《密菴和尚語録·衢州大中祥符禪寺語録》載：“上堂：‘不求諸聖，不重已靈。摺折德山棒，啞除臨濟喝。終日泥猪疥狗，哆哆和和，不記月之大小、歲之餘閏，知他是凡耶是聖耶。祥符若放過，三十年後遭人撿點。若不放過，如何道得轉身句。’喝一喝云：‘上士由山水，中人坐竹林。’”〔二〕這三條宋代資料中的“上士由山水”或“上士由山水，中人坐竹林”從禪師口中説出，應當是作爲禪機。上文在論及《上大人》禪機之時，得出了禪師們的用意是藉助《上大人》的初學蒙書性質來點化弟子的結論，那麽具有同樣性質的《上士由山水》，其用作禪機是否有同樣的用意呢？

　　以下從兩條《上士由山水》的禪機用例來確認這一點。北宋道原纂《景德傳燈録·韶州白雲祥和尚實性大師》載：“問：‘如何是和尚家風？’師曰：‘石橋那畔有遮邊無會麽？’僧曰：‘不會’。師曰：‘且作丁公吟。’”〔三〕這條資料中，實性大師針對一位弟子提出的“如何是和尚家風”一問，反問弟子“石橋那畔有遮邊無會麽”，面對該弟子的無知，大師最後用“且作丁公吟”一句作答。“且作丁公吟”出自《上士由山水》，實性大師突然説出這句前後不搭的話，顯然是一句禪機，需要弟子自行領悟。這段對話與上文引過的一段《上大人》禪機的句式較爲類似。《古尊宿語録·智門（光）祚禪師語録》：“問：‘如何是祖師禪？’師云：‘上大人。’又云：‘會麽？’僧云：‘不會。’師云：‘不會且順朱。’”〔四〕智門（光）祚禪師面對弟子不會《上大人》，於是讓弟子去順朱習字。再回到實性大師與弟子的對話中，面對弟子不懂所謂“石橋那畔有遮邊無”，實性大師所言“且作丁公吟”一句的用意應該是讓弟子去學習。再者，南宋正受編《嘉泰普燈録·湖州道場正堂明辯禪師》載：“今日忽有人問

　　〔一〕（宋）賾藏主編集，蕭萐父、吕有祥點校：《古尊宿語録》卷四六《拈古》，第九一八頁。

　　〔二〕（宋）釋崇岳、釋了悟等編：《密菴和尚語録》，《大正新修大藏經》第四七册，第九六一頁 b。

　　〔三〕（宋）釋道原纂：《景德傳燈録》卷二二《韶州白雲祥和尚實性大師》，《大正新修大藏經》第五一册，第三八四頁 c。

　　〔四〕（宋）賾藏主編集，蕭萐父、吕有祥點校：《古尊宿語録》卷三九《智門（光）祚禪師語録》，第七三二頁。

道場：'如何是參議見佛燈得力句？'只向道：'上士由山水，中人坐竹林。'渠若云：'曾舉似人麽？'只向道：'立行方回也，文才比仲壬。'"〔一〕此中"上士由山水，中人坐竹林"和"立行方回也，文才比仲壬"皆作爲了禪機，特別是後兩句用作禪機的情况僅此一例。這一段話中，面對有人提出的"如何是參議見佛燈得力句"，明辯禪師用"上士由山水，中人坐竹林"作答，這樣的說法和《五燈會元·明州香山蘊良禪師》所載："曰：'如何是接初機句？'師曰：'上大人。'"一段較爲類似。這裏蘊良禪師用《上大人》解弟子提出的"如何是接初機句"，與明辯禪師用"上士由山水，中人坐竹林"解有人提出的"如何是參議見佛燈得力句"，簡直異曲同工。具體而言，明辯禪師意在告訴提問者，應該通過學習來領悟"見佛燈得力句"。之後提問者又問"曾舉似人麽"，表示不理解，明辯禪師祇能進一步用"立行方回也，文才比仲壬"，即顏回和王充的事例來解答提問者的疑惑。

回到本小節第一段中所舉三條材料，其中《上士由山水》禪機表示爲學習的可能性很高。《建中靖國續燈録·洪州壽聖普訥禪師》中有人問："朝蓋已臨於法會，還有西來意也無？"壽聖普訥禪師應該是用"上士由山水"一語表示要去學習，即參加法會。《古尊宿語録·拈古》中禪師自云："且道如今作麽生會？"又自答："上士游山水，中人坐竹林"，即可能表示如今志在學習。《密菴和尚語録·衢州大中祥符禪寺語録》中祥符禪師指出一些人"終日泥猪疥狗，哆哆和和，不記月之大小、歲之餘閏，知他是凡耶是聖耶"，不再學習，所以禪師自說"祥符若放過，三十年後遭人撿點。若不放過，如何道得轉身句"，大意爲：若自己放任這種情况，三十年後會被指責；如果不放任，無論如何得說一點讓他們回心轉意的話。而這句能讓他們回心轉意的話便是"上士由山水，中人坐竹林"。可見祥符禪師以這兩句話作爲醒世恒言，勸誡衆人。

禪師們也會把《上士由山水》的句子與偈言混編，藉以點化弟子。清繼

〔一〕（宋）釋正受撰，秦瑜點校：《嘉泰普燈録》卷一六《湖州道場正堂明辯禪師》，上海古籍出版社，二〇一四年，第四五九頁。

堯等編《憨休禪師語録·示衆》載："示衆，以挂杖畫一畫云：'十方薄伽梵，一路涅槃門。上士遊山水，中人坐竹林。'復卓挂杖云：'還會麼？水流黄葉來何處，牛帶寒鴉過遠村。'"[一]其中"十方薄伽梵，一路涅槃門"出自唐天竺沙門般刺蜜諦譯《大佛頂如來密因修證了義諸菩薩萬行首楞嚴經》卷五，是一首偈言的最後兩句，這裏與"上士遊山水，中人坐竹林"組成了一首新的偈言，憨休禪師用以示衆，供衆人參議。清今釋重編《長慶宗寶道獨禪師語録·風旛》中云："不是風旛不是心，祖師到此絶知音。人言富有千金好，何似中人坐竹林。"[二]這首偈言説明了當時人們追求財富，而不再志於學問，以致出現"祖師到此絶知音"的社會現狀，道獨禪師欲通過此偈言給予人們警示。

　　在以上論述過程中，一個現象值得注意，就是《上士由山水》有十四句，而禪師們往往祇引用前兩句"上士由山水，中人坐竹林"，筆者以爲出現這一現象的原因應該與這兩句話的特殊意義有關。首先，"上士由山水，中人坐竹林"兩句表達的是聖賢亦需行而知之、學而知之，引出了學習的主題。其次，這兩句看似高深，頗具禪意。這兩點應該是禪師們喜用"上士由山水，中人坐竹林"作禪機來點化弟子的原因。

結　論

　　本章深入探討了《上士由山水》的内容含義、性質地位、後世影響。《上士由山水》共十四句七十字，全詩可以分爲兩個層次，從"上士由山水"到"且作丁公吟"十句爲第一層次，開篇"上士由山水，中人坐竹林"兩句反映了唐人學在山林行爲的盛行，表明聖賢亦需學習；"王生自有性，平子本留心"兩句用王生和王澄的故事説明性格的重要性；"立行方迴也，文才比重仁（仲

〔一〕（清）釋繼堯等編：《憨休禪師語録》卷十《示衆》，《嘉興大藏經》第三七册，第二二九頁b。

〔二〕（清）釋今釋重編：《長慶宗寶道獨禪師語録》卷四《風旛》，《卍續藏經》第一二六册，第一三八頁。

壬)" 兩句則是希望學生以顏回和王充爲榜樣;"去年出北地,今日入南陰"兩句説明求學過程中的南北奔波;"未申孔父志,且作丁公吟"兩句講述了孔父嘉和丁公的故事,説明食君之禄,當盡忠盡命。這一層次主要利用歷史人物故事來達到教化意圖。第二層次是最後 "户内去三史,門前出五音。若能求白玉,即此是黄金" 四句,舉出了具體的三史和五音,代指各種知識,再用白玉和黄金來比喻學問的重要價值,突出了勸學的主題。《上士由山水》講求對仗、韻律,屬於五言排律,且文義、結構較爲完整,具有明顯的勸學、教化意圖,説明它已不是完全意義上的習字蒙書,這是它與習字蒙書《上大夫》《牛羊千口》最大的不同點,在習字教育中應該是《上大夫》之後的習字進階過程中所用的蒙書,在這一習字階段,學生開始接受詩歌啓蒙、歷史人物及是非認識教育,樹立正確的價值觀。

　　《上士由山水》出現後,對唐及宋以後的習字教育和社會文化産生了重要影響。首先是在習字教育中,《上士由山水》成爲初學者習字的主要教材,明人葉盛《水東日記》中明確提出當時它是 "幾徧海内" 的描朱教材,民國時期還保留有用它習字的記載。其次它還深深影響到禪師語録,禪師們利用它僧俗皆知且具有勸學意義的特點,常常用作禪機,藉以突出學習的重要性,點化弟子、表達感悟、勸誡他人。

第四章　敦煌習字書帖《千字文》研究

　　《千字文》作爲識字蒙書和書帖，在性質上與習字類蒙書《上大夫》等有一定的區別。敦煌文獻中保存的《千字文》寫本，共計一百七十六個卷號，暫綴合爲一百二十六件，更是有難得一見的《真草千字文》《篆楷千字文》，足見《千字文》既是重要的習字教材，也是書法臨摹的範本[一]。針對《千字文》寫本所反映的習字情況，李正宇較早地依據英藏斯二七〇三號總結出唐代習字教育的一些特點[二]。王元軍討論了敦煌本《千字文》所體現出的臨習方法[三]。海野洋平通過多件敦煌《千字文》寫本，論述了順朱的主要形式[四]。常蓋心曾將《千字文》寫本進行了分類，意圖對學生的習字過程和不同階段的習字特點進行總結[五]。筆者亦曾嘗試對敦煌《千字文》寫本的習字

　　〔一〕　鄭阿財、朱鳳玉：《敦煌蒙書研究》，第二五～二七頁。

　　〔二〕　李正宇：《一件唐代學童的習字作業》，《文物天地》一九八六年第六期，第一五頁。

　　〔三〕　王元軍：《説説敦煌本〈千字文〉》，《中國書法》二〇一三年第六期，第一六六～一六九頁。

　　〔四〕　[日]海野洋平：《童蒙教材としての王羲之〈題書論〉（〈尚想黃綺〉帖）—敦煌寫本・羽664ノ二Rに見るプレ〈千字文〉課本の順朱—》，《杏雨》第二〇號，二〇一七年，第一一七～一七三頁。

　　〔五〕　常蓋心：《從敦煌寫本看〈千字文〉在唐五代時期的使用》，金瀅坤主編：《童蒙文化研究》第三卷，第二六五～二八〇頁。

特點和所體現的習字方法進行説明〔一〕。本章將在前人研究的基礎上，以敦煌《千字文》寫本爲中心，結合吐魯番、和田寫本以及傳世文獻記載，探究《千字文》在唐代的傳播以及對習字教育的影響，并嘗試分析它在唐五代宋初敦煌地區習字教育中的作用。

第一節　《千字文》在唐代的傳播與影響

《千字文》，梁武帝時周興嗣次韻。唐李綽《尚書故實》云："《千字文》，梁周興嗣編次，而有王右軍書者，人皆不曉，其始乃梁武教諸王書，令殷鐵石於大王書中，搨一千字不重者，每字片紙，雜碎無序。武帝召興嗣，謂曰：'卿有才思，爲我韻之。'興嗣一夕編綴進上，鬢髮皆白，而賞賜甚厚。右軍孫智永禪師自臨八百本，散與人間，江南諸寺各留一本。"〔二〕通過這一記載可獲得三條重要信息：一是，初始《千字文》所用爲王羲之的字；二是，梁武帝命周興嗣次韻《千字文》的目的是"教諸王書"，説明《千字文》出現之始就是習字的法帖；三是，智永禪師"自臨八百本，散與人間"的做法促進了《千字文》在民間的傳播。進入唐代以後，王羲之、智永的書法更是受到推崇，《千字文》遂成爲人們爭相臨摹的對象。如唐僧貫休"喜書《千文》，世多傳其本，雖不可以比迹智永，要自不凡"〔三〕。文楚"喜作草書，學智永法……在元和間所書《千文》，落筆輕清，無一點俗氣，飄飄若飛雲之映素月，一見使人泠然有物外之興"〔四〕。唐代書法家歐陽詢、虞世南、褚遂良、孫過庭、張

〔一〕　任占鵬：《唐五代敦煌地區學童書學教育研究——以敦煌文獻爲中心》，金瀅坤主編：《童蒙文化研究》第五卷，第一六八～一七四頁。

〔二〕　（唐）李綽編：《尚書故實》，王雲五主編：《叢書集成初編》第二七三九册，第一三頁。

〔三〕　（宋）闕名撰：《宣和書譜》卷一九《草書七》，王雲五主編：《叢書集成初編》第一六三三册，第四三一～四三二頁。

〔四〕　（宋）闕名撰：《宣和書譜》卷一九《草書七》，王雲五主編：《叢書集成初編》第一六三三册，第四三四頁。

旭、顏真卿、柳公權、懷素、裴行儉、賀知章等皆臨摹過《千字文》[一]。上行下效，在這一社會風氣的影響下，唐代的習字教育普遍使用《千字文》。

《千字文》在唐代已經廣泛應用到各地習字教育，影響西達西域地區，南及廣州。據唐張鷟《朝野僉載》載："并州人毛俊誕一男，四歲，則天召入內試字。《千字文》皆能暗書，賜衣裳放還。人皆以爲精魅所托，其後不知所終。"[二]可見《千字文》在武周時期已經成爲學童習字教材。吐魯番寫本七二TAM一七九：一七/一～四號《千字文》，首尾俱缺，存"感謝歡招，渠荷的歷"八字，每字練習兩行，存題記"日和闍利放書"。《集韻·養韻》："放，效也，或從人。"[三]那麼題記中的"放書"即"仿書"，説明該寫本是一件《千字文》的臨習之作。又題記中"日"字爲武周新字，提示着該寫本寫於武周時期[四]。根據這一珍貴的寫本資料，可知《千字文》在武周時期已成爲西州地區的習字教材，該寫本也成爲現今所存最早的《千字文》習字之作。又據張新朋對吐魯番文獻中《千字文》寫本的詳細調查，結果計有八十八個卷號[五]，其中既有學生臨帖習字寫本，也有學生臨習教授者所寫範字的寫本。最新出版的《旅順博物館藏新疆出土漢文文獻》中也發現了五件《千字文》寫本[六]，進一步證明了《千字文》在唐代西州地區已經形成了廣泛影響力。

然而《千字文》的影響并未止於西州，更是繼續西進至于闐地區。據陳麗芳的介紹，中國人民大學博物館所藏和田文獻中有五件《千字文》的反復

〔一〕　天秀：《千字文綜述》，紫禁城出版社，一九九〇年，第三一～三七頁。

〔二〕　（唐）張鷟撰，趙守儼點校：《朝野僉載》卷五，第一一〇頁。

〔三〕　（宋）丁度等編：《集韻》卷六，第四一六頁。

〔四〕　榮新江：《〈蘭亭序〉與〈尚想黃綺帖〉在西域的流傳》，故宮博物院編：《2011年蘭亭國際學術研討會論文集》，第三一頁。

〔五〕　張新朋：《吐魯番出土〈千字文〉叙録——中國、德國、英國收藏篇》，金瀅坤主編：《童蒙文化研究》第二卷，第五五頁。

〔六〕　《旅順博物館藏新疆出土漢文文獻》中的五件《千字文》寫本卷號爲：LM二〇一一四六八－一八－一一〇號、LM二〇一一四六八－一九－〇二號、LM二〇一一四六八－一九－〇三號、LM二〇一五〇五－C〇六三九號b、LM二〇一一五四八－〇二－〇五號f（王振芬、孟憲實、榮新江主編，北京古逸英華文化傳播有限公司，二〇二一年）。按：這五件寫本是筆者托中國社會科學院古代史研究所趙洋查找而得，特此感謝。

習字寫本，爲GXW〇〇六八號、GXW〇二三二號二二三g、GXW〇二七五號二四一a、GXW〇二七五號二四一e、GXW〇四五〇號，而且從GXW〇四五〇號之外的四件寫本的内容、書法以及紙張形制來看，很可能是同一人的習字〔一〕。陳麗芳推斷這些寫本的書寫時間在八世紀後半葉。此外，斯坦因第三次中亞探險在和田地區的麻扎塔格遺址發掘出的文書中，有《千字文》習字，編號爲M.T.一九九號。該寫本首尾俱缺，上殘，正面存十行，爲"欣""奏"二字各五行；卷背存八行，爲"橫"字兩行、"假"字五行、"徒"字一行。該寫本的筆迹和書寫形式，與陳麗芳介紹的GXW〇四五〇號較爲接近，可能是同一時期的產物。《千字文》還向南傳播至廣州。據《唐摭言》記載，進士顧蒙在唐末遇到淮浙農民起義，"避地至廣州，人不能知，困於旅食，以至書《千字文》授於聾俗，以换斗筲之資"〔二〕。此中"聾俗"即是普通百姓，"書《千字文》授於聾俗"即用《千字文》教以當地百姓習字。

既然已經確知《千字文》在武周時期已經傳至西州地區，那麼作爲中原與西域地區交流重鎮敦煌，必然在武周時期或者更早就擁有了《千字文》。敦煌寫本俄敦八七八三號+俄敦五八四七號+（中缺）+俄敦八九〇三號+伯三五六一號蔣善進臨《真草千字文》〔三〕，尾題"貞觀十五年（六四一）七月臨出此本，蔣善進記"。據臺静農的説法，此本當是臨的智永禪師本〔四〕。又此卷尾題與正文末行之間寫有兩行小字，爲"上元二年十二月十三日（六七六）寫""上元元二年十二月十五日氾英乾"。"氾"爲敦煌大姓，這兩條後來的題記應該是此卷在上元二年流傳到敦煌之後收藏者所題，由此證明了《千字文》至晚在唐高宗上元二年就已經傳到了敦煌。而且據張涌泉的觀察，此卷

〔一〕　陳麗芳：《唐代于闐的童蒙教育——以中國人民大學博物館藏和田習字文書爲中心》，《西域研究》二〇一四年第一期，第四〇頁。

〔二〕　（五代）王定保著：《唐摭言》卷十《韋莊奏請追贈不及第人近代者》，中華書局，一九五九年，第一一八頁。

〔三〕　張涌泉主編：《敦煌經部文獻合集》第八册《小學類字書之屬》，第三九三五頁。

〔四〕　臺静農：《蔣善進真草千字文殘卷跋》，《敦煌學》第一輯，一九七四年，第一一三頁。

蔣善進尾題之後，還有草書"委翳落葉飄飖遊"七字，爲後人塗鴉文字所覆蓋[一]。這七字的出現説明蔣善進臨得此卷後，又爲後人所臨習。鄭阿財、朱鳳玉依據這一寫本及其他敦煌寫本的書寫形制，推測《千字文》從七世紀中到十一世紀，一直在敦煌地區廣爲流傳[二]。的確，數目衆多的《千字文》寫本，證明了它在敦煌産生了很大影響。從敦煌《千字文》習字寫本來看，敦煌學生採用了與吐魯番、和田地區基本相同的習字方法，或臨習書帖，或反復臨習教授者寫的範字，各種形態的寫本真實反映了當時學生的習字情景。其中的斯二七〇三號《千字文》，卷内有教授者的範字、批語以及習字日期，李正宇根據書法推斷爲吐蕃管轄敦煌前半期内的寫本[三]，那麼此卷應該是現存敦煌地區最早的《千字文》習字教學寫本。

第二節　《千字文》在習字教育中的作用

衆所周知，《千字文》是書法學習中重要的臨摹法帖，其實該書從唐代以來還作爲識字、習字蒙書在習字教育中被廣泛使用。《朝野僉載》中記載的武周時期一名四歲小兒能暗書《千字文》的故事，正好説明了《千字文》的這一性質。又《元史·王恂傳》載："恂性穎悟，生三歲，家人示以書帙，輒識風、丁二字。母劉氏，授以《千字文》，再過目，即成誦。"[四]清代《神鼎雲外澤禪師語録》："六歲入塾，塾師授以《千字文》，指首句四字問曰：'天是何物，到何處止？'塾師曰：'汝且讀書，奚問爲。'遂應聲曰：'不識得讀他作麼。'"[五]清陸世儀《思辨録輯要》載："先儒教小兒習字，先

〔一〕　張涌泉主編：《敦煌經部文獻合集》第八册《小學類字書之屬》，第三九三五頁。

〔二〕　鄭阿財、朱鳳玉：《敦煌蒙書研究》，第二五頁。

〔三〕　李正宇：《一件唐代學童的習字作業》，《文物天地》一九八六年第六期，第一五頁。

〔四〕　《元史》卷一六四《王恂傳》，第三八四三～三八四四頁。

〔五〕　（清）釋行澤説，（清）釋宏愻等編：《神鼎雲外澤禪師語録》卷一五《神鼎雲外澤禪師傳》，《嘉興大藏經》第三三册，第三三五頁 b。

令影寫趙子昂《大字千字文》，稍長習智永《千字文》，每板影寫十紙。既畢，後歇讀書一二月。以全日之力，通影寫一千五百字，添至二千三千四千字，如此一二月乃止。必如此，方能日後寫多，運筆如飛，不至走樣，亦是一法。"[一] 從以上史料來看，千年來《千字文》一直是初級的識字、習字蒙書。在敦煌、吐魯番以及和田各類習字寫本中，《千字文》的卷號最多，綴合後的寫本數亦最多，説明《千字文》在唐五代宋初的習字教育中發揮着重要作用。下面從敦煌寫本的表現形式來探析《千字文》在習字教育中的具體作用。

上文介紹過的蔣善進臨《真草千字文》可作書帖用，學習者可以通過臨習，間接學習王羲之和智永的書法。伯四七〇二號＋（中缺）＋伯三六五八號《篆楷千字文》，周祖謨稱"此書篆法極劣，筆畫糾繞不清，全不知字體結構"[二]，因而可以確認該卷應該是臨帖之作，目的是學習篆書。這兩件寫本的存在，説明當時敦煌地區流傳着一些《千字文》字帖，可供學習者臨帖。臨帖是《千字文》學習的一種重要方式。按照今人的説法，臨帖的過程大體可以分爲對臨、分臨、選臨、連臨、背臨、意臨[三]。除了分臨，這些臨帖方法都可以在敦煌《千字文》寫本中找到對應的作品。

首先來看對臨。對臨是"對照字帖上的範字逐筆逐字模仿，寫完一遍又從頭再來，直至完全熟練地書寫"[四]。此法是臨帖時常用的方法，但是面對敦煌《千字文》寫本，却很難確認哪些是對臨之作，因爲既然是對臨，那麼應該較少出現錯別字，然而現實情況是很多書寫不錯的《千字文》寫本中都發現了複數的錯別字，因此筆者暫時把這些寫本排除在對臨之外。現在可確認爲對臨之作的寫本不多，其中伯二四五七號背（圖八）頗具特色。此本

〔一〕（清）陸世儀撰，（清）張伯行編：《思辨録輯要》卷一《小學類》，《景印文淵閣四庫全書》第七二四册，第五頁。

〔二〕 周祖謨：《敦煌唐本字書叙録》，《敦煌語言文學研究》，第四二頁。

〔三〕 張清榮編著：《初學書法百例疑難問答》，第一六~一七頁；鄒志生、王惠中編著：《毛筆書法教程》，華中科技大學出版社，二〇一八年，第二八頁。

〔四〕 鄒志生、王惠中編著：《毛筆書法教程》，第二八頁。

共六行，起"千字文"，訖"玉出崑崗"，筆迹較爲稚嫩，無錯別字，已呈現出王書之風，部分字上還有墨筆描摹的痕迹，如"千""次""韻""來"，應該是習字者在臨習過程中對筆畫進行了修正。這種修正行爲在書法練習中是不提倡的，然而根據我們幼時的臨帖經驗，可知在實際練習中難免不進行再次描摹，這種行爲反而成爲了當時臨帖情形的真實反映。這種修正行爲也突出了對臨的意義，即盡量模仿範本的形狀，逐步領會範本的神韻。

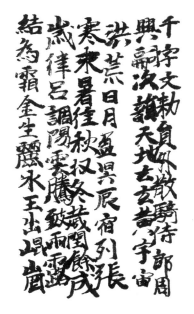

圖八　伯二四五七號背（局部）

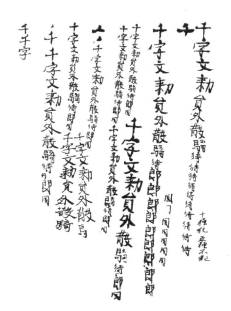

圖九　斯三三五號背（局部）

其次來看選臨。選臨是"選自己最中意的字，或自己感到難寫的字，或選集成一句話重點臨寫"[一]。敦煌《千字文》寫本中可確認爲選臨的作品較多，比如斯三三五號背、伯三三〇五號背、伯特四〇一七號背、北敦三八號背、北敦九〇八七號背、北敦一二二八九號背、北敦一九四二號背、北敦九〇八九號背等。下面以斯三三五號背（圖九）和伯特四〇一七號背爲例來看選臨的特點。斯三三五號背有《千字文》習字十行，反復臨習了“千字文敕員外散騎侍郎”，明顯是着重練習開篇首題，筆迹較爲稚嫩，“侍”字粗心誤作“待”。從其中“千”字來看，筆畫較重，每一筆都刻意追求形式，但是效果不佳，像極了我們幼時臨帖的模樣。伯特四〇一七號背（圖一〇）中出現的《千字文》共約三十八處，其中二十四處爲開篇“千字文敕員外散騎侍郎周興嗣”中的文字，十四處爲中間部分的文字，如“猶次（子）比兒，孔懷兄弟，同氣連枝，交友”“用軍最精，宣威沙漠，馳譽丹青”“臨深履薄，夙興温清，似蘭斯馨”“遐邇壹體”，其中“用軍最精”一句出現了四次，“臨深履薄，夙興温清”出現了兩次。該書寫者特意選取了開篇及“用軍最精”和“臨深履薄，夙興温清”等文字，重點臨寫，尤其是反復臨寫了“千字文敕員外”六字，反映出書寫者想要寫好這幾字的執念。

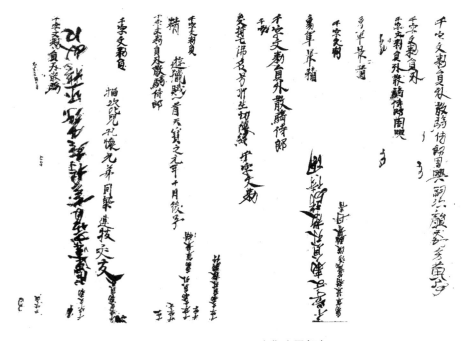

圖一〇　伯特四〇一七號背（局部）

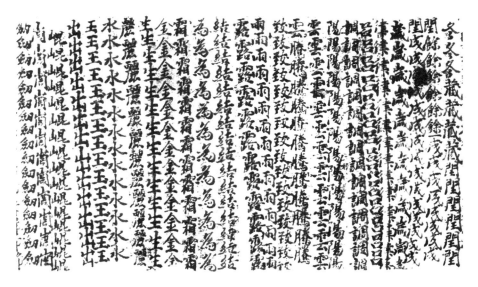

圖一一 上圖一一〇號背（局部）

　　再次來看連臨。所謂連臨，即"在臨寫某一個字時，如果自己感到不滿意，就連臨寫三遍、四遍"〔一〕。這種連臨方式在《千字文》寫本中非常多見，筆者統計出四十件，不過從書寫情況看，很多寫本採用連臨，并不是書寫者感到不滿意而連續練習，而是要完成固定的行數或者教授者指定的要求，通過反復臨寫，達到熟練的目的。《千字文》的連臨，可以大體分爲兩種方式。其一，寫本中有教授者寫的範字，學生對照範字進行反復臨習，即海野洋平提到的順朱〔二〕。這類有範字的寫本有十六件，説明當時順朱是較爲常見的習

〔一〕 張清榮編著：《初學書法百例疑難問答》，第一七頁。

〔二〕 敦煌《千字文》順朱寫本暫統計爲十八件：斯二七〇三號、斯四八五二號、斯五六五七號背、斯五七二三號、斯五七八七號、斯一二一四四號Ａ、伯三一一四號、伯三八四九號碎、①伯四〇一九號Ｆ一九＋伯四〇一九號Ｆ二〇＋伯四〇一九號Ｆ二一＋伯四〇一九號Ｆ二三＋伯四〇一九號Ｆ二六＋伯四〇一九號Ｆ二八＋伯四〇一九號Ｆ三一＋伯四〇一九號Ｆ三二＋伯四〇一九號Ｆ三三＋伯四〇一九號Ｆ三六ａ＋伯四〇一九號Ｆ三六ｂ＋伯四〇一九號Ｆ三九＋伯四〇一九號碎二ｂ、北敦九三二六號、北敦九三五〇號、②北敦九三五三號＋（中缺）＋北敦九三二七號、北敦九三二八號＋北敦九三五四號、③北敦一二一六二號＋北敦一三二〇四號＋北敦一一一八七號Ａ碎一＋（中缺）＋北

字方法。其二，寫本中確定没有範字，學生對照字帖進行反復臨習，如北敦二〇七號背、北敦九四九九號背、斯六一七三號背、上圖一一〇號背。其中上圖一一〇號背（圖一一）保存内容最多，當中《千字文》的反復習字共一百零六行，每字臨習的次數從幾遍到兩行不等，習字有模有樣，頗具王書之風，顯然是對照字帖完成的習作。

─────────────

敦一三一五七號碎四四+北敦一二一九〇號A+北敦九九四一號碎三背+北敦九九四一號碎二背、④北敦一三一八五號B背+北敦一三一八七號+（中缺）+俄敦一四九五號+（中缺）+北敦一三一八五號A背+（中缺）+北敦一三一八五號C背、北敦一三二一〇號F+北敦一三二一〇號D、北敦一六〇三八號A+（中缺）+北敦一六〇三八號B、⑤俄敦二二〇一號+俄敦二二〇四號+俄敦二四八二號+俄敦二五〇七號+俄敦三〇九五號A+俄敦三〇九五號B+俄敦五一六九號+俄敦五一七一號（①⑤的綴合，參見張新朋《敦煌寫本〈開蒙要訓〉研究》，第一四九～一五三頁；②③④的綴合，參見張新朋《敦煌蒙書殘片考》，《文獻》二〇一三年第五期，第七三～八二頁。張新朋還指出北敦一一一四五號、北敦一二一六三號、北敦一二一六〇號、北敦一二一六一號、北敦一一一八七號A碎六、北敦一一一八七號A碎三、北敦一一一八七號A碎四、北敦一一一八七號A碎二、北敦一〇一〇三號、北敦一二一九〇號B、北敦一二一九〇號C、北敦九九四一號碎一等碎片在書風、字體等方面，與③頗爲一致，疑出自同一寫本。筆者另發現北敦一三二〇五號碎二五存“出”“昆”各一行，疑爲③的一塊殘片）。

十八件順朱寫本中，斯一二一四四號A、北敦九三五三號+（中缺）+北敦九三二七號由於上端殘缺，暫未發現範字，但是因爲習字行間有矯正痕迹，所以確定爲順朱。

另外，敦煌本《千字文》中斯一一四二一號、斯一二一七三號、斯一二三七二號、伯三二四三號碎一三、伯三三六九號碎一三、伯三八七五號A碎八、伯五〇三一號碎四四+俄敦五六一四號、北敦一六〇三八號A+（中缺）+北敦一六〇三八號B、俄敦一八九六號+俄敦五一八五號、俄敦七五四四號、俄敦七五八三號這十一件寫本，缺失行首，行間暫未發現矯正痕迹，疑似順朱。拙論《唐五代敦煌地區學童書學教育研究——以敦煌文獻爲中心》一文中認爲敦煌《千字文》順朱寫本是二十七件，把部分疑似順朱寫本也算了進去（金瀅坤主編：《童蒙文化研究》第五卷，第一七〇～一七一頁）；拙論《唐五代習字法“順朱”的具體形式——以敦煌寫本〈千字文〉爲中心》一文中依照新的判定標準，即寫本中必須有明顯的範字或行間有明顯的矯正痕迹，統計出敦煌《千字文》順朱寫本爲十七件（項楚主編：《中國俗文化研究》第二〇輯，四川大學出版社，二〇二一年，第七三～七四頁）。現在發現北敦九三五三號+（中缺）+北敦九三二七號中亦有矯正痕迹，所以把總數更正爲十八件。

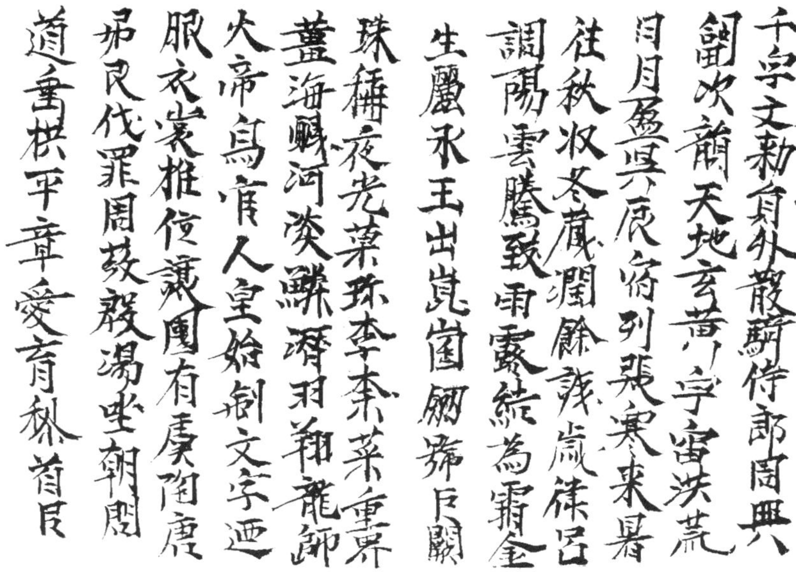
千字文勑負外散騎侍郎周興
嗣次韻天地玄黃宇宙洪荒
日月盈昃辰宿列張寒來暑
往秋收冬藏閏餘成歲律呂
調陽雲騰致雨露結為霜金
生麗水玉出崑崗劍號巨闕
珠稱夜光菓珎李柰菜重芥
薑海鹹河淡鱗潛羽翔龍師
火帝鳥官人皇始制文字迺
服衣裳推位讓國有虞陶唐
吊民伐罪周發殷湯坐朝問
道垂拱平章愛育黎首臣

圖一二　斯五四五四號（局部）

最後來看背臨和意臨。背臨“也稱憶臨，即脱開字帖，以回憶的方法默寫出字帖上的範字，力求風格特點與字帖相同”〔一〕。意臨，即“對臨和背臨達到相當水平後，書寫者能在書寫中逐漸加進一些自己的‘想法’（對書法審美的獨到理解），使自己的字和字帖上的字相比有所變化”〔二〕。敦煌《千字文》寫本中有約五十件的内容是從“千字文敕員外散騎侍郎周興嗣次韻”開始，部分寫本首題或尾題“千字文一卷”或“千文一卷”，總内容至少兩行，因爲這些寫本中都有不少錯别字，所以筆者推測它們可能是背臨或意臨之作。其中内容保存完整的斯三八三五號、斯五四五四號、伯三一〇八號、伯三四一六號、二零一七年北京保利秋季拍賣會拍品一六〇二號背，這五件《千字文》寫本，都可能是背臨或意臨之作。以斯五四五四號（圖一二）爲例，該本共九十六行，尾題“千字文一卷”，書寫工整，書法頗佳，具有晚唐五代書法

〔一〕鄒志生、王惠中編著：《毛筆書法教程》，第二八頁。
〔二〕鄒志生、王惠中編著：《毛筆書法教程》，第二八頁。

特徵，書寫者已經具備不錯的書法水平，但是其中竟有錯別字四十一個，説明書寫者對部分字還不熟悉。另外，不知是由於意臨的原因，還是字帖的書法在不斷更新，縱觀這些寫本，書法多種多樣。伯三〇六二號、伯三一〇八號、伯三一七〇號、伯四九三七號背、斯五四五四號、斯五五九二號、斯五七一一號、斯五八一四號、羽四二七號、伯四八九九號背＋伯五五四六號背等寫本，在書法風格上有正楷，也有行楷、隸楷，不僅書法特色鮮明，而且書寫美觀，書寫者似乎已經形成了各自的書風。《千字文》寫本書風多樣化，也突出了一個重要問題，那就是《千字文》雖然原先爲學習王羲之書法的書帖，但是隨着書法的不斷發展，出現了不同書體的帖本，所以臨本也呈現出不同書法風格。

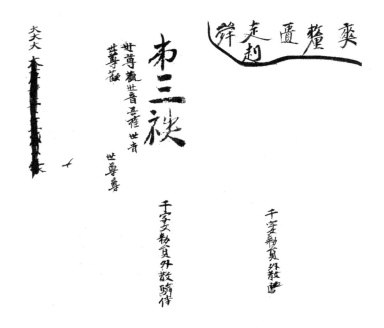

圖一三　斯四六一號背（局部）

敦煌《千字文》寫本中還有不少隨筆練習之作，内容以"千字文敕員外散騎侍郎周興嗣次韻"這部分爲主，多出現在寫本的背面和空白處，具有很強的隨意性，缺乏規範，從練習角度來看，也應該屬於背臨或意臨的一種。這些寫本如斯四六一號背（圖一三）、斯一五八六號背、斯三〇一一號背、斯三八七七號、斯四六九六號背、斯一二四九二號、伯二五五五號、伯三三三二號、伯三六六六號背、伯特一一六六號、伯特二二〇四號碎一背、俄敦九五三號背、俄敦一三一九號背、俄弗一〇三號等，約有二十四件。這些隨筆的筆迹有非常稚嫩的，也有書法較好的，説明處於不同習字階段的書寫者都有隨筆練習的習慣。王元軍認爲這種行爲是强化記憶造成的，屬於即興而爲，没有實際意義，是一種習慣的表現[一]。如此多隨筆練習寫本的存在，説明《千字文》在習字教育中非常普遍，重要意義不言而明。

　　另外，和《上大夫》一樣，《千字文》也是雙語教材。敦煌文獻中保存了兩件漢藏雙語《千字文》，爲伯三四一九號A和英印一三二號。伯三四一九號A保存内容較多，起"而益詠"，訖"謂［語］助者"，書寫工整，行間留有間隔，大部分漢字行右標有吐蕃音，説明書寫者意圖通過注音的方式記憶《千字文》，書寫者應該是一名學習漢字的吐蕃學生。英印一三二號保存内容相對較少，内容先起漢字"千字文敕員外散騎侍郎周興嗣次韻"，訖"金生爲麗水，露"，後接吐蕃音，再後接抄漢文"千字文敕員外散騎侍郎周興嗣次韻"，書寫工整，這種形式説明書寫者意圖通過對照抄寫漢藏《千字文》的形式來學習。這兩件寫本説明《千字文》的影響已經遠及吐蕃，在吐蕃統治敦煌或者之後的一段時期，被用作雙語教材。

　　《千字文》和《上大夫》都是當時重要的習字教材，但是二者在性質上是有區别的。最爲明顯的是，《千字文》是習字書帖，《上大夫》是習字蒙書，二者在習字教育中承擔的角色不同。先來看《上大夫》，它是唐前期産生的專門用於初學者習字的蒙書，僅有十八字，筆畫簡單，性質是習字入門的首用蒙書，重在培養初學者的基本功。《千字文》是周興嗣利用一千個王羲之的字編次而成的，字數多，難度大，所收的字在書法上具有代表性，以教授書法爲主要目的，所以才能成爲學生的習字教材，因此它的性質不僅是學生的習字教材，還是書法臨摹的書帖。如果説《上大夫》是學生初期習字教育

_____

〔一〕　王元軍：《説説敦煌本〈千字文〉》，《中國書法》二〇一三年第六期，第一六九頁。

中的一個重要的點，那麼《千字文》就是貫穿整個習字教育中的一條長線。敦煌《千字文》寫本可以證明這一點。比如斯二七〇三號順朱，從其中標明的日期可知，學生在教授者的指導下，每天練習三到四字，每字練習三到四行；而且基本每行行首和行中都有教授者寫的範字，行間矯正痕迹也有不少，加之習字的筆迹稚嫩，書寫不工整，都說明了這位習字者的習字能力還比較差。而到了斯五七二三號順朱，範字僅出現在行首，每字基本練習一行，書寫工整，範字下的習字已經接近於範字，而且行間也沒有了矯正痕迹，說明該習字者的習字能力已經非常不錯，書法達到了一定水平。通過對比這兩件寫本，就可以說明《千字文》是不同習字能力的學生都要學習的對象。而且不同學生用《千字文》習字的意義也不相同。如斯二七〇三號的習字者臨習《千字文》，顯然是爲了掌握字形結構，與臨習《上大夫》的用意相近，而斯五七二三號的習字者臨習《千字文》，更多的是爲了通過習字練習書法。

結　論

　　本章探討了《千字文》的傳播及其在習字教育中的運用。從吐魯番、和田《千字文》寫本來看，該書在武周時期已經傳播到了西州地區，最晚在八世紀後半葉傳到了于闐地區，然後廣泛運用於兩地的習字教育。從敦煌文獻中保存的蔣善進臨《真草千字文》寫本來看，《千字文》最晚在唐高宗上元二年十二月（六七六）就已經傳到了敦煌地區，成爲當地習字教育中普遍使用的重要教材，在吐蕃統治敦煌以後的時間，還用爲雙語教材。從當時留下的寫本來看，教授者一方面把《千字文》作爲初級習字教材，通過寫範字的形式，讓初學者反復臨習，這樣的做法具有識字、習字的雙重教育意義；一方面也把《千字文》作爲書法範本，或通過寫範字，讓學生順朱，進行連臨；或直接使用字帖，讓具有了一定習字能力的學生通過對臨、選臨、背臨、意臨的方法，進行書法訓練。因此可以說《千字文》在習字教育中具有雙重功能，且這兩種功能不是割裂的，而是隨着學生習字的進步，功能會自然地完成轉變。

第五章　敦煌習字書帖《尚想黄綺帖》研究

　　《尚想黄綺帖》相傳是王羲之的書帖，部分内容見於《論書表》《晋書・王義之傳》《藝文類聚》《書譜》《晋王右軍自論書》以及敦煌寫本伯二〇〇五號《沙州圖經・張芝墨池》中載的王羲之《頗書論》。該帖性質顯然和習字類蒙書《上大夫》等不同，甚至與《千字文》也有一定的區别，因爲它不是蒙書，而是專門用於練習書法的書帖，但是在敦煌、吐魯番以及和田寫本中發現了不少該帖寫本，證明了它在唐五代宋初時期廣泛用於習字教育，尤其是敦煌文獻中保存了該帖全文，研究價值頗高。劉銘恕指出該帖是叙論鍾繇、張芝書法的文字，殆王羲之與人論書法的函札[一]。池田温對該帖部分内容進行了考釋，認爲該帖可能是通過南朝人之手，把文義不連貫的三部分内容整合在一起的[二]。福田哲之從習字的角度出發，認爲該帖在唐代下層社會廣泛流傳的原因與它可作王羲之書帖而被用於習字有密切關係[三]。張天弓分析了該帖的流傳過程，并進

　　〔一〕　劉銘恕：《王羲之書論》，劉長文編：《劉銘恕考古文集》上卷，第四三二頁。

　　〔二〕　〔日〕池田温：《敦煌本に見える王羲之論書》，《中國書論大系月報》第六卷，第八～一二頁。

　　〔三〕　〔日〕福田哲之：《吐魯番出土文書に見られる王羲之習書—阿斯塔那一七九號墓文書〈72TAM179:18〉を中心に—》，《書學書道史研究》第八號，一九九八年，第二九～四一頁。

行了詳細釋義[一]。榮新江通過敦煌吐魯番以及和田寫本，論述了該帖在西域流傳的意義[二]。海野洋平和張新朋對敦煌文獻中的《尚想黃綺帖》寫本進行過整理和綴合[三]。特別是海野洋平由敦煌寫本羽六六四ノ二號《尚想黃綺帖》引出了習字方法"順朱"的概念，并認爲該帖是當時的童蒙教材[四]。本章在前人的基礎上，以二十六件敦煌《尚想黃綺帖》寫本爲中心，結合七件吐魯番、和田及庫車寫本以及傳世文獻記載，探究《尚想黃綺帖》在唐代的傳播以及對習字教育的影響，并嘗試分析該帖在唐五代宋初敦煌地區習字教育中的作用。

第一節　《尚想黃綺帖》在唐代的傳播與影響

《尚想黃綺帖》全文，今人不甚了解，爲了論述便利，茲將敦煌本全文釋錄如下（關於該帖的校釋請參考本書校釋篇）：

> 尚想黃綺，意想疾於纍年在衰。吾［書］比之鍾張，鍾當抗行，或謂過之，張草猶當鴈行。然張精熟，池水盡墨，假令寡人躭之若此，未必謝之。後之達解者，知其評之不虛也。臨池學書，池水盡黑，好之絕倫，吾弗及也。

該帖共八十字，内容是王羲之對鍾繇、張芝書法的看法。池田温指出

[一]　張天弓：《論王羲之〈尚想黃綺帖〉及其相關問題》，《全國第六屆書學討論會論文集》，第三六～五〇頁。

[二]　榮新江：《〈蘭亭序〉與〈尚想黃綺帖〉在西域的流傳》，故宫博物院編：《2011年蘭亭國際學術研討會論文集》，第二六～三五頁；榮新江：《王羲之〈尚想黃綺帖〉在西域的流傳》，《絲綢之路與東西文化交流》，第二〇〇～二〇九頁。

[三]　［日］海野洋平：《敦煌寫本P.4019pièce4・P.3349pièce4・P.3368pièce7の綴合・復原—童蒙教材としての王羲之〈顧書論〉（〈尚想黃綺〉帖）—》，《集刊東洋學》第一一六號，二〇一七年，第九〇～一〇九頁；張新朋：《敦煌文獻王羲之〈尚想黃綺帖〉拾遺》，《敦煌研究》二〇一八年第六期，第六九～七六頁。

[四]　［日］海野洋平：《童蒙教材としての王羲之〈顧書論〉（〈尚想黃綺〉帖）—敦煌寫本・羽664ノ二Rに見るプレ〈千字文〉課本の順朱—》，《杏雨》第二〇號，二〇一七年，第一一七～一七三頁。

該帖的文義不連貫，應該是由南朝人把三部分内容拼湊而成的[一]。池田氏所説的三部分應該是指：篇首"尚想黃綺，意想疾於縣年在衰"十二字，篇中"吾書比之鍾張"到"知其評之不虛也"五十二字以及篇末"臨池學書"到"吾弗及也"十六字。方廣錩指出該帖中"未必謝之"與"吾弗及也"兩説，前後矛盾，而且篇首十二字"文意窒礙難通"[二]。池田氏的推測和方氏的疑問不無道理，另外帖中"池水盡墨"一句前後兩出，亦是疑點之一。筆者不欲就這些問題展開討論，僅是説明該帖應非王羲之原作，其出現時間應該是池田氏所説的南朝。南朝宋時虞龢《論書表》載："羲之書云：'頃尋諸名書，鍾、張信爲絶倫，其餘不足存。'又云：'吾書比之鍾、張當抗行，張草猶當鴈行。'"[三]這一記載中的兩段話，與《尚想黃綺帖》的内容及所表達的意義相似，證明了《尚想黃綺帖》部分内容的確源自王羲之書信，且這些書信在南朝宋時就有流傳。"尚想黃綺"四字最早出現在《陶隱居與梁武帝論書啓》中，其云："尚想黃綺一紙，遂結滯一紙。凡二篇，并後人所學，甚拙惡"[四]。這段話出自中大通元年（五二九）梁武帝與陶弘景討論二王書迹之時[五]，陶弘景給梁武帝的回復。由此可見，在梁武帝中大通元年《尚想黃綺帖》已經出現，并爲梁武帝收入内府，但經過陶弘景的判斷，收入内府者并非真迹，而是後人臨習之作。

　　唐初太宗喜愛王羲之書法，《尚想黃綺帖》再一次被宮廷内府收藏。褚遂良《晋右軍王羲之書目·正書都五卷》中記："尚想黃綺，七行。"[六]褚遂良是

　　〔一〕〔日〕池田温：《敦煌本に見える王羲之論書》，《中國書論大系月報》第六卷，第一二頁。

　　〔二〕《英國國家圖書館藏敦煌遺書》第三册"條記目録"，第二〇頁。

　　〔三〕（唐）張彦遠輯録，范祥雍點校：《法書要録》卷二《中書侍郎虞龢論書表》，第二四頁。

　　〔四〕（唐）張彦遠輯録，范祥雍點校：《法書要録》卷二《陶隱居又啓》，第三四頁。

　　〔五〕　張天弓：《論王羲之〈尚想黃綺帖〉及其相關問題》，《全國第六屆書學討論會論文集》，第三七頁。

　　〔六〕（唐）張彦遠輯録，范祥雍點校：《法書要録》卷三《晋右軍王羲之書目》，第六〇頁。

唐初鑒定王羲之墨迹的權威[一]，他把《尚想黃綺帖》記入王羲之書目中，似乎視爲真本[二]。唐初編撰的《晋書》《藝文類聚》中也出現了《尚想黃綺帖》的部分内容。《晋書·王羲之傳》載："每自稱'我書比鍾繇，當抗行；比張芝草，猶當雁行也'。曾與人書云：'張芝臨池學書，池水盡黑，使人耽之若是，未必後之也。'"[三]《藝文類聚·水部下·池》載："王羲之書云：'張芝臨池學書，池水盡黑，寡人耽之若是，未必後之。'"[四]。

唐代的書論著作中，亦可見《尚想黃綺帖》的痕迹，被用以説明王羲之對前人書法的看法。孫過庭《書譜·序》中記載：

王羲之云："頃尋諸名書，鍾、張信爲絶倫，其餘不足觀。"可謂鍾、張云没，而羲、獻繼之。又云："吾書比之鍾、張：鍾當抗行，或謂過之。張草猶當雁行，然張精熟，池水盡墨，假令寡人耽之若此，未必謝之。"此乃推張邁鍾之意也。[五]

此中首句"王羲之云"的内容見於《論書表》，其後"又云"部分與《尚想黃綺帖》中的完全一樣。孫過庭的説法應該取自《論書表》和《尚想黃綺帖》。又晚唐張彦遠《法書要録·晋王右軍自論書》的全文是：

吾書比之鍾張，當抗行[六]，或謂過之；張草猶當雁行。張精熟

〔一〕《舊唐書·褚遂良傳》載："太宗嘗出御府金帛購求王羲之書迹，天下爭齎古書詣闕以獻，當時莫能辯其真僞，遂良備論所出，一無舛誤。"（第二七二九頁）

〔二〕 張天弓認爲《晋右軍王羲之書目》"其體例祇是簡單的記録卷次、帖名（或開篇數語）、行數等，完全不涉及真僞鑒識、優次評價"（《論王羲之〈尚想黃綺帖〉及其相關問題》，《全國第六届書學討論會論文集》，第三八頁）。

〔三〕《晋書》卷八〇《王羲之傳》，第二一〇〇頁。

〔四〕（唐）歐陽詢撰，汪紹楹校：《藝文類聚》卷九《水部下·池》，上海古籍出版社，一九九九年第二版，第一七一頁。

〔五〕（唐）孫過庭撰，朱建新箋證：《孫過庭書譜箋證》，中華書局，一九六三年，第四~五頁。

〔六〕 張天弓認爲"當"字前脱"鍾"字（《論王羲之〈尚想黃綺帖〉及其相關問題》，《全國第六届書學討論會論文集》，第四〇頁）。

過人，臨池學書，池水盡墨，若吾耽之若此，未必謝之。後達解者，知其評之不虛。吾盡心精作亦久，尋諸舊書，惟鍾張故爲絶倫，其餘爲是小佳，不足在意。去此二賢，僕書次之。須得書〔一〕，意轉深，點畫之間皆有意，自有言所不盡，得其妙者，事事皆然。平南、李式論君不謝〔二〕。

其中從首句到“知其評之不虛”，應該引用自《尚想黄綺帖》。池田氏推測《晋王右軍自論書》是省去了《尚想黄綺帖》的文義不明的首行，把《尚想黄綺帖》其餘兩部分做了修訂，然後加上了另外的兩帖構成的〔三〕。張天弓認爲《晋王右軍自論書》是僞作，從“吾書比之鍾張”到“知其評之不虛”的内容，抄自《尚想黄綺帖》；從“尋諸舊書”到“不足在意”一段抄自《論書表》或《書譜序》；從“須（頃）得書，意轉深”到“事事皆然”一段，源自《書斷》所引蕭子雲的言論，并稍作修飾；最後“平南、李式論君不謝”一句恐是杜撰〔四〕。依據兩位先生之論斷，是知《晋王右軍自論書》應該是唐代某人以《尚想黄綺帖》爲基礎而杜撰的。池田氏進一步認爲《晋王右軍自論書》的流傳，使得《尚想黄綺帖》隱藏在其之下，以致該帖在中世以後消失了〔五〕。據宋代岳珂《寶真齋法書贊》載：“尚想熟知于黄綺，或訪琅琊之新廟，或答尚書之宣示，或臨川丙舍之頓首，或相省叔夷之死罪，凡此已弗復

〔一〕　須，張天弓校作“頃”，并指出“須（頃）得書”是説“剛收到你的書信”（《論王羲之〈尚想黄綺帖〉及其相關問題》，《全國第六届書學討論論文集》，第四〇頁）。

〔二〕　（唐）張彦遠輯録，范祥雍點校：《法書要録》卷一《晋王右軍自論書》，第四頁。

〔三〕　［日］池田温：《敦煌本に見える王羲之論書》，《中國書論大系月報》第六卷，第一二頁。

〔四〕　張天弓：《論王羲之〈尚想黄綺帖〉及其相關問題》，《全國第六届書學討論會論文集》，第四〇～四一頁。

〔五〕　［日］池田温：《敦煌本に見える王羲之論書》，《中國書論大系月報》第六卷，第一二頁。

見。”〔一〕“尚想熟知于黄綺”便是指《尚想黄綺帖》，“弗復見”就是再也看不到了。岳珂的這段話説明《尚想黄綺帖》在宋代以後就亡佚了。

《尚想黄綺帖》在傳世文獻中僅保留了帖名和部分内容，如今在敦煌、吐魯番等文獻中不僅發現了該帖全文，而且還得知該帖在唐代民間廣爲流傳，并遠播敦煌及西域地區。至於此帖抄本流入民間的時間，應該在唐太宗至唐高宗年間。唐人武平一《徐氏法書記》載：“太宗於右軍之書，特留睿賞。貞觀初，下詔購求，殆盡遺逸，萬機之暇，備加執玩，《蘭亭》《樂毅》，尤聞寶重。嘗令搨書人湯普徹等搨《蘭亭》，賜梁公房玄齡已下八人。普徹竊搨以出，故在外傳之。及太宗晏駕，本入玄宫。至高宗，又敕馮承素、諸葛貞搨《樂毅論》及雜帖數本，賜長孫無忌等六人，在外方有。”〔二〕太宗和高宗年間都有搨書和賞賜行爲，《徐氏法書記》中雖未提及《尚想黄綺帖》，不過可以推測其中的“雜帖數本”中可能就包括該帖，“在外方有”一句説明正是因爲統治者的搨書和賞賜行爲，使得《尚想黄綺帖》一類的名家書帖流入了民間。吐魯番寫本七二TAM一七九：一八／一～九號《尚想黄綺帖》，是學生習字本，每字練習兩行，保存了題記“三月十七日令狐慈敏放書”“三月十九日學生令狐慈敏”，當中“月”“日”爲武周新字，説明該卷的書寫時間應該在武周時期。榮新江據此認爲“至少從武周時期（可能要提前到喜歡王字的唐太宗時期），《尚想黄綺帖》就成爲天下各州學生的習字標本”〔三〕。而且根據榮氏的論述，《尚想黄綺帖》的影響并未止於唐王朝統治的西州，而是繼續向西進入了真正的西域地區，因爲在古龜兹、于闐地區的遺址中也出土了它的習字碎片。

敦煌文獻中保存的《尚想黄綺帖》寫本，書寫時間基本晚於吐魯番及和

〔一〕（宋）岳珂撰：《寶真齋法書贊》卷七，《景印文淵閣四庫全書》第八一三册，第六四八頁。

〔二〕（唐）張彦遠輯録，范祥雍點校：《法書要録》卷三武平一《徐氏法書記》，第七七頁。

〔三〕榮新江：《王羲之〈尚想黄綺帖〉在西域的流傳》，《絲綢之路與東西文化交流》，第二○六頁。

田寫本。伯二〇〇五號《沙州圖經》"張芝墨池"條載："因茲王羲之《顧書論》云：'臨池學書，池水盡墨，好之絶倫，吾弗及也。'"顯然這裏的《顧書論》可能就是《尚想黄綺帖》。池田温考證此《沙州圖經》的寫作年代大約在八世紀後半期[一]。因此該卷中的《顧書論》應該是敦煌文獻中關於《尚想黄綺帖》的最早記録。敦煌文獻中《尚想黄綺帖》寫本共計二十六件，以習字寫本爲主，其中伯二七三八號背和上海朵雲軒藏《佛説佛藏經》卷背中都有明確紀年"咸通十年（八六九）"，是這些《尚想黄綺帖》寫本中最早的紀年，其餘寫本的書寫時間也都在九、十世紀，説明《尚想黄綺帖》在晚唐五代宋初的敦煌地區是常用的習字教材。

　　《尚想黄綺帖》在流行的黄金時期，也東渡日本。福田哲之指出在平安中期藤原行成《權記》寬弘八年（一〇一一）六月八日條"宜陽殿御本六卷"中載有王羲之"真書尚想"[二]，證明了《尚想黄綺帖》在一〇一一年前已經流傳到了日本。

第二節　《尚想黄綺帖》在習字教育中的作用

　　《尚想黄綺帖》雖不是王羲之所作，但所用内容和字出自王羲之的書信，遂被認爲是王羲之的法帖，後爲習字教育所用，具備了童蒙教材的性質。各地出土的《尚想黄綺帖》寫本共計三十三件，在習字類書帖寫本中，這一數量僅次於《千字文》，説明該帖在唐五代宋初的習字教育中起着重要作用。

　　〔一〕〔日〕池田温：《敦煌本に見える王羲之論書》，《中國書論大系月報》第六卷，第八頁。

　　〔二〕〔日〕福田哲之：《吐魯番出土文書に見られる王羲之習書―阿斯塔那一七九號墓文書〈72TAM179：18〉を中心に―》，《書學書道史研究》第八號，一九九八年，第三四頁。

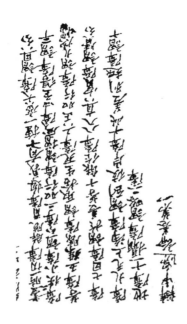

圖一四　羽三號背ノ二（局部）

　　敦煌《尚想黃綺帖》寫本多爲臨本，當中有背臨或意臨，也有連臨，對於部分臨本的特點，前學已經針對説明。沃興華《敦煌書法藝術》一書中論述王羲之書法對敦煌的影響之時，指出斯三二八七號、伯三三六八號碎七、伯二六七一號背、伯二七三八號背都是《尚想黃綺帖》的臨作[一]。榮新江認爲日本杏雨書屋藏羽三號背ノ二"文字頗佳，有王書精神，可能臨自正規的帖本"[二]。不過需要注意的是，剛剛提及的斯三二八七號、伯二七三八號背、羽三號背ノ二應該都不是對臨之作。斯三二八七號雖然内容完整，書寫也較爲工整，頗具王書之風，但是書寫并未遵從一定的格式，也算不得佳作，而且其中"吾比"中間脱了"書"字，末句"吾及弗及也"中"吾"字後衍"及"字，加之該本前抄《千字文》，後抄《十五願禮佛懺》《六十甲子納音》等，綜合這些信息來看，該本應該是一名學生的背臨或意臨之作。正

　　〔一〕　沃興華：《敦煌書法藝術》，第五四頁。
　　〔二〕　榮新江：《王羲之〈尚想黃綺帖〉在西域的流傳》，《絲綢之路與東西文化交流》，第二〇二頁。

是因爲他還處在學習階段，又採用了背臨或意臨，所以才會不遵照原帖格式，并出現脱字和衍字行爲。伯二七三八號背中的兩篇《尚想黃綺帖》都書寫完整，不過由於寫本斷裂，造成了一篇内容有所殘缺，這兩篇字迹相近，錯誤一致，應該是同一人所習。其中"想""張""評""倫""弗"分别誤作"相""章""平""論""彿"，"臨池學書"後衍"盡"字，基於這些錯誤可以判定這兩篇也是背臨或意臨之作。榮新江提到的羽三號背ノ二（圖一四），起"尚想黃綺"，訖"未必謝之，後"，前三行均爲十五字，該本雖然有臨帖的痕迹，但是其中"張"與"當"顛倒，而且相較於其他寫本，脱了"鴈行然張"四字，且"精熟"與"池水盡墨"之間多了"池學書"三字，説明該本也是背臨或意臨的結果。

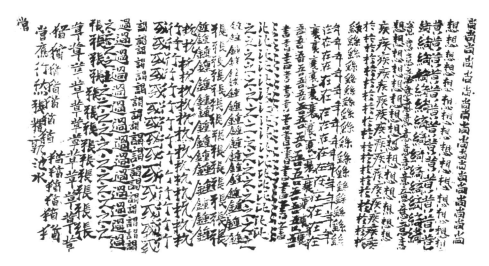

圖一五　伯特一三九號背（局部）

沃興華提到的伯三三六八號碎七和伯二六七一號背都是反復習字，即連臨，前者可與伯三三四九號碎四＋伯四〇一九號碎四＋伯四〇一九號Ｆ一六a＋伯四〇一九號Ｆ一六b＋伯四〇一九號Ｆ一六c＋伯四〇一九號Ｆ一六d＋伯四〇一九號Ｆ一六e＋伯四〇一九號Ｆ一六f＋伯四〇一九號Ｆ二二＋伯四〇一九號Ｆ二七＋伯四〇一九號Ｆ三五綴合，行首有範字，每字練習兩行，是一件順朱寫本的殘片；後者僅三行，其中尚未發現範字，每字練習一行，所臨對象應該是字帖。與後者類似的連臨還有伯特一三九號背（圖一五）。該寫本中從"尚"字到"猶"字，每字練習一行，筆迹稚嫩，書寫不工整，習字整體風格統一，行首和行中無範字，學習者所臨習對象應該是書帖。該習字雖然稚嫩，但是依稀可見王書的特徵。寫本中"黄""謂""猶""當""熟"五字筆畫有誤，説明學習者對字形把握不足且有些粗心。

除了以上前學論及的五件寫本，剩餘敦煌《尚想黄綺帖》寫本中，斯二一四號背、伯三四一六號碎三、上海朵雲軒藏《佛説佛藏經》卷背應該是背臨或意臨；斯四八五二號背疑似選臨；伯三一九四號背、伯三三四九號碎四（一）、伯特一三九號背、伯特四一一一號背、斯一二三七二號、北敦一三二一〇號F＋北敦一三二一〇號D、伯三一九四號碎三、伯三六四三號碎一四、羽六六四ノ二號（圖一六）是連臨，其中有五件寫本可以確認爲順朱[一]，順朱寫本的存在，説明該帖和《上大夫》《千字文》一樣，是當時正式的習字教材；北敦九〇八九號背、伯二六八一號＋伯二六一八號、伯四〇一九號背、伯二七六九號、伯三四二〇號背、伯特二〇七七號、俄敦九五三號背這七件寫本僅有開篇部分，與其他文書雜寫在一起，應該是隨筆練習。這些寫本的存在，充分證明了《尚想黄綺帖》是當時頗爲普遍的習字書帖。

〔一〕 敦煌《尚想黄綺帖》寫本伯三三四九號碎四＋伯三三六八號碎七＋伯四〇一九號碎四＋伯四〇一九號F一六a ～伯四〇一九號F三五、北敦一三二一〇號F＋北敦一三二一〇號D、羽六六四ノ二號中行首有明顯的範字，伯三一九四號碎三、伯三六四三號碎一四都缺失行首，但行間有矯正痕迹，以上五件寫本可以確認爲順朱。另外斯一二三七二號和伯三三四九號碎四（一）缺失行首，行間暫未發現矯正痕迹，疑似順朱。拙論《唐五代敦煌地區學童書學教育研究——以敦煌文獻爲中心》一文中認爲敦煌《尚想黄綺帖》順朱寫本是六件，把疑似順朱寫本斯一二三七二號也算了進來（金瀅坤主編：《童蒙文化研究》第五卷，第一六五頁）；拙論《唐五代習字法"順朱"的具體形式——以敦煌寫本〈千字文〉爲中心》一文中依照新的判定標準，即寫本中必須有明顯的範字或行間有明顯的矯正痕迹，統計出的敦煌《尚想黄綺帖》順朱寫本爲三件（項楚主編：《中國俗文化研究》第二〇輯，第七二頁）。現在重新調整爲五件。

圖一六　羽六六四／二號

　　在《尚想黃綺帖》寫本中，經常出現的内容有《千字文》，表明二者在習字教育中具有很大的共性。二十六件敦煌寫本中，竟有八件寫本中《尚想黃綺帖》和《千字文》是一起出現的，而且筆迹相近，這八件寫本是斯三二八七號、斯四八五二號、斯一二三七二號、伯二七三八號背、伯二七六九號、北敦九〇八九號背、北敦一三二一〇號F+北敦一三二一〇號D、俄敦九五三號背。這一現象的存在，基本可以斷定《尚想黃綺帖》和《千字文》的學習時間相近，屬於同一層次的習字教材。具體順序方面，考慮到《千字文》還具有啓蒙識字的功用，而《尚想黃綺帖》是專門的書帖，那麼它的學習時間應該在《千字文》之後。同樣的習字現象也存在於吐魯番寫本中，七二TAM一七九：一七／一～四號《千字文》和七二TAM一七九：一八／一～九號《尚想黃綺帖》出自同一墓，二者形式一致，筆迹接近，應該是同一時期的習字之作。由此可見，《尚想黃綺帖》和《千字文》搭配的習字方式早在武周時期就已形成。

　　不過從寫本的特徵來看，二者同作爲習字書帖，但在具體用途上有一點明顯區別。《千字文》寫本的書風多樣，具有各個時代的書法特點；而《尚想黃綺帖》寫本多具備王羲之書法的特徵，多爲王帖的連臨、背臨或意臨之作，由此筆者推測《尚想黃綺帖》在唐五代宋初時期一直是作爲王羲之書帖而流傳，也就是説在習字教育中，該帖應該一直作爲學生練習王羲之書法的教材。

《尚想黃綺帖》雖是習字教材，但不是蒙書，在教育意義上與《上大夫》《千字文》有一定的區别。它的内容與王羲之論書有關，具有書法知識教育價值。《尚想黃綺帖》内容出自王羲之書信，涉及到了多位漢魏之際的書法家。"尚想黃綺"一句中"黃綺"，池田温認爲可能是"商山四皓"中的夏黃公和綺里季的合稱，也可能是姓名爲黃綺的書法家[一]。宋朱長文《墨池編·晋王羲之用筆賦》曰："秦漢魏至今，隸書其唯鍾繇，草有黃綺、張芝。"[二]朱長文把黃綺視作與張芝齊名的書法家。但是關於書法家黃綺，文獻記載中僅有此一例，其真實性存疑。沈樂平據《用筆賦》推測"黃綺"應該指書法家黃綺[三]。而張天弓認爲"黃綺"指的是夏黃公和綺里季二人，"黃綺"一詞在東晋特指隱逸，"尚想黃綺"就是崇尚隱逸[四]。可備一説。"意想疾於繇年在衰"一句中的"繇"指的是漢魏之際著名書法家鍾繇。"吾書比之鍾張"一句中的"張"指的是東漢著名書法家張芝，以草書聞名，留下了"臨池學書"的典故。《後漢書·張奂傳》："長子芝，字伯英，最知名。"唐李善等引王愔《文志》曰："尤好草書，學崔、杜之法，家之衣帛，必書而後練。臨池學書，水爲之黑。"[五]《尚想黃綺帖》中王羲之亦云張芝"臨池學書，池水盡黑"。後以"臨池學書"表示刻苦學習書法。通篇來看，《尚想黃綺帖》是王羲之對書法名家鍾繇、張芝書法的看法，對提升學習者的書法認識有很大幫助，而且涉及到了張芝"臨池學書"的典故以及王羲之提出的"假令寡人躭之若此，未必謝之"的假設，可以告訴學習者，學習書法需要專心致志、持之以恒，具有積極的教育意義。因此，《尚想黃綺帖》在書法理論教育意義上的價值不容忽視，這一教

〔一〕〔日〕池田温：《敦煌本に見える王羲之論書》，《中國書論大系月報》第六卷，第一一頁。

〔二〕（宋）朱長文撰：《墨池編》卷一《晋王羲之用筆賦》，《景印文淵閣四庫全書》第八一二册，第六二六頁。

〔三〕沈樂平：《敦煌書法綜論》，第一八五頁。

〔四〕張天弓：《論王羲之〈尚想黃綺帖〉及其相關問題》，《全國第六届書學討論會論文集》，第四三頁。

〔五〕《後漢書》卷六五《張奂傳》，第二一四四頁。

育意義的存在，可能是它被運用到習字教育中的原因之一。

結　論

　　《尚想黃綺帖》可能是南朝人把王羲之的不同書信進行整合而成的一本書帖，在唐初統治者推崇王羲之書法行爲的影響下，廣泛流傳，并流入民間成爲習字教材。從吐魯番寫本七二TAM一七九：一八/一～九號《尚想黃綺帖》來看，該帖在武周時期就已經成爲西州地區的習字教材。然後該帖從西州出發，繼續向西傳播到了龜兹、于闐地區。九、十世紀敦煌地區的習字教育中，也普遍利用《尚想黃綺帖》爲順朱的教材、臨帖的對象，用以學習王書，其學習時間可能稍後於《千字文》。且從寫本來看，《尚想黃綺帖》和《千字文》常常被一起學習，這恐怕不是巧合，而是唐朝習字教育制度的體現。但是《尚想黃綺帖》在具體用途中又有不同於《千字文》的地方：首先，它在唐五代宋初應該一直是作爲學生學習王羲之書法的書帖，而《千字文》隨着時代的發展已經演變出各種書風；其次，它的内容涉及書法理論知識，在習字教育中還承擔着書法知識普及的功能。值得説明的一點是《蘭亭序》也經常出現在《尚想黃綺帖》寫本中，加上《千字文》，這三本書帖都與王羲之有重要關係，三者在唐五代宋初敦煌地區習字教育中的意義還有待於進一步探究。

第六章　敦煌習字書帖《蘭亭序》研究

　　《蘭亭序》，又名《蘭亭集序》，是東晉永和九年（三五三）王羲之爲《蘭亭集》所作的序，文采、書法俱佳，在唐代成爲重要的書帖，性質與《尚想黃綺帖》相似。如今在敦煌、吐魯番以及和田文獻中發現了不少《蘭亭序》習字，證明了唐五代宋初時期這一書帖被廣泛運用到了習字教育中，成爲學生習字的重要教材。榮新江《〈蘭亭序〉在西域》一文論述了《蘭亭序》的傳播過程及在西域和敦煌地區的使用情況，指出了這些寫本大部分屬於習字之作，是當地學子的習字之資[一]。另外，沃興華《敦煌書法藝術》[二]、沈樂平《敦煌書法綜論》[三]、毛秋瑾《敦煌吐魯番文獻與名家書法》[四]，對部分寫本的書法和書寫狀況分別進行了判別和説明。本章將在前人基礎上，探討《蘭亭序》在唐代的傳播與影響以及它在唐五代宋初敦煌地區習字教育中的作用。

　　〔一〕　榮新江：《〈蘭亭序〉在西域》，《國學學刊》二〇一一年第一期，第六五～七一頁，增訂本收入榮新江：《絲綢之路與東西文化交流》，第一八五～一九九頁。
　　〔二〕　沃興華：《敦煌書法藝術》，第五三頁。
　　〔三〕　沈樂平：《敦煌書法綜論》，第一一二～一一五頁。
　　〔四〕　毛秋瑾：《敦煌吐魯番文獻與名家書法》，第二九～四七頁。

第一節　《蘭亭序》在唐代的傳播與影響

關於《蘭亭序》在唐代的傳播，榮新江已有詳細論述，筆者在這裏稍作簡要介紹。唐何延之《蘭亭記》中詳細記録了《蘭亭序》原本的流傳過程，該書載：

> 《蘭亭》者，晋右將軍會稽内史瑯琊王羲之字逸少所書之詩序也……右軍亦自珍愛寶重，此書留付子孫傳掌。至七代孫智永……禪師年近百歲乃終，其遺書并付弟子辯才……辯才嘗於所寝方丈梁上，鑿其暗檻，以貯《蘭亭》，保惜貴重，甚於禪師在日。至貞觀中，太宗以聽政之暇，銳志翫書，臨寫右軍真草書帖，購募備盡，唯未得《蘭亭》，尋討此書，知在辯才之所……（蕭）翼遂於案上取得《蘭亭》及御府二王書帖，便赴永安驛……翼便馳驛而發，至都，奏御。太宗大悦……帝命供奉揚書人趙模、韓道政、馮承素、諸葛貞等四人，各揚數本，以賜皇太子諸王近臣。貞觀二十三年，聖躬不豫，幸玉華宮含風殿，臨崩，謂高宗曰：“吾欲從汝求一物，汝誠孝也，豈能違吾心耶，汝意如何？”高宗哽咽流涕，引耳而聽受制命。太宗曰：“吾所欲得，《蘭亭》，可與我將去。”及弓劍不遺，同軌畢至，隨仙駕入玄宮矣[一]。

何延之對《蘭亭序》的流轉過程，記載頗爲詳細。根據他的説法，《蘭亭序》是經過智永、辯才之手，流入唐太宗的内府且陪葬昭陵，流傳脈絡非常清晰。何的説法，多爲其後之人採用。如唐劉餗《隋唐嘉話》載：

> 王右軍《蘭亭序》，梁亂出在外，陳天嘉中爲僧永所得。至太建中，獻之宣帝。隋平陳日，或以獻晋王，王不之寶。後僧果從帝借揚。及登極，竟未從索。果師死後，弟子僧辯得之。太宗爲秦王日，見揚本驚喜，

〔一〕（唐）張彥遠輯録，范祥雍點校：《法書要録》卷三何延之《蘭亭記》，第八四～八八頁。

乃貴價市大王書《蘭亭》，終不至焉。乃知在辯師處，使蕭翊就越州求得之，以武德四年入秦府。貞觀十年，乃搨十本以賜近臣。帝崩，中書令褚遂良奏："蘭亭先帝所重，不可留。"遂秘於昭陵。[一]

劉餗基本採信了何延之的説法，在記録更爲簡潔的同時，在智永禪師與辯才之間增補了一些流傳過程，使《蘭亭序》的流傳脈絡更加詳實。其中關於蕭翊（即蕭翼）從辯才禪師處獲得《蘭亭序》的故事，有學者認爲故事中的人物非蕭翊，而是歐陽詢，榮新江讚成是歐陽詢的説法[二]。

《蘭亭序》真本雖入昭陵，但是據唐何延之《蘭亭記》的記載，可知唐太宗曾命搨書人"各搨數本，以賜皇太子諸王近臣"，使得搨本得以留存於世。唐武平一《徐氏法書記》中對此事也有記載，其云："太宗於右軍之書，特留睿賞。貞觀初，下詔購求，殆盡遺逸，萬機之暇，備加執玩，《蘭亭》《樂毅》，尤聞寶重。嘗令搨書人湯普徹等搨《蘭亭》，賜梁公房玄齡已下八人。普徹竊搨以出，故在外傳之。及太宗晏駕，本入玄宮"[三]。從這兩條資料可知，太宗把搨本賞賜給王公大臣們後，造成了搨本及再搨本的流傳，以致後來傳入民間。

作爲王羲之"自珍愛寶重"的《蘭亭序》，自是後人臨摹的重要法帖。持有者辯才便"每日於窗下臨學數遍"[四]。唐太宗更是奉《蘭亭序》爲至寶，在太宗的影響下，當時的書法家以臨摹《蘭亭序》爲時尚，現今還有馮承素摹本、虞世南摹本、褚遂良摹本傳世，藏於北京故宮博物院。上行下效，加之搨本流傳的影響，使《蘭亭序》得以進入各地的習字教育中。

[一]（唐）劉餗撰，程毅中點校：《隋唐嘉話》卷下，中華書局，一九七九年，第五三~五四頁。

[二] 榮新江：《〈蘭亭序〉在西域》，《國學學刊》二〇一一年第一期，第六八頁。

[三]（唐）張彥遠輯録，范祥雍點校：《法書要録》卷三武平一《徐氏法書記》，第七七頁。

[四]（唐）張彥遠輯録，范祥雍點校：《法書要録》卷三何延之《蘭亭記》，第八七頁。

敦煌、和田文獻中《蘭亭序》寫本的發現，說明該帖在唐代便已傳播至敦煌及西域地區，成爲習字的寶典。敦煌文獻中共計有十七件《蘭亭序》寫本，書寫年代主要集中在九、十世紀。和田文獻中明確有三件《蘭亭序》寫本，爲GXW〇〇一七號背+BH三－七號背、GXW〇一一二號背、MT.b.〇〇六號，另有敦煌寫本俄敦一八九四三號（二－一），榮新江考證出它實爲和田出土，而且榮氏認爲和田《蘭亭序》臨本的書寫年代可能是八世紀後半葉[一]。根據榮氏的説法，是知《蘭亭序》在八世紀後半葉就已經影響到了西域地區的習字教育。又根據吐魯番出土七二TAM一七九：一八／一～九號，可知《尚想黄綺帖》在武周時期就已傳入西州地區，同爲王羲之書帖的《蘭亭序》，流動軌迹應該與《尚想黄綺帖》接近。

第二節 《蘭亭序》在習字教育中的作用

《蘭亭序》既是書法愛好者臨習的法帖，也是習字教育的教材。下面以敦煌寫本爲中心，説明該帖在唐五代宋初敦煌地區習字教育中的作用。

十七件敦煌《蘭亭序》寫本基本爲臨帖之作，其中伯二五四四號、伯二六二二號背、伯三一九四號背、伯四七六四號、俄敦一八九四三號（二－一）這五件寫本的特點，前學已有介紹。

伯二五四四號，首尾完整，共十四行，是敦煌《蘭亭序》寫本中唯一一件内容完整的，不過書體欠佳，當中"褉""領""懷""萬""視"分别誤作"契""頷""壞""邁""現"。沃興華認爲該本"字形大小與章法行款與傳世的唐馮承素臨本比較接近，點畫清勁爽辣，結體雄奇角出，似與不似之間流露出敦煌書法的刀刻特徵"[二]。徐俊指出該本"字迹有明顯摹寫王羲之《蘭亭序》帖筆法的痕迹，可斷定爲臨習之作"[三]。榮新江提及"其雖然是臨習之本，

〔一〕 榮新江：《〈蘭亭序〉在西域》，《絲綢之路與東西文化交流》，第一九七頁。

〔二〕 沃興華：《敦煌書法藝術》，第五三頁。

〔三〕 徐俊纂輯：《敦煌詩集殘卷輯考》，第四六五頁。

但并没有按照原帖的格式來抄"〔一〕。沈樂平認爲:"它似乎并不是有意臨仿之作,而是更近於一種抄録内容式的文書——目的不在於書法'技巧'而指向於文字内容之'閱讀',用筆簡陋且生硬,結字粗率板滯、不甚講究,與傳世諸本《蘭亭》皆相去甚遠,幾無相似之處。"〔二〕筆者以爲該本雖然錯訛較多,没有按照原帖抄寫,但是確有王帖筆法的痕迹,加之該本與前《北邙篇》之間空開了兩行,後接"永和九""永和九年歲"的習字,因此推測爲背臨或意臨之作。

伯二六二二號背《蘭亭序》共三行,起"永和九年",訖"茂林脩竹,崇"。饒宗頤指出其中"修禊"誤作"脩惠"、"茂林"誤作"茂林"〔三〕。此外還有"咸"誤作"減"、"此地有崇山峻領,茂林修竹"誤作"此地有茂林脩竹,崇"。沃興華認爲該本"點畫渾厚,起收之筆以及轉折之處皆沉着有力,可能在模仿虞世南或褚遂良的臨本"〔四〕。榮新江認爲:"此文與正背面《書儀》、詩歌不同,爲頂格書寫,仍存帖本痕迹,爲臨帖之作無疑。"〔五〕

伯三一九四號背《蘭亭序》共三行,起"永和九年",訖"少長咸集"。饒宗頤認爲該卷是臨帖之作,書法甚佳,還指出其中"之蘭亭"誤作"至蘭停"〔六〕。沈樂平則認爲該本和伯二六二二號背都是唐末五代之際以神龍本《蘭亭序》爲範本的練習之作〔七〕。榮新江判斷爲習字之作〔八〕。

伯四七六四號《蘭亭序》共兩行,起"群賢畢至",訖"清流激",其中"茂林脩竹"中的"脩"字書寫有誤,末尾"激"字寫了三遍。沃興華認爲該

〔一〕 榮新江:《〈蘭亭序〉在西域》,《絲綢之路與東西文化交流》,第一九三頁。

〔二〕 沈樂平:《敦煌書法綜論》,第一一四頁。

〔三〕 饒宗頤編集:《敦煌書法叢刊》第一八卷《碎金(一)》,第八九頁。

〔四〕 沃興華:《敦煌書法藝術》,第五三頁。

〔五〕 榮新江:《〈蘭亭序〉在西域》,《絲綢之路與東西文化交流》,第一九三頁。

〔六〕 饒宗頤編集:《敦煌書法叢刊》第一八卷《碎金(一)》,第八九頁。

〔七〕 沈樂平:《敦煌書法綜論》,第一一四頁。

〔八〕 榮新江:《〈蘭亭序〉在西域》,《絲綢之路與東西文化交流》,第一九三頁。

本“結體略闊，線條更加勁力，靈動中姿媚躍出，好像取法唐人馮承素的臨本”〔一〕。

以上後三件寫本都與傳世《蘭亭序》摹本有相似之處，所以前賢才會判定它們是臨本，不過它們都未寫完，內容中都存在一些書寫錯誤，且每件寫本的書法都擁有自身特點，格式亦與現存摹本不同，所以筆者推斷它們都不是正式的臨帖，而是較爲隨意的練習之作，採用的方法應該不是對臨，而是背臨或意臨。

還有一件俄敦一八九四三號（二－一）《蘭亭序》，共五行，下殘，起“永和”，訖“湍暎帶”。榮新江考證本卷爲和田出土之物，并指出其不像一般的典籍抄本那樣留有天頭地脚，行間間隔均勻，當是臨帖的結果，且文字極其有力，可見所據原本頗佳，書寫者也有相當水準〔二〕。該本的格式雖然與傳世摹本有所不同，不過間隔均勻，書寫工整，應該是一份較爲正式的臨本。

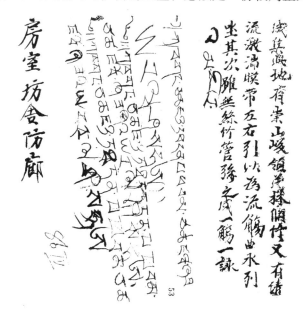

圖一七　英印一一九號

〔一〕　沃興華：《敦煌書法藝術》，第五三頁。

〔二〕　榮新江：《〈蘭亭序〉在西域》，《絲綢之路與東西文化交流》，第一八六頁。

此外，前人尚未留意的英印一一九號（圖一七）當是一件背臨或意臨之作。該本《蘭亭序》共三行，起"咸集"，訖"一觴一詠"，後接吐蕃文和雜字，雖然"弦"字右側誤作"糸"形（"糸"下部存修改痕迹），但是書寫流暢、均匀，美觀大方，是一篇難得的練習佳作。還有俄敦五三八號應該是一件隨筆臨帖，該本《蘭亭序》一行，爲"永和九年，歲在癸丑，暮春之初，會于會稽"，前接"佛説無常經""大"的習字，内容雖少，却具王風。

敦煌《蘭亭序》寫本中連臨之作有十件，爲斯一六一九號背、斯一一三四四號Ａ背、伯二六二二號碎三、伯三三六九號碎二背、俄敦五六八七號、俄敦一一〇二四號、俄敦一二八三三號+（中缺）+俄敦五二八號Ａ背+俄敦一一〇二三號+（中缺）+俄敦五二八號Ｂ、北敦一〇四五一號+北敦一二〇四五號+（中缺）+北敦一〇三五八號、北敦一一九二八號背、羽六六四ノ二號背。其中四件可以確認爲順朱[一]，爲斯一六一九號背、斯一一三四四號Ａ背、羽六六四ノ二號背、北敦一〇四五一號+北敦一二〇四五號+（中缺）+北敦一〇三五八號，説明《蘭亭序》在當時是正式的習字教材。斯一六一九號背順朱的書法頗具王羲之書風。沃興華指出該本是學生臨摹王羲之《蘭亭序》之作[二]。另外羽六六四ノ二號背（圖一八）順朱中的範字也具有王書特徵，可見當時的順朱過程中，教授者自書王字，讓

〔一〕　十七件敦煌《蘭亭序》寫本中有四件可以確認爲順朱：斯一六一九號背和羽六六四ノ二號背行首有範字，行中有矯正痕迹；斯一一三四四號Ａ背和北敦一〇四五一號+北敦一二〇四五號+（中缺）+北敦一〇三五八號寫本上殘，無法確認範字的存在，不過行中有明顯的矯正痕迹。另外《蘭亭序》的反復習字寫本伯二六二二號碎三、伯三三六九號碎二背、北敦一一九二八號背、俄敦五六八七號、俄敦一二八三三號+（中缺）+俄敦五二八號Ａ背+俄敦一一〇二三號+（中缺）+俄敦五二八號Ｂ、俄敦一一〇二四號這六件，寫本都上殘，行中暫未發現範字和矯正痕迹，疑似順朱。拙論《唐五代敦煌地區學童書學教育研究——以敦煌文獻爲中心》一文中認爲敦煌《蘭亭序》順朱寫本是十件，把部分疑似順朱寫本也算了進去（金瀅坤主編：《童蒙文化研究》第五卷，第一六七頁）；拙論《唐五代習字法"順朱"的具體形式——以敦煌寫本〈千字文〉爲中心》一文中依照新的判定標準，重新統計出敦煌《蘭亭序》順朱寫本爲四件（項楚主編：《中國俗文化研究》第二〇輯，第七二頁）。

〔二〕　沃興華：《敦煌書法藝術》，第五三頁。

學習者臨習。

　　綜上，《蘭亭序》曾廣泛用於敦煌地區的習字教育，教授者可以寫範字，讓學習者臨習，也可以讓學習者臨習字帖，以達到學習王書的目地。敦煌寫本羽六六四ノ二號中，正面是《尚想黃綺帖》順朱，背面是《蘭亭序》順朱，形式、筆迹一致；伯三一九四號背中《蘭亭序》前臨有《尚想黃綺帖》；和田寫本MT.b.○○六號，正面是《蘭亭序》習字，背面是《尚想黃綺帖》習字，形式、筆迹一致。這三件寫本明示了《蘭亭序》和《尚想黃綺帖》不僅性質相同，而且學習時間相近。不過敦煌《蘭亭序》寫本較之《尚想黃綺帖》寫本，隨筆習字較少，書寫者的整體書法水平較高一些，筆者推測該帖的學習時間應該稍後於《尚想黃綺帖》。

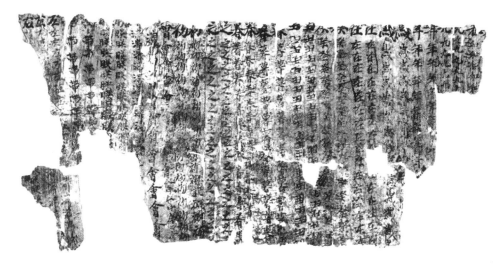

圖一八　　羽六六四ノ二號背

結　論

　　唐代之前《蘭亭序》一直作爲王羲之法帖名作而流轉於王羲之後人與宮廷之間，唐初被太宗從辯才手中收入内廷，而後搨本從宮廷流出，傳於天下，成爲習字教育的寶典。和田本《蘭亭序》習字的發現，説明在八世紀後半葉該帖已經傳播到了西域的于闐地區。從敦煌本《蘭亭序》來看，它是唐五代宋初時期重要的習字教材。《蘭亭序》臨本中，不論是教授者的範字，還是學習者的習字，都具有王羲之書法的特徵，不僅證明了學習者是通過《蘭亭序》學習王羲之書法，而且結合《尚想黃綺帖》寫本中同樣的書法特徵，證明了王羲之書法是唐五代宋初敦煌地區習字教育的基礎和重點。敦煌、和田寫本中都有《蘭亭序》和《尚想黃綺帖》同出現在一件寫本中的現象，又説明了唐五代宋初這兩本王羲之書帖構成了一套習字教材組合。關於唐五代宋初《蘭亭序》和《尚想黃綺帖》在習字教育中的意義，筆者以爲還有進一步挖掘的價值。

第七章　唐五代宋初習字法"順朱"研究

近世學生初學習字時，常用"描朱"（也稱"描紅"），宋元明清時期常見的描朱教材是《上大人》《千字文》。現在學者們在敦煌文獻中發現了一類唐五代宋初時期的習字寫本，寫本上端有朱筆（或墨筆）範字，其下爲反復臨寫的習字。一些學者認爲這類寫本所呈現的習字方式就是"描朱"[一]。而海野洋平主張這種在範字下面反復臨寫的習字方法應該不是"描朱"，而是"順朱"。他依據南宋守堅集《雲門匡真禪師廣録》中關於順朱的記載，結合敦煌寫本伯四九〇〇號（二）《上大夫》、北敦一二一六〇號和北敦一二一六二號《千字文》等，認爲"順"與"描"突出的是習字方式的區別，"順朱"應該是在寫有朱筆（或者墨筆）範本的紙上進行習字，有時教授者會根據情況在適宜（主要在習字一行半）的地方進行指導的習字方法，與在朱字上用薄紙影寫的習字方法"描朱"不同[二]。本章將以敦煌寫本爲中心，在前人研究基礎上，對"順朱"的特徵與傳播、具體形式進行

〔一〕　徐梓：《〈上大人〉淺説》，《尋根》二〇一三年第六期，第五頁；雷實：《"上大人"描紅本的歷史探尋》，《基礎教育課程》二〇一五年第一一期，第六三頁。按：拙論《敦煌寫本〈上大人〉相關問題研究》一文中也曾這樣認爲（金瀅坤主編：《童蒙文化研究》第二卷，第三〇六頁）。

〔二〕　［日］海野洋平：《童蒙教材としての王羲之〈顫書論〉〈尚想黄綺〉帖）—敦煌寫本·羽664ノ二Rに見るプレ〈千字文〉課本の順朱—》，《杏雨》第二〇號，二〇一七年，第一一七～一七三頁。

深入討論，以期對唐五代宋初學生習字方法有進一步認識。

第一節　順朱的特徵與傳播

本節將首先結合傳世文獻中順朱的記載與今人對於順朱的認識，再利用各類敦煌習字寫本，探討究竟什麼是順朱以及唐五代宋初時期順朱的特點。然後利用吐魯番、和田文獻中的習字寫本及相關傳世文獻，説明順朱在西域地區及後世的使用狀況。

一　順朱的特徵

有關"順朱"一詞的史料記載可以追溯到南宋。據南宋守堅集《雲門匡真禪師廣録·垂士代語》載："師因摘茶云：'摘茶辛苦，置將一問來。'無對。又云：'爾若道不得，且念上大人。更不相當，且順朱。'"〔一〕又南宋賾藏主編集《古尊宿語録·智門（光）祚禪師語録》載："問：'如何是祖師禪？'師云：'上大人。'又云：'會麽？'僧云：'不會。'師云：'不會且順朱。'"〔二〕這兩條資料中，禪師們分別面對弟子的無問、無知，用"上大人"爲禪機作解，讓弟子去順朱。《上大人》是學生習字入門的蒙書，"順朱"一詞又與描朱的結構類似，應該是一種習字方法。

首先來看今人對順朱一詞的認識。《佛光大辭典》載："順朱，又作述朱。朱，朱墨；將先人之言教、行履，以朱墨記録於簿本。順朱，謂仿照先人之言教而行。"〔三〕并舉《古尊宿語録·智門（光）祚禪師語録》爲例。《漢語大詞典》"寫順朱兒"條作："初學兒童在印好的紅色楷字上描摹習字，謂之'寫順朱兒'。又稱描紅。"〔四〕日本《禪學大辭典》亦有解釋，翻譯如

〔一〕（宋）釋守堅集：《雲門匡真禪師廣録》卷中《垂士代語》，《大正新修大藏經》第四七册，第五六二頁a。

〔二〕（宋）賾藏主編集，蕭蓮父、吕有祥點校：《古尊宿語録》卷三九《智門（光）祚禪師語録》，第七三二頁。

〔三〕《佛光大辭典》第六册，第五三五四頁。

〔四〕《漢語大詞典》第三卷，第一六二六頁。

下：“順是遵從，朱是朱墨，用朱墨在寫好的範字上描摹，記憶文字。或者是遵從先人的言教、行履。也作述朱”〔一〕。另外日本《禪語辭典》對順朱解釋作：“小孩子習字的時候，用朱筆寫範字，讓他們在範字上面描摹。按照所教進行學習，遵守規範。”〔二〕綜合這四本辭典的解釋，順朱基本上包括兩層含義：其一，遵從先人言行，或把先人言行用朱墨記録；其二，學生在寫好的朱筆範字上進行描摹習字，等同於描朱。清代德玉曾書《梵網經順硃》《禪林寶訓順硃》《道德經順硃》，從其序文可知，德玉爲了潛心修行，遂用朱墨抄寫這三本經書。這裏的“順硃”使用的是上述第一層含義。《禪宗頌古聯珠通集》載：“雄鎮南陽傳祖令，清風凛凛動寰區。老來偏愛晚生子，把手時時教順朱（佛心才）。”〔三〕此中順朱表示學生習字，自是使用的上述順朱的第二層含義。前引《雲門匡真禪師廣録》和《智門（光）祚禪師語録》中關於用《上大人》進行順朱的記載，自然也是使用的順朱的第二層含義。然而順朱是否等同於描朱，筆者認爲值得商榷。學界對於順朱含義的理解多有不同。劉長東認爲順朱即描紅習字〔四〕。曾良認爲順朱是順着朱字念〔五〕。海野洋平認爲把順朱和後世的描朱等同而視的話是有問題的，《雲門匡真禪師廣録》中的“雲門匡真禪師”是晚唐五代名僧文偃，他生活在九、十世紀，而從這一時期的敦煌紙張來看，當時的紙張不適合影寫，又伯四九〇〇號（二）《上大夫》是咸通十年（八六九）寫本，其中行頭爲朱

〔一〕〔日〕駒澤大學内禪學大辭典編纂所編《禪語大辭典》中原文是：“順はしたがう。朱は朱墨。朱墨で記された手本の上をなぞって、文字を覺えること。先人の教え・行履そのままにしたがうこと。述朱。”（大修館書店，一九八五年，第五一九頁）

〔二〕〔日〕入矢義高監修，古賀英彦編著《禪語辭典》中原文是：“子供に習字をならわせるとき、朱で手本の字を書いて與え、その上をなぞらせること（《葛藤語箋》三）。教えられたとおりに習う、規範を遵守する。”（思文閣，一九九一年，第二〇七頁）

〔三〕（宋）釋法應集，（元）釋普會續集：《禪宗頌古聯珠通集》卷八《祖師機緣・東土旁出諸祖》，《卍續藏經》第一一五册，第八九頁。

〔四〕劉長東：《論中國古代的習字蒙書——以敦煌寫本〈上大夫〉等蒙書爲中心》，《社會科學研究》二〇〇七年第二期，第一九〇頁。

〔五〕曾良：《“丘乙己”解讀與古籍整理》，《中國典籍與文化》二〇〇八年第二期，第九〇頁。

筆範字，下面爲習字，因此這件寫本應當是文偃所説的《上大人》順朱的真實樣本。海野氏進而主張順朱應該是在寫有朱筆（或者墨筆）範本的紙上進行習字的方法〔一〕。筆者以爲此説較有説服力。

關於伯四九〇〇號（二）《上大夫》的書寫狀況，本書第一章第一節中已經有詳細説明，下面再作簡要介紹。該《上大夫》共十四行，右側首題朱筆“試文”，行首爲朱筆“上大夫，丘乙己，化三千，七十士，尒小”十四字，朱字範字下是墨筆習字，每字習寫一行，習字訖“千”字行。習字後題墨筆“咸通十年”和朱筆“經開██▨▨”等字。“夫”行和“乙”行第七字、“己”行約第六字，“千”行第二字有朱筆矯正痕迹。

爲了更好地説明敦煌順朱寫本的特點，這裏再舉一件《蘭亭序》寫本。斯一六一九號背（圖一九），寫本正面是《成唯識論・善位十一心所釋》，寫本背面首尾俱缺，爲“若合一契，未嘗不臨”八字的習字，每字練習兩行，行首字書法較好，是教授者所寫的範字，爲墨筆，學生的習字與範字稍有間隔，以示區別。寫本中“若”字第二行第八字和第九字、“合”字第二行第十二字、“契”“未”“不”“臨”四字各自第二行第九字、“嘗”字第二行第六字和第七字上有矯正痕迹，顯然是教授者在指導學生規範字形。教授者選擇矯正的字基本在每字第二行上，正如海野氏所言的“‘一行半’での指導”〔二〕。從該寫本來看，教授者這樣的指導行爲是有效果的，學生在接受指導之後的習字明顯有所進步。還有寫本中“未”字存在兩種寫法，説明當時注重同字不同寫法的練習。“一”字第二行末有“諸大德我”四字，在佛經中常見，應該與習字是同一人所寫，提示了該寫本的書寫者可能是一位沙彌。

〔一〕［日］海野洋平：《童蒙教材としての王羲之〈顧書論〉（〈尚想黄綺〉帖）—敦煌寫本・羽664ノ二Rに見るプレ〈千字文〉課本の順朱—》，《杏雨》第二〇號，二〇一七年，第一一七～一七三頁。

〔二〕［日］海野洋平：《敦煌寫本 P.4019pièce4・P.3349pièce4・P.3368pièce7 の綴合・復原—童蒙教材としての王羲之〈顧書論〉（〈尚想黄綺〉帖）—》，《集刊東洋學》第一一六號，二〇一七年，第一〇一～一〇三頁。

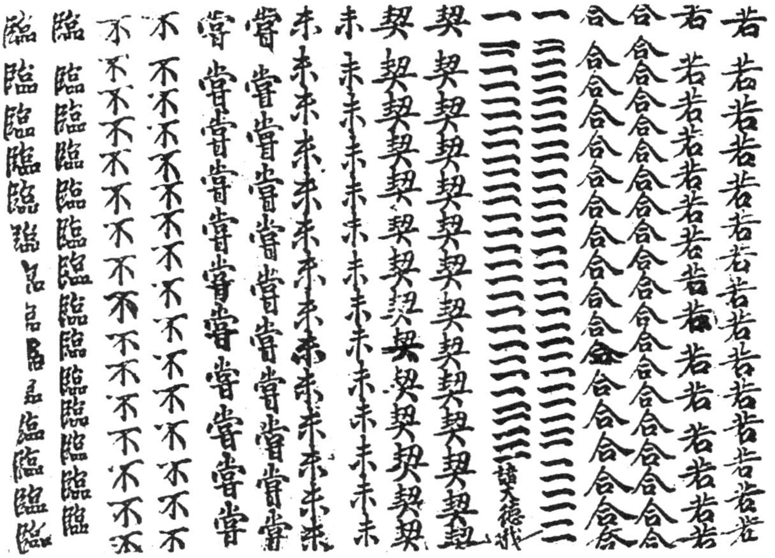

圖一九　斯一六一九號背

　　對於伯四九〇〇號（二）《上大夫》和斯一六一九號背《蘭亭序》中反
映的習字方法，筆者以爲寫本中範字在行首，學生習字緊接在範字之下，
從習字方法來説，學生是在臨寫，而非摹寫。古人對臨與摹有明確區分。
宋代桑世昌《蘭亭考·臨摹》載："黄伯思云：'世人多不曉臨摹之别。臨謂
以紙在古帖旁，觀其形勢而學之，若臨淵之臨，故謂之臨。摹謂以薄紙覆
古帖上，隨其細大而搨之，若摹畫之摹，故謂之摹。又有以厚紙覆帖上就
明牖，景而摹之，謂之響搨焉。臨之與摹，二者迥殊，不可亂也。'"〔一〕可
見宋人對於"臨"與"摹"的概念是有明確區分的。描朱注重的是"摹"，
而非"臨"，所以把伯四九〇〇號（二）和斯一六一九號背中的習字方法稱
之爲描朱是不準確的。這兩件寫本中學生的習字在範字（朱筆或墨筆）的
下面，可以説是順着範字臨寫，當如海野氏所言，此法實爲順朱。

────────────

　　〔一〕（宋）桑世昌集：《蘭亭考》卷五《臨摹》，王雲五主編：《叢書集成初編》第
一五九八册，第四六頁。

　　這類順朱寫本在敦煌文獻中有不少，海野氏舉出了十九件〔一〕，筆者在海野氏的基礎上統計出三十四件寫本，其中《千字文》十八件，《尚想黃綺帖》五件，《蘭亭序》四件，雜字、姓氏、不知名文書各二件〔二〕，《上大夫》《蘭亭詩》、數字、契約各一件〔三〕。根據統計結果，可知《千字文》《尚想黃綺帖》《蘭亭序》這三本與王羲之有關的書帖無疑是當時順朱的主要教材。三十四件順朱寫本中，除了伯三一九四號碎三、伯三六四三號碎一四、斯一一三四四號A背、北敦九三五三號+（中缺）+北敦九三二七號〔四〕、北敦

――――――――――

　　〔一〕 根據海野洋平《童蒙教材としての王羲之〈顱書論〉（〈尚想黃綺〉帖）―敦煌寫本·羽664ノ二Rに見るプレ〈千字文〉課本の順朱―》一文中對順朱寫本的判別過程，可知他的判別依據主要有二：一是寫本行首有明顯範字者爲順朱；二是寫本行首殘缺的情況下，行中有矯正痕迹者亦爲順朱（《杏雨》第二〇號，二〇一七年，第一一七~一七三頁）。筆者贊同這一判定標準。海野氏文中所舉敦煌順朱寫本，除了伯四九〇〇號（二）《上大夫》，還有《千字文》寫本十二件（斯二七〇三號、伯三一一四號、斯四八五二號、斯五七二三號、斯五六五七號背、斯五七八七號、斯一二三七二號、北敦九三二六號、北敦九三五〇號、北敦九三二八號+北敦九三五四號、北敦一二一六〇號+北敦一二一六二號、北敦一三二一〇號F+北敦一三二一〇號D），《尚想黃綺帖》寫本六件（羽六六四ノ二號、伯三一九四號碎三、伯三六四三號碎一四、伯三三四九號碎四+伯三三六八號碎七+伯四〇一九號碎四+伯四〇一九號F一六a+伯四〇一九號F一六b+伯四〇一九號F一六c+伯四〇一九號F一六d+伯四〇一九號F一六e+伯四〇一九號F一六f+伯四〇一九號F二二+伯四〇一九號F二七+伯四〇一九號F三五、斯一二三七二號、北敦一三二一〇號F+北敦一三二一〇號D），《蘭亭序》寫本二件（斯一六一九號背、羽六六四ノ二號背），《蘭亭詩》寫本一件（伯三三〇五號碎五背）。由於羽六六四ノ二號同時出現了《尚想黃綺帖》和《蘭亭序》，北敦一三二一〇號F+北敦一三二一〇號D和斯一二三七二號中同時出現了《千字文》和《尚想黃綺帖》，所以海野氏文章中所提到的順朱寫本數量實爲十九件。而且，斯一二三七二號的四塊碎片中，由於殘缺，行首部分不存，行內亦未發現矯正痕迹，海野氏推測該寫本可能是順朱，筆者以爲該寫本暫不能視爲順朱。

　　〔二〕 敦煌雜字順朱寫本爲斯一一九六九號B+斯一一九六九號C、斯一二四五八號C背；姓氏順朱寫本爲北敦一六一八一號背、伯三七三八號碎三；不知名順朱寫本爲伯三三〇五號碎五、北敦一三一八八號。

　　〔三〕 敦煌《蘭亭詩》順朱寫本爲伯三三〇五號碎五背，數字順朱寫本爲俄敦一八九三八號，契約順朱寫本爲斯一四七八號背。

　　〔四〕 寫本綴合參見張新朋《敦煌蒙書殘片考》，《文獻》二〇一三年第五期，第七三~八二頁。

一〇四五一號＋北敦一二〇四五號＋（中缺）＋北敦一〇三五八號這五件寫
本由於行首缺失，範字不可見以外，其餘的二十九件寫本中的範字又有朱
筆與墨筆的區別。其中朱筆範字寫本僅有三個卷號，爲伯四九〇〇號（二）
《上大夫》、北敦一二一六〇號和北敦一二一六二號《千字文》，後兩者的
形式和筆迹相似，疑出自同一寫本，那麼朱筆範字寫本實有兩件，而墨筆
範字寫本的數量達到了二十七件，二者除了範字顏色不同，在習字過程中
并無區別，衹是説明當時墨筆範字的情況更爲常見。另外，三十四件寫本
中暫發現存在矯正痕迹者共計二十一件[一]，説明并不是順朱都有矯正行爲，
應該是隨着學生習字能力的提升，矯正行爲會減少，直至習字不再需要
矯正。

　　綜合三十四件敦煌順朱寫本來看，唐五代宋初時期的順朱主要有以下
兩個特徵：其一，由教授者書寫範字（朱筆或墨筆）[二]，學生順着範字由上
而下進行反復臨習，少則一行，多則五行[三]，又以兩行者較多；其二，教授
者在學生臨習的過程中進行指導，現在可知的指導行爲是教授者會選擇學

　　〔一〕　三十四件敦煌順朱寫本中，暫發現存在矯正痕迹者共計二十一件，爲斯
一六一九號背、斯二七〇三號、斯四八五二號、斯五六五七號背、斯五七二三號、斯
五七八七號、伯三三〇五號碎五、斯一四七八號背、斯一一三四號A背、斯一一九六九
號B＋斯一一九六九號C、伯三一九四號碎三、伯三三四九號碎四＋伯三三六八號碎七＋伯
四〇一九號碎四＋伯四〇一九號F一六a～伯四〇一九號F三五、伯三六四三號碎一四、伯
四九〇〇號（二）、北敦九三二八號＋北敦九三五四號、北敦九三五〇號、北敦九三五三
號＋（中缺）＋北敦九三二七號、北敦一〇四五一號＋北敦一二〇四五號＋（中缺）＋北敦
一〇三五八號、北敦一三一八五號B背＋北敦一三一八七號＋（中缺）＋俄敦一四九五號＋
（中缺）＋北敦一三一八五號A背＋（中缺）＋北敦一三一八五號C背、北敦一三二一〇號
F＋北敦一三二一〇號D、羽六六四ノ二號。
　　〔二〕　敦煌文獻中還有少量寫本，如北敦八一七二號背《社司轉帖習字雜寫》、伯
二七一七號背《開蒙要訓》、伯二六四七號背《千字文》、北敦五六七三號背《敦煌百家
姓》等，行首有“範字”，下有習字，但是“範字”與習字筆迹一致且稚嫩，顯然爲習字
者自書的字頭，這種情況不視作順朱；另有斯八一九七號背《千字文》、伯三三六九號背
《上大夫》等，行首有“範字”，下無習字，這種情況也不視作順朱。
　　〔三〕　敦煌寫本北敦九三二六號《千字文》中“珍”字練習了五行。

生的某一字進行寫法的矯正，學生在接受矯正指導後繼續練習。這兩個特徵可以作爲判定順朱的基本要素。在充分認識了這些順朱寫本的特徵之後，筆者認爲順朱即順着教授者書的範字（朱筆或墨筆）進行反復臨寫的習字方法。

二　順朱的傳播

順朱寫本不限於敦煌文獻中，在吐魯番、和田文獻中亦有不少發現。依照判定敦煌順朱寫本的兩個特徵，暫確定吐魯番、和田文獻中共有十八件順朱，其中《千字文》八件〔一〕，《尚想黃綺帖》二件〔二〕，《孔子廟堂碑》一件〔三〕，

〔一〕　吐魯番《千字文》順朱寫本七件，爲七二TAM二〇九：八五/一號（b）～一六號（b）、TAM二四〇：一/一−一號（b）+TAM二四〇：一/一−二號（b）+TAM二四〇：一/一−三號（b）+TAM二四〇：一/二−一號（b）+TAM二四〇：一/二−二號（b）+TAM二四〇：一/三號（b）+TAM二四〇：一/四號+TAM二四〇：一/六號、七二TAM五一八：二/一號、大谷五三七八號（B）+大谷五四一八號（B）、Ch三〇〇四號、Ch一二三四號+Ch三四五七號、Or.八二一二/六二五號背。相關寫本綴合，參見張新朋《吐魯番出土〈千字文〉殘片考》（《文獻》二〇〇九年第四期）第一一～一六頁、張新朋《吐魯番、黑水城出土〈急就篇〉〈千字文〉殘片考辨》（《尋根》二〇一五年第六期）第一九～二五頁、張新朋《吐魯番出土〈千字文〉敘録——中國、德國、英國收藏篇》（金瀅坤主編：《童蒙文化研究》第二卷）第五五～七二頁。

和田《千字文》順朱寫本僅一件，爲GXW〇四五〇號。該寫本的情況，詳見陳麗芳《唐代于闐的童蒙教育——以中國人民大學博物館藏和田習字文書爲中心》，《西域研究》二〇一四年第一期，第四〇頁。陳文中還指出GXW〇二三二號二二三g、GXW〇二七五號二四一a、GXW〇二七五號二四一e這三件寫本的内容、書法及紙張形制與GXW〇四五〇號接近，很可能是同一人的習字。

〔二〕　和田《尚想黃綺帖》順朱寫本爲兩件，爲M.T.〇九五號、GXW〇一二五號。後者的情況，詳見陳麗芳《唐代于闐的童蒙教育——以中國人民大學博物館藏和田習字文書爲中心》，《西域研究》二〇一四年第一期，第四一頁。

〔三〕　吐魯番《孔子廟堂碑》順朱寫本一件，爲七二TAM一五七：一〇/一號（b）。該寫本的定名，參見李紅揚《吐魯番所見"〈孔子廟堂碑〉習字"殘片考釋》，《吐魯番學研究》二〇一九年第二期，第六七～七三頁。

不知名文書七件^{〔一〕}。這些順朱寫本中，吐魯番出土者皆爲墨筆範字，德國藏吐魯番寫本 Ch 三〇〇四號《千字文》中有朱筆矯正的痕迹。而現藏於中國人民大學博物館的相關和田寫本的圖片尚未完全公佈，陳麗芳《唐代于闐的童蒙教育——以中國人民大學博物館藏和田習字文書爲中心》一文對相關寫本進行過介紹，關於教授者所書範字的顏色，陳文中沒有説明，兹據其文末提供的三件寫本的黑白圖片可知，GXW 〇一七一號和 GXW 〇一二五號中當爲墨筆範字，而 GXW 〇四五〇號中首字"欣"墨色較淡，疑爲朱筆。從這些順朱寫本的書寫狀況來看，形式與敦煌寫本基本一致。據陳麗芳的推斷，這些和田習字寫本的書寫時間應該在八世紀後半葉^{〔二〕}，時代基本早於敦煌順朱寫本。

　　吐魯番順朱寫本中，七二 TAM 二〇九：八五／一號（b）～一六號（b）《千字文》習字内容中存"神龍二年七月日交河縣學生劉虔壽放書"字樣，得證該寫本的書寫時間在唐中宗神龍二年（七〇六），這一時間不僅早於敦煌、和田順朱寫本的書寫時間，更是現在已知的吐魯番順朱寫本中書寫時間最早者。另外，吐魯番寫本七二 TAM 一七九：一八／一～九號《尚想黄綺帖》，每字練習兩行，由於寫本被剪爲鞋子狀，各行首缺失，亦未發現矯正痕迹，所以暫不定爲順朱。其題記"三月十七日令狐慈敏放書"中的"月"字、"三月十九日學生令狐慈敏"中的"月""日"二字爲武周新字，福田哲之推斷該寫

　　〔一〕　吐魯番不知名順朱寫本兩件，爲七二 TAM 一五七：一〇／二號、七二 TAM 一五七：一〇／四號。李紅揚指出七二 TAM 一五七：一〇／二號中"凶奴輕漢""將自此而"八字，應該與《宋書·衡陽文王義季傳》中"且匈奴輕漢，將自此而始"一段有關（《吐魯番所見"〈孔子廟堂碑〉習字"殘片考釋》，《吐魯番學研究》二〇一九年第二期，第六八頁）。

　　和田不知名順朱寫本五件，爲 GXW 〇一七一號、GXW 〇一七二號、GXW 〇一一八號 +GXW 〇一一九號 +GXW 〇一二〇號 +GXW 〇一二一號 +GXW 〇一二二號、GXW 〇一九一號、GXW 〇一二六號。這五件寫本的情況，詳見陳麗芳《唐代于闐的童蒙教育——以中國人民大學博物館藏和田習字文書爲中心》，《西域研究》二〇一四年第一期，第四二～四四頁。

　　〔二〕　陳麗芳：《唐代于闐的童蒙教育——以中國人民大學博物館藏和田習字文書爲中心》，《西域研究》二〇一四年第一期，第四三頁。

本的書寫時間在七世紀末八世紀初[一]，榮新江認爲是武周時期[二]。關於武周新字“月”“日”的出現時間，《新唐書·則天武皇后傳》記載爲“載初中”[三]，研究者認爲具體時間應該是載初元年正月（六八九）[四]。該寫本雖然暫時不能判定爲順朱，但是其形式與順朱非常相似，因此我們可以斷定至遲在武周時期順朱這一習字方法已經在西州普遍使用。

　　宋代以後描朱成爲了主流，但是順朱依舊保留和使用。《禪宗頌古聯珠通集》載：“童子學順朱，赤處背模黑。若將白紙來，一點下不得。若下得翻成，紙上塗烟墨（黄龍震）。”[五]這首詩記載了學生學習順朱，把朱字都模黑了，祇能翻葉繼續塗鴉。其中“童子學順朱”中的“順朱”并非順着朱字臨習，而是隔着白紙仿影，顯然作者把順朱與仿影搞混了。清《潙山古梅冽禪師語録》卷下《潭州芙蓉山廣化禪寺首座寮秉拂語録》：“上大人丘乙己，化三千七十士。尔小生八九子，佳作仁可知禮也。師云：‘者則頌子如今成發蒙學生順朱填墨底句子了也。’”[六]清文康《兒女英雄傳》第一回“隱西山閉門課驥子，捷南宫垂老占龍頭”載：“五歲，安老爺就教他認字號兒，寫順硃兒。十三歲上就把四書五經念完，開筆、作文章、作詩都粗粗的通順。”[七]這兩則資料説明清代沿用着用《上大人》順朱進行啓蒙的教學行爲。

　　近現代有把順朱的形式稱作“臨抬頭”。蔣純焦編《中國私塾史》中記録習字的過程爲：運筆、描紅、影格、臨抬頭、臨帖，所謂“臨抬頭”，即“由

　　〔一〕［日］福田哲之：《吐魯番出土文書に見られる王羲之習書—阿斯塔那一七九號墓文書〈72TAM179:18〉を中心に—》，《書學書道史研究》第八號，一九九八年，第二九頁。

　　〔二〕　榮新江：《〈蘭亭序〉與〈尚想黄綺帖〉在西域的流傳》，故宫博物院編：《2011年蘭亭國際學術研討會論文集》，第三一頁。

　　〔三〕《新唐書》卷七六《則天武皇后傳》，第三四八一頁。

　　〔四〕　施安昌：《武周新字“圀”製定的時間——兼談新字通行時的例外》，《故宫博物院院刊》一九九一年第一期，第六〇頁。

　　〔五〕（宋）釋法應集，（元）釋普會續集：《禪宗頌古聯珠通集》卷二〇《祖師機緣·六祖下第四世之七》，《卍續藏經》第一一五册，第二五〇頁。

　　〔六〕（清）釋定冽説，釋真謙記録：《潙山古梅冽禪師語録》卷下二《潭州芙蓉山廣化禪寺首座寮秉拂語録》，《嘉興大藏經》第三九册，第八〇七頁b。

　　〔七〕（清）文康著：《兒女英雄傳》，《古本小説集成》第一輯第一〇四册，第四頁。

塾師在習字簿的各行第一格各寫一字，供學生臨摹，寫滿一行。第二行又另起一字"〔一〕。涂懷京主編《閩北教育史探論》第三章"宋元閩北教育的輝煌"載："習字與讀書分開，平行獨立進行教學，一般在下午練習一小時。先把筆（由老師扶手學習基本筆畫，俗稱運筆、潤筆、掠筆），次描紅，次影格（寫字塾），次臨抬頭（老師在習字簿各行的第一格寫一個字，學生在行下臨），次臨帖。"〔二〕以上兩則資料關於古代私塾中學生習字過程的説法有很大相似性，其中所謂"臨抬頭"，從其解釋來看，就是順朱。《閩北教育史探論》中説宋元時間閩北教育使用"臨抬頭"，但是筆者尚未在古代史料中發現"臨抬頭"這一説法，因此這一説法可能出自當地近現代漢語。還有把"抬頭"稱作"字頭"的。如朱震山《私塾生活的回顧》載："每天上午寫字。剛發蒙的蒙童，是由老師給提'字頭'。即老師在'字紙'每一行的頭頂寫上個字，學童就依照老師所寫的字，描着寫。如老師寫的是個'一'字，學童就在這一行裏全描上'一'字。"〔三〕不管是"臨抬頭"還是提"字頭"，都需要老師在習字簿頂端寫範字，然後學生照着臨寫，這種習字方法與唐代的順朱是一脈相承的。不過因爲宋以後印刷業和造紙業的進步，描紅、影格這樣的摹寫習字方法更加適用於初學者，之後再順朱、臨帖，形成了先摹後臨的習字過程，習字法較之唐代有了很大進步。

第二節　順朱的形式與過程

敦煌習字類書帖寫本中《千字文》順朱寫本最多，暫計爲十八件，佔到了各類敦煌順朱寫本總數的百分之五十三，不僅數量多，而且形式特別豐富。根據寫本的不同，有朱筆範字寫本，也有墨筆範字寫本；有的寫本有矯正痕迹，有的没有；習字從每字兩行到每字五行不等。所以《千字文》順朱寫本

〔一〕　蔣純焦編：《中國私塾史》，山西教育出版社，二〇一七年，第六六頁。

〔二〕　涂懷京主編：《閩北教育史探論》，吉林人民出版社，二〇一二年，第五六頁。

〔三〕　朱震山：《私塾生活的回顧》，彭明先、徐昌文主編：《夾江文史資料》第四輯，政協夾江縣委員會，一九九二年，第七五～七六頁。

對於探究順朱這一習字方法的具體形式有重要價值。本節以敦煌《千字文》順朱寫本爲中心，結合敦煌寫本《上大夫》《尚想黃綺帖》《蘭亭序》和吐魯番、和田文獻中的順朱寫本，探討唐五代宋初時期順朱的具體形式和習字過程，以及教授者在其中的作用。

一　順朱寫本的差別

敦煌《千字文》順朱的十八件寫本，在表現形式上是有差別的，主要有範字顏色之別、習字顏色之別、範字位置之別、矯正位置之別。以下就這些表現形式上的區別，來說明唐五代宋初順朱的一些特點。

（一）範字顏色之別

上文提到順朱寫本中的範字有朱筆和墨筆之別。敦煌順朱寫本中僅有兩件是朱筆範字，其一便是伯四九〇〇號（二）《上大夫》，另一件是北敦一二一六二號+北敦一三二〇四號+北敦一一一八七號A碎一+（中缺）+北敦一三一五七號碎四四+北敦一二一九〇號A+北敦九九四一號碎三背+北敦九九四一號碎二《千字文》。後者原爲裝裱北敦一三二〇四號經袟之用，張新朋曾以北敦一三二〇四號爲基礎將其部分復原，還指出北敦一二一六〇號等《千字文》碎片在書風、字體等方面，與本件寫本中殘片頗爲一致，疑出自同一寫本[一]。如今依靠IDP彩圖，得知北敦一二一六二號和北敦一二一六〇號行首都爲朱筆範字，基本可以確認二者出自同一寫本。北敦一二一六〇號存"稱"字一行、"夜"字兩行，北敦一二一六二號存"推"字一行、"位"字兩行、"讓"字一行，這兩塊碎片都下殘，暫沒有發現矯正的痕迹。該寫本的其他碎片尚没有IDP彩圖，根據《國圖》影印的黑白圖版，亦暫未能確認矯正痕迹的存在，祇是其中的北敦一三二〇四號"鳥""官"二字上餘白處隱約有模糊字形，北敦一一一四五號"可"字兩行上有餘白，兩處餘白中可能是淡

化的朱筆範字。綜合來看，該寫本使用的是朱筆範字，每字練習兩行，暫未發現矯正痕迹。

剩餘十七件敦煌《千字文》順朱寫本中，北敦九三五三號+（中缺）+北敦九三二七號寫本上殘，範字缺失，其餘十六件寫本皆是墨筆範字。十六件寫本當中，斯五七二三號每字基本練習一行，僅"建"字練習兩行；北敦一三二一〇號F+北敦一三二一〇號D中"員外散騎時（侍）郎周"七字、"滿""物""意"三字，每字練習一行，"逐"字練習兩行；斯五六五七號背、斯五七八七號、斯一二一四四號A、伯三一一四號、伯四〇一九號F一九+伯四〇一九號F二〇+伯四〇一九號F二一+伯四〇一九號F二三+伯四〇一九號F二六+伯四〇一九號F二八+伯四〇一九號F三一+伯四〇一九號F三二+伯四〇一九號F三三+伯四〇一九號F三六a+伯四〇一九號F三六b+伯四〇一九號F三九+伯四〇一九號碎二b、北敦九三二八號+北敦九三五四號、北敦九三五〇號、北敦一六四九〇號B+北敦一六四九〇號A、俄敦二二〇一號+俄敦二二〇四號+俄敦二四八二號+俄敦二五〇七號+俄敦三〇九五號A+俄敦三〇九五號B+俄敦五一六九號+俄敦五一七一號這九件寫本皆是每字練習兩行；斯四八五二號每字練習三行；斯二七〇三號每字練習三到四行；伯三八四九號碎、北敦九三二六號、北敦一三一八五號B背+北敦一三一八七號+（中缺）+俄敦一四九五號+（中缺）+北敦一三一八五號A背+（中缺）+北敦一三一八五號C背這三件寫本每字基本練習四行。這些寫本除了每字練習的行數有別，書寫形式基本相同。

經過對寫本的梳理與對比，可以確知當時墨筆範字順朱與朱筆範字順朱在具體練習方法上是沒有區別的。不過較之墨筆範字，朱筆範字更爲顯著，利於學生臨習。另一使用朱筆範字的寫本伯四九〇〇號（二）《上大夫》，首題朱筆"試文"，據此"試文"可推測該寫本可能是當時的一次習字考試，那麼這裏用朱筆範字很可能與考試有關。因此，筆者推測當時朱筆範字和墨筆範字可能在使用上有一定的意義區別。

朱筆範字和墨筆範字早在和田文獻中就有同時出現。據陳麗芳《唐代于闐的童蒙教育——以中國人民大學博物館藏和田習字文書爲中心》一文提供的GXW〇四五〇號的黑白圖片可知，其行首字"欣"墨色較淡，疑爲朱筆〔一〕。而GXW〇一二五號和GXW〇一七一號寫本爲墨筆範字。和田習字寫本的書寫時間應該在八世紀後半葉〔二〕，由此可推測兩種範字之別，起碼在八世紀後半葉就已出現。

（二）習字顔色之别

所謂習字顔色之别，是指同一本寫本中的習字是用兩種顔色練習而成，習字存在朱筆與墨筆的不同。伯三八四九號碎《千字文》，首尾俱缺，存六行，其中"宙""洪"二字各三行，行首是教授者寫的墨筆範字，每個範字應該是兩遍，順着範字而下，是學生的墨筆習字，每字應該是練習了兩行，不過在墨筆習字行間，又用朱筆進行了習字，亦是每字練習兩行，朱筆與墨筆相間，筆迹一致，因此學生其實是每字練習了四行。學生採用這樣的習字方法，習字次數增多，且不混亂，顯然是爲了充分利用紙張空間。

敦煌順朱寫本中與這一寫本形式相似的還有伯三三〇五號碎五和羽六六四ノ二號，可見當時這樣的習字方法較爲常見。伯三三〇五號碎五正面是不知名順朱，首尾俱缺，存墨筆習字三十四行，爲"侯益屬舍子電乾駒束宮黄須鷹我乃盛矣"十七字，每字練習兩行；寫本背面首尾俱缺，存墨筆習字三十四行，爲王羲之《蘭亭詩》六首之一中的"其常，脩短定無始，造新不暫停，一往不再起"一段〔三〕，每字練習兩行。該寫本正背面墨筆習字行間，皆有朱筆習字，且是墨筆習字的書寫時間在前，朱筆習字在後，筆迹一致，不過由於墨筆習字行間距較小，加入朱筆習字後，顯得較爲混亂。羽

〔一〕 陳麗芳：《唐代于闐的童蒙教育——以中國人民大學博物館藏和田習字文書爲中心》，《西域研究》二〇一四年第一期，第四五頁。

〔二〕 陳麗芳：《唐代于闐的童蒙教育——以中國人民大學博物館藏和田習字文書爲中心》，《西域研究》二〇一四年第一期，第四三頁。

〔三〕 本首《蘭亭詩》的全詩爲："合散固其常，脩短定無始。造新不暫停，一往不再起。於今爲神奇，信宿同塵滓。誰能無此慨，散之在推理。言立同不朽，河清非所俟。"（〔宋〕桑世昌集：《蘭亭考》卷十《詠贊》，王雲五主編：《叢書集成初編》第一五八九册，第八一頁）

六六四ノ二號正面是《尚想黃綺帖》順朱，背面是《兰亭序》順朱，寫本狀況在校釋篇中已有詳細介紹。這裏需要指出的是，該本正背面順朱皆爲墨筆習字，且據海野洋平觀察原卷，得知在墨筆習字的下面，還有模糊的朱筆習字，寫本正面的朱筆習字是"流激湍，映帶左右，引以爲"，背面的朱筆習字是"情隨事遷，感既係之矣，向"，都源自《蘭亭序》，而且是朱筆習字的書寫時間在前，墨筆習字在後，二者之間完全没有關聯性〔一〕。該寫本中的朱筆、墨筆相間的性質與伯三八四九號碎和伯三三〇五號碎五是不同的，顯然是先有人利用該寫本用朱筆臨習了《蘭亭序》，而後同一人或者另一人在教授者的指導下用墨筆臨習了《尚想黃綺帖》和《蘭亭序》。以上三件寫本的相似點，在於利用朱、墨易於區分的特點，達到了充分利用紙張的目的。

　　這種朱、墨相間的習字方法，在吐魯番文獻中亦有發現。德國藏Ch一二三四號《千字文》首尾俱缺，存墨筆習字五行，爲"遐"字兩行、"迩"字三行，"迩"字行間書有朱筆習字"与"字兩行。同爲德國藏Ch三四五七號《千字文》，首尾俱缺，存墨筆習字四行，爲"迩"字一行，"壹"字三行，行間有朱筆習字"敬"字兩行、"孝"字一行。日本藏大谷四三一八號，存墨筆習字三行，爲"豈"字一行、"敢"字兩行，行間有朱筆習字兩行。張新朋指出Ch一二三四號和Ch三四五七號可以直接綴合，并推測大谷四三一八號與這兩件德國藏寫本同源，然無法直接綴合〔二〕。依據IDP彩圖可知這三件寫本均是墨筆習字在前，朱筆習字在後。Ch一二三四號+Ch三四五七號中正面還有墨筆楷書的西州户籍，背面是某佛典殘文，據此可知在唐代前中期已經出現了朱、墨相間的習字方式。

　　〔一〕〔日〕海野洋平：《童蒙教材としての王羲之〈顧書論〉（〈尚想黃綺〉帖）—敦煌寫本・羽664ノ二Rに見るプレ〈千字文〉課本の順朱—》，《杏雨》第二〇號，二〇一七年，第一二一～一二五頁。

　　〔二〕　張新朋：《吐魯番出土〈千字文〉叙録——中國、德國、英國收藏篇》，金瀅坤主編：《童蒙文化研究》第二卷，第六八頁。

（三）範字位置之別

　　順朱寫本中不論朱筆範字，還是墨筆範字，爲了學生便於臨習，大多數情況下都出現在行首，但是有一些寫本較爲特殊，範字出現在了行中。北敦一三一八五號B背＋北敦一三一八七號＋（中缺）＋俄敦一四九五號＋（中缺）＋北敦一三一八五號A背＋（中缺）＋北敦一三一八五號C背《千字文》順朱，存七十一行，内容是"鑑貌辯色，貽厥""凌摩絳霄""晝眠夕寐，藍筍象""稽顙再拜，悚懼恐"，每字練習四行。該寫本與衆不同的是，在每行第四字或者第五字下有一黑點，範字就在黑點之下，每行一個範字，範字與學生習字之間有一定間隔。該寫本中既然範字在行中，所以教授者用黑點作標志，又讓學生在範字下空開一些距離，這樣學生在習字的時候可以更容易關照到範字。還有斯二七○三號《千字文》也較爲特殊，該寫本存八十一行，内容從"光，果珍柰李"開始，到"玉出崑崗"，每字基本練習三行，多數行基本上有兩個範字，一個在行首，一個在行中，但也有一行四個範字的，比如"菓"字第一行第一、三、五、九字，還有一行五個範字的，比如"珍"字第一行第一、二、十三、十六、十七字。從寫本較爲稚嫩的習字筆迹來看，該學生尚處於初學階段，習字較爲不規範，因此教授者爲了讓學生更好地參照，遂在行首和行中各寫一範字，甚至是一行中寫多個範字，一邊講解，一邊讓學生臨習。由此説明在實際教學中，教授者可以根據學生的習字能力，決定範字的數量與位置。此外，和田寫本M.T.○九五號《尚想黄綺帖》的範字似乎也在行中，可見這種順朱形式早已有之。該寫本首尾俱缺，存十行，爲"躭"字三行、"之"字四行、"若"字三行。其中第四行前三字爲"躭"，第四字開始爲"之"字，此第四字即可能是範字；第八行前八字爲"之"，第九字開始爲"若"字，此第九字即可能是範字，因爲這兩字的書法明顯更好一些。

（四）矯正位置之別

　　十八件敦煌《千字文》順朱寫本中，暫未發現矯正痕迹的寫本共計八件[一]，而有矯正痕迹的寫本共計十件。海野洋平針對順朱寫本中的矯正痕迹，提出了“‘一行半’での指導”的説法，認爲當時學生先反復練習一行半，然後接受教授者的指南和助言，在指導的基礎上，完成剩餘半行的習字[二]。的確，順朱以每字練習兩行者居多，矯正亦多出現在第二行行中[三]，所以“‘一行半’での指導”的説法是没有問題的。這種情況的普遍出現，説明教授者應該是在充分觀察學生習字所存在的問題之後再提出對應指導，對症下藥。但是還有一些寫本中矯正痕迹不在第二行中，這些非“‘一行半’での指導”的情況也值得説明。

　　〔一〕　十八件敦煌《千字文》順朱寫本中，暫未發現矯正痕迹的寫本共計八件，爲伯三一一四號、伯三八四九號碎、斯一二一四四號 A、伯四〇一九號 F 一九 + 伯四〇一九號 F 二〇 + 伯四〇一九號 F 二一 + 伯四〇一九號 F 二三 + 伯四〇一九號 F 二六 + 伯四〇一九號 F 二八 + 伯四〇一九號 F 三一 + 伯四〇一九號 F 三二 + 伯四〇一九號 F 三三 + 伯四〇一九號 F 三六 a+ 伯四〇一九號 F 三六 b+ 伯四〇一九號 F 三九 + 伯四〇一九號碎二 b、北敦九三二六號、北敦一二一六二號 + 北敦一三二〇四號 + 北敦一一一八七號 A 碎一 +（中缺）+ 北敦一三一五七號碎四四 + 北敦一二一九〇號 A+ 北敦九九四一號碎三背 + 北敦九九四一號碎二、北敦一六四九〇號 B+ 北敦一六四九〇號 A、俄敦二二〇一號 + 俄敦二二〇四號 + 俄敦二四八二號 + 俄敦二五〇七號 + 俄敦三〇九五號 A+ 俄敦三〇九五號 B+ 俄敦五一六九號 + 俄敦五一七一號。
　　〔二〕［日］海野洋平：《敦煌寫本 P.4019pièce4・P.3349pièce4・P.3368pièce7 の綴合・復原—童蒙教材としての王羲之〈題書論〉（〈尚想黄綺〉帖）—》，《集刊東洋學》第一一六號，二〇一七年，第一〇一～一〇三頁。
　　〔三〕　符合海野洋平提出的“‘一行半’での指導”説法的《千字文》順朱寫本爲斯五七八七號、北敦九三二八號 + 北敦九三五四號、北敦九三五〇號背、北敦九三五三號 +（中缺）+ 北敦九三二七號這四件。另外的敦煌順朱寫本中，符合這一情況的寫本有斯一六一九號背、斯一一三四四號 A 背、伯三一九四號碎三、伯三三〇五號碎五、伯三六四三號碎一四、伯三三四九號碎四 + 伯三三六八號碎七 + 伯四〇一九號碎四 + 伯四〇一九號 F 一六 a+……+ 伯四〇一九號 F 三五、北敦一〇四五一號 + 北敦一二〇四五號 +（中缺）+ 北敦一〇三五八號、羽六六四ノ二號這八件。

　　每字練習一行，行中有矯正痕迹的寫本是斯五七二三號和北敦一三二一〇號F+北敦一三二一〇號D。前者"表"字行第五字有矯正痕迹。後者"外"字第三至七字、"周"字第十四字，有矯正痕迹。因爲每字僅練習一行，所以教授者祇能在行中選擇一字進行指導。

　　每字練習兩行，第一行中出現矯正痕迹的寫本是斯五六五七號背。該寫本中"生""出"二字第一行第十三字，"麗"字第一行第九字，"水"字第一行第十四、十八字，"玉"字第一行第十八、十九、二十字，"崑"字第十二、十三字，皆有矯正痕迹。這種情況反映出該教授者希望通過早一些指明學生的問題，讓學生可以盡早改正。

　　每字練習三行，第三行中出現矯正痕迹的寫本是斯四八五二號。該寫本"殷""湯""道"三字第三行第七字、"朝""垂"二字第三行第六字、"問"字第三行第八字，皆有矯正痕迹。這種情況可以説與"'一行半'での指導"類似，僅僅是行數增加了一行。

　　每字練習四行，第三行中出現矯正痕迹的寫本是北敦一三一八五號B背+北敦一三一八七號+（中缺）+俄敦一四九五號+（中缺）+北敦一三一八五號A背+（中缺）+北敦一三一八五號C背。該寫本中"夕""藍""笋""悚"四字第三行第三字、"貌"字第三行第四字有矯正痕迹。此中的矯正痕迹雖然是出現在行中，但是被矯正字之下便是範字，可見教授者是特意選擇了習字第三行中範字之前的字進行矯正。

　　每字基本練習三行，各行中皆出現矯正痕迹的寫本是斯二七〇三號。該寫本中矯正痕迹非常多，明顯的痕迹有："李"字第一行第八字、第二行第八字和第九字、第三行第七字；"菜"字第一行第六字和第七字；"芥"字第一行第五字和第六字；"海"字第一行第八字、第二行第十字、第三行第九字；"醎"字第一行和第三行的第十一字；"致"第一行和第二行的第十二字；"雨"字第一行第十二字；"結"第一行第十字；"爲"字第一行第五字；"生"字第二行第八字；"出"字第二行第十二字；"崐"字第一行第十一字；"光"字第二行第一、三字；等等。該寫本的習字稚嫩，説明習字者能力差，因此教授者矯正指導的次數多，尤其是有的字中教授者直接在第一行行中便進行矯正，這是因爲學生初學，教授者不得不在學生寫了幾字後就進行指導。

綜上所述，順朱多以每字練習兩行爲主，教授者亦多在每字第二行行中選擇一字進行矯正，而根據實際情況以及學生的習字能力，習字的行數并不完全固定，少則一行，多則四行，教授者選擇矯正指導的習字位置和次數也會出現變化。那些没有矯正痕迹的順朱寫本，説明當學生的習字能力到達一定階段後，教授者便不再矯正。此外，德國藏吐魯番寫本Ch三〇〇四號《千字文》中也發現了朱筆矯正痕迹，説明這種矯正指導行爲在唐前中期就已出現。

二 順朱的具體過程

順朱是唐五代宋初時期重要的習字方法，而敦煌《千字文》順朱寫本樣式豐富，尤其是斯二七〇三號中包含了習字日期、教授者批語，對於探究順朱的具體過程以及唐五代宋初習字教學方法具有重要價值。前輩學者便多利用斯二七〇三號探討唐代的習字方法[一]。本小節將以斯二七〇三號爲中心，再結合其他順朱寫本，綜合討論唐五代宋初順朱的習字教學過程。

學者論及唐代學生的習字方法時基本繞不開斯二七〇三號《千字文》（圖二〇），此卷正面爲唐代官文書，有紀年天寶八載（七四九）和乾元元年（七五八），還有《千字文》順朱，李正宇推斷該《千字文》爲吐蕃管轄敦煌前半期内的寫本[二]。此卷順朱，首尾俱缺，存八十一行，書寫不工整，習字筆迹稚嫩，爲"騰致雨，露結爲霜，金生麗水，玉出崐崗""光，菓珍李柰，菜重芥薑，海鹹"二十六字的習字，每字基本練習三行，行約十二字到二十五字不等，每字反復練習大約三十到一百遍。卷中記有習字日期"十八日""十九日""廿日""廿一日""廿五日""廿六日"（按："廿一日"到"廿五日"之

〔一〕 李正宇：《一件唐代學童的習字作業》，《文物天地》一九八六年第六期，第一五頁；沃興華：《敦煌書法藝術》，第四〇～四二頁；楊秀清：《淺談唐、宋時期敦煌地區的學生生活——以學郎詩和學郎題記爲中心》，《敦煌研究》一九九九年第四期，第一四三頁；鄭阿財、朱鳳玉：《敦煌蒙書研究》，第二六頁。

〔二〕 李正宇：《一件唐代學童的習字作業》，《文物天地》一九八六年第六期，第一五頁。

間寫本有缺）。在每天習字結束後寫有"休"字，特別是"廿日"的習字後有
"漸有少能，亦合甄賞"八字，蓋爲批語。順朱的背面另寫有《千字文》中的
"劍""崑""麗""爲""金""露""海""鹹""菜"等字，亦爲學生所習。

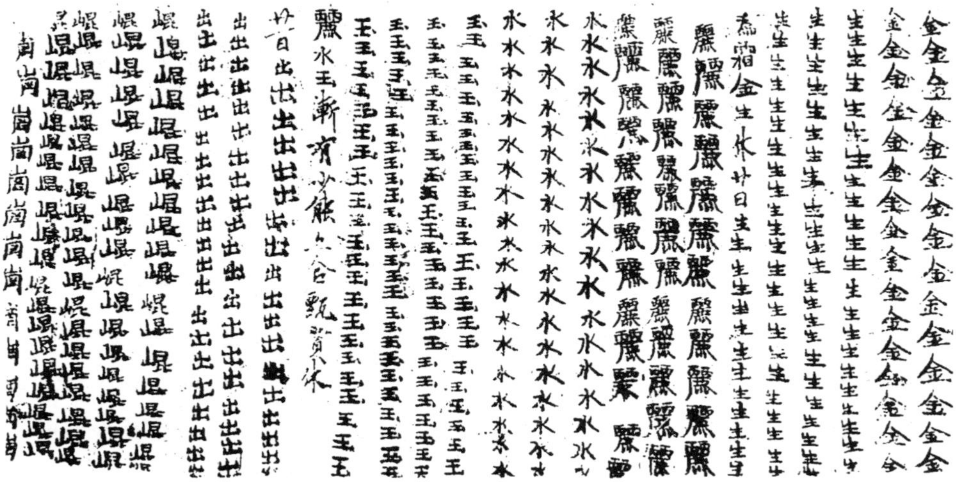

圖二〇　斯二七〇三號（局部）

　　李正宇據斯二七〇三號得出了唐代習字教學的三點基本認識。第一，唐
代學童習字，每日必修，日日不間斷。每日練習三至五字，每字反復練習
三十到一百遍。第二，唐代寫字教學的方法是，先由教授者寫出日課範字，
然後學生觀摩範字筆畫結構，反復練習。第三，唐代塾師佈置和批閱學生
習字作業的方法及程式格局大致如下：老師首先題寫派課日期，然後寫日
課範字，範字三至五個，每行上端和中段各安排一個範字，每個範字之下
留出半截空行，學生便在所留空行內照範字摹寫[一]。李氏較爲準確地把握到
了這一寫本的各項信息，得出的認識非常全面。沃興華分析了斯二七〇三
號之後，認爲它體現的是正規的學校教育，不過對具體習字過程提出了不
同看法，他説："老師功力深厚，字例寫得漂亮。教育十分認真，學生寫

　　〔一〕　李正宇：《一件唐代學童的習字作業》，《文物天地》一九八六年第六期，第
一五頁。

字時始終陪伴在旁，每當學生臨寫一個字達六、七遍時，便當場再寫一個示範字例，讓學生看後進一步臨寫”〔一〕。可見前人對於習字過程的認識是不一致的。下面主要就這一問題以及前人尚未注意到的習字細節，進行分析説明。

該寫本中的確多在每行行首和行中的地方，也就是李氏所説的“每行上端和中段”，有教授者寫的墨筆範字，但是也有一些例外，比如“奈”字三行習字中僅有行首範字，而“菓”字第一行有四個範字，“珍”字第一行有五個範字，這一點前人似乎没有注意到。“菓”字第一行中的範字分别爲第一、三、五、九字，“珍”字第一行中範字分别爲第一、二、十三、十六、十七字，這種情況的出現，表明教授者是先寫一個範字，讓學生臨習，如果學生臨習得不好，便再寫一範字，一邊講解，一邊讓學生觀摩，之後再讓學生臨習，如此反復，加深習字記憶。這種習字情況也説明了沃興華的認識更爲準確。再來看行首和行中有範字的情況，以四行“崐”字習字爲例。行首四個範字非常明顯，行中的範字具體位置不一，也就是不在同一水平線，分别在第一行第十二字、第二行第十一字、第三行第十三字、第四行第十二字。假如教授者是先寫好行首和行中範字，再讓學生在空白處臨習，那麼行中的範字應該出現在同一水平位置。如今看來，當時應該是教授者先寫一個範字，讓學生臨習，這樣教授者可以掌握學生習字存在的問題，然後教授者再寫一個範字，在寫的過程中，應該伴隨着講解，之後再讓學生臨習，這樣才是較爲合理的教課方式。如果教授者寫完所有範字後，再讓學生臨習，習字效果將大打折扣。

該寫本中還有教授者的矯正痕迹，前人尚未有過説明。此卷中所存在的矯正痕迹，上文在分析“範字位置之别”時，已經詳細舉出。這些矯正痕迹，表明習字過程中，教授者就在旁邊隨時觀察，在學生臨習幾字後，便出手指導，指出問題所在。而且在矯正行中，教授者矯正的字往往就在行中範字的上邊，説明教授者是在矯正指導之後，立馬寫一範字，通過書寫範字，讓學

〔一〕 沃興華：《敦煌書法藝術》，第四〇頁。

生觀摩體會。綜合以上情況來看，這件寫本顯然不是課後作業，而是一份當堂完成的習字練習。

　　該寫本中習字還有一個特點，就是在學生完成當日習字後，會另起一行寫出當日所習的字，再由教授者寫"休"字。比如寫本中"生"字行後，學生寫"爲霜金生"四字，表示十九日練習的是這四字，然後由教授者寫"休"字，表示今日習字結束。從學生每日所習字來看，當時并未按照《千字文》的四字句的形式練習，而且字的順序可以顛倒。還有一點值得注意，在進入當天習字之前，還有複習。比如進入"十八日"，教授者先寫了"騰"字，讓學生臨習，補完本行剩餘的空間，而"騰"字是前一日練習的最後一字，然後從下一行才進入當天"致"字的練習。再比如"廿日"學生先練習了前一日的"生"字，從下一行才進入"麗"字的練習。

　　綜上所述，斯二七〇三號《千字文》順朱中充滿了各種習字細節，真實反映了唐代初級習字教學的過程，以下針對前人的相關研究成果進行一些補足説明：唐代初級階段的習字方法，是先由教授者寫當天日期和一個範字，讓學生臨習幾遍後，教授者進行矯正指導，然後教授者再寫一個範字，讓學生觀摩臨習，如果學生習字較差，教授者則多寫範字，多指導，如果學生習字較好，教授者則往往僅在行首和行中各寫一個範字。如此練習三至四字後，由學童寫出當日練習的字，再由教授者寫"休"字，結束當天習字。進入第二日，教授者可能會先寫前一天練習的最後一字，讓學生複習，順便補完該行空白，從下一行進入當天的習字內容。

　　斯二七〇三號代表的是唐代初級階段的習字教學法，當學生有了一定基礎，習字教學方法應當隨之發生變化。下面以北敦九三二八號＋北敦九三五四號和伯三一一四號爲例，來看較之斯二七〇三號，習字方法有了哪些變化。

　　北敦九三二八號＋北敦九三五四號（圖二一），九、十世紀寫本[一]，正背面都是《千字文》順朱，正面存四十行，爲"英，杜槀鍾隸，漆書壁經，府

〔一〕《國家圖書館藏敦煌遺書》第一〇五册"條記目録"，第五三頁。

圖二一　北敦九三二八號＋北敦九三五四號（局部）

羅將相，路俠槐卿，戶封八縣”的習字，每字基本練習兩行，僅有“槐”字
一行；卷背存四十行，爲“漠，馳譽（譽）丹青，九州禹迹，百郡秦并，嶽
宗恒岱，禪主云”的習字，每字練習兩行，行約十二到三十字不等。範字在
行首，與學生習字間有一定空隙，爲的是讓學生更好地臨習。該習字雖然還
有稚嫩之感，但是所習内容已經屬於《千字文》的中段部分，説明該學生已
經進行了一段時間的習字。此卷中每字僅練習兩行，僅有行首有範字，較之
斯二七〇三號，習寫的行數和範字都有所減少。而且此卷中没有習字日期，
説明卷中習字可能是學生在一天中所習，也有可能是到了一定階段便不再標
明日期。此卷中也有矯正痕迹，主要集中在每字第二行的上半行中，較之斯
二七〇三號，矯正行爲減少了很多。還值得注意的是，寫本中有幾個範字的
寫法不同：“槀”字分作“**槀**”和“**槀**”兩形，是書法的不同；“相”字分作
“**相**”和“**粗**”兩形，“壁”字分作“**壁**”和“**壁**”兩形，是正字與俗字的
不同。這種同字不同寫法的順朱，還可見於斯五六五七號背《千字文》中的
“麗”字，斯一六一九號背《蘭亭序》中的“未”字，以及北敦一三一八五
號B背＋北敦一三一八七號＋（中缺）＋俄敦一四九五號＋（中缺）＋北敦
一三一八五號A背＋（中缺）＋北敦一三一八五號C背《千字文》中的“眠”

字，此卷中"眠"字竟然有三種寫法"睊""眠""眠"，第一和第三種是俗字，第二種是缺筆避諱字。

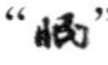

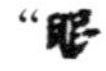

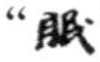

伯三一一四號正面是《千字文》順朱（圖二二），存二十行，爲"千字文敕員外散騎侍郎"十字，每字練習兩行，每行十五到二十三字不等，行首字較大，是教授者的範字。卷背是《齋文》，筆迹與正面習字不同。該寫本和北敦九三二八號＋北敦九三五四號練習的行數相同，不同的是尚未發現矯正痕迹。該寫本中亦有值得注意的部分，那就是範字具有一些隸書的特點。這種隸書之風還見於北敦九三二六號《千字文》。據沃興華在《敦煌書法藝術》一書中的論述："晚唐五代，楷書猶如一朵盛開後的鮮花，内質耗盡……一些書法家便歸真返璞，乾脆跳過初唐的輝煌，上溯六朝，吸取其爽辣放逸的用筆和雄奇角出的結體，另闢蹊徑。"[一]這裏的"上溯六朝"，便是時人借鑒六朝書風，使晚唐五代的書法形成新的特徵。伯三一一四號和北敦九三二六號

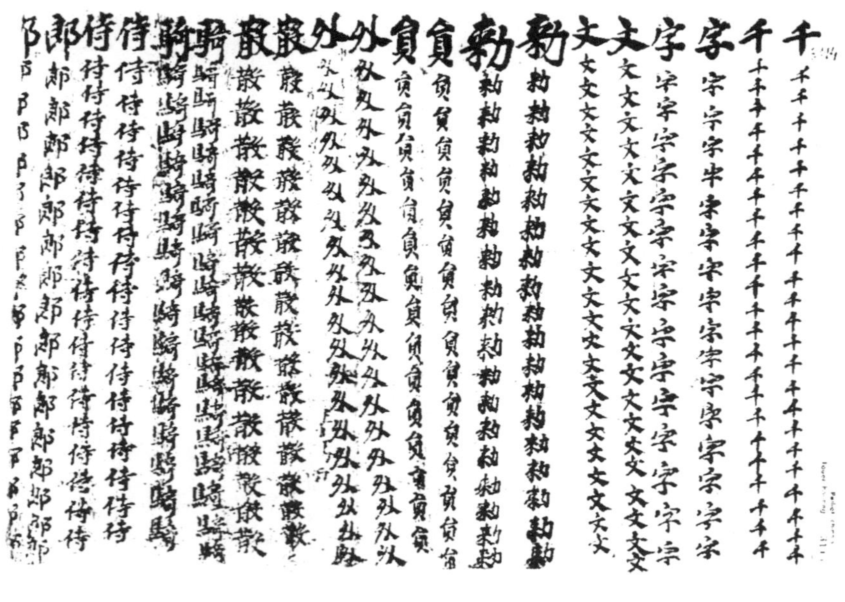

圖二二　伯三一一四號

〔一〕　沃興華：《敦煌書法藝術》，第一二〇頁。

《千字文》所體現出的書法特徵應該就是晚唐五代書法兼容并蓄的結果。由此可見晚唐五代宋初書法風氣的變化亦影響到了習字教育。

由伯三一一四號和北敦九三二六號《千字文》來看，離開初級習字階段以後，隨着學生習字能力的提高，教授者在習字過程中的指導率降低了，不再事無巨細，一行中僅寫一個範字，矯正也逐漸減少，直至不再矯正。在習字中，教授者還會注重同字不同寫法的練習，甚至包括俗字、避諱字的練習，說明這一階段習字進入了更加廣闊的領域。另外，晚唐五代宋初時期還出現了帶有隸楷風格的順朱，是習字教育在時代進步中的新變化。

結　論

敦煌文獻中發現了一類習字寫本，寫本行首有範字，範字下是反復習字，每字最少一行，這種習字方法重在臨寫，與宋以後講究摹寫的描朱不同，這一習字方法就是文獻中記載的順朱。從敦煌的習字寫本來看，順朱是學生順着教授者所寫範字（朱筆或墨筆）進行反復臨習的習字方法。順朱講求"順"，那麼寫本中必然有"順"的對象，即範字，因此習字寫本中是否有明顯的範字，成爲判定這一寫本是否爲順朱的首要標準。如果由於寫本殘缺，不能確定範字的存在，則可根據寫本是否有矯正痕迹來判斷。因爲在大部分有範字的習字寫本中都發現了矯正痕迹，所以寫本中是否有矯正痕迹也可以成爲判斷順朱的一項重要依據。根據這兩項判定標準，筆者統計出敦煌文獻中共計有三十四件順朱寫本，內容包括習字類蒙書、習字類書帖以及雜字、姓氏、詩歌、數字、契約等，習字內容頗爲豐富，其中寫本數量最多的是習字類書帖。另外筆者在吐魯番、和田文獻中也發現了十八件順朱寫本，說明順朱在唐五代宋初的敦煌及西域地區非常普遍，而且依據疑似順朱寫本的七二TAM一七九：一八／一～九號《尚想黄綺帖》，推斷出早在武周時期順朱便已在西州地區出現。

敦煌順朱寫本的形式多樣，可以讓我們了解當時順朱的各種形式和具體過程。當時順朱的範字有朱筆，也有墨筆，又以墨筆者較多，但是兩種顏色範字下的習字形式沒有什麼不同。同一寫本中的習字也有顏色的區別，多數順朱的習字都是墨筆，但是有的學生會用墨筆臨習一遍後，再用朱筆在墨筆習字行間臨習一遍，爲的是充分利用紙張空間。順朱寫本中範字往往出現在每行行首，但也有一些寫本中範字出現在了行中，應該是爲了讓學生在寫本的各個位置都可以方便地關照到範字，還有的寫本中行首和行中都有範字，是因爲面對基礎較差的學生，教授者需要多寫範字來進行寫法的説明和更好地讓學生觀摩。順朱寫本中矯正痕迹的出現位置也不是完全固定的。敦煌順朱寫本多以每字練習兩行爲主，教授者亦多在每字第二行行中選擇一字進行矯正，但是在每字練習一行、三行或四行的時候，教授者選擇矯正的位置也會發生變化，在第一行、第二行、第三行中皆有可能。而且隨着學生習字能力的提升，教授者的矯正行爲會減少，直至不再矯正。順朱屬於正式且嚴格的習字教學。學生初學習字，需要天天順朱，寫明日期，每天練習三到四字，具體過程是教授者先寫一個範字，學生臨習幾遍後，教授者説明學生問題所在，進行矯正後，再寫一範字，讓學生臨習，如此反復，每字練習三行左右。當天的練習結束後，教授者會寫明“休”。面對初學者，教授者寫的範字多，矯正指導次數也多，也會對學生進行鼓勵，但是隨着學生能力的提升，教授者的範字和指導行爲都會減少。另外，在順朱習字過程中，學生也要進行同字不同寫法的練習，甚至包括俗字、避諱字的練習。唐前中期的順朱以正楷爲主，晚唐五代宋初出現了帶有隸楷風格的順朱，説明順朱教育亦隨流行書法的變化而變化。

結　語

　　上述敦煌習字類蒙書和習字類書帖計六種，其中習字類蒙書三種，爲《上大夫》《牛羊千口》《上士由山水》，分別論述了它們的内容與性質以及其中《上大夫》和《上士由山水》的流傳與影響，總結了習字類蒙書寫本的習字特點以及寫本所反映出的唐五代宋初敦煌地區習字教育的特點；還有習字類書帖三種，爲《千字文》《尚想黄綺帖》《蘭亭序》，分別論述了它們在唐代的傳播與影響以及在習字教育中的作用。以下根據前面各章的論述，加以歸納和擴展。有關唐五代宋初敦煌地區習字教育的教材以及各自的性質特點、敦煌習字教育的總體特色，概而言之主要有以下幾點。

一　習字教材對後世影響廣泛

　　唐代出現的三本習字類蒙書和唐代開始廣泛流傳的三本習字類書帖不僅對唐五代宋初敦煌地區的習字教育產生了深刻影響，而且對宋以後的習字教育和社會文化也有深遠影響。

　　三本習字類蒙書中《上大夫》的影響最大。該書的内容與孔子教化三千弟子有七十二賢人的典故有關，具有一定的勸學意義，編撰時間可能在唐前期，并在貞元四年（七八八）敦煌陷蕃之前傳入了敦煌地區。又敦煌寫本斯一三一三號《大乘百法明門論義序釋》第七則中記載"且如世小兒上學，初學上大夫等爲半字"，加之三十六件敦煌《上大夫》寫本的存在，説明該書在晚唐五代宋初時期已是敦煌地區初學者的習字教材。而且從伯四九〇〇號

（二）來看，《上大夫》還是重要的順朱教材。宋初統治者爲了重建禮制，提倡儒學，大力推崇孔子及其門人，追謚孔子爲"至聖文宣王"[一]，在這樣的背景下，《上大夫》發展爲二十五字的推崇"仁"與"禮"的《上大人》。從宋以後直到民國的文獻記載來看，《上大人》一直都是各朝各代習字教育中普遍首用的習字教材，民國時期還流行用《上大人》進行的"開筆"儀式。該書的影響不局限於習字教育，在各類禪師語録及詩歌、小説、戲劇中亦能發現其痕迹。唐代僧人視該書爲半字，晚唐時期便已經出現了用《上大夫》作禪機的用例，宋以後更是出現了"上大人禪"的説法。禪師們利用《上大人》的初學蒙書性質，闡釋禪法，意圖勸學，點化弟子，極大豐富了該書的功能。文人墨客們也利用《上大人》家喻户曉的特點，或引用、或改編，用其文本在詩歌、戲劇、小説中鋪陳、戲説、勸誡、追憶、調侃、游戲，靈活構建語境，通俗易懂。可以説《上大人》已經成爲了一個流傳千年的文化符號，深深影響了人們的生活。

《上士由山水》的影響僅次於《上大夫》。該詩講求對仗、平仄、押韻，當是唐人創作的一首五言律詩。從"上士由山水"到"且作丁公吟"十句，涉及諸多歷史人物，從"户内去三史"到"即此是黄金"四句，突出了勸學主題。從敦煌寫本伯四〇九三號的書寫年代來看，《上士由山水》流入敦煌地區的時間應該在後唐天成五年（九三〇）之前。敦煌文獻中七件該詩寫本的存在，説明它在十世紀敦煌地區比較流行。尤其是伯二八九六號背中"上士由山水"一句出現在于闐語文獻當中，與其同筆迹的雜寫中還有于闐國太子的名字"從德"二字，説明在敦煌的于闐人也用《上士由山水》習字。從明代葉盛《水東日記·描朱》的記載可知，該詩和《上大人》一起，成爲了"爾傳我習，幾徧海内"的描朱教材。筆者還在孔夫子舊書網上發現一本小册子——民國廿九年方義森書本，得知該詩一直到民國時期依舊作爲習字教材使用。《上士由山水》也由於具有半字的性質和常見性，而影響到了後世社會文化，被禪師們用作禪機，功能與《上大人》相似。

〔一〕《宋史》卷一〇五《禮志八·吉禮八·文宣王廟》，第二五四八頁。

　　習字蒙書《牛羊千口》的影響相對較小。該書"牛羊千口"一句描述了當時士庶之家富裕的樣子，"舍宅不售"一句旨在告誡人們不可做出出售宅舍這樣的不賢、不孝行爲，"甲子乙丑"一句屬於六甲知識，"大王下首"一句旨在告訴學生當以入仕爲官爲目標，"之乎者也"一句爲常用語氣助詞，可見其内容雖短，却知識種類多，具有訓誡、勸學意味。在傳世文獻中尚未發現該書的痕迹，所以推測該書的影響可能局限於五代宋初的敦煌地區。從十五件相關寫本可知，該書曾與《上大夫》緊密結合，廣泛運用在當時的習字教育中。

　　三本習字類書帖中，《千字文》的影響最大。該書是梁武帝時期周興嗣依據王羲之的字次韻而成的，經智永禪師臨得八百本散與天下，而後風靡唐代。根據唐人張鷟《朝野僉載》的記載和吐魯番寫本七二TAM一七九：一七/一～四號，可推知該書在武周時期已經成爲天下各州的習字教材。根據和田《千字文》寫本可知該書在唐中期已經遠播到于闐地區。敦煌文獻中《千字文》寫本的數量遠超其他各類習字教材，不僅有十八件順朱寫本，以及伯二四五七號背、斯三三五號背、伯特四〇一七號背、上圖一一〇號背等這樣帶有明顯臨帖痕迹的寫本，而且還有約二十四件隨筆習字本，充分證明了它是唐五代宋初最爲重要的習字教材。敦煌文獻中漢藏雙語《千字文》（伯三四一九號A、英印一三二號）寫本的存在説明《千字文》影響到了吐蕃地區。《千字文》在宋以後的習字教育中也影響很大。清陸世儀《思辨録輯要》載："先儒教小兒習字，先令影寫趙子昂《大字千字文》，稍長習智永《千字文》，每板影寫十紙。"〔一〕可見明清時期《千字文》也多用爲初學者的習字教材，不僅使用元代書法家趙孟頫的《大字千字文》，而且智永禪師的《千字文》依舊是習字對象。《千字文》的影響還遠及朝鮮半島、日本、越南等地，影響範圍之廣無需贅言。

　　〔一〕（清）陸世儀撰，（清）張伯行編：《思辨録輯要》卷一《小學類》，《景印文淵閣四庫全書》第七二四册，第五頁。

《尚想黄綺帖》内容出自王羲之書信，可能是南朝人編撰而成[一]，是王羲之對鍾繇、張芝書法的看法。該帖在武周時期便已作爲學生習字教材傳至西州，之後更是西至龜兹、于闐地區[二]。《蘭亭序》的影響力和《尚想黄綺帖》接近，在和田文獻中發現了它的蹤迹，筆者推測其流傳軌迹應該和《尚想黄綺帖》大體一致。敦煌文獻中《尚想黄綺帖》有二十六件寫本，《蘭亭序》有十七件寫本，常見習字方式有順朱，也有臨習書帖，足以證明兩帖是唐五代宋初重要的習字教材。《蘭亭序》直到現在還有較大影響力，也傳播到了朝鮮半島和日本，繼續發揮着字帖的功用。《尚想黄綺帖》在宋初以前傳入了日本[三]，但是在宋以後影響力衰微，逐漸退出了歷史舞台。

二　習字教材的順序和功能有别

學生初學習字，先用筆畫簡單的習字蒙書進行築基。三本習字類蒙書的性質接近，但是由於内容有别，在習字教育中的使用順序和具體功能有一定差异。

《上大夫》爲三字句，僅有十八字，平均筆畫爲三畫，在唐代已是習字初學用書。《上大夫》的出現與唐代孔子廟在全國的建立、孔子及門人社會地位的提升這一歷史背景密切相關，"上大夫"本身也指孔子，所以《上大夫》與孔子及儒家有深厚關係。唐代孔子廟的推行，主要目的之一是爲了通過祭拜孔子及先達，以"敦勸生徒"[四]，因此可推測當時學生入學要祭拜孔子廟，而初學又用《上大夫》，所以筆者認爲該書不僅具有勸誘學生向賢思齊、學習儒家聖賢的意義，而且通過該書的學習，意味着學生正式進入

〔一〕［日］池田温：《敦煌本に見える王羲之論書》，《中國書論大系月報》第六卷，第一二頁。

〔二〕榮新江：《王羲之〈尚想黄綺帖〉在西域的流傳》，《絲綢之路與東西文化交流》，第二〇〇~二〇九頁。

〔三〕［日］福田哲之：《吐魯番出土文書に見られる王羲之習書—阿斯塔那一七九號墓文書〈72TAM179：18〉を中心に—》，《書學書道史研究》第八號，一九九八年，第三四頁。

〔四〕《舊唐書》卷一八五上《良吏傳上·韋機傳》，第四七九五頁。

孔子門下。這一點應當是其獨特文化意義之所在。民國部分地區學生入學前或入學第一天要舉行發蒙儀式，具體儀式中需要學生先祭拜孔子，然後用《上大人》描紅。這一文化現象對認識唐代《上大夫》的作用具有參考意義。

《牛羊千口》爲四字句，共二十字，平均筆畫爲五畫，難度稍大於《上大夫》。敦煌寫本中《牛羊千口》都緊接在《上大夫》之後，應該是教授者有意爲之，除了作爲《上大夫》之後的補充習字教材，還在内容意義方面與《上大夫》存在一定聯繫。《牛羊千口》中"牛羊千口，舍宅不售，甲子乙丑，大王下首"四句具有訓誡意味，緊接在《上大夫》的"尔小生，八九子"兩句之後，從文義角度來看,《牛羊千口》的文本似乎構成了對"尔小生，八九子"即學生的訓誡内容。

《上士由山水》爲五言排律，共七十字，平均筆畫爲六畫，文義、結構較爲完整，且立意清晰，多涉及歷史典故，具有明顯的勸學、教化意圖，還兼具詩歌啓蒙、歷史教育功能，在三本蒙書中難度最大，因此推測它的學習時間應該較後一些。

隨着習字難度的增加，書帖成爲學生習字的重要對象。三本習字類書帖雖然都與王羲之有關，且所用習字方法類似，性質具有一定相似性，但是在習字教育中的使用順序和承擔的功能有一定差異。

《千字文》雖然字數多，但作爲基礎的識字蒙書，學習時間應該在三本書帖中相對較早。唐人張鷟《朝野僉載》中即記載有四歲幼童 "《千字文》皆能暗書"[一]，明清時期的文獻資料中也有初學者用《千字文》啓蒙的事例。敦煌文獻中《千字文》寫本多，當中筆迹較爲稚嫩的寫本也多，比如斯三三五號背、斯二七〇三號、斯二八九四號背、伯三二四三號碎一二、伯三八九四號碎五、北敦一四二〇八號、羽七〇七號等，這些寫本的存在證明了《千字文》在唐五代宋初就是初級習字階段使用的習字教材。不過敦煌文獻中也有一些《千字文》習字的書寫水平較高，比如順朱寫本斯五七二三號、北敦九三五〇

〔一〕（唐）張鷟撰，趙守儼點校：《朝野僉載》卷五，第一一〇頁。

號、北敦一三一八五號B背+北敦一三一八七號+（中缺）+俄敦一四九五號+（中缺）+北敦一三一八五號A背+（中缺）+北敦一三一八五號C背，以及臨帖本上圖一一○號背等。綜合這些寫本，可以發現《千字文》是從初級習字階段一直到高級習字階段都使用的習字教材。再者，敦煌《千字文》寫本書法風格多樣，即使是順朱寫本的書法，也呈現出多樣化的特點，因此筆者推測《千字文》書帖并未一味遵循王羲之或是智永禪師的書風，而是與時俱進，不斷發展出各種書法類型的書帖，敦煌文獻中的《篆楷千字文》寫本也證明了這一點。

　　《尚想黃綺帖》和《蘭亭序》是純粹的書帖，字數雖然相較於《千字文》少很多，但是習字難度却不小。敦煌文獻中有八件寫本中《尚想黃綺帖》和《千字文》寫在一起[一]，敦煌寫本羽六六四ノ二號、伯三一九四號背及和田寫本MT.b.○○六號中《尚想黃綺帖》和《蘭亭序》寫在一起，敦煌寫本俄敦一二八三三號+（中缺）+俄敦五二八號A背+俄敦一一○二三號+（中缺）+俄敦五二八號B中《千字文》與《蘭亭序》寫在一起，說明三者在學習時間上有重合。《千字文》的學習時間跨度大，如果把它的學習分爲前期、中期、後期的話，《尚想黃綺帖》和《蘭亭序》的學習時間應該是與《千字文》學習的中後期階段重合，也就是説這兩本書帖的學習時間應該是晚於《千字文》的。再對比這兩本書帖的寫本，可以發現《蘭亭序》寫本的整體書法水平高於《尚想黃綺帖》寫本，因此筆者大膽推測《蘭亭序》的學習時間又是稍後於《尚想黃綺帖》的。另外，《尚想黃綺帖》和《蘭亭序》的多數寫本都呈現出王書的特徵，説明唐五代宋初流行的兩者書帖都是王書的帖本，學生用之是爲了學習王書，而不像《千字文》那樣出現了其他書法風格的帖本，這是兩者在習字功能方面有別於《千字文》的一個明顯特徵。

　　綜合習字類蒙書和習字類書帖的衆多寫本來看，唐五代宋初的習字教育，首先練習《上大夫》《牛羊千口》《上士由山水》這樣的習字蒙書，也有可能

〔一〕　斯三二八七號、斯四八五二號、斯一二三七二號、伯二七三八號背、伯二七六九號、北敦九○八九號背、北敦一三二一○號F+北敦一三二一○號D、俄敦九五三號背。

練習《千字文》的開篇部分，掌握字體結構和基本筆畫的寫法，這一時期可謂習字入門階段；有了一定基礎後，正式使用習字書帖，持續練習《千字文》，到了一定階段，再先後把《尚想黃綺帖》和《蘭亭序》納入進來，專門學習王書，所採用的主要習字方法是順朱和臨帖。通過這樣循序漸進的練習，學生的習字能力和書法水平不斷提高，習字過程中，還兼及接受識字、詩歌、歷史、勸學、書法理論教育等。

三　以王羲之書帖爲重要教材

敦煌習字類書帖《千字文》《尚想黃綺帖》《蘭亭序》有一個共同特點，就是它們的出現都與王羲之有關，而且相關敦煌寫本中還有王羲之書法的痕迹，說明王羲之對唐五代宋初敦煌地區的習字教育有重要影響。加之敦煌、吐魯番、和田及庫車文獻中都發現了不少這三本書帖寫本，寫本數量遠遠超過了其他習字寫本，說明它們是唐五代宋初時期習字教育的重要教材。

三本習字書帖中，《尚想黃綺帖》《蘭亭序》是王羲之的法帖，《千字文》雖是周興嗣次韻，但根據唐李綽《尚書故實》和《梁書·周興嗣傳》可知[一]，周興嗣次韻的一千字其實出自王羲之法帖。另有史料記載了王羲之曾書過《千字文》。日本藏弘安十年（一二八七）上野本《注千字文》序文云："千字文者，魏大尉鍾繇之所作也……逮永嘉失據，遷移丹楊。然川途重阻，江山遐險。兼爲石氏逼逐，駈馳不安。復經暑雨，所載典籍，因兹糜爛，千字文幾將湮没。晋中宗元皇帝，恐其絶滅，遂敕右軍琅邪之人王羲之，繕寫其文，用爲教本。但文勢不次，音韻不屬，及其將導，頗以爲難。至梁武帝受命，員外散騎侍郎周興嗣，令推其理，致爲之次韻也。"[二]此序文乃是南朝梁人李暹所作，李暹生活時代距周興嗣次韻《千字文》的時代最近，其説可信度很高。據此序文可知，

〔一〕（唐）李綽編：《尚書故實》，王雲五主編：《叢書集成初編》第二七三九册，第一三頁；（唐）姚思廉撰：《梁書》卷四九《文學傳上》，中華書局，一九七三年，第六九八頁。

〔二〕〔日〕黑田彰、後藤昭雄、東野治之、三木雅博編著：《上野本注千字文注解》和泉書院，一九八九年，第五五頁。

《千字文》本爲鍾繇所作，晋中宗元皇帝司馬睿曾讓王羲之“繕寫其文，用爲教本”，然後因爲“文勢不次，音韻不屬”，梁武帝才命周興嗣進行了次韻。所以周興嗣次韻的《千字文》，的確是王羲之的字。《尚書故實》載：“右軍孫智永禪師自臨八百本，散與人間。”〔一〕此中智永禪師“自臨”的對象應當就是王字《千字文》。又史言“永禪師真草《千字文》得家法”〔二〕，“得家法”即深得王羲之書法之精妙，據此可推知智永禪師所臨《千字文》基本復刻了王書。

可以説《千字文》《尚想黄綺帖》《蘭亭序》是代表了王羲之書法的書帖，它們在唐五代宋初能成爲重要的習字教材，與唐太宗推崇王書的行爲有密切關係。唐太宗非常喜愛王書，不僅“工王羲之書，尤善飛白”〔三〕，而且曾專門撰《王羲之傳贊》，贊王書曰：“所以詳察古今，研精篆素，盡善盡美，其惟王逸少乎！觀其點曳之工，裁成之妙，煙霏露結，狀若斷而還連；鳳翥龍蟠，勢如斜而反直。翫之不覺爲倦，覽之莫識其端，心慕手追，此人而已。其餘區區之類，何足論哉”〔四〕。因此“上之所好，下必甚矣。初唐名流，清一色王字胤嗣”〔五〕。太宗更是在貞觀元年（六二七）置弘文館，“敕虞世南、歐陽詢教示楷法”〔六〕。又唐代國子監下設有書學〔七〕，常舉考試中設有明書科〔八〕，吏部銓選重“身言書判”，書法被推崇到極致。可以推測當時無論是官員還是士子，都得勤習王書，以爲入仕、晋升之徑。在這樣的背景下，王書字帖必然受到社會的崇重。敦煌文獻中保留的衆多王帖臨本和抄本證明了這一點。除了上述三本書帖，敦煌吐魯番文獻中迄今發現的王帖臨本有《唐人臨本王羲之瞻近

〔一〕（唐）李綽編：《尚書故實》，王雲五主編：《叢書集成初編》第二七三九册，第一三頁。

〔二〕《舊唐書》卷一六五《柳公權傳》，第四三一二頁。

〔三〕《舊唐書》卷七四《劉泊傳》，第二六〇八頁。

〔四〕《晋書》卷八〇《王羲之傳》，第二一〇八頁。

〔五〕沃興華：《敦煌書法藝術》，第四五頁。

〔六〕（唐）李林甫等撰，陳仲夫點校：《唐六典》卷八《門下省》，中華書局，一九九二年，第二五五頁。

〔七〕《唐六典》卷二一《國子監》，第五六二頁。

〔八〕《新唐書》卷四四《選舉志上》，第一一六二頁。

帖、龍保帖》（斯三七五三號）、《唐人臨本王羲之旃罽帖》（伯四六四二號）、
《唐人臨本王羲之積雪凝寒、服食帖》（俄敦一一二〇四號）、《宣示表》（伯
二五五五號背）、《樂毅論》（七三TAM五〇七：〇一二／一〇號）、《摹王羲之
狀一通》（俄敦一三三三號），抄本《晉右軍將軍王羲之筆勢論》（伯四九三六
號、伯粟五號）。另外，吐魯番寫本六六TAM六七：五號（a）《唐人習字》存
“羲之頓首死罪”六字[一]，無疑也是唐人的王帖臨本。

　　衆多王書字帖中，《千字文》《尚想黃綺帖》《蘭亭序》可以成爲唐五代宋
初時期重要的習字教材，應該與它們的内容和性質有重要關係。《千字文》本
就具有識字、勸學、歷史教育的多重功能，又有名家臨本作字帖，自然成爲
童蒙習字之首選。《尚想黃綺帖》全文僅有八十字，内容是王羲之對張芝、鍾
繇書法的看法，涉及到一些書法理論知識，在習字教育中還承擔着書法知識
普及的功能，其中“臨池學書”的典故以及王羲之提出的“假令寡人耽之若
此，未必謝之”的假設，也具有積極的教育意義。而且據褚遂良《晉右軍王
羲之書目·正書都五卷》中記：“尚想黃綺，七行”[二]，“正書”即楷書，可知
此帖爲楷書，適於學生習字。《蘭亭序》爲行楷，且由於唐太宗的推崇，在唐
代流行的王書法帖中名氣最大，上行下效，學生必然要學習此帖。

　　因爲《千字文》《尚想黃綺帖》《蘭亭序》的性質和用途接近，所以在唐
五代宋初敦煌地區的習字教育中三者的學習時間相近，甚至可以説是當時鐵
三角式的固定習字教材。早在武周時期的吐魯番寫本七二TAM一七九：一
七／一～四號《千字文》和七二TAM一七九：一八／一～九號《尚想黃綺帖》
的形式和筆迹相似，爲同一時期的習字之作，説明當時二者已經作爲一種
習字組合被使用。和田寫本MT.b.〇〇六號，正面是《蘭亭序》習字，有題
記“生李仲雅仿書冊行謹呈上”，卷背是《尚想黃綺帖》習字，説明古于闐地
區把《蘭亭序》和《尚想黃綺帖》作爲組合練習。敦煌文獻中有八件寫本是

　　〔一〕　唐長孺主編：《吐魯番出土文書》（叁），文物出版社，一九九六年，第四四
五頁。
　　〔二〕　（唐）張彦遠輯録，范祥雍點校：《法書要録》卷三《晉右軍王羲之書目》，第
六〇頁。

《尚想黃綺帖》和《千字文》一起出現，還有羽六六四丿二號和伯三一九四號背中是《尚想黃綺帖》和《蘭亭序》一起出現，俄敦五二八號B中是《蘭亭序》和《千字文》一起出現。榮新江指出寫本中《尚想黃綺帖》和《蘭亭序》同時出現，"這恐怕不是巧合，而是唐朝書法教育制度的體現"〔一〕。如今結合這些吐魯番、和田、敦煌寫本來看，雖然寫本中未同時出現《千字文》《尚想黃綺帖》《蘭亭序》，但是我們完全可以推測這三本書帖的習字組合是敦煌及西域地區甚至是當時全國各州習字教育的常態，是當時習字教育制度的體現。

四　以順朱爲重要習字方法

今人初學書法，講究先摹後臨，從規矩入手，循序漸進，摹寫先從描紅開始，次接仿影、雙鈎廓填等，有了一定基礎後，進入臨帖〔二〕。而敦煌及西域出土習字蒙書和習字書帖以及其他的習字寫本，基本可以判定爲臨寫或抄寫之作，尚未得見摹寫方法在習字寫本中的運用，似乎説明唐五代宋初的敦煌及西域地區由於條件所限，在習字方法上主要採用臨寫，尤其是順朱貫穿於從習字蒙書到習字書帖學習的過程中，在習字教育中發揮着重要作用。

順朱是順着教授者寫的範字（朱筆或墨筆）進行反復臨寫的習字方法，每字少則一行，多則七行〔三〕。筆者在敦煌文獻中暫確定了三十四件順朱寫本，內容包括《上大夫》《千字文》《尚想黃綺帖》《蘭亭序》《蘭亭詩》、雜字、姓氏、契約、數字等，説明從《上大夫》、數字開始的入門習字已使用順朱。筆者還在吐魯番、和田文獻中確定了十八件順朱寫本，內容包括《千字文》《尚想黃綺帖》《孔子廟堂碑》以及不知名文書，這些寫本證明了唐五代宋初敦煌及西域地區習字教育廣泛採用順朱這一習字方法。而且結合吐魯番寫本七二TAM一七九：一八/一～九號來看，在武周時期應該已經運用順朱，其出現時間當更早。

〔一〕　榮新江：《王羲之〈尚想黃綺帖〉在西域的流傳》，《絲綢之路與東西文化交流》，第二〇八頁。

〔二〕　楊崇福編著：《書法知識手册》，國際文化出版公司，一九八八年，第七二～七四頁。

〔三〕　和田寫本GXW〇一七一號不知名順朱中"問"字練習了七行。

從敦煌文獻中的十八件《千字文》順朱寫本來看，順朱在表現形式上有一些區別，具體爲：範字顔色之別、習字顔色之別、範字位置之別、矯正位置之別。《千字文》順朱中暫僅有北敦一二一六〇號、北敦一二一六二號確認有朱筆範字，其他寫本中的範字皆爲墨筆，不過不同顔色範字下的習字形式没有什麽區別。順朱的習字部分往往都是墨筆，但是伯三八四九號碎《千字文》中在墨筆習字之行間，填入了朱筆習字，爲同一人所練習，這種兩種顔色共用的習字方式是爲了充分利用紙張空間。順朱寫本中範字往往出現在每行行首，但北敦一三一八五號 B 背＋北敦一三一八七號＋（中缺）＋俄敦一四九五號＋（中缺）＋北敦一三一八五號 A 背＋（中缺）＋北敦一三一八五號 C 背《千字文》中範字出現在行中偏上的位置，範字上用黑點進行了標示，應該是爲了讓學生在寫本的各個位置都可以方便地關照到範字；斯二七〇三號《千字文》中行首和行中都有範字，説明面對基礎較差的學生，教授者需要多寫範字來進行寫法的説明和更好地讓學生觀摩。另外，海野洋平針對順朱寫本中的矯正痕迹，提出了 “‘一行半’での指導” 的説法[一]，即教授者往往選擇每字第二行中的一字進行矯正指導。根據筆者的觀察，“‘一行半’での指導” 的行爲的確較爲多見，但是斯五七二三號、北敦一三二一〇號 F＋北敦一三二一〇號 D、斯五六五七號背、斯四八五二號、北敦一三一八五號 B 背＋北敦一三一八七號＋（中缺）＋俄敦一四九五號＋（中缺）＋北敦一三一八五號 A 背＋（中缺）＋北敦一三一八五號 C 背、斯二七〇三號《千字文》中矯正的位置有所不同，可以説在各行皆有出現矯正痕迹的可能，筆者以爲矯正位置應該是由每字練習的行數、學生的習字能力決定的。而且十八件《千字文》順朱寫本中有八件寫本尚未發現矯正痕迹，説明學生的習字能力到達一定水平之後，教授者便不再進行矯正指導。

順朱是唐代正式且嚴格的習字教學方法。從斯二七〇三號《千字文》順朱寫本來看，學生初學習字，要在教授者的指導下天天順朱，順朱開始後先

〔一〕〔日〕海野洋平：《敦煌寫本 P.4019pièce4・P.3349pièce4・P.3368pièce7 の綴合・復原—童蒙教材としての王羲之〈顧書論〉（〈尚想黄綺〉帖）—》，《集刊東洋學》第一一六號，二〇一七年，第一〇一～一〇三頁。

由教授者寫明日期和範字，學生臨習幾遍後，教授者説明學生習字的問題所在并矯正，然後再寫一範字，讓學生臨習，如此反復，每字練習三行左右。當天的順朱結束後，教授者寫"休"字，以示休了。而且斯二七〇三號還告訴我們，面對初學者，教授者寫的範字多，矯正指導次數也多，也會對學生進行鼓勵。再結合其他《千字文》順朱寫本，可知隨着學生能力的提升，教授者的範字和指導行爲都會減少。

　　至於當時普遍採用順朱的原因，海野洋平認爲描朱需要在朱字上覆蓋薄紙影寫，而九、十世紀敦煌地區的紙太厚而不能影寫，更早的唐麻紙也是如此[一]，因此採用順朱。筆者以爲此説有一定道理，但不夠全面。描朱不僅可以影寫，也可以在朱字上直接摹寫。德國藏吐魯番寫本 Ch 一九八六號《習字》中"自然成""無等倫"六字即是先朱筆，後墨筆[二]，墨筆覆蓋在朱筆之上。斯五四七一號《千字文注》，正文均是朱筆書寫，注釋用墨筆書寫，正文從"果珍李柰"到"豈敢毀傷"，都是先用朱筆書寫，然後在朱筆上用墨筆描寫，從"女慕貞潔"到"墨悲絲染"，不再用墨筆描寫[三]。這兩件寫本雖然非反復習字，但是呈現出描朱的形式，説明唐五代已有類似於描朱的書寫方法。而不普遍使用描朱的原因：其一，當如海野氏所説，當時使用的紙張普遍是麻紙、楮紙[四]，紙張較厚，不適於影寫；其二，應該與當時描朱成本過高有關。描朱需要在朱字上直接摹寫，然而當時印刷術尚未普及，朱筆範字需要教授者一一書寫，這樣的話，教授者的工作量大大增加，一旦學生較多，這樣的習字方法就不太現實了。所以當時採用順朱，僅用一行範

　　〔一〕〔日〕海野洋平：《童蒙教材としての王羲之〈顧書論〉(〈尚想黃綺〉帖)—敦煌寫本・羽664ノ二Rに見るプレ〈千字文〉課本の順朱—》，《杏雨》第二〇號，二〇一七年，第一三五頁。

　　〔二〕 榮新江主編：《吐魯番文書總目・歐美收藏卷》，武漢大學出版社，二〇〇七年，第一六四頁。

　　〔三〕 游自勇：《原卷是最終的依據——英倫核查敦煌原卷的收穫》，郝春文主編：《2013敦煌學國際聯絡委員會通訊》，上海古籍出版社，二〇一三年，第九三頁。

　　〔四〕〔日〕石塚晴通著，唐煒譯：《從紙材看敦煌文獻的特徵》，《敦煌研究》二〇一四年第三期，第一一八～一二二頁。

字，學生便可以反復臨寫。這樣看來，順朱應該是當時技術條件下的最好選擇。

五　習字與其他知識學習相結合

唐五代宋初敦煌地區的習字教育是以基礎習字、書法訓練爲中心，兼及識字教育、算術教育、詩歌啓蒙、儒家經典教育以及實用教育的。

習字教育最爲明顯的一個特點是習字與識字的不可分割。對於學生而言，習字亦是識字的過程，敦煌習字類蒙書和習字類書帖均有識字功能，尤其《上大夫》《牛羊千口》《上士由山水》《千字文》還可以用於學生識字啓蒙，特別是《千字文》的內容涉及天文地理、歷史人文、尊卑禮儀等，是不可或缺的識字蒙書。習字類蒙書和習字類書帖也和其他識字內容同抄，顯示出唐五代宋初習字與識字緊密結合。在敦煌寫本伯二七三八號背、伯三一四五背、伯三三六九號背、斯四一〇六號背中，與習字類蒙書和習字類書帖同抄的還有筆迹接近的《送遠還通達》《沉淪渫浪波》《敦煌百家姓》、敦煌寺名、鄉名、蘭若名、姓氏人名等，意味着這些內容的性質具有相似性。《送遠還通達》和《沉淪渫浪波》是典型的“聯邊詩”，運用詩歌的形式把部首相同的字編在一起，以達到以類相從的快速識字效果。羽六六三號背中《送遠還通達》後接“遠”字習字三行，說明當時也用此詩習字。《敦煌百家姓》和姓氏人名都屬於姓氏知識，類似於宋以後《百家姓》的性質，是唐五代宋初敦煌地區學生學習姓氏知識的具體表現。特別是北敦一六一八一號背和伯三七三八號碎三是姓氏順朱，說明姓氏也是順朱的重要組成部分。還有敦煌寫本伯三二一一號背、上圖一一〇號背以及伯四九三七號背，這三件寫本中出現了《千字文》與《開蒙要訓》同抄的情況，說明二者的學習時間有一定的重合。《開蒙要訓》是魏晋六朝之際馬仁壽所撰，內容承續《急就篇》，涉及日常生活的各方面[一]，是典型的識字蒙書。敦煌文獻中發現了五十七件《開蒙要訓》寫本，證實該書是唐五代宋初識字教育的重要內容。上述三件寫本中上

〔一〕　張新朋：《敦煌寫本〈開蒙要訓〉研究》，第一九、二〇頁。

圖一一〇號背《開蒙要訓》爲反復習字，推測爲臨帖之作。另外伯二二四九號背和伯二七一七號背中也有《開蒙要訓》的反復習字，説明該書和《千字文》一樣，也有帖本流傳，被廣泛用於習字。另外，在敦煌習字類蒙書和習字類書帖寫本中，常常出現一類日常生活和生産中所用的雜字，内容和性質與《開蒙要訓》類似，特別是敦煌寫本斯一一九六九號B+斯一一九六九號C和斯一二四五八號C背爲雜字順朱，説明雜字也是習字教育的重要組成部分。綜上所述，唐五代宋初的習字教材本就具有識字功能，又加入詩歌、姓氏、雜字等，豐富了習字内容，增加了識字量。

習字教育還與算術教育緊密結合。習字與算術是古代小學的重要内容。《禮記·内則》載："六年，教之數與方名……十年，出就外傅，居宿於外，學書計。"[一] 可見 "書計" 結合的教育行爲早已有之。唐人也常常把 "書計" 視作一體。《舊唐書·歐陽詢傳》："陳尚書令江總與紇有舊，收養之，教以書計。"[二] 同書《李輔國傳》："少爲閹，貌陋，粗知書計。"[三] 現在從敦煌寫本來看，唐五代宋初敦煌地區的習字教育是與基礎算術教育同時進行的。《上大夫》本身就包含了一些數字，在《上大夫》寫本伯三七〇五號、斯一四七二號背、斯四一〇六號背、斯五六三一號中還出現了從 "一" 到 "十" 的小寫數字和從 "壹" 到 "拾" 的大寫數字。尤其是俄敦一八九三八號中保存了 "七""八""九" 的順朱，這些都説明了數字是入門知識，也是習字教育的一部分。在北敦五六七三號背中保存了《九九乘法歌》《敦煌百家姓》、社司轉帖以及雜字，筆迹一致且稚嫩，特別是《敦煌百家姓》有反復習字。這一寫本可以證明當時《九九乘法歌》的學習是與基礎習字同時進行的。

習字教育還與詩歌啓蒙教育相結合。唐人重視詩歌教育，不僅流行有專門的童蒙教材《文場秀句》《李嶠雜詠》等，而且在習字教育中就注意詩歌的運用。習字蒙書《上士由山水》本身就是注重韻律和平仄的五言律詩，可以

〔一〕（清）孫希旦撰，沈嘯寰、王星賢點校：《禮記集解》卷二八《内則第十二之二》，第七六八~七六九頁。

〔二〕《舊唐書》卷一八九上《儒學上·歐陽詢傳》，第四九四七頁。

〔三〕《舊唐書》卷一八四《宦官·李輔國傳》，第四七五九頁。

讓學生在習字過程中體會詩歌的妙處。敦煌寫本伯三三〇五號碎五背是王羲之《蘭亭詩》順朱，新出吐魯番文獻中的《唐寫古詩習字殘片（岑德潤五言詩等）》，也是唐五代宋初敦煌吐魯番地區詩歌教育與習字教育結合的重要證據。伯二七三八號背中的《學問當時苦》和伯三一四五號背中的《黃金千萬斤》，是和習字内容一起出現的，説明當時教授者在習字教學的同時，把一些簡單的勸學詩歌教給學生，以期學生在習字之始就可以認識到學問的重要價值。

　　習字教育中還加入了儒家經典的學習。唐五代宋初童蒙教育中的儒家經典教育，以《論語》《孝經》爲重〔一〕。唐人趙匡説：“立身入仕，莫先於禮，《尚書》明王道，《論語》詮百行，《孝經》德之本，學者所宜先習。”〔二〕唐代童子科考試以此二經爲主要内容〔三〕。所以唐人非常重視這兩經的學習。如薛魯魯“五歲能誦《孝經》十八章，七歲通《論語》廿二篇”〔四〕。又如元袞“六歲入小學，讀《孝經》”“七歲學《論語》”〔五〕。敦煌《千字文》寫本伯三七〇五號背中有《論語》，斯二八九四號背、斯三〇一一號背、斯三八七七號、伯三四一六號、伯三六一六號背中有《孝經》，筆迹與《千字文》習字相似，且伯三七〇五號背和斯二八九四號背筆迹稚嫩，這些寫本證明了《論語》《孝經》與《千字文》的學習時間有重合，確爲童蒙學習對象。吐魯番寫本六八TJ一：四/一～四/四號+六八TJ一：八號（ｂ）《孝經》存“仲”“尼”“曾”“子”“侍”的反復習字，顯示出《孝經》被直接用於臨習。

　　唐五代宋初敦煌地區的習字教育還重視實用。敦煌寫本中與習字内容一起出現的敦煌寺名、鄉名、蘭若名、姓氏人名、大寫數字都是基礎且實用的

〔一〕　金瀅坤：《唐五代敦煌寺學與童蒙教育》，金瀅坤主編：《童蒙文化研究》第一卷，第一二二～一二六頁。

〔二〕《通典》卷一七《選舉典五》，第四二一頁。

〔三〕《新唐書》卷四四《選舉志上》，第一一六二頁。

〔四〕《河東薛氏殤子（魯魯）墓志銘并叙》，吳鋼主編：《全唐文補遺・千唐志齋新藏專輯》，三秦出版社，二〇〇六年，第三三四頁。

〔五〕　周紹良、趙超主編：《唐代墓志彙編續集》元和二三號《唐故鄂岳觀察推官監察御史裏行上柱國元公墓銘并序》，上海古籍出版社，二〇〇一年，第八一六頁。

知識。不過這裏想强調的是，從敦煌寫本來看，一些日用文書的學習是與習字教育同時進行的。與敦煌習字類蒙書和習字類書帖常常一起出現在同一寫本上的日用文書主要有社司轉帖、契約、書儀，部分文書的筆迹與蒙書、書帖相近，又無實用痕迹，顯然是練習之作。敦煌文獻中社司轉帖的寫本非常多，它也是習字類寫本中最爲常見的一種文書，相關寫本衆多，這裏便不舉例了。值得注意的是，斯一三五九號背、北敦八一七二號背、北敦一六二七五號是社司轉帖的反復習字，是其被用於習字的重要證據。另外，伯三一四五號和斯二八九四號背中社司轉帖人名部分是按照《敦煌百家姓》的姓氏來排列的，説明了當時存在把姓氏教育與社司轉帖練習相結合的情況〔一〕。《千字文》寫本中契約較爲多見，比如斯三八七七號、斯四五〇四號背、伯三三九一號背、北敦二〇七號背中皆有筆迹相近的契約習作。斯一四七八號背是一篇契約順朱，行首有墨筆範字，行間有朱筆矯正痕迹，這件寫本更是直接證明了契約被用於習字。書儀也常出現在《千字文》寫本中，比如伯二七三八號背、伯三六一六號背、伯三七〇五號背、伯四〇六六號背+（中缺）+伯二七五九號背+伯二七七一號背〔二〕、斯五七二三號背，尤其是伯二七三八號背和伯三七〇五號背中的《正月孟春猶寒》是一種非常簡單的書儀，説明學生在接受習字教育的過程中也進行基礎書儀的學習。綜上所述，唐五代宋初敦煌地區的啓蒙教育中，社司轉帖、契約以及簡單的書儀等日用文書的學習，是與習字教育同時進行的，甚至可能就是習字教育的一部分。這些寫本的存在説明當時民間教育特別重視實用，也説明一些學生接受習字教育的目的是日後使用，因爲當時祇要略通"書計"，便可以謀取一些基礎的書寫、計算、文書處理方面的工作。

〔一〕 任占鵬：《姓氏教材〈敦煌百家姓〉與晚唐五代的敦煌社會》，郝春文主編：《敦煌吐魯番研究》第一九卷，上海古籍出版社，二〇二〇年，第一九八～一九九頁。

〔二〕 寫本綴合參見張新朋《敦煌寫本〈開蒙要訓〉研究》，第一三二～一三三頁。

參考文獻

傳世文獻：

《白虎通疏證》，（清）陳立撰，吳則虞點校，中華書局，一九九四年。

《白居易集》，（唐）白居易著，顧學頡校點，中華書局，一九七九年。

《白雲端和尚語錄》，（宋）釋處凝、釋智本等編，收入藏經書院編輯：《卍續藏經》第一二〇册，新文豐出版公司，一九九三年。

《包公案》，（明）安遇時著，陶樂琪編譯，團結出版社，二〇一七年。

《寶真齋法書贊》，（宋）岳珂撰，收入（清）紀昀等編纂：《景印文淵閣四庫全書》第八一三册，（台灣）商務印書館，一九八六年影印本。

《北夢瑣言》，（五代）孫光憲撰，賈二强點校，中華書局，二〇〇二年。

《北史》，（唐）李延壽撰，中華書局，一九七四年。

《別菴禪師同門錄》，（清）釋性統錄，（清）釋弘秀編，收入新文豐出版公司編輯部編：《嘉興大藏經》第三九册，新文豐出版公司，一九八七年。

《補自述詩》，（清）俞樾撰，收入《清代詩文集彙編》編纂委員會編：《清代詩文集彙編》第六八五册，上海古籍出版社，二〇一〇年。

《藏一話腴》，（宋）陳郁撰，收入（明）陶宗儀等編：《説郛三種·説郛》，上海古籍出版社，一九八八年影印本。

《茶香室叢鈔》，（清）俞樾撰，收入江蘇廣陵古籍刻印社編輯：《筆記小説大觀》第三四册，江蘇廣陵古籍刻印社，一九八四年影印本。

《禪林類聚》，（元）釋道泰集，收入《卍續藏經》第一一七冊。

《禪宗頌古聯珠通集》，（宋）釋法應集，（元）釋普會續集，收入《卍續藏經》第一一五冊。

《長阿含經》，（後秦）佛陀耶舍、竺佛念譯，收入大正一切經刊行會編纂：《大正新修大藏經》第一冊，大藏出版，一九二四～一九三四年。

《出三藏記集》，（南朝·梁）釋僧佑撰，蘇晉仁、蕭鍊子點校，中華書局，一九九五年。

《楚石梵琦禪師語録》，（元）釋文晟、釋正隆等編，收入《卍續藏經》第一二四冊。

《春秋公羊傳注疏》，（漢）公羊壽傳，（漢）何休解詁，（唐）徐彦疏，收入（清）阮元校刻：《十三經注疏》，中華書局，一九八〇年影印本。

《春秋穀梁傳注疏》，（晉）范甯集解，（唐）楊士勛疏，收入（清）阮元校刻：《十三經注疏》。

《春秋左傳正義》，（周）左丘明傳，（晉）杜預注，（唐）孔穎達正義，收入（清）阮元校刻：《十三經注疏》。

《春秋左傳正義》，（周）左丘明傳，（晉）杜預注，（唐）孔穎達正義，收入李學勤主編：《十三經注疏》，北京大學出版社，二〇〇〇年。

《大慧普覺禪師語録》，（宋）釋蘊文編，收入《大正新修大藏經》第四七冊。

《道山清話》，（宋）王暐撰，收入《景印文淵閣四庫全書》第一〇三七冊。

《丁卯詩集》，（唐）許渾撰，上海古籍出版社，一九九四年影印本。

《杜審言詩注》，（唐）杜審言著，徐定祥注，上海古籍出版社，一九八二年。

《讀通鑑論》，（清）王夫之著，收入船山全書編輯委員會編：《船山全書》第十冊，岳麓書社，一九九六年。

《二刻拍案驚奇》，（明）凌濛初編，上海古籍出版社，一九八三年。

《兒女英雄傳》，（清）文康著，收入《古本小説集成》編委會編：《古本小説集成》第一輯第一〇四冊，上海古籍出版社，一九九四年影印本。

《邇言》，（清）錢大昭著，收入商務印書館編輯部編：《邇言等五種》，商務印書館，一九五九年。

《法書要録》，（唐）張彥遠輯録，范祥雍點校，上海古籍出版社，二〇一三年。

《干禄字書》，（唐）顏元孫撰，日本國立國會圖書館藏文化十四年（一八一七）刊本。

《高峰原妙禪師語録》，（元）參學門人編，收入《卍續藏經》第一二二册。

《古今韻會舉要》，（元）黃公紹原編，熊忠舉要，收入《景印文淵閣四庫全書》第二三八册。

《姑妄言》，（清）曹去晶著，收入鄭福田、王槐茂主編：《傳世孤本經典小説》，金城出版社，二〇〇〇年。

《古尊宿語録》，（宋）賾藏主編集，蕭萐父、吕有祥點校，中華書局，一九九四年。

《觀濤奇禪師語録》，（清）釋大奇説，（清）釋興舒等編，收入《嘉興大藏經》第三六册。

《龜巢稿》，（元）謝應芳撰，收入《景印文淵閣四庫全書》第一二一八册。

《歸田瑣記》，（清）梁章鉅撰，于亦時點校，中華書局，一九八一年。

《歸元直指集》，（明）釋宗本集，收入《卍續藏經》第一〇八册。

《寒山詩注》，（唐）寒山著，項楚注，中華書局，二〇〇〇年。

《憨山老人夢游集》，（明）釋福善日録，（明）釋通炯編輯，收入《卍續藏經》第一二七册。

《憨休禪師語録》，（清）釋繼堯等編，收入《嘉興大藏經》第三七册。

《漢書》，（漢）班固撰，（唐）顏師古注，中華書局，一九六二年。

《蒿菴閑話》，（清）張爾岐著，收入《筆記小説大觀》第一六册，江蘇廣陵古籍刻印社，一九八三年影印本。

《還金述》，（五代）陶埴撰，收入上海書店編：《道藏》第一九册，文物出版社、上海書店、天津古籍出版社，一九八八年影印本。

《後漢書》，（南朝·宋）范曄撰，（唐）李賢等注，中華書局，一九六五年。

《急就篇》，（漢）史游著，曾仲珊校點，岳麓書社，一九八九年影印本。

《集韻》，（宋）丁度等編，上海古籍出版社，一九八五年影印本。

《嘉泰普燈録》，（宋）釋正受撰，秦瑜點校，上海古籍出版社，二〇一四年。

《薦福碑》，（元）馬致遠撰，收入臧晋叔編：《元曲選》（二），文學古籍刊行社，一九五五年

《堅瓠集》，（清）褚人獲輯撰，李夢生校點，上海古籍出版社，二〇一二年。

《建中靖國續燈録》，（宋）釋惟白救集，收入《卍續藏經》第一三六册。

《箋注倭名類聚抄》，［日］狩谷棭齋著，日本明治十六年（一八八三）印刷局活版本。

《江湖小集》，（宋）陳起編，收入《景印文淵閣四庫全書》第一三五七册。

《教童子法》，（清）王筠撰，收入王雲五主編：《叢書集成初編》第九八六册，中華書局，一九八五年。

《戒子通録》，（宋）劉清之撰，吴敏霞等注譯，三秦出版社，二〇〇六年。

《晋書》，（唐）房玄齡等撰，中華書局，一九七四年。

《景德傳燈録》，（宋）釋道原纂，收入《大正新修大藏經》第五一册。

《敬齋古今黈》，（元）李冶撰，收入王雲五主編：《叢書集成初編》第二一六册。

《經傳釋詞》，（清）王引之撰，李花蕾校點，上海古籍出版社，二〇一六年。

《舊唐書》，（後晋）劉昫等撰，中華書局，一九七五年。

《舊五代史》，（宋）薛居正等撰，中華書局，一九七六年。

《郡齋讀書志校證》，（宋）晁公武撰，孫猛校證，上海古籍出版社，一九九〇年。

《蘭亭考》，（宋）桑世昌集，收入王雲五主編：《叢書集成初編》第一五九八册。

《老子校釋》，朱謙之撰，中華書局，一九八四年。

《禮記集解》，（清）孫希旦撰，沈嘯寰、王星賢點校，中華書局，一九八九年。

《禮記集説》，（元）陳澔注，上海古籍出版社，一九八七年。

《禮記正義》，（漢）鄭玄注，（唐）孔穎達疏，收入（清）阮元校刻：《十三

經注疏》。

《李太白全集》，（唐）李白著，（清）王琦注，中華書局，一九七七年。

《梁肅文集》，（唐）梁肅撰，胡大浚、張春雯校點整理，甘肅人民出版社，二〇〇〇年。

《靈峰蕅益大師宗論》，（明）釋智旭著，收入《嘉興大藏經》第三六册。

《隆平集校證》，（宋）曾鞏撰，王瑞來校證，中華書局，二〇一二年。

《梁書》，（唐）姚思廉撰，中華書局，一九七三年。

《了菴清欲禪師語録》，（元）釋一志、釋元浩、釋可興等編，收入《卍續藏經》第一二三册。

《陵陽集》，（宋）韓駒撰，收入《景印文淵閣四庫全書》第一一三三册。

《六十種曲》，（明）毛晉編，中華書局，一九五八年。

《六藝之一録》，（清）倪濤撰，收入《景印文淵閣四庫全書》第八三六册。

《劉元卿集》，（明）劉元卿撰，彭樹欣編校，上海古籍出版社，二〇一四年。

《露書》，（明）姚旅著，劉彥捷點校，福建人民出版社，二〇〇八年。

《論語正義》，（清）劉寶楠撰，高流水點校，中華書局，一九九〇年。

《論語注疏》，（三國·魏）何晏集解，（宋）邢昺疏，收入（清）阮元校刻：《十三經注疏》。

《律苑事規》，（元）釋省悟編述，（元）釋嗣良參訂，收入《卍續藏經》第一〇六册。

《孟浩然詩集箋注》（增訂本），（唐）孟浩然著，佟培基箋注，上海古籍出版社，二〇一三年。

《孟子正義》，（清）焦循撰，沈文倬點校，中華書局，二〇一七年。

《密菴和尚語録》，（宋）釋崇岳、釋了悟等編，收入《大正新修大藏經》第四七册。

《明儒學案》，（清）黃宗羲著，沈芝盈點校，中華書局，一九八六年。

《墨池編》，（宋）朱長文撰，收入《景印文淵閣四庫全書》第八一二册。

《南齊書》，（梁）蕭子顯撰，中華書局，一九七二年。

《歐陽修全集》，（宋）歐陽修著，李逸安點校，中華書局，二〇〇一年。

《琵琶記》,（元）高明著，收入（明）毛晋編：《六十種曲》第一册，中華書局，一九五八年。

《皮子文藪》,（唐）皮日休著，蕭滌非、鄭慶篤整理，上海古籍出版社，一九八一年。

《菩薩本緣經》,（三國·吳）釋支謙譯，收入《大正新修大藏經》第三册。

《千山剩人禪師語録》,（明）釋函可説,（明）釋元斌等編,（明）釋今羞等録,（明）釋今廬、釋今又重梓，收入《嘉興大藏經》第三八册。

《牆東類稿》,（元）陸文圭撰，收入《景印文淵閣四庫全書》第一一九四册。

《清史稿》，趙爾巽等撰，中華書局，一九七六～一九七七年。

《全宋詞》，唐圭璋編，中華書局，一九六五年。

《全唐詩》,（清）曹寅等奉敕輯，中華書局，一九六〇年。

《全唐文》,（清）董誥編，中華書局，一九八三年影印本。

《日本國見在書目録》,［日］藤原佐世撰，中華書局，一九九一年影印本。

《三國志》,（晋）陳壽撰,（南朝·宋）裴松之注，中華書局，一九五九年。

《尚書故實》,（唐）李綽編，收入王雲五主編：《叢書集成初編》第二七三九册。

《史記》,（漢）司馬遷撰,（南朝·宋）裴駰集解,（唐）司馬貞索隱,（唐）張守節正義，中華書局，一九五九年。

《事林廣記》,（宋）陳元靚編，收入［日］長澤規矩也編：《和刻本類書集成》第一輯，上海古籍出版社，一九九〇年影印本。

《十三經注疏》,（清）阮元校刻，中華書局，一九八〇年影印本。

《世説新語箋疏》,（南朝·宋）劉義慶著,（南朝·梁）劉孝標注，余嘉錫箋疏，周祖謨、余淑宜、周士琦整理，中華書局，二〇〇七年第二版。

《石渠寶笈》,（清）張照、梁詩正等奉敕撰，收入《景印文淵閣四庫全書》第八二五册。

《十誦律》,（後秦）弗若多羅譯，收入《大正新修大藏經》第二三册。

《書斷》,（唐）張懷瓘撰，收入《景印文淵閣四庫全書》第八一二册。

《水東日記》,（明）葉盛撰，魏中平點校，中華書局，一九八〇年。

《説文解字》，（漢）許慎撰，中華書局，一九六三年影印本。

《説苑校證》，（漢）劉向撰，向宗魯校，中華書局，一九八七年。

《思辨録輯要》，（清）陸世儀撰，（清）張伯行編，收入《景印文淵閣四庫全書》第七二四册。

《四庫全書總目》，（清）永瑢等撰，中華書局，一九六五年。

《四民月令校注》，（漢）崔寔撰，石聲漢校注，中華書局，二〇一三年第二版。

《宋本廣韻·永禄本韻鏡》，（宋）陳彭年等編，江蘇教育出版社，二〇〇五年影印本。

《宋秘書省續編到四庫闕書目》，葉德輝考證，收入新文豐出版公司編輯部編：《叢書集成續編》第三册：新文豐出版公司，一九八九年影印本。

《宋史》，（元）脱脱等撰，中華書局，一九七七年。

《宋書》，（梁）沈約撰，中華書局，一九七四年。

《宋元詩會》，（清）陳焯編，收入《景印文淵閣四庫全書》第一四六三册。

《孫過庭書譜箋證》，（唐）孫過庭撰，朱建新箋證，中華書局，一九六三年。

《遂初堂書目》，（宋）尤袤撰，收入王雲五主編：《叢書集成初編》第三二册。

《隋書》，（唐）魏徵等撰，中華書局，一九七三年。

《太平廣記》，（宋）李昉等編，中華書局，一九六一年。

《太平御覽》，（宋）李昉等撰，中華書局，一九六〇年影印本。

《唐會要》，（宋）王溥撰，中華書局，一九五五年。

《唐六典》，（唐）李林甫等撰，陳仲夫點校，中華書局，一九九二年。

《唐摭言》，（五代）王定保著，中華書局，一九五九年。

《天岸昇禪師語録》，（清）釋昇説，（清）釋元玉等記録，收入《嘉興大藏經》第二六册。

《通典》，（唐）杜佑撰，王文錦、王永興、劉俊文、徐庭雲、謝方點校，中華書局，一九八八年。

《通俗編》，（清）翟灝撰，陳志明編校，東方出版社，二〇一三年。

《桐江續集》，（元）方回撰，收入《景印文淵閣四庫全書》第一一九三册。

《土風録》，（清）顧張思撰，曾昭聰、劉玉紅校點，上海古籍出版社，二〇一六年。

《宛如約》，（清）惜花主人批評，收入《古本小説叢刊》編輯委員會編輯：《古本小説叢刊》第一輯，中華書局，一九八七年影印本。

《韋應物詩集繫年校箋》，孫望編著，中華書局，二〇〇二年。

《文鏡秘府論》，〔日〕遍照金剛著，周維德校點，人民文學出版社，一九七五年。

《文選》，（南朝‧梁）蕭統編，（唐）李善注，中華書局，一九八六年。

《溈山古梅冽禪師語録》，（清）釋定冽説，釋真謙記録，收入《嘉興大藏經》第三九册。

《魏書》，（北齊）魏收撰，中華書局，一九七四年。

《猥談》，（明）祝允明撰，收入（明）陶宗儀等編：《説郛三種‧説郛續》。

《五燈會元》，（宋）釋普濟著，蘇淵雷點校，中華書局，一九八四年。

《五燈全書》，（清）釋超永編輯，收入《卍續藏經》第一四一册。

《吳起敵秦掛帥印》，（元）佚名撰，收入王季思主編：《全元戲曲》第七卷，人民文學出版社，一九九九年。

《西游記》（楊閩齋梓本），（明）吳承恩著，收入《古本小説集成》第四輯第五四八册。

《閑居叢稿》，（元）蒲道源撰，收入《景印文淵閣四庫全書》第一二一〇册。

《新校元刊雜劇三十種》，徐沁君校點，中華書局，一九八〇年。

《新唐書》，（宋）歐陽修、宋祁撰，中華書局，一九七五年。

《新五代史》，（宋）歐陽修撰，（宋）徐無黨注，中華書局，一九七四年。

《性靈集注》，〔日〕阿部泰郎、山崎誠編集，收入國文學研究資料館編：《真福寺善本叢刊》第二期第一二卷（文筆部三），臨川書店，二〇〇七年。

《醒世姻緣傳》，（明）西周生輯著，收入《古本小説集成》第四輯第六四九册。

《續古尊宿語要》，（宋）釋師明集，收入《卍續藏經》第一一九册。

《虛堂和尚語録》,（宋）釋妙原編,收入《大正新修大藏經》第四七册。

《宣和書譜》,（宋）闕名撰,收入王雲五主編:《叢書集成初編》第一六三三册。

《雪峰慧空禪師語録》,（宋）釋慧弼編,收入《卍續藏經》第一二〇册。

《雪巖祖欽禪師語録》,（元）釋昭如、釋希陵等編,收入《卍續藏經》第一二二册。

《言泉集:東大寺北林院本》,［日］澄憲著,［日］畑中榮編,古典文庫,二〇〇〇年。

《壹齋集》,（清）黃鉞撰,陳育德、鳳文學校點,黃山書社,二〇一四年。

《玉海》,（宋）王應麟纂,江蘇古籍出版社、上海書店,一九八七年影印本。

《玉篇校釋》,胡吉宣著,上海古籍出版社,一九八九年。

《元史》,（明）宋濂等撰,中華書局,一九七六年。

《越諺》,（清）范寅撰,收入婁子匡主編:《北京大學中國民俗學會民俗叢書》第四輯第七三册,東方文化供應社,一九七〇年影印本。

《藝文類聚》,（唐）歐陽詢撰,汪紹楹校,上海古籍出版社,一九九九年第二版。

《雲門匡真禪師廣録》,（宋）釋守堅集,收入《大正新修大藏經》第四七册。

《藏外佛教文獻》第八輯,方廣錩主編,宗教文化出版社,二〇〇三年。

《朝野僉載》,（唐）張鷟撰,趙守儼點校,中華書局,一九七九年。

《湛然居士集》,（元）耶律楚材撰,謝方點校,中華書局,一九八六年。

《蔗菴範禪師語録》,（清）釋净範説,（清）釋智璋等録,收入《嘉興大藏經》第三六册。

《正源略集》,（清）釋達珍編,收入《卍續藏經》第一四五册。

《知空蘊禪師語録》,（清）釋學蘊説,（清）釋通來等編,收入《嘉興大藏經》第三七册。

《忠靖集》,（明）夏原吉撰,收入《景印文淵閣四庫全書》第一二四〇册。

《周易正義》,（三國·魏）王弼注,（唐）孔穎達疏,收入李學勤主編:《十三經注疏》。

《長慶宗寶道獨禪師語録》，（清）釋今釋重編，收入《卍續藏經》第
一二六册。

《宗門拈古彙集》，（清）釋净符彙集，收入《卍續藏經》第一一五册。

出土文獻：

《北魏人書佛説佛藏經》，上海書畫出版社編，上海書畫出版社，
二〇〇〇年。

《大谷文書集成》第一~四卷，小田義久編集，法藏館，一九八四~二〇〇九年。

《敦煌寶藏》，黄永武主編，新文豐出版公司，一九八一~一九八六年。

《敦煌變文校注》，黄征、張涌泉校注，中華書局，一九九七年。

《敦煌變文選注》，項楚，中華書局，二〇〇六年。

《敦煌掇瑣》，劉復輯，中研院歷史語言研究所，一九三一~一九三五年。

《敦煌秘笈》第一~九册，［日］吉川忠夫編，武田科學振興財團，
二〇〇九~二〇一三年。

《敦煌歌辭總編》，任半塘編著，上海古籍出版社，一九八七年。

《敦煌經部文獻合集》，張涌泉主編，中華書局，二〇〇八年。

《敦煌類書》，王三慶，麗文文化事業股份有限公司，一九九三年。

《敦煌契約文書輯校》，沙知録校，江蘇古籍出版社，一九九八年。

《敦煌社會經濟文獻真迹釋録》，唐耕耦、陸宏基編，全國圖書館文獻縮
微複製中心，一九九〇年。

《敦煌社邑文書輯校》，寧可、郝春文輯校，江蘇古籍出版社，
一九九七年。

《敦煌詩集殘卷輯考》，徐俊纂輯，中華書局，二〇〇〇年。

《俄藏敦煌文獻》第一~一七册，俄羅斯科學院東方研究所聖彼得堡分
所、俄羅斯科學出版社東方文學部、上海古籍出版社編，上海古籍出版社、
俄羅斯科學出版社東方文學部，一九九二~二〇〇一年。

《法藏敦煌西域文獻》第一~三四册，上海古籍出版社、法國國家圖書館

編，上海古籍出版社，一九九五～二〇〇五年。

《國家圖書館藏敦煌遺書》第一～一四六册，中國國家圖書館編，北京圖書館出版社，二〇〇五～二〇一二年。

《流沙墜簡》，羅振玉、王國維編著，中華書局，一九九三年。

《旅順博物館藏新疆出土漢文文獻》，王振芬、孟憲實、榮新江主編，北京古逸英華文化傳播有限公司，二〇二一年。

《全唐文補遺·千唐志齋新藏專輯》，吳鋼主編，三秦出版社，二〇〇六年。

《斯坦因第三次中亞考古所獲漢文文獻（非佛經部分）》，沙知、［英］吳芳思編著，上海辭書出版社，二〇〇五年。

《唐代墓志彙編續集》，周紹良、趙超主編，上海古籍出版社，二〇〇一年。

《吐魯番出土文書》第一～十册，文物出版社，國家文物局古文物研究室、新疆維吾爾自治區博物館、武漢大學歷史系編，一九八一～一九九一年。

《吐魯番出土文書》（壹～肆），唐長孺主編，文物出版社，一九九二～一九九六年。

《王梵志詩校注》，項楚校注，上海古籍出版社，一九九一年。

《新獲吐魯番出土文獻》，榮新江、李肖、孟憲實主編，中華書局，二〇〇八年。

《英藏敦煌社會歷史文獻釋録》第一卷，郝春文編著，科學出版社，二〇〇一年。

《英藏敦煌社會歷史文獻釋録》第一卷（修訂版），郝春文、杜立暉、宋雪初等編著，社會科學文獻出版社，二〇一八年。

《英藏敦煌社會歷史文獻釋録》第二～一八卷，郝春文主編，社會科學文獻出版社，二〇〇三～二〇二二年。

《英藏敦煌文獻》第一～一四卷，中國社會科學院歷史研究所、中國敦煌吐魯番學會敦煌古文獻編輯委員會、英國國家圖書館、倫敦大學亞非學院合編，四川人民出版社，一九九〇～一九九五年。

《英國國家圖書館藏敦煌遺書》第一～五〇册，方廣錩、［英］吳芳思主編，廣西師範大學出版社，二〇一一～二〇一七年。

中文著作:

陳戍國:《中國禮制史:宋遼金夏卷》,湖南教育出版社,二〇〇〇年。

陳寅恪:《唐代政治史述論稿》中篇《政治革命及黨派分野》,上海古籍出版社,一九九七年。

陳垣:《二十史朔閏表》,古籍出版社,一九五六年。

陳祚龍:《敦煌資料考屑》,(台灣)商務印書館,一九八七年。

崔安西、汪同元主編:《中國岳西高腔・劇目集成》,安徽文藝出版社,二〇一四年。

鄧嗣禹編:《燕京大學圖書館目錄初稿》,燕京大學圖書館,一九三五年。

敦煌文物研究所編:《1983年全國敦煌學術討論會文集(文史・遺書篇)》下冊,甘肅人民出版社,一九八七年。

敦煌研究院編:《敦煌遺書總目索引新編》,中華書局,二〇〇〇年。

高明士:《隋唐貢舉制度》,文津出版社,一九九九年。

高天霞:《敦煌寫本〈纂金〉系類書整理與研究》,復旦大學博士後研究工作報告,二〇一七年。

高天霞:《敦煌寫本〈俗務要名林〉語言文字研究》,中西書局,二〇一八年。

郭戈編:《李廉方教育文存》,人民教育出版社,二〇〇六年。

漢語大詞典編輯委員會漢語大詞典編纂處編纂:《漢語大詞典》第一～一二卷,漢語大詞典出版社,一九八六～一九九四年。

漢語大字典編輯委員會編:《漢語大字典》(縮印本),四川辭書出版社、湖北辭書出版社,一九九三年。

杭州大學古籍研究所、浙江省敦煌學研究會、中國敦煌吐魯番學會語言文學分會合編:《敦煌語言文學論文集》,浙江古籍出版社,一九八八年。

郝春文:《唐後期五代宋初敦煌僧尼的社會生活》,中國社會科學出版社,一九九八年。

黃天驥:《黃天驥文集》第一五冊《嶺南新語》,廣東人民出版社,二〇一八年。

黃永武主編：《敦煌叢刊初集》，新文豐出版公司，一九八五年。

黃征：《敦煌俗字典》，上海教育出版社，二〇〇五年。

季羨林主編：《敦煌學大辭典》，上海辭書出版社，一九九八年。

蔣純焦編：《中國私塾史》，山西教育出版社，二〇一七年。

姜伯勤：《敦煌社會文書導論》，新文豐出版公司，一九九二年。

姜亮夫：《敦煌——偉大的文化寶藏》，上海古典文學出版社，一九五六年。

金瀅坤：《唐五代科舉的世界》，復旦大學出版社，二〇一四年。

金瀅坤：《中國科舉制度通史·隋唐五代卷》，上海人民出版社，二〇一五年。

金瀅坤主編：《童蒙文化研究》第一～六卷，人民出版社，二〇一六～二〇二一年。

雷僑雲：《敦煌兒童文學》，學生書局，一九八五年。

李惠軍、陳德雄編著：《海南火山石傳統村落》，上海交通大學出版社，二〇一六年。

李正宇：《敦煌史地新論》，新文豐出版公司，一九九六年。

梁實秋：《落花入夢甜》，中國致公出版社，二〇一九年。

林春梅：《宋代家禮家訓的研究》，花木蘭文化出版社，二〇一〇年。

劉長文編：《劉銘恕考古文集》，河南人民出版社，二〇一三年。

劉全波：《類書研究通論》，甘肅文化出版社，二〇一八年。

劉濤：《中國書法史·魏晉南北朝卷》，江蘇教育出版社，一九九九年。

劉欣：《宋代家訓與社會整合研究》，雲南大學出版社，二〇一五年。

陸春祥：《而已》，上海文藝出版社，二〇一八年。

魯迅：《魯迅全集》第一卷《吶喊》，人民文學出版社，二〇〇五年。

羅常培：《唐五代西北方音》，科學出版社，一九六二年。

馬翀煒主編：《中國民間游戲總彙·棋牌卷》，湖南文藝出版社，二〇一六年。

毛漢光：《中國中古社會史論》，上海書店出版社，二〇〇二年。

毛秋瑾：《敦煌吐魯番文獻與名家書法》，山東畫報出版社，二〇一四年。

明德運、余德意編著：《中國民間彩詞》，西苑出版社，二〇〇四年。

彭善梁、吳光烈主編：《遠安歌謠》，遠安縣文化館，一九九〇年。

彭翔華編著：《武漢民間童謠輯注》，武漢大學出版社，二〇一五年。

錢存訓：《紙和印刷》，［英］李約瑟主編：《中國科學技術史》第五卷“化學及相關技術”第一分冊，科學出版社、上海古籍出版社，二〇一八年。

饒平如：《平如美棠——我倆的故事》，廣西師範大學出版社，二〇一四年。

饒宗頤編集：《敦煌書法叢刊》第一八卷《碎金（一）》，二玄社，一九八三年。

榮新江：《歸義軍史研究——唐宋時代敦煌歷史考索》，上海古籍出版社，二〇一五年。

榮新江主編：《吐魯番文書總目·歐美收藏卷》，武漢大學出版社，二〇〇七年。

榮新江：《絲綢之路與東西文化交流》，北京大學出版社，二〇一五年。

上海古籍出版社編：《中國古代蒙書精粹·三字經》，上海古籍出版社，一九九六年。

商務印書館編：《敦煌遺書總目索引》，商務印書館，一九六二年；中華書局，一九八三年新版。

沈樂平：《敦煌書法綜論》，浙江古籍出版社，二〇〇九年。

釋慈怡主編：《佛光大辭典》第一～六冊，佛光出版社，一九八八年。

孫榮艾：《閩北民俗體育文化研究》，人民體育出版社，二〇一九年。

邰惠莉主編：《俄藏敦煌文獻叙錄》，甘肅教育出版社，二〇一九年。

涂懷京主編：《閩北教育史探論》，吉林人民出版社，二〇一二年。

汪泛舟：《敦煌古代兒童課本》，甘肅人民出版社，二〇〇〇年。

汪娟：《敦煌禮懺文研究》，法鼓文化，一九九八年。

汪維玲、王定祥：《中國家訓智慧》，漢欣文化，一九九二年。

王長金：《傳統家訓思想通論》，吉林人民出版社，二〇〇六年。

王國維：《觀堂集林》，中華書局，一九五九年。

王鴻俊：《家庭教育》，教育部社會教育司，一九四〇年。

王卡：《敦煌道教文獻研究——綜述‧目録‧索引》，中國社會科學出版社，二〇〇四年。

王利器：《曉傳書齋集》，華東師範大學出版社，一九九七年。

王重民：《敦煌古籍叙録》，商務印書館，一九五八年。

王重民：《中國善本書提要》，上海古籍出版社，一九九一年。

沃興華：《敦煌書法藝術》，上海人民出版社，一九九四年。

吳楓：《中國古典文獻學》，齊魯書社，二〇〇五年。

夏初、惠玲校釋：《配圖蒙學十篇》，北京師範大學出版社，一九九三年。

向達：《唐代長安與西域文明》，三聯書店，一九五七年。

項楚：《敦煌詩歌導論》，巴蜀書社，二〇〇一年。

許建平：《敦煌經籍叙録》，中華書局，二〇〇六年。

徐少錦、陳延斌：《中國家訓史》，人民出版社，二〇一一年。

徐梓、王雪梅：《蒙學要義》，山西教育出版社，一九九一年。

徐梓：《蒙學讀物的歷史透視》，湖北教育出版社，一九九六年。

徐梓：《中國文化通志》，上海人民出版社，一九九八年。

徐梓：《傳統蒙學與蒙書研究》，中國社會科學出版社，二〇一七年。

徐梓：《中華蒙學讀物通論》，中華書局，二〇一四年。

薛儒成編著：《鼓盆歌》，三秦出版社，二〇一七年。

嚴耕望：《嚴耕望史學論文集》，上海古籍出版社，二〇〇九年。

楊崇福編著：《書法知識手册》，國際文化出版公司，一九八八年。

郁達夫：《郁達夫作品精選》，雲南人民出版社，二〇一九年。

余嘉錫：《余嘉錫論學雜著》，中華書局，一九六三年。

張弓主編：《敦煌典籍與唐五代歷史文化》，中國社會科學出版社，二〇〇六年。

張錫厚：《敦煌本唐集研究》，新文豐出版公司，一九九五年。

張金泉、許建平：《敦煌音義彙考》，杭州大學出版社，一九九六年。

張清榮編著：《初學書法百例疑難問答》，江西美術出版社，一九九五年。

張天弓：《張天弓先唐書學考辨文集》，榮寶齋出版社，二〇〇九年。

張新朋：《敦煌寫本〈開蒙要訓〉研究》，中國社會科學出版社，二〇一三年。

　　張志公：《傳統語文教育初探：附蒙學書目稿》，上海教育出版社，一九六二年。

　　張志公：《傳統語文教育教材論：暨蒙學書目和書影》，上海教育出版社，一九九二年，中華書局，二〇一三年。

　　趙忠心：《家庭教育學——教育子女的科學與藝術》，人民教育出版社，二〇〇〇年。

　　趙和平：《敦煌寫本書儀研究》，新文豐出版公司，一九九三年。

　　趙和平：《敦煌本〈甘棠集〉研究》，新文豐出版公司，二〇〇〇年。

　　趙貞：《敦煌文獻與唐代社會文化研究》，北京師範大學出版社，二〇一七年。

　　鄭阿財：《敦煌寫卷新集文詞九經抄研究》，文史哲出版社，一九八九年。

　　鄭阿財：《敦煌文獻與文學》，新文豐出版公司，一九九三年。

　　鄭阿財、朱鳳玉：《敦煌蒙書研究》，甘肅教育出版社，二〇〇二年。

　　鄭阿財、朱鳳玉：《開蒙養正：敦煌的學校教育》，甘肅教育出版社，二〇〇七年。

　　《中國民間歌曲集成》全國編輯委員會編：《中國民間歌曲集成・湖北卷》，人民音樂出版社，一九八八年。

　　《中國民間文學集成》全國編輯委員會、《中國歌謠集成・福建卷》編輯委員會編：《中國歌謠集成・福建卷》，中國ISBN中心，二〇〇七年。

　　中國人民大學國學院主編：《國學的傳承與創新——馮其庸先生從事教學與科研六十周年慶賀學術文集》，上海古籍出版社，二〇一三年。

　　周季文、謝後芳：《敦煌吐蕃漢藏對音字彙》，中央民族大學出版社，二〇〇六年。

　　周丕顯：《敦煌文獻研究》，甘肅文化出版社，一九九五年。

　　周良順：《菇溪風情》，寧波出版社，二〇一九年。

　　周一良、趙和平：《唐五代書儀研究》，中國社會科學出版社，一九九五年。

　　朱鳳玉：《敦煌俗文學與俗文化研究》，上海古籍出版社，二〇一一年。

朱關田：《中國書法史·隋唐五代卷》，江蘇教育出版社，一九九九年。

朱明勳：《中國家訓史論稿》，巴蜀書社，二〇〇八年。

鄒志生、王惠中編著：《毛筆書法教程》，華中科技大學出版社，二〇一八年。

外文著作：

張娜麗：《西域出土文書の基礎的研究——中國古代における小學書·童蒙書の諸相》，汲古書院，二〇〇六年。

［英］LionelGiles（翟理斯），Descriptive Catalogue of the Chinese Manuscripts from Tunhuang in the British Museum（《英國博物館藏敦煌漢文寫本注記目錄》），The Trustees of the British Museum, 1957.

［日］駒澤大學内禪學大辭典編纂所編：《禪語大辭典》，大修館書店，一九八五年。

［日］池田温編：《中國古代寫本識語集録》，東京大學東洋文化研究所，一九九〇年。

［日］池田温編：《講座敦煌5·敦煌漢文文獻》，大東出版社，一九九二年。

［日］川口久雄：《平安朝日本漢文學史》，明治書院，一九五九年。

［日］多賀秋五郎：《唐代教育史の研究—日本學校教育の源流—》，不昧堂，一九五三年。

［日］高田時雄：《敦煌資料による中國語史の研究：九·十世紀の河西方言》，創文社，一九八八年。

［日］高田時雄編：《明清時代の音韻學》，京都大學人文科學研究所，二〇〇一年。

［日］黑田彰、後藤昭雄、東野治之、三木雅博編著：《上野本注千字文注解》，和泉書院，一九八九年。

［日］那波利貞：《唐代社會文化史研究》，創文社，一九七四年。

［日］入矢義高監修，古賀英彦編著：《禪語辭典》，思文閣，一九九一年。

［日］上山大峻：《敦煌佛教の研究》，法藏館，一九九〇年。

［日］土肥義和編：《八世紀末期～十一世紀初期燉煌氏族人名集成》，汲古書院，二〇一五年。

［日］尾形裕康：《我國における千字文の教育史的研究》，校倉書房，一九六六年。

［日］五味智英、小島憲之編：《萬葉集研究》第一三集，塙書房，一九八五年。

［日］小川環樹：《中國語學研究》，創文社，一九七七年。

［日］伊藤美重子：《敦煌文書にみる學校教育》，汲古書院，二〇〇八年。

中文論文：

白化文：《敦煌遺書中的類書簡述》，《中國典籍與文化》一九九九年第四期。

蔡淵迪：《敦煌經典書法及相關習字研究》，浙江大學碩士學位論文，二〇一〇年。

常薑心：《從敦煌寫本看〈千字文〉在唐五代時期的使用》，金瀅坤主編：《童蒙文化研究》第三卷，人民出版社，二〇一八年。

常鏡海：《中國私塾童蒙所用課本之研究》（上），《新東方》（上海）第一卷第八期，一九四〇年。

常鏡海：《中國私塾童蒙所用課本之研究》（續），《新東方》（上海）第一卷第九期，一九四〇年。

陳國燦：《敦煌所出諸借契年代考》，《敦煌學輯刊》一九八四年第一期。

陳菊霞：《翟使君考》，《敦煌研究》二〇〇九年第五期。

陳麗芳：《唐代于闐的童蒙教育——以中國人民大學博物館藏和田習字文書爲中心》，《西域研究》二〇一四年第一期。

陳麗芳：《唐代于闐漢人的文化生活》，《西域文史》第一一輯，科學出版社，二〇一七年。

陳麗萍：《日本杏雨書屋藏羽663R號敦煌文書的定名》，《魏晋南北朝隋唐史資料》第三一輯，二〇一五年。

陳益源：《爲你説民俗（一）:〈上大人〉的來歷》,《國文天地》第一五二期,一九九八年, 收入陳益源：《台灣民間文學採録》, 里仁書局, 一九九年。

陳志勇：《唐宋家訓發展演變模式探析》,《福建師範大學學報（哲學社會科學版）》二〇〇七年第三期。

陳子欽：《日本敦煌秘笈〈千字文〉之新搜》,《雲漢學刊》第三一號,二〇一五年。

鄧凱：《“上大人”文本傳播中功能與涵義的變遷》,《中南大學學報（社會科學版）》二〇一五年第五期。

鄧文寬：《敦煌寫本〈百行章〉述略》,《文物》一九八四年第九期。

鄧文寬：《敦煌本〈開蒙要訓〉三農具解析》, 郝春文主編：《敦煌吐魯番研究》第一七卷, 上海古籍出版社, 二〇一七年。

丁志軍：《從習字訓蒙到大衆娯樂——論蒙書〈上大人〉功能的歷史演變》,《湖北民族學院學報（哲學社會科學版）》二〇一二年第二期。

段真子：《漢籍抄本在于闐——以中國人民大學藏西域漢文文書爲中心》,《中國人民大學學報》二〇二二年第一期。

高美林：《敦煌〈篆書千字文〉字形研究》, 廣西大學碩士學位論文,二〇一四年。

高明士：《唐代“三史”的演變——兼述其對東亞諸國的影響》,《大陸雜志》第五四卷第一期,一九七七年。

高明士：《唐代敦煌的教育》,《漢學研究》第四卷第二期,一九八六年。

高啓安：《一張據説是“莫高窟藏經洞”照片的考索》, 中央文史研究館、敦煌研究院、香港大學饒宗頤學術館編：《慶賀饒宗頤先生九十五華誕敦煌學國際學術研討會論文集》, 中華書局, 二〇一二年。

高天霞：《敦煌寫本〈開蒙要訓〉字詞箋釋一則》,《漢語史學報》二〇一二年。

高天霞：《敦煌寫本〈俗務要名林〉編撰體例及編輯思想管窺》,《寧夏大學學報》（人文社會科學版）二〇一六年第一期。

高天霞：《敦煌本〈新合六字千文〉對〈千字文〉的改造與創新》, 金瀅坤主編：《童蒙文化研究》第一卷, 人民出版社, 二〇一六年。

高天霞：《敦煌寫本〈開蒙要訓〉字詞補釋》，俞理明、雷漢卿主編：《漢語史研究集刊》第二三輯，四川大學出版社，二〇一七年。

韓昇：《科舉制與唐代社會階層的變遷》，《廈門大學學報（哲學社會科學版）》一九九九年第四期。

韓昇：《南北朝隋唐士族向城市的遷徙與社會變遷》，《歷史研究》二〇〇三年第四期。

郝春文：《敦煌寫本社邑文書年代彙考（一）》，《首都師範大學學報（社會科學版）》一九九三年第四期。

郝春文：《敦煌寫本社邑文書年代彙考（二）》，《首都師範大學學報（社會科學版）》一九九三年第五期。

郝春文：《敦煌寫本社邑文書年代彙考（三）》，《社科縱橫》一九九三年第五期。

胡寄塵：《蒙書考》，《震旦雜志》一九四一年第一期。

胡念耕：《"上大人孔乙己"釋義辨正》，《語文學習》二〇〇九年第一二期。

黃家全：《敦煌寫本〈千字文〉試論》，敦煌文物研究所編：《1983年全國敦煌學術討論會文集（文史・遺書編）》下册，甘肅人民出版社，一九八七年。

黃家全：《敦煌寫卷〈千字文〉研究與漢字教學》，《絲路論壇》一九八七年第二期。

黃小峰：《孔夫子的鄉下門生：解讀〈村童鬧學圖〉》，《中華遺產》二〇一〇年第九期。

黃正建：《蒙書與童蒙書——敦煌寫本蒙書研究芻議》，《敦煌研究》二〇二〇年第一期。

江萍：《關於"上大人"》，《國聞週報》第一一卷第三期，一九三四年。

金瀅坤：《唐五代科舉制度對童蒙教育的影響》，《浙江師範大學學報（社會科學版）》二〇一二年第一期。

金瀅坤：《敦煌本"策府"與唐初社會——國圖藏敦煌本"策府"研究》，《文獻》二〇一三年第一期。

金瀅坤：《唐代明書科與書學教育》，《遼寧大學學報（哲學社會科學版）》二〇一六年第二期。

金瀅坤：《唐五代敦煌寺學與童蒙教育》，金瀅坤主編：《童蒙文化研究》第一卷。

金瀅坤：《唐五代明算科與算學教育》，《中國考試》二〇一六年第六期。

金瀅坤：《唐代家學與童蒙教育》，金瀅坤主編：《童蒙文化研究》第二卷，人民出版社，二〇一七年。

金瀅坤：《中國童蒙文化研究的思路、方法與創新》，《首都師範大學學報（社會科學版）》二〇一八年第一期。

金瀅坤：《論古代家訓與中國人品格的養成》，《廈門大學學報（哲學社會科學版）》二〇一八年第二期。

金瀅坤：《唐代家訓、家法、家風與童蒙教育考察》，《浙江師範大學學報（社會科學版）》二〇二〇年第一期。

金瀅坤：《唐代問答體蒙書編撰考察——以〈武王家教〉爲中心》，《廈門大學學報（哲學社會科學版）》二〇二〇年第四期。

雷實：《“上大人”描紅本的歷史探尋》，《基礎教育課程》二〇一五年第一一期。

雷聞：《唐代的“三史”與三史科》，《史學史研究》二〇〇一年第一期。

李并成：《從敦煌算經看我國唐宋時代的初級數學教育》，《數學教學研究》一九九一年第一期。

李虹霖：《敦煌〈篆書千字文〉篆書楷化現象研究》，《書法賞評》二〇一八年第六期。

李銘敬：《日本及敦煌文獻中所見〈文場秀句〉一書的考察》，《文學遺産》二〇〇三年第二期。

李肖、朱玉麒：《新出吐魯番文獻中的古詩習字殘片》，《文物》二〇〇七年第二期。

李儼：《敦煌石室“算書”》，《中大季刊》第一卷第二期，一九二六年。

李正宇：《唐宋時代的敦煌學校》，《敦煌研究》一九八六年第一期。

李正宇：《一件唐代學童的習字作業》，《文物天地》一九八六年第六期。

李正宇：《敦煌學郎題記輯注》，《敦煌學輯刊》一九八七年第一期。

李正宇：《敦煌地區古代祠廟寺觀簡志》，《敦煌學輯刊》一九八八年第一、二期。

　　李正宇：《歸義軍樂營的結構與配置》，《敦煌研究》二〇〇〇年第三期。

　　李正宇：《沙州貞元四年陷蕃考》，《敦煌研究》二〇〇七年第四期。

　　林華秋：《敦煌吐魯番童蒙研究目録》，金瀅坤主編：《童蒙文化研究》第一卷。

　　林静瀟：《敦煌寫本中的習字教育研究》，《中國書畫》二〇一五年第一一期。

　　林隆盛：《敦煌所藏的童蒙讀物》，《國文天地》第六卷第四期，一九九〇年。

　　林隆盛：《敦煌童蒙讀物中的識字類文書初探》，《中國語文》第六六卷第五期，一九九〇年。

　　林隆盛：《敦煌童蒙讀物分類初探》，《東吳文史學報》一九九〇年第八期。

　　林珊：《德藏吐魯番文獻中的宋詩習字殘片》，《文獻》二〇〇九年第四期。

　　林西朗：《唐代道舉制度述略》，《宗教學研究》二〇〇四年第三期。

　　劉長東：《論中國古代的習字蒙書——以敦煌寫本〈上大夫〉等蒙書爲中心》，《社會科學研究》二〇〇七年第二期。

　　劉劍康：《論中國家訓的起源——兼論儒學與傳統家訓的關係》，《求索》二〇〇〇年第二期。

　　劉銘恕：《敦煌遺書叢識》，杭州大學古籍研究所、浙江省敦煌學研究會、中國敦煌吐魯番學會語言文學分會合編：《敦煌語言文學論文集》，浙江古籍出版社，一九八八年。

　　劉銘恕：《王羲之書論》，劉長文編：《劉銘恕考古文集》上卷，河南人民出版社，二〇一三年。

　　劉全波：《論唐代類書與蒙書的交叉融合》，《浙江師範大學學報（社會科學版）》二〇二〇年第四期。

　　劉燕文：《從敦煌寫本〈字寶〉的注音看晚唐五代西北方音》，國家文物局古文獻研究室編：《出土文獻研究續集》，文物出版社，一九八九年。

　　劉燕文：《敦煌寫本〈字寶〉〈開蒙要訓〉〈千字文〉的直音、反切和異文》，《語苑擷英》編輯組編：《語苑擷英——慶祝唐作藩教授七十壽辰學術論文集》，北京語言文化大學出版社，一九九八年。

樓勁：《宋初禮制沿革及其與唐制的關係——兼論"宋承唐制"說之興》，《中國史研究》二〇〇八年第二期。

毛漢光：《從士族籍貫遷移看唐代士族之中央化》，《中研院歷史語言研究所集刊》一九八一年第三期，收入毛漢光《中國中古社會史論》，上海書店出版社，二〇〇二年。

蒙天霞：《從敦煌習字蒙書看唐代敦煌童蒙書法教育》，《大學書法》二〇二〇年第六期。

倪紅：《〈開蒙要訓〉用字初探》，《語文學刊》二〇一三年第一期。

牛志平：《"家訓"與中國傳統家庭教育》，《海南師範大學學報（社會科學版）》二〇一二年第五期。

啓功：《說〈千字文〉》，《文物》一九八八年第七期。

錢穆：《略論魏晋南北朝學術文化與當時門第之關係》，《新亞學報》第五卷第二期，一九六三年。

瞿菊農：《中國古代蒙學教材》，《北京師範大學學報（社會科學版）》一九六一年第四期。

任小平：《論王羲之書法對西域的影響》，《中國書法》二〇一七年第一六期。

任占鵬：《從敦煌文獻看唐五代的童蒙習字》，金瀅坤主編：《童蒙文化研究》第一卷。

任占鵬：《敦煌寫本〈上大夫〉相關問題研究》，金瀅坤主編：《童蒙文化研究》第二卷。

任占鵬：《敦煌寫本〈正月孟春猶寒〉的源流與用途》，金瀅坤主編：《童蒙文化研究》第三卷。

任占鵬：《敦煌寫本〈上士由山水〉與學郎習字》，金瀅坤主編：《童蒙文化研究》第四卷，人民出版社，二〇一九年。

任占鵬：《唐五代敦煌地區學童書學教育研究——以敦煌文獻爲中心》，金瀅坤主編：《童蒙文化研究》第五卷，人民出版社，二〇二〇年。

任占鵬：《姓氏教材〈敦煌百家姓〉與晚唐五代的敦煌社會》，郝春文主編:《敦煌吐魯番研究》第一九卷，上海古籍出版社，二○二○年。

任占鵬:《論唐代敦煌蒙書〈上大夫〉與後世〈上大人〉的關係》,《浙江師範大學學報（社會科學版）》二○二一年第三期。

任占鵬:《唐五代習字法“順朱”的具體形式——以敦煌寫本〈千字文〉爲中心》，項楚主編:《中國俗文化研究》第二○輯，四川大學出版社，二○二一年。

任占鵬:《唐五代宋初敦煌習字蒙書〈牛羊千口〉探究》，金瀅坤主編:《童蒙文化研究》第六卷，人民出版社，二○二一年。

任占鵬:《從“順朱”到“描朱”看學童習字方法的演進——以習字蒙書〈上大人〉爲中心》,《首都師範大學學報（社會科學版）》二○二二年第一期。

榮新江:《〈蘭亭序〉在西域》,《國學學刊》二○一一年第一期，收入中國人民大學國學院主編:《國學的傳承與創新——馮其庸先生從事教學與科研六十周年慶賀學術文集》，上海古籍出版社，二○一三年，修訂本收入榮新江:《絲綢之路與東西文化交流》，北京大學出版社，二○一五年。

榮新江:《〈蘭亭序〉與〈尚想黃綺帖〉在西域的流傳》，故宮博物院編:《2011年蘭亭國際學術研討會論文集》，故宮出版社，二○一四年。

榮新江:《王羲之〈尚想黃綺帖〉在西域的流傳》，榮新江:《絲綢之路與東西文化交流》，北京大學出版社，二○一五年。

施安昌:《武周新字“圀”製定的時間——兼談新字通行時的例外》,《故宮博物院院刊》一九九一年第一期。

宋新民:《敦煌寫本〈開蒙要訓〉叙錄》,《敦煌學》第一五輯，一九八九年。

宋新民:《敦煌寫本識字類蒙書研究》，中國文化大學博士學位論文，一九九○年。

唐長孺:《跋吐魯番所出〈千字文〉》，榮新江主編:《唐研究》第一卷，北京大學出版社，一九九五年。

邰惠莉:《敦煌本〈六字千文〉初探》,《敦煌研究》一九九七年第一期。

臺靜農:《蔣善進真草千字文殘卷跋》,《敦煌學》第一輯，一九七四年。

汪泛舟:《敦煌的童蒙讀物》,《文史知識》一九八八年第八期。

汪泛舟：《〈開蒙要訓〉初探》，《敦煌研究》一九九九年第二期。

王國維：《唐寫本〈太公家教〉跋》，王國維：《觀堂集林》，中華書局，一九五九年。

王國維：《唐寫本〈兔園策府〉殘卷跋》，王國維：《觀堂集林》，中華書局，一九五九年。

王金娥：《敦煌訓蒙文獻研究述論》，《敦煌學輯刊》二○一二年第二期。

王金娥：《敦煌蒙書及蒙學研究》，蘭州大學博士學位論文，二○一四年。

王金娥：《敦煌蒙書的寫本學特徵析論》，《蘭州文理學院學報（社會科學版）》二○一五年第四期。

王金娥：《敦煌藏經洞所出識字類蒙書略論》，《語文學刊》二○一七年第五期。

王金娥：《敦煌寫本蒙書兩種校釋》，《蘭州文理學院學報（社會科學版）》二○一七年第六期。

王利器：《跋敦煌寫本〈上大夫〉殘卷》，《文獻》一九八七年第四期。

王利器：《敦煌寫本〈上大夫〉殘卷跋尾》，《社會科學戰線》一九九○年第三期。

王利器：《試論“上大人”的用途》，《河北師院學報（社會科學版）》一九九二年第四期。

王利器：《“上大人”備考》，王利器：《曉傳書齋集》，華東師範大學出版社，一九九七年。

王璐：《敦煌寫本〈千字文〉考辨》，《唐都學刊》二○○五年第二期。

王美華：《中古家訓的社會價值分析》，《古籍整理研究學刊》二○○六年第一期。

王三慶撰、林艷枝助理：《敦煌古類書研究之一：〈事林一卷〉（伯四○五二號）研究》，《敦煌學》第一二輯，一九八七年。

王三慶：《〈敦煌變文集〉中的〈孝子傳〉新探》，《敦煌學》第一四輯，一九八九年。

王三慶：《〈文場秀句〉之發現、整理與研究》，王三慶、鄭阿財合編：《2013敦煌、吐魯番國際學術研討會論文集》，成功大學中國文學系，二〇一四年。

王三慶:《敦煌辭典類書研究:從〈語對〉到〈文場秀句〉》,《廈門大學學報(哲學社會科學版)》二〇二〇年第四期。

王素:《略談〈蘭亭集序〉書法的淵源與影響》,《中國書法》二〇一二年第一期。

王曉平:《上野本〈注千字文〉與敦煌本〈注千字文〉》,《敦煌研究》二〇〇七年第三期。

王元軍:《説説敦煌本〈千字文〉》,《中國書法》二〇一三年第六期。

魏明孔:《唐代道舉初探》,《甘肅社會科學》一九九三年第六期。

翁衍楨:《古代兒童讀物概觀》,《圖書館學季刊》第十卷第一期,一九三六年。

吳其昱:《甘棠集與劉鄴傳研究》,《敦煌學》第三輯,一九七六年。

吳喬:《從敦煌"上大夫"看唐代民間書寫》,《大衆文藝》二〇一三年第一〇期。

向達:《倫敦所藏敦煌卷子經眼目錄》,《北平圖書館圖書季刊》新第一卷第四期,一九三九年。

湘如:《上大人孔乙己新解》,《北洋畫報》第一一九四期,一九三五年。

徐明庭、朱建頌:《武漢地區的"上大人"紙牌》,《武漢文史資料》一九八九年第一輯。

徐梓:《〈上大人〉淺説》,《尋根》二〇一三年第一期。

許逸如:《〈開蒙要訓〉用韻探析》,金瀅坤主編:《童蒙文化研究》第三卷。

嚴耕望:《唐人習業山林寺院之風尚》,收入嚴耕望:《嚴耕望史學論文集》,上海古籍出版社,二〇〇九年。

楊寶玉:《晚唐文士張球及其興學課徒活動》,金瀅坤主編:《童蒙文化研究》第二卷。

楊秀清:《淺談唐、宋時期敦煌地區的學生生活——以學郎詩和學郎題記爲中心》,《敦煌研究》一九九九年第四期。

佚名:《茅盾的幼年生活:上大人寫成了上犬人,打輸了流淚不是好漢》,《玄妙觀》一九三九年第五期。

游自勇：《原卷是最終的依據——英倫核查敦煌原卷的收獲》，郝春文主編：《2013敦煌學國際聯絡委員會通訊》，上海古籍出版社，二〇一三年。

余嘉錫：《內閣大庫本碎金跋》，余嘉錫：《余嘉錫論學雜著》，中華書局，一九六三年。

曾良：《"丘乙己"解讀與古籍整理》，《中國典籍與文化》二〇〇八年第二期。

張廣達、榮新江：《關於敦煌出土于闐文獻的年代及其相關問題》，北京大學中國中古史研究中心編：《紀念陳寅恪先生誕辰百年學術論文集》，北京大學出版社，一九八九年。

張娜麗：《敦煌本〈六字千文〉初探析疑——兼述〈千字文〉注本問題》，《敦煌研究》二〇〇一年第三期。

張娜麗：《〈敦煌本〈六字千文〉初探〉析疑（續）——兼述〈千字文〉注本問題》，《敦煌研究》二〇〇二年第一期。

張娜麗：《敦煌本〈注千字文〉注釋》，《敦煌學輯刊》二〇〇二年第一期。

張天弓：《論王羲之〈尚想黃綺帖〉及其相關問題》，中國書法家協會學術委員會編：《全國第六屆書學討論會論文集》，河南美術出版社，二〇〇四年，收入張天弓：《張天弓先唐書學考辨文集》，榮寶齋出版社，二〇〇九年。

張錫厚：《敦煌本〈甘棠集〉與劉鄴生年新證》，《中國文化》第一〇號，香港中華書局，一九九四年，收入張錫厚：《敦煌本唐集研究》，新文豐出版公司，一九九五年。

張香玉：《"上大人"紙牌與戒毒》，《史林》二〇〇六年增刊。

張新朋：《敦煌寫本〈開蒙要訓〉研究》，浙江大學博士學位論文，二〇〇八年。

張新朋：《敦煌寫本〈開蒙要訓〉敘錄續補》，《敦煌研究》二〇〇八年第一期。

張新朋：《若干新認定〈千字文〉寫卷敘錄及綴合研究》，《敦煌學輯刊》二〇〇八年第一期。

張新朋：《吐魯番出土〈千字文〉殘片考》，《文獻》二〇〇九年第四期。

張新朋：《大谷文書中十三則〈千字文〉殘片之定名與綴合》，《敦煌研究》

二〇一三年第五期。

　　張新朋:《敦煌蒙書殘片考》,《文獻》二〇一三年第五期。

　　張新朋:《大谷文書別本〈開蒙要訓〉殘片考》,《敦煌研究》二〇一四年第五期。

　　張新朋:《吐魯番、黑水城出土〈急就篇〉〈千字文〉殘片考辨》,《尋根》二〇一五年第六期。

　　張新朋:《東亞視域下的童蒙讀物比較研究——以〈千字文〉與〈開蒙要訓〉之比較爲例》,《浙江社會科學》二〇一五年第一一期。

　　張新朋:《敦煌、吐魯番出土〈開蒙要訓〉寫卷叙錄》,浙江大學古籍研究所編:《在浙之濱——浙江大學古籍研究所建所三十周年紀念文集》,中華書局,二〇一六年。

　　張新朋:《敦煌詩苑之奇葩——敦煌文獻中的〈送遠還通達〉初探》,《敦煌研究》二〇一六年第五期。

　　張新朋:《吐魯番出土〈千字文〉叙錄——中國、德國、英國收藏篇》,金瀅坤主編:《童蒙文化研究》第二卷。

　　張新朋:《敦煌文獻王羲之〈尚想黃綺帖〉拾遺》,《敦煌研究》二〇一八年第六期。

　　張新朋:《〈上大人〉與民間戲曲》,《尋根》二〇一九年第四期。

　　張新朋:《〈上大人〉與戒洋煙》,金瀅坤主編:《童蒙文化研究》第四卷。

　　張新朋:《〈上大人〉與民間歌謠》,項楚主編:《中國俗文化研究》第二〇輯。

　　張涌泉、張新朋:《敦煌本〈千字文〉叙錄》,項楚主編:《中國俗文化研究》第五輯,巴蜀書社,二〇〇九年。

　　張玥:《敦煌知識類蒙書寫本探究》,西華師範大學碩士學位論文,二〇二〇年。

　　趙小華:《論唐代家訓文化及其文學意義——以初盛唐士大夫爲中心的考察》,《貴州社會科學》二〇一〇年第七期。

　　鄭阿財:《敦煌蒙書析論》,漢學研究中心編:《第二屆敦煌學國際研討會論文集》,漢學研究中心,一九九一年。

鄭阿財:《敦煌童蒙讀物的分類與總說》,郝春文主編:《敦煌文獻論集——紀念敦煌藏經洞發現一百周年國際學術研討會論文集》,遼寧人民出版社,二〇〇一年。

鄭阿財:《敦煌蒙書》,國家圖書館善本特藏部敦煌吐魯番學資料研究中心編:《敦煌與絲路文化學術講座》第一輯,北京圖書館出版社,二〇〇三年。

鄭阿財:《敦煌蒙書研究的回顧與前瞻》,季羨林、饒宗頤主編:《敦煌吐魯番研究》第七卷,中華書局,二〇〇四年。

鄭阿財:《〈開蒙要訓〉的語文教育與知識積累》,《浙江師範大學學報(社會科學版)》二〇二〇年第一期。

鄭阿財:《敦煌蒙書的語言形式與熟語運用析論》,《廈門大學學報(哲學社會科學版)》二〇二〇年第四期。

鄭炳林、李強:《陰庭誠改編〈籑金〉及有關問題》,《敦煌學輯刊》二〇〇八年第四期。

鄭振鐸:《中國兒童讀物的分析》,《文學》第七卷第一號,一九三六年。

鄭志明:《敦煌寫本家教類的庶民教育》,漢學研究中心編:《第二屆敦煌學國際研討會論文集》。

鍾書林、張磊:《敦煌本〈千字文注〉補校》,《唐都學刊》二〇〇七年第四期。

周丕顯:《敦煌"童蒙"、"家訓"寫本之考察》,《敦煌學輯刊》一九九三年第一期。

周丕顯:《敦煌本〈千字文〉考》,周丕顯:《敦煌文獻研究》,甘肅文化出版社,一九九五年。

周叔迦:《校經瑣記:上大人、武婆、南能北秀》,《國立北平圖書館館刊》第五卷第四期。

周揚波:《知識社會史視野下的宋代蒙書》,《廈門大學學報(哲學社會科學版)》二〇一八年第二期。

周一良:《書儀源流考》,《歷史研究》一九九〇年第五期。

周祖謨:《敦煌唐本字書叙錄》,中國敦煌吐魯番學會語言文學分會編纂:《敦煌語言文學研究》,北京大學出版社,一九八八年。

朱鳳玉：《敦煌寫本字書緒論》，《華岡文科學報》第一八期，一九九一年。

朱鳳玉：《敦煌寫卷〈俗務要名林〉研究》，中國唐代學會主編：《第二屆國際唐代學術會議論文集》，文津出版社，一九九三年。

朱鳳玉：《敦煌文獻與字書》，《靜宜人文學報》一九九四年第六期。

朱鳳玉：《敦煌文獻中的語文教材》，《嘉義師院學報》一九九五年第九期。

朱鳳玉：《敦煌寫本蒙書〈上大夫〉研究》，中國唐代學會、中正大學中國文學系、中正大學歷史系主編：《第五屆唐代文化學術研討會論文集》，麗文文化事業股份有限公司，二〇〇一年。

朱鳳玉：《敦煌寫本〈開蒙要訓〉與台灣〈四言雜字〉》，項楚主編：《中國俗文化研究》第一輯，巴蜀書社，二〇〇三年。

朱鳳玉：《敦煌詩歌寫本原生態及文本功能析論》，《敦煌研究》二〇一八年第一期。

朱鳳玉：《蒙書的界定與〈三字經〉作者問題——兼論〈三字經〉在日本的發展》，金瀅坤主編：《童蒙文化研究》第五卷。

朱建頌：《上大人紙牌和十七字詩》，《武漢文史資料》二〇〇一年第八期。

朱其華：《是"孔乙己"，還是"孔乙巳"》，《語文教學通訊》一九九三年第一一期。

朱震山：《私塾生活的回顧》，彭明先、徐昌文主編：《夾江文史資料》第四輯，政協夾江縣委員會，一九九二年。

蹤凡：《兩漢故事賦探論：以〈神烏賦〉爲中心》，項楚主編：《中國俗文化研究》第二輯，巴蜀書社，二〇〇四年。

［法］伯希和撰，馮承鈞譯：《千字文考》，《圖書館學季刊》一九三二年第一期。

［日］伊藤美重子：《唐宋時期敦煌地區的學校和學生——以學郎題記爲中心》，金瀅坤主編：《童蒙文化研究》第三卷。

［日］石塚晴通著，唐炜譯：《從紙材看敦煌文獻的特徵》，《敦煌研究》二〇一四年第三期。

外文論文：

任占鵬：《敦煌識字寫本研究》，日本廣島大學大學院綜合科學研究科博士學位論文，二〇一九年。

榮新江著，〔日〕村井恭子譯：《〈蘭亭序〉および〈尚想黃綺〉帖の西域における流傳》，東方學研究論集刊行會編：《東方學研究論集：高田時雄教授退休紀念》（日英文分册），東方學研究論集刊行會，二〇一四年。

張新朋著，〔日〕水口幹記譯：《日藏〈開蒙要訓〉斷片考》，《汲古》第五五號，二〇〇九年。

〔法〕Paul Pelliot（伯希和），Le Ts'ien tseu wen ou "Liver des mille mots", T'oung Pao, Second Series, Vol.24, No.2/3 (1925 ~ 1926), pp.179 ~ 214.

〔日〕池田温：《敦煌本に見える王羲之論書》，《中國書論大系月報》第六卷，二玄社，一九七九年。

〔日〕東野治之：《李暹の〈注千字文〉について》，〔日〕五味智英、小島憲之編：《萬葉集研究》第一三集，塙書房，一九八五年。

〔日〕福井康順：《百行章についての諸問題》，《東方宗教》第一三、一四號，一九五八年。

〔日〕福田哲之：《吐魯番出土文書に見られる王羲之習書—阿斯塔那一七九號墓文書〈72TAM179:18〉を中心に—》，書學書道史學會編：《書學書道史研究》第八號，一九九八年。

〔日〕岡本勳：《注音本〈開蒙要訓〉と日本漢字音——清濁のゆれをめぐって》，《訓點語と訓點資料》第七八號，一九八七年。

〔日〕高田時雄：《〈西儒耳目資〉以前—中國のアルファベット—》，〔日〕高田時雄編：《明清時代の音韻學》，京都大學人文科學研究所，二〇〇一年。

〔日〕海野洋平：《童蒙教材〈上大人〉の順朱をめぐって—敦煌寫本 P.4900（2）·P.3369v に見る〈上大人〉黎明期の諸問題—》，《歷史》第一一七號，二〇一一年。

〔日〕海野洋平：《敦煌童蒙教材〈牛羊千口〉史料輯覽》，《一關工業高等專門學校研究紀要》第四六號，二〇一一年。

［日］海野洋平：《敦煌童蒙教材〈牛羊千口〉校釋—蒙書〈上大人〉の姉妹篇—》,《一關工業高等專門學校研究紀要》第四七號, 二〇一二年。

［日］海野洋平：《九世紀末葉敦煌諸鄉〈納草曆〉の復原—學郎課本三卷（P.4019·P.3349·P.3368）の一體的架藏の證迹たる pièce（付屬細片）をめぐって—》,《東洋學報》第九八卷第二號, 二〇一六年。

［日］海野洋平：《敦煌寫本 P.4019pièce4·P.3349pièce4·P.3368pièce7 の綴合·復原—童蒙教材としての王羲之〈額書論〉（〈尚想黃綺〉帖）—》,《集刊東洋學》第一一六號, 二〇一七年。

［日］海野洋平：《童蒙教材としての王羲之〈額書論〉（〈尚想黃綺〉帖）—敦煌寫本·羽664ノ二Rに見るプレ〈千字文〉課本の順朱—》, 武田科學振興財團杏雨書屋編:《杏雨》第二〇號, 二〇一七年。

［日］海野洋平：《敦煌童蒙教材〈牛羊千口〉再論—傳本〈上大人〉·敦煌本〈上大夫〉の遐庭をめぐる一考察—》,《集刊東洋學》第一二三號, 二〇二〇年。

［日］黑田彰：《上野本〈注千字文〉》,《國文學》第五九號, 一九八二年。

［日］那波利貞：《唐鈔本雜抄考—唐代庶民教育史研究の一資料—》, 一九四二年, 收入［日］那波利貞：《唐代社會文化史研究》, 創文社, 一九七四年。

［日］那波利貞：《唐代の庶民教育に於ける算術科の內容とその布算の方法とに就きて》,《甲南大學文學會論集》（通號一）, 一九五四年。

［日］松村利行：《漢蕃對音千字文殘卷について》,《東洋學研究》第一號, 一九三一年。

［日］藤枝晃：《敦煌の僧尼籍》,《東方學報》（京都）第二九册, 一九五九年。

［日］藤枝晃：《敦煌曆日譜》,《東方學報》（京都）第四五册, 一九七三年。

［日］小川環樹：《千字文について》,［日］小川環樹：《中國語言研究》, 創文社, 一九七七年。

［日］小島憲之：《海東と西域：啓蒙期としてみた日本上代文學一斑》,

岩波書店編：《文學》第五一卷第一二號，一九八三年。

　　［日］小高裕次：《東アジア漢字文化圈における識字教育の一例──〈千字文〉〈百家姓〉と〈新集金砕掌置文〉》，《東アジア言語研究》第六號，二〇〇三年。

　　［日］伊藤美重子：《敦煌の學郎題記にみる學校と學生》，《唐代史研究》第一四號，二〇一一年。

　　［日］西川寧：《蔣善進の真草千字文──ペリオ＝シノアの書法–1–》，《書品》第二五〇號，一九七六年。

　　［日］小川貫弌：《敦煌佛寺の學士郎》，《龍谷大學論集》第四〇〇、四〇一合并號，一九七三年。

　　［日］羽田亨：《漢蕃對音〈千字文〉の斷簡》，《東洋學報》第一三卷第三號，一九二三年。

　　［日］羽田亨：《漢蕃對音〈千字文〉の斷簡（正誤表）》，《東洋學報》第一四卷第一號，一九二四年。

後　記

　　本卷是在我的博士論文《敦煌識字寫本研究》基礎上增補而成的。博士論文利用敦煌文獻中的識字習字蒙書《上大夫》《上士由山水》《千字文》《正月孟春猶寒》《敦煌姓氏雜録》《開蒙要訓》，對唐五代宋初敦煌地區識字習字教育的內容及特點、寫本呈現出的學習方法進行了初步考證，并根據蒙書特點和寫本特徵對這些蒙書的學習順序做了梳理。二〇一九年三月提交博士論文後，我繼續圍繞敦煌識字習字寫本進行研究，試圖進一步了解當時初級啓蒙教育的內容與特點。在這一過程中我發現敦煌文獻中習字寫本的種類豐富、數量龐大，很具研究價值，然而前學尚未專門針對這一類寫本做過討論，遂調整了研究重心，着重對習字寫本進行了整理。

　　本卷特別選取了敦煌文獻中唐代出現且影響較大的三種習字類蒙書《上大夫》《牛羊千口》《上士由山水》，和與王羲之密切相關且寫本數量較多的三種習字類書帖《千字文》《尚想黃綺帖》《蘭亭序》，嘗試通過這六種具有代表性的蒙書和書帖來概括唐五代宋初敦煌地區習字教育的一些特點。自己學識淺薄，分析和結論較粗糙，希望能爲相關研究略添薄磚。

　　本卷探討的僅是敦煌習字寫本的一部分，對象之外的識字蒙書《開蒙要訓》和雜字；姓氏蒙書《敦煌百家姓》（即博士論文中論及的《敦煌姓氏雜録》）；書帖《宣示表》《蘭亭詩》；碑帖《重修開元寺行廊功德碑并序》《史大奈碑》以及社會經濟文書社司轉帖、契約等也有習字寫本保存，這些寫本對了解當時習字教育的整體特色具有重要價值。另外，吐魯番、和田、庫車文獻中的習字寫本《孝經》《樂毅論》《孔子廟堂碑》《唐寫古詩習字殘片（岑德潤五言詩等）》等亦不能忽視。因此，唐五代宋初的習字教育還有待進一步研究。

　　書計自古不分家，是啓蒙教育的重要組成部分。我在整理習字寫本之餘，關注了敦煌文獻中的算術類蒙書，發現敦煌習字寫本中出現了數字和《九九乘法歌》，尤其是習字蒙書《上大夫》《牛羊千口》與數字有密切關係，説明當時習字教育與算術教育幾乎是同時進行的。本次亦對敦煌寫本《九九乘法歌》《立成算經》《算經》以及北朝《算書》進行了校釋和淺論，原與習字卷一起構成了習算卷，但是爲了更好地突出敦煌算術類蒙書的特點和價值，依照金瀅坤先生的建議，將這部分集成算術卷，獻醜於方家。

在本卷和算術卷即將出版之際，先要感謝我的博士主指導老師荒見泰史先生。從博士論文的構思、修改，到日語論文的寫作及至這兩本書的出現，都凝聚着先生的心血和智慧。先生知識淵博、興趣廣闊、治學嚴謹、幽默風趣，不僅在每週的論文討論會和日常交流中給予我們指導、分享治學經驗和人生感悟，而且常常帶領和鼓勵我們參加各種學術研討會、參觀博物館和美術館以及觀看日本的一些傳統民俗活動，使大家受益匪淺。從進入廣島大學學習到現在工作，先生不僅教給了我知識和技能，還和師母桂老師在生活和工作上對我關懷備至。在此衷心感謝先生，祝福先生和家人幸福安康！

感謝我的碩士指導老師金瀅坤先生。我的本科就讀於華北科技學院（現名應急管理大學［籌］），專業是漢語言文學，然而興趣使然，進入首都師範大學之後轉向了隋唐五代史的學習，是先生根據我的本科專業，引領我進入了敦煌學的研究之門。先生在學術上要求嚴格，對學生真心付出。2014年師母盛老師生病住院，先生在盡心照顧師母之餘，工作和研究不輟，并抽空把我們叫到家裏進行論文指導。讓我記憶深刻的是，在我畢業之際，先生因抱恙在校醫院輸液，还掛心我的畢業論文寫作，把我叫到校醫院進行指導。即使我到廣島大學求學之後，先生還常常督促我學習，關心我的生活和工作狀況。在本卷和算術卷的寫作過程中，先生也給予了諸多重要建議。先生之教誨和關懷，我當永遠銘記。在此衷心祝願先生和家人身體健康，萬事如意！

感謝博士副指導老師青木孝夫先生、渡邊誠先生、李郁惠先生以及原廣島大學教育學研究科白須净真先生，在博士論文寫作和答辯過程中給了我諸多有益的指導和建議。尤其是和藹可親的白須先生，因爲在同一個研究室，在我的學業和生活上都提供了很多幫助。還要特別感謝河西學院高啓安先生和中國科學院自然科學史研究所韓毅先生，分別對本卷和算術卷進行審稿并提供了諸多修改建議。這些恩情都將銘記於心。

　　同時還要感謝廣島大學敦煌學研究中心論文討論組成員杜立暉先生、高井龍先生、貫名讓先生、山本孝子先生、松山由布子先生以及林生海、喬磊、裴長春、操智、武紹衛、趙洋、段曉文、渡部惠、玉素甫·艾沙、楊柳、梁晨靜、劉苗苗、臧雅帆、李鵬飛、趙麗菠等師兄妹在學習和生活中對我的照顧和幫助。特別是林生海和喬磊師兄，在我剛進入廣島大學諸事不明的時候，提供了諸多幫助，讓我倍感安心和親切。另外，還要感謝首師大同門鄭亦寧、王曉燕、黃成運、范習加、成城、常蕙心、于瑞、任曄、柴棟、劉毅超、王鑫淼、楊雁翔、常志浩、高靜雅、吳元元等師兄妹以及熊昕童、肖增超、高斐、林揚子、郭夢垚、楊城等同學，感謝大家在學習和生活中給予和帶來的幫助。在此祝願大家身體健康，前途似海！

　　特別感謝文物出版社劉永海師兄、賈東營先生、李子裔先生。自己才疏學淺，書稿錯訛甚多，以致提交後還在不斷修改，承出版社先生們的耐心和付出，書稿才得以順利出版。

　　最後衷心感謝家人一直以來的支持和奉獻，我愛你們。

　　在書稿即將出版之際，正逢愛子出生，喜不自勝。謹以此文感謝所有支持和幫助過我的人。最後引《孟子·修身》一言與大家共勉，“道雖邇，不行不至；事雖小，不爲不成”。

任占鵬

2022 年 8 月 18 日

於東廣島市寺家寓所